湖北制造业发展蓝皮书(2018)

湖北省制造强省建设专家咨询委员会　编著

华中科技大学出版社
中国·武汉

内 容 简 介

本书首先介绍了全球制造业发展概况和我国制造业发展概况，然后从综合、领域、专题、区域四个角度，系统梳理了自《湖北省工业"十三五"发展规划》和《中国制造 2025 湖北行动纲要》发布实施以来，特别是 2017 年以来，湖北制造业整体发展情况、十大重点领域突破情况、六项重点工作推进情况、各地区域布局的进展情况，系统地研究和总结了制造强省建设的经验和做法，力求系统展示湖北主导产业、主要板块和重点集群转型发展的态势和亮点，目的在于更好地指导实践，为行业发展服务，为行业管理部门开展工作和企业创新发展提供参考和指引。

本书数据翔实，论证充分，具有较强的实用性与针对性，可作为各级政府部门科学务实推动《中国制造 2025 湖北行动纲要》的权威性、指导性读本，也可作为企业、科研院所和中介组织参与《中国制造 2025 湖北行动纲要》相关工作的参考书。

图书在版编目(CIP)数据

湖北制造业发展蓝皮书. 2018/湖北省制造强省建设专家咨询委员会编著. —武汉：华中科技大学出版社，2019. 1
ISBN 978-7-5680-4953-5

Ⅰ. ①湖… Ⅱ. ①湖… Ⅲ. ①制造工业-工业发展-研究报告-湖北-2018 Ⅳ. ①F426. 4

中国版本图书馆 CIP 数据核字(2019)第 020597 号

湖北制造业发展蓝皮书(2018)　　湖北省制造强省建设专家咨询委员会　编著
Hubei Zhizaoye Fazhan Lanpishu(2018)

策划编辑：万亚军
责任编辑：万亚军
封面设计：原色设计
责任校对：张会军
责任监印：周治超
出版发行：华中科技大学出版社(中国·武汉)　　电话：(027)81321913
武汉市东湖新技术开发区华工科技园　　邮编：430223
录　　排：华中科技大学惠友文印中心
印　　刷：湖北新华印务有限公司
开　　本：787mm×1092mm　1/16
印　　张：26
字　　数：515 千字
版　　次：2019 年 1 月第 1 版第 1 次印刷
定　　价：98.00 元

编 委 会

前言
Foreword

制造业是实体经济的主体，是推动经济发展、改善人民生活、参与国际竞争和保障国家安全的根本所在。纵观世界强国的崛起，都是以强大的制造业为支撑的。在虚拟经济蓬勃发展的今天，世界强国仍然高度重视制造业的发展。制造业始终是国家富强、民族振兴的坚强保障。当前，新一轮科技革命和产业变革蓬勃兴起，全球范围内创新资源快速流动，产业格局深度调整，我国制造业迎来"由大变强"的难得机遇。

党的十九大报告提出，"加快建设制造强国，加快发展先进制造业"。这既是深化供给侧结构性改革、推动经济高质量发展的重要内容，也是全面建设社会主义现代化强国的客观要求。要推进中国制造向中国创造转变、中国速度向中国质量转变、制造大国向制造强国转变，关键是推动制造业高质量发展。

当前，我国制造业发展面临的形势错综复杂。从全球看，发达国家"再工业化"和"制造业回归"步伐加快，发展中国家加快推进工业化进程。从国内看，我国制造业发展不平衡不充分的问题尚未根本解决。为此，要进一步贯彻落实党的十九大精神和中央关于建设制造强国的决策部署，加快推进制造业智能化、绿色化、服务化，切实增强制造业核心竞争力，推动我国制造业加快迈向全球价值链中高端。

《湖北省工业"十三五"发展规划》和《中国制造 2025 湖北行动纲要》，是湖北省委、省政府高度重视以制造业为主体的工业和实体经济发展，把推进制造强省建设作为供给侧结构性改革、培育发展新动能、构建产业新体系，推动湖北制造业提质增效、由大变强，加快"建成支点、走在前列"进程重大战略的纲领性文件。文件自发布以来已经到了实施的中期阶段，湖北省政府各部门、各市州践行新发展理念，坚持稳中求进工作总基调，以供给侧结构性改革为主线，牢牢把握高质量发展要求，统筹推进《湖北省工业"十三五"发展规划》和《中国制造 2025 湖北行动纲要》实施。《湖北省工业

“十三五”发展规划》《中国制造 2025 湖北行动纲要》主要目标实现情况良好，各项重大战略任务和重大工程项目进展顺利，基本实现了“时间过半、任务过半”的目标，为全面完成《湖北省工业“十三五”发展规划》《中国制造 2025 湖北行动纲要》目标任务、高质量高水平建成制造强省奠定了坚实基础。

湖北省经济和信息化厅委托湖北省制造强省建设专家咨询委员会及省内相关领域的研究机构联合编著了《湖北制造业发展蓝皮书(2018)》(以下简称“蓝皮书”)。蓝皮书旨在及时总结《湖北省工业“十三五”发展规划》和《中国制造 2025 湖北行动纲要》各项重点任务、工作的贯彻落实情况；评估相关政策、措施和工程等的实施效果和重点领域发展情况，分析制造强省建设过程中面临的困难和问题，总结推进制造业转型升级过程中的成功做法；跟踪研究国内外制造业发展环境的变化，分析湖北省制造业发展面临的新机遇、新挑战，并探讨提出制造强省建设的下一步重点工作和相关政策措施建议。蓝皮书从综合、领域、专题、区域四个角度，系统梳理了《湖北省工业“十三五”发展规划》和《中国制造 2025 湖北行动纲要》发布实施以来，湖北省制造业整体发展情况、十大重点领域突破情况、六项重点工作推进情况、重点区域布局的最新进展情况。

其中，综合篇重点从制造业总体规模、竞争格局、产业结构、科技创新、贸易环境、投资活力和绿色发展出发，总结了全球制造业发展现状，指出了全球经济增长动能不足、贸易保护主义盛行、发达国家占据价值链高端、发展中国家有低端路径锁定风险、全球债务总量持续攀升、财政金融风险有所加大等问题，分析了未来全球制造业在总体发展、竞争格局、生存模式、技术革新、经济治理和产业转移等方面的发展趋势，以及全球制造业面临的重大变局。同时，综合篇系统地分析了 2017 年我国制造业稳增长态势、发展效益、新动能新产业、企业研发能力、淘汰落后产能和国际开发合作等方面的现状和取得的成效，我国制造业在关键核心技术、产品质量和品牌建设、人才结构缺失、融资难融资贵、企业成本负担等方面面临的突出问题，以及我国制造业发展面临的新趋势和严峻的外部环境。综合篇还系统地分析了 2017 年湖北省制造业的发展态势、主要特点、主要措施、面临的机遇与挑战，系统地分析了湖北制造强省建设的特征要求、制造业的优势和短板，以及进一步加强建设制造强省的着力点。

领域篇回顾了新一代信息技术产业、智能装备、新能源汽车及专用汽车、北斗卫星导航、生物医药和高端医疗器械、新材料、海洋工程装备及高技术船舶、航空航天装备、轨道交通装备、节能环保装备和资源循环利用等十大领域年度发展基本情况，分析了行业发展趋势，总结了取得的成绩，指出了当前十大重点领域发展存在的制约瓶颈和短板问题，并提出了发展的主要举措和发展建议。

专题篇梳理了智能制造试点示范、制造业创新中心、工业强基、服务型制造、智能化技改、制造业国际化等六项重点工作的目标要求、实施进展情况，分析了目前面临的主要问题，指出了组织实施过程中存在的若干关键问题，并提出了下一步加快推进以上工作的思路以及发展重点。

区域篇围绕武汉市、襄阳市、宜昌市等十七个市州，分析了各市州制造业的发展概况，阐述了各市州在贯彻《湖北省工业"十三五"发展规划》和《中国制造 2025 湖北行动纲要》中的主要举措和取得的成绩，指出了各市州在产业结构、发展定位、协调发展等方面面临的突出问题，并对各市州区域制造业的发展提出了建议。

《湖北制造业发展蓝皮书(2018)》的出版，其目的在于更好地服务于湖北省制造业高质量发展建设实践，为行业管理部门开展工作和企业创新发展提供参考。鉴于制造业种类繁多、量大面广，涉及经济发展的各个领域，重点、难点和瓶颈问题众多，本书的研究和撰写难免有不妥和疏忽之处，欢迎广大读者批评指正。

湖北省制造强省建设专家咨询委员会

2018 年 12 月

目录

Contents

综 合 篇

领 域 篇

专　题　篇

区　域　篇

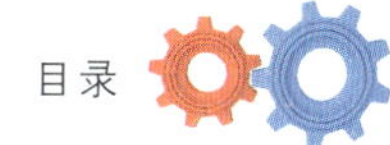

综合篇

第一章　全球制造业发展概况

第二章　我国制造业发展概况

第三章　湖北省制造业发展概况

第四章　制造强省若干问题的思考

第一章　全球制造业发展概况

在世界各国重振制造业战略的引导下，全球制造业总体保持了平稳复苏态势，增速达到了近年来的高点。全球经济增长动能不足、发达国家占据价值链高端、发展中国家有低端路径锁定风险、全球债务总量持续攀升、财政金融风险有所加大等问题依然显著。本章从制造业总体规模、竞争格局、产业结构、科技创新、贸易环境、投资活力和绿色发展出发，总结了全球制造业发展现状，并在此基础上阐述了未来全球制造业在总体发展、竞争格局、生存模式、技术革新和经济治理等方面的发展趋势，以及全球制造业面临的重大变局。

第一节　发展现状

在各国重振制造业战略的引导下，制造业在全球经济中的地位不断提升。2017年，全球制造业总体保持了平稳复苏态势，增速达到了近年来的高点，对促进全球经济稳步增长发挥了重要的作用，尤其是对发展中国家经济社会发展起到了支撑作用。全球竞争格局不断变迁，发达国家聚集各种创新资源保持制造业发展优势；新兴经济体也表现出了强劲的发展活力，随着产业的高端化发展，投资、贸易总体情况良好。

一、总体规模：制造业保持平稳增长，其地位不断提升

（一）制造业保持平稳复苏态势

从总体规模看，经过2008—2009年金融危机调整后，自2010年起，全球制造业规模保持持续扩大态势，逐渐换发新的活力。据世界银行统计数据，2016年，全球制造业规模达到126449.79亿美元。从近几年全球制造业增加值增速看，在金融危机后政策刺激效应下，2010年，实际增速达到了10.13%；之后，随着各国短期刺激政策的退出，2011—2016年，增速基本保持在2%～4%的平稳增长区间；2016年，增速达

到2.83%，比2015年小幅回落了0.13个百分点。从主要经济体制造业情况看，2016年，中国、美国、日本、德国、韩国制造业增加值规模居全球前五位；中国是全球第一制造大国，制造业增加值达到30798.95亿美元，占比达到30.9%。2016年，制造业增加值排名世界前二十位的国家的制造业增加值总量占全球制造业增加值总量的82.88%。

（二）制造业在各国经济中的地位不断提升

2008年金融危机后，各国纷纷意识到制造业在稳定经济和国家竞争力中的重要作用，纷纷将发展重点、产业政策向制造业倾斜。自2012年以来，美国、德国、法国、英国、日本、韩国、印度等世界主要经济体都发布了工业或制造业的发展规划。这些战略转变直接带动2012年以来制造业增加值所占GDP比重的回升。金融危机后，制造业增加值占GDP比重快速下降，到2009年降至15.66%，之后在政策刺激下又快速回升，于2011年达到峰值16.74%，在2012年再次迅速下降到16.05%。在世界各国不断加大对制造业的扶持后，从2012年至今，制造业地位处于稳定缓慢上升阶段，2016年全球制造业增加值占GDP比重回升到16.32%，比2012年提升了0.27个百分点。亚洲国家对制造业的依赖程度较高，从各地区制造业增加值占GDP的比重来看，近几年，亚洲地区的制造业增加值占GDP比重远高于世界其他地区的，是唯一高于世界平均水平的区域，其他地区依次是欧洲、美洲、非洲、大洋洲。

（三）制造业是创造财富、形成国家竞争力的重要产业

从不同类型国家制造业增加值占GDP比重来看，高收入国家的制造业增加值占GDP比重整体呈下降趋势，低于世界平均水平，制造业对高收入国家保持经济稳定、形成国家竞争力具有重要作用。制造业对中等收入国家、中低收入国家的拉动作用强，对其未来不断发展、进入高收入国家行列有支撑作用。中等偏上收入国家、中等收入国家和中低收入国家这三种类型国家的制造业增加值占GDP比重显著高于世界其他类型国家的。中等偏下收入国家制造业增加值占GDP比重与世界平均水平相当，但2018年保持较快上升趋势。制造业对这几类国家拉动作用更加显著。而最不发达国家、重债国家和低收入国家这三种类型国家的制造业增加值占GDP比重显著低于世界平均水平和其他国家的。

二、竞争格局：传统制造强国优势明显，新兴经济体强势崛起

劳动生产率是反映一国竞争力水平高低的重要指标。从第一财经研究院计算的2016年全球主要经济体制造业劳动生产率水平看，排名世界前十位的国家分别是

美国、德国、日本、法国、西班牙、英国、韩国、澳大利亚、意大利和土耳其。这些基本都是传统发达国家和制造强国，尤其是排名前五的制造强国，它们的劳动生产率大幅超出其他国家，但中国、印度和马来西亚等新兴经济体劳动生产率提升很快。从制造业的规模占比看，美国、日本和德国等发达国家下降较快，中国、印度和土耳其等新兴国家上升快速。总体而言，传统制造强国在人才、创新、环境等方面具有较大优势，美国、德国和日本在人才、创新、能源、环境等方面具有绝对优势，中国与印度的优势仍然是成本竞争力。

三、产业结构：高技术产业发展迅速，发达国家仍占据主导地位

从近年制造业结构现状看，电子、信息通信、化工、汽车和机械电器制造业发展较快，占制造业的比重不断上升；以信息通信、生命科学和生物工程、新材料和新能源为主的高技术产业发展迅速。高技术产业对传统产业改造作用不断加大，推动传统劳动密集型产业（如纺织业、服装业、建筑业）向技术密集型产业转变，同时推动钢铁、汽车、化工等资本密集型产业逐渐向技术密集型产业转变。

从国家的产业结构看，根据联合国工业发展组织发布的《2016 年工业发展报告》，1972—2012 年，发展中国家中低技术产业发展较快，发展中国家的中低技术产业占全球比重已经超过发达国家的，表明近年制造业在发达国家（地区）和发展中国家（地区）间形成了有序的梯度转移，实现了协同发展；发达国家（地区）的高技术产业增加值占全球比重仍然超过 50%，但二者差距在不断缩小。随着近几年发达国家（地区）纷纷重返制造业，利用本国科技优势，发展高端制造业，同时设立贸易壁垒限制对发展中国家（地区）的技术出口，发展中国家（地区）在发展高技术产业过程中面临越来越多的障碍。

四、科技创新：研发投入不断加大，专利申请数量稳步增长

（一）全球研发投入主要集中在 G20 国家

从研发投入强度看，2017 年各国越来越重视提升本国的创新能力，主要经济体研发投入占 GDP 的比重逐年提高，全球研发支出仍然集中在少数国家。2015 年，G20 国家的研发投入占全球的 92%，相应的专利数量也占美国专利及商标局颁发专利总数的 94%。从 2015 年 G20 国家内部研发投入强度发布来看，韩国以研发投入比重 4.23%居首位，第二、三位分别是日本（3.29%）和德国（2.93%），中国达到 2.07%，在 G20 国家中排名第七位。而从研发支出总额来看，美国（4630 亿美元）依

然是研发投入总额最多的国家,中国(3770亿美元)仅次于美国,位居第二,欧盟排名第三,之后依次是日本、韩国。

(二)中国专利产出保持强劲增长势头

从研发投入产出看,专利数量稳步增多,尤其是以中国为代表的新兴国家专利数量增长很快。从主要国家的专利合作条约(patent cooperation treaty,PCT)专利申请占世界的比重数据来看,美国始终是世界专利申请占比最多的国家,但其比重在不断下降;中国增长势头迅猛,从2000年的0.84%上升到2017年的20.13%,并超过日本跃居世界第二位。日本近几年专利申请上升势头有所减缓,德国则呈现下降势头,法国、英国的专利申请比重近年来相对稳定。从2017年中、美、日分领域进行的PTC专利申请件数来看,三国专利申请主要集中在电气工程领域,其次是化工、机械工程与仪器。具体来看,在电气工程、仪器、化工、机械工程等领域中,在电气工程领域,中国的专利申请数超过美国、日本的;在机械工程领域,日本的专利申请数超过美国、中国的,而在其他两个领域,美国的专利申请数均排名第一。

五、贸易环境:全球制造贸易转暖,拉动全球贸易提升

2017年,在大宗商品市场的周期性复苏和新科技革命提振制造业的背景下,全球货物贸易回暖态势明显。世界贸易组织数据显示,2017年全球货物贸易量增长4.7%,达到2012年以来的最高水平。从全球货物贸易额看,2017年全球货物贸易额为17.20万亿美元,货物贸易进口额为17.57万亿美元,均增长约11%。其中,中国货物贸易额达到4.10万亿美元,位居全球首位;美国位居第二(3.95万亿美元)。结合世界银行全球制造业进/出口指标来看,近年来各国制定的重振制造业计划促进了全球制造业贸易的提升,从2013年起,全球制造业进/出口占商品进/出口比重持续上升,2016年制造业进、出口总额的比重分别达到了73.68%和72.32%,制造业贸易对全球经济贸易的影响和拉动力显著提升。从高技术产品出口占制成品出口比重看,2015年高收入国家的高技术产品出口重新超过新兴国家,2016年高收入国家和中等收入国家高技术出口占比分别为18.47%和18.16%。

六、投资活力:全球投资波动复苏,新兴市场活力更强

2017年,全球企业投资支出呈增长态势,结束了近三年的持续下滑,并创下自2011年以来的新高。根据高盛对2500多家企业的调研结果,2017年这些企业的资本支出总额同比增长4%,与全球GDP的实际增速基本一致。从世界投资率来看,

近年世界投资率总体保持稳定，2017 年达到 25.57％，新兴市场和发展中经济体投资率明显高于发达经济体的。其中，新兴市场和发展中经济体投资率与全球总体投资率保持上升态势，近几年上升势头减缓，2017 年为 32.31％；发达经济体投资率与全球总体投资率趋势基本一致，在经历了 2007—2009 年金融危机期的下滑后，至今保持上升势头，近几年增势稳定，2017 年为 21.21％。

从外商直接投资（FDI）及增长率来看，全球 FDI 此起彼伏，但总体处于上升态势；2016 年逆转了此前连续两年的下降实现增长，全球 FDI 达到 1.81 万亿美元，但 2017 年下降了 16％，降至 1.52 万亿美元。以美国、英国为首的发达经济体外资流入量的大幅下滑是造成全球 FDI 下降的主要原因，流向亚洲和大洋洲、拉丁美洲和加勒比地区的 FDI 呈上升态势。其中，2017 年亚洲的跨境并购总额从 420 亿美元（2016 年）增至 730 亿美元。

七、绿色发展：能源利用效率不断提高，中低收入国家能效提升明显

从 1980—2015 年不同收入水平国家每 1000 美元 GDP 能耗量来看，各国普遍的能耗平均水平在不断降低，这说明能源利用效率在不断提升。其中，高收入国家的能源利用效率始终领先其他国家。近年来，能源利用效率提升最快的中等偏下收入国家，其平均能耗水平甚至超过了中等收入国家的，与高收入国家的几乎持平。这一方面与中等偏下收入国家的产业结构有关，其产业体系主要以劳动密集型产业为主，资源密集型产业布局较少，劳动力要素是第一生产要素，能耗相对较少；另一方面也体现了近年来中低收入国家在提高能源利用效率上成效显著。与之相对应的，低收入国家和重债国家的能源利用效率虽然也在提高，但是仍然远远落后于其他收入水平的国家。这说明在经济水平相对落后的地区，由于缺乏足够的研发投入，能源利用尚处于较低水平，且进步相对缓慢。

第二节　存在问题

与此同时，全球制造业复苏依然面临很多挑战，下行风险依然很大。当前全球贸易保护主义抬头，给全球经济的可持续增长带来威胁，政策的不连贯/不确定性及地缘政治风险都会影响世界范围内投资的增长。发达国家重振制造业战略带来全球制造业复苏的同时，也可能造成发展中国家中低端路径锁定风险。而以人工智能为代表的新技术在高速发展的同时，也面临各种道德、法律、监管层面的限制，这在

一定程度上也会影响全球制造业发展方向。

一、全球经济增长动能不足，后劲亟待开发

根据国际货币基金组织(IMF)编制的《世界经济展望》，2017 年全球经济增长率为 3.8%，是自 2011 年以来增长最快的一年。总体来看，世界经济虽然有恢复的趋势，但经济增长的后续动力仍然不足；从经济增长的主要动力来源看，新兴经济体是世界经济增长的主要动力。但全球经济增长总体动能不足，后劲亟待开发，从消费、投资、贸易三大需求动能看，2017 年全球消费者信心保持稳定，外商直接投资流量表现出下降趋势，贸易增长转暖但保护主义盛行，给全球经济复苏增加了不确定性。从产业结构转换进程看，目前全球经济仍然处在新经济增长动能与传统产业经济动能转换时期，能源资源产业、传统装备产业、纺织轻工产业、电子电器产业仍是全球经济发展的支柱产业，但这些产业目前仍然处在一个产能出清阶段，短期内较难进入快速增长周期，与此同时，人工智能、3D 打印等新技术虽然不断涌现，但是新经济增长动能尚未形成。从主要国家产业结构调整看，近年中国经济是带动全球经济增长的主要力量，2017 年中国的 GDP 实现了 6.9%的增长。但中国经济目前也仍处在转型升级的关键历史时期，产业结构调整、技术改造升级、绿色发展提升等压力依然巨大，限制其进一步增长。美、日、欧盟等主要经济体的经济增长存在较大的不确定性，俄罗斯、巴西等国虽然在 2017 年结束了经济衰退，但是随时存在再次衰退的风险，全球经济发展失衡问题和主要经济体发展问题等制约了全球经济全面复苏动能。

二、贸易保护主义盛行，全球价值链增长趋于放缓

金融危机爆发后，全球贸易保护主义有所抬头，且在近期呈现进一步加剧趋势，贸易摩擦也在不断增多，全球贸易环境阴云密布。以中国为例，按照商务部贸易救济调查局数据，自 2017 年以来，我国共遭遇来自 21 个国家和地区发起的 75 起贸易救济调查，美国和印度是对我国发起贸易救济调查的主要国家。自 2018 年以来，美国先后针对大型洗衣机、光伏产品、铸铁污水管道配件、钢铁和铝制品征收反倾销税或高额关税，宣布对中国进口的涉及 500 亿美元(后追加了 2000 亿美元)产品征收高额关税。贸易摩擦增多的同时，各国多边谈判进展缓慢，全球贸易投资自由化步伐放缓。

全球价值链增长也随之放缓。贸易的高速增长与基于价值链的国际分工密切相关，专业化分工扩大了参与贸易的国家数量、贸易品数量，推动全球经济发展。但近期全球价值链分工则不断趋于放缓，究其原因，一方面是随着工业化的深入发展

和工业技术水平的提升，部分发展中国家在产业价值链中的地位发生了变化，其出口产品中进口的成分降低；另一方面发达国家制定再工业化、重振制造业战略，采取一些措施鼓励企业本地化生产，限制了全球价值链分工。

三、发达国家占据价值链高端，发展中国家有低端路径锁定风险

在全球价值链生产体系中，发展中国家利用自身劳动力价格较低的比较优势参与其中，通过承接发达国家转移的劳动密集型产业或劳动密集型环节，逐步建立了本国的产业体系，实现了经济的高速发展。当前，新兴经济体是世界经济增长的主引擎，它对世界经济增长的贡献率明显超过发达经济体。根据国际货币基金组织提供的数据，发达国家和发展中国家的经济总量相差倍数已由 1990 年的 3.9 倍下降到目前的 1.5 倍。新兴经济体的持续快速增长需求、产业升级需求与发达国家再工业化需求形成竞争之势。总体上，在全球价值链分工体系中，发达国家仍然占据了“微笑曲线”(smiling curve)的两端——研发、销售两个附加值最高的环节，而多数发展中国家仍然处于附加值较低的加工和组装环节。近年发达国家为了维持产业链优势地位，对产业核心技术的保护程度不断加大，以保持自身竞争力。而科技创新往往需要雄厚的资金实力和长期的资金投入，多数发展中国家短期内难以跨越。同时，高端人才更倾向于留在基础设施完善、生活条件优越的发达国家，使得发展中国家更难实现技术跨越，建立有竞争力的创新体系。因此，发展中国家存在可能被锁定在从事附加值较低的加工贸易环节的风险，其技术提升和产业结构升级难度加大。

四、全球债务总量持续攀升，财政金融风险有所加大

自金融危机以来，全球总体处于宽松的金融环境中，同时使得全球债务总量持续攀升。国际货币基金组织在 2018 年 4 月发布的《财政监测报告》数据显示，2016 年全球债务总量约为 164 万亿美元，占全球 GDP 总量的 225%。其中，2017 年发达经济体公共债务平均占 GDP 的 105%。2016 年全球债务水平比 2007 年高出约 40%，中国债务水平增长 40%以上。高债务负担使得政府、企业和家庭更容易受到突如其来的金融状况收紧的冲击，这将进一步引起制造企业融资成本上升，并随之带来一系列影响。而近年主要发达经济体货币政策率逐步转向，通过减少负债、提升利率来收缩流动性。自 2017 年以来，美国加息步伐提速，并正式提出缩减资产负债表(“缩表”)计划；欧元区经济体、日本在经济复苏背景下，量化宽松政策也出现转向；加拿大、英国、韩国也先后加息。全球主要经济体货币政策的转向有可能刺破前

期量化宽松政策催生的资产泡沫,同时对债务水平较高的政府、企业和家庭产生重大影响。

第三节　重大变局

进入21世纪,全球在科学技术方面取得了一系列重大突破,信息技术、能源技术、新材料、物联网、大数据、机器人以及云计算等正在走向成熟,全球制造业进入了新一轮产业革命。新一轮产业革命极大地改变了制造业发展的比较优势,对全球制造业的比较优势、分工格局和未来发展趋势有重要影响。

一、劳动力数量和劳动力成本的重要性降低,传统的产业转移模式可能被颠覆

二战以后,全球产业转移的基本规律是发达国家将低端制造业向欠发达国家转移,原因就在于劳动力成本上升,低端产业比较优势丧失。但新一轮产业通过智能制造技术——特别是低成本智能化机器人替代人工,大幅度降低了对劳动力的需求。这一变化使中国有可能继续保留相当一部分劳动密集型产业,也使发达国家具有了吸引中低端技术产业回流的可能性。

二、产业配套和规模经济的重要性降低,创新能力的重要性更加凸显

新一轮产业革命提高了生产线柔性程度,产品分工和配套能力的重要性下降,这使得小规模国家也有可能发展起以前难以发展的大工业。此外,各种新技术出现的速度极大提高,传统的以稳定工作、工匠精神塑造高质量优势的国家,比如日本和德国,其产业竞争力可能逐渐削弱,制造业向那些最具创新精神的国家(如中国和美国)集聚。

三、厂商个性化定制化更加普及,生产企业将更加贴近消费地

随着消费者个性化需求程度上升,以及3D打印、工业互联网等柔性制造技术进一步发展,制造业很可能逐步转向就地生产的模式,也就是向企业和市场目的地扩散,这使得各国消费规模的重要性进一步上升。中国、美国、欧洲、日本等经济大国

或经济区会受益，印度这样的人口大国也可能会受益（但会受到其收入水平和消费能力的制约）。生产的分散化会进一步促进区域一体化和贸易自由化的发展。

综合以上三点影响，短期来看，一方面，全球制造业向发展中国家转移的速度会减慢，中国制造能够保持更长时间的竞争力；另一方面，全球制造业向发达国家回归的现象会越来越多，呈现出发达国家产业“向下延伸”的特点。长期来看，全球制造业分工将越来越靠近消费地，各国消费规模将成为决定制造业规模的重要因素。

第四节　发展趋势

预计 2018—2019 年，制造业增长有利因素与不利因素交织，总体保持稳定增长趋势。随着战略导向和比较优势的变化，发达经济体与新兴经济体之间的竞争及其内部的竞争进一步加剧。随着新技术、新模式的应用，制造业生产方式将进一步向智能化、定制化、绿色化转型，从而带动效率的提升。创新对各国制造业竞争力的形成将更加重要，技术创新将呈现集成化、网络化、专业化趋势。随着全球投资贸易环境的变化，全球经济治理秩序将逐渐变化，全球化新趋势将形成。

一、总体发展：制造业增长趋势总体稳定

2017 年，全球经济增长良好，主要动力来自投资贸易回暖和良好的金融风险管控，从而促进了企业和家庭支出。据国际货币基金组织估计，2017 年全球产出增长 3.7%，比 2016 年提高了 0.5 个百分点。根据国际货币基金组织在 2018 年 2 月发布的《世界经济展望》预测，2018 年和 2019 年的全球增长约为 3.9%。2018 年美国的减税政策将持续刺激美国经济活动，企业所得税降低将直接带动企业投资增长。总体来说，全球消费者信心指数呈现小幅上涨趋势，这些因素有利于下一步制造业的稳定增长。与此同时，制造业也面临一定的下行压力，从短期来看，财政刺激效应减退、金融市场收紧及不利的全球贸易环境将加大制造业的下行压力；从中长期来看，人口老龄化、技术创新革命性突破暂未形成、生产率增长乏力等因素将限制全球制造业复苏。

二、竞争格局：发达经济体与新兴经济体之间的竞争进一步加剧

发达经济体战略转向和发展中国家比较优势的变化，加剧了发达经济体与发展

中经济体在制造环节的竞争。金融危机让发达经济体意识到本国(区域)发展制造业的重要性,纷纷推出再工业化战略,扶持本国(区域)制造业的发展。同时,通过税率改革等一系列措施吸引本国跨国企业产业回流,将生产基地从海外迁回本国。按照全球价值链分工,跨国公司通常将低端产业和生产过程中的劳动密集型环节布局到发展中经济体,以利用发展中经济体较低的劳动力价格和政策优势,从而在制造端降低成本。但随着发展中国家经济和社会的发展,其劳动力价格不断上涨,低成本优势渐渐降低,加之生产技术和生产方式变革的影响,促进了跨国公司将生产制造环节向发达国家回流。在两方面因素的作用下,发达经济体和发展中经济体在制造环节的竞争将加剧。全球制造业发展正处在一个产业和技术革新的重要转型时期,发展中经济体面临赶超的窗口期,发达经济体和发展中经济体都在集中资源抢占未来产业和未来技术制高点,发达经济体和发展中经济体在新产业、新技术方面的竞争也将进一步加剧。

三、生产模式:制造业将向按需生产模式转变,带动整体效率提升

制造业加快与新技术、新产业、服务业融合发展,生产方式向智能化、个性化、服务化方向发展。由于大数据、智能制造等技术的不断发展和普及,企业逐渐改变了以往大工业化时代大批量、同质化生产方式,将生产越来越多小批量、定制化、个性化的产品,从而满足不同用户的需求。在未来的一段时间内,所有行业的制造业企业都更靠近市场,通过提供更加符合用户需求和喜好的产品来维持企业竞争力。同时,大数据的应用可以确保企业及时获取用户偏好和购买习惯等数据,从而迅速应对市场变化。受益于这种生产模式的升级,供应系统的反应能力也在不断提升,从而有效提高库存管理效率。生产模式的变化同样也会在多领域产生协同效应,使得上游企业面临着效率升级的压力,倒逼供应商更积极地服务下游用户,缩短供应链,提升自身应对能力,带动上游产业整体经济管理效率的提升。同时,制造业将更加突出可持续发展,更加注重绿色化发展。

四、技术革新:集成化、网络化、专业化创新渐成趋势

技术创新能力对全球制造业竞争力提升的作用更加凸显,各主要经济体更加注重从国家层面引导创新和技术发展,很多国家都在不断制定和完善国家创新战略,传统的劳动力、土地、资本逐渐成为制造业发展的第一生产要素。从技术发展趋势看,人工智能、生命科学、新能源、新材料是重要的技术革新方向,也是各国科技创新

的制高点，尤其是短期内以人工智能为主的信息技术将是重点突破方向，将进一步改变制造业生产方式，极大地提高生产效率。从创新组织模式看，集成化、网络化创新趋势已基本形成，合作开发与创新更加普遍。当前，新兴经济体竞争力提升、技术更新周期缩短，改变了技术创新模式。创新能力的提升更加强调开放性和合作性，需要跨领域运用各领域创新技术，强化收购、风投等资本与技术的结合，整合内外部创新资源，才能保持技术创新优势。合作开发与创新模式极大地提升了全球创新的速度和效率。

同时，企业研发外包渐成趋势，专业研发服务公司将不断增多。例如，集成电路设计公司、消费电子独立设计企业、第三方设计公司、软件研发外包等研发新业态不断出现，促进了研发活动的效率提升。人才是创新的核心资源，全球人才竞争也将更加激烈。

五、经济治理：经济全球化趋势面临新转变

经济全球化的重点在于充分利用各经济体的比较优势，形成专业化和规模化效应，直接表现为全球投资、贸易活动的迅速扩张，财富的快速积累，推动了全球生产体系的形成。但随着英国脱欧、美国“特朗普现象”的“黑天鹅效应”的显现，目前全球化进程面临前所未有的挑战。尤其是美国一系列的贸易调查和征收高额关税的措施，将产生“黑天鹅效应”，短期内影响企业的全球化布局和投资决策，同时也将促使其他国家采取更多的贸易保护政策。贸易保护主义加剧了地区之间紧张对立的冲突情绪，给世界经济发展的前景蒙上了一层阴影。在此背景下，原有的贸易规则和全球经济治理体系将面临一系列挑战，同时也暴露了当前全球经济治理体系存在的碎片化和不平衡性等缺点。因此，全球经济治理体系亟须变革，经济全球化趋势面临新的转变。

六、产业转移：全球制造业转移新趋势

（一）以智能制造为导向向发达国家转移

全球新一轮科技革命的兴起引燃了互联网、云计算、大数据等新一代信息通信技术的快速发展和广泛应用，以智能制造为特征的新型生产模式不断涌现，极大地优化了劳动力、资本、信息、知识等生产要素的配置，提高了生产及管理效率，颠覆了传统制造业更多倾向成本洼地的布局理念，企业更多地关注智能化的技术设备、先进的管理水平、一流的信息基础设施等综合水平。

(二) 以按需生产为导向开展全球化布局

按需生产模式(point-of-demand model)是指根据消费者的实际需求进行生产经营的模式。与传统的“先科研,后试验,再批量生产,最后投放市场”的方式不同,按需生产是消费者直接将消费信息通过互联网传达给生产企业,企业按消费者的意见设计生产个性化定制的商品,再送到消费者手中。按需生产模式对企业的灵活应变能力提出更高要求,工厂规模越来越小,交货周期缩至最短,库存成本大幅降低,供应链管理效率显著提升,企业与消费者的距离无限拉近。

(三) 以“下一岸外包”为导向向潜在市场转移

“下一岸外包”(next-shoring)即靠近需求、靠近创新,建立多元、灵活的生产地组合,构建丰富的创新网络和极强的技术资源。“下一岸外包”不是将制造活动简单地从一处转移至另一处,而是在任何地方都能为制造环境变化所需而做好准备。

(四) 以现地市场为导向向消费地转移

现地化是日资企业提出的一个理念,目的是让日资企业在中国(海外)扎根,融入当地文化、社会,培养当地的管理人员,由当地管理人员来管理工厂。目前这一理念已经在全球得到广泛应用。以汽车行业为例,当前我国已成为全球最大的电动汽车市场,这吸引了海外汽车厂家纷纷来华布局电动汽车。

(五) 以知识产权保护为导向向营商环境高地转移

高技术类的跨国公司对生产地的营商环境,特别是知识产权保护制度完善与否十分敏感。特别是随着近些年基于知识产权的经济纠纷的不断加剧,知识产权保护状况成为影响国际产业转移的重要因素。许多高技术企业为了避免关键核心技术的泄露和复制,选择将新产品的制造转移至有相对完善知识产权保护制度的国家或地区。

第二章　我国制造业发展概况

第一节　我国制造业的发展态势

2017年，供给侧结构性改革深入实施，“稳增长、促改革、调结构、深融合”等各项政策措施协同推进，我国制造业稳中向好的发展态势更趋明显，为国民经济长期健康发展奠定了坚实基础。

一、产业稳增长态势进一步增强

2017年，全国工业增加值达到279997亿元，比上年增长6.4%；规模以上工业增加值同比增长6.6%，比往年提高0.6个百分点，扭转了工业增加值增速自2010年以来单向放缓的运行态势。其中，规模以上制造业增加值增长达到7.2%，不仅比去年同期提高0.4个百分点，也超过全国GDP增速0.3个百分点。市场信心不断增强，工业生产者出厂价格指数(PPI)同比增长6.3%，结束了自2012年以来持续5年下降的态势。全年制造业采购经理指数(PMI)稳中有升，始终保持在51%以上的景气区间，已连续17个月维持在荣枯线以上。

二、产业发展效益大幅改善

2017年，规模以上工业企业实现利润75187亿元，比2016年增长21.0%，增速比往年提高12.5个百分点，是2013年以来的最高水平。规模以上制造业利润总额达66511亿元，增长18.2%，增速比往年提高4.9个百分点。2017年，规模以上工业企业实现主营业务收入116.5万亿元，比2016年增长11.1%；主营业务收入利润率为6.46%，比2016年提高0.54个百分点。减税降费措施累计全年为企业减负超过1700亿元，2017年年底，规模以上工业企业资产负债率为55.5%，比2016年年底下降0.6个百分点。全年规模以上工业企业，每百元主营业务收入中的成本为84.92

元,比 2016 年下降 0.25 元;每百元主营业务收入中的费用为 7.77 元,比 2016 年下降 0.2 元。

三、新动能新产业加快成长

相比 2016 年,2017 年,规模以上工业战略性新兴产业增加值增长 11.0%;电子信息制造业增加值增长 13.8%,装备制造业增加值增长 11.3%,增速分别高于规模以上工业 7.0 个和 4.9 个百分点,成为拉动工业增长的主要力量。高技术制造业和新兴产业快速增长,高技术制造业增加值增长 13.4%,占规模以上工业增加值的 12.7%。集成电路、新能源汽车、工业机器人等行业发展迅猛,其中 2017 年,集成电路产业销售额达到 5411.3 亿元,同比增长 24.8%,增速创下近五年的新高;全年新能源汽车产量 69 万辆,比 2016 年增长 51.2%,累计推广应用量超过 180 万辆,连续三年位居全球第一;工业机器人产量为 13 万台(套),同比增长 81.0%;民用无人机产量为 290 万架,同比增长 67.0%。同时,2017 年高技术产业投资 42912 亿元,比 2016 年增长 15.9%,占固定资产投资(不含农户)的比重为 6.8%。工业技术改造投资 105912 亿元,同比增长 16.3%,占固定资产投资(不含农户)的比重为 16.8%,占全部工业投资的比重达到 45.5%。

四、企业研发能力不断提升

2017 年企业研发经费为 13733 亿元,比 2016 年增长 13.1%,连续两年实现两位数增长。1276 家拥有国家企业技术中心的企业研发经费投入持续增长,新产品开发成效显著,研发产出能力提升。2017 年,这些企业的新产品开发经费支出为 4316.9 亿元,比 2016 年增长 9.6%;全年实现新产品销售收入 79042 亿元,比 2016 年增长 11%,占主营业务收入的 34%,比 2016 年提高 0.4 个百分点。新产品销售收入超过百亿元的企业达到 156 家,比 2016 年增加 16 家;近一半企业的新产品销售收入占主营业务收入的 60%以上。2017 年,这些企业申请专利共计 21.4 万件,比 2016 年增长 7.5%;其中申请发明专利 11.8 万件,增长 8%,占申请专利的 55.1%,比 2016 年提高 0.2 个百分点。每亿元研发经费产生专利申请 35.8 件,比 2016 年增加 0.5 件;其中,每亿元研发经费产生发明专利申请 19.5 件,比 2016 年增加 0.1 件。

五、淘汰落后产能步伐加快

2017 年,全国共有产能利用率为 77.0%,比上年提高 3.7 个百分点,为五年来最好水平。钢铁去产能超额完成全年5000万吨的目标任务,1.4亿吨“地条钢”全面出清,河北、江苏、山东等省和有关中央企业在去产能方面成绩突出,合计粗钢压减量约占全国的75%。煤炭开采和洗选业、黑色金属冶炼和压延加工业的产能利用率分别为68.2%和75.8%,分别比上年提高8.7个百分点和4.1个百分点。此外,电解铝、水泥、平板玻璃等行业过剩产能也进一步得到化解。

六、开发合作水平不断深化

2017年,我国制造业领域实际利用外资达到335亿美元,对外直接投资累计1201亿美元;制造业新设立外商投资企业4986家,同比增长24.3%。新订单指数保持较好水平,规模以上工业企业实现出口交货值增长10.7%。同时,国际对接合作深入推进,与美、欧、日等国家和地区在智能制造、工业互联网、5 G、智能网联汽车等领域交流合作广泛开展,与金砖国家在工业领域合作达成多项共识。

第二节 我国制造业面临的突出问题

一、关键核心技术仍受制于人

近年来,虽然我国在创新体系建设方面成效显著,但是与欧美等制造强国相比,制造业“大而不强”的特征还较明显,最突出的核心问题是创新体系不完善,使得我国在重大装备和关键核心零部件制造方面都存在不少短板和瓶颈。关于重大技术装备,最突出的问题是在发动机、高档数控机床、专用设备和测试系统等方面还存在较大差距。关键零部件和材料方面则更为明显,我国机械行业很多产品的一致性、稳定性、可靠性差,90%左右的大型优质铸锻件和几乎全部的高档液压件、密封件依靠进口。我国ICT整机产业影响力持续攀升,但在ICT设备核心元器件和基础软件方面的情况依然没有得到明显改善。同时,我国持续投入整体仍不高,企业研发投入不足等问题依然突出。以华为为例,华为的研发投入在我国企业中遥遥领先,但根据欧盟发布的“2017年全球企业研发投入排行榜”,华为当年研发投入为104亿欧元,仍明显落后于大众的137亿欧元、谷歌的129亿欧元和微软的124亿欧元。

二、产品质量与品牌建设速度滞后

经过几十年的发展，我国制造业在很多领域的产品和服务质量逐步提升，也逐步涌现出一批具有国际影响力的企业和品牌。不过，整体上产品质量与品牌的提升速度仍然滞后于市场需求。例如，我国是世界上最大的智能手机生产国，但 2016 年全部手机企业的利润总和还不如苹果公司一家。在 2017 年世界 500 强企业中，丰田汽车全球营业收入达到 2546.94 亿美元，利润达到 168.993 亿美元；而同时进入榜单的上海汽车、东风汽车等中国 6 家车企总利润为 117.227 亿美元，远低于丰田汽车一家企业的利润。产品附加值小与产品市场规模大不相适应，过低的利润空间与我国巨大的制造业市场规模形成了巨大反差。由于国内高品质产品的供给不足，我国消费者持续通过“海淘”、境外消费等形式，采购国外高端产品。据中国电子商务研究中心监测数据显示，2017 年我国跨境电商整体交易规模(含零售及 B2B)达 7.6 万亿元人民币，预计 2018 年跨境电商交易规模有望增至 9.0 万亿元。可见，我国巨额的高端消费市场没有得到满足。走以质取胜的发展道路，已经成为我国制造业实现转型升级的迫切要求。

三、人才结构性缺失问题逐步显现

尊重知识、尊重人才已经成为各地共识，地区创新发展的根本动力是人才驱动的理念已经深入人心。自 2017 年以来，地方吸引人才的政策大量出台，人才已经成为各地谋求发展提升的争夺焦点。不过，目前大多数地区的人才政策聚焦于领军人才、专家型人才，更倾向于高学历人才，对制造业领域急需的技能人才、专业技术人才关注不够，制造业高端人才、高技能人才仍显不足等问题逐步暴露出来。而且，制造业人才宏观环境仍需提高。欧洲英士国际商学院、瑞士德科集团和新加坡人力资本领导研究所联合发布的《2017 年全球人才竞争力指数》报告显示，美国的人才竞争力指数是 69.34，德国是 64.94，日本是 60.72，而我国只有 45.34，排名第 54 位。该报告指出，我国在高等教育、企业培训等方面人才培育表现突出，但对全球优秀人才的吸引力相对较弱。同时，制造业人才观念仍需改变。长期以来形成的技能人才社会地位不高、职业教育吸引力不足等观念依然根深蒂固，技能人才发展通道不通畅、社会地位不高、激励机制不足等问题还未得到根本改善。

四、融资难、融资贵问题再次凸显

长期以来，由于利润空间的巨大差异，资金在金融、房地产等虚拟经济内聚集、逐步脱离实体经济等趋势明显。据统计，一般规模以上工业企业平均利润率为5%～8%，近几年多数工业行业利润率出现下滑，利润进一步变薄；而房地产行业保持了15%左右的销售利润率、30%左右的主营业务毛利润率，银行业保持了50%左右的营业利润率。这是由于工业企业和房地产、金融业等之间存在巨大的收入差距，导致大量资金抽离了实体部门转向虚拟经济，加剧了企业融资难、融资贵的问题，而这一问题近年来又再次显现。从金融机构贷款投向来看，资金投向工业领域的增速，从2011年第四季度的9.3%逐步下降到2017年第四季度的5.1%；而同期投向房地产领域的增速，从2011年第四季度的13.9%，经过27%的高位后，逐步达到2017年第四季度的20.9%。从金融机构贷款投向大企业和小微企业的对标情况来看，投向大企业的增速从2011年第四季度的11.6%上升至2017年第四季度的12.6%；而投向小微企业的增速则从25.8%逐步回落至16.4%。

五、企业成本负担仍然较重

近年来，制造业成本持续上涨，已经成为我国制造业转型升级的重要负担，并使利润空间进一步压缩，产业发展环境亟待优化。

一方面，我国劳动力的比较优势逐步减弱，我国制造业用工成本持续增加，人员月工资普遍达到三四千元。据相关新闻报道，2017年上海企业用工工资已经高于4000元，我国用工成本已高于越南、老挝等东南亚国家，并且成本差距还在进一步扩大。根据经济学人智库预测，到2019年，中国与越南和印度的制造业每小时劳动力成本比分别从2012年的147%和138%上升至177%和218%。

另一方面，能源原材料价格上涨过快。数据显示，2017年12月，全国工业生产者出厂价格同比上涨4.9%，而工业生产者购进价格同比上涨5.9%，如建筑材料及非金属类价格同比上涨11.6%，黑色金属材料类价格同比上涨10.6%，有色金属材料及电线类价格同比上涨10.4%，燃料动力类价格同比上涨7.1%。

第三节　推动我国制造业高质量发展的必要性

党的十九大报告提出，“加快建设制造强国，加快发展先进制造业”。这既是深化供给侧结构性改革、推动经济高质量发展的重要内容，也是全面建设社会主义现代化强国的客观要求。要推进中国制造向中国创造转变、中国速度向中国质量转变、制造大国向制造强国转变，关键是推动制造业高质量发展。

一、我国已成为世界制造业第一大国，但大而不强的问题仍然突出

改革开放以来，我国经济长期保持较快发展，取得了举世瞩目的发展成就。从1978年到2016年，我国年均经济增速达到9.6%，第二产业增加值年均增速更是高达10.9%。随着工业化快速推进，我国制造业规模不断扩大，已成为名副其实的世界工厂和世界制造业第一大国。

（一）我国已成为世界制造业第一大国

改革开放以来我国制造业快速发展的奇迹充分证明，坚持中国共产党领导，不断解放思想、深化改革开放，是我国取得巨大发展成就的最主要经验。改革与开放双轮驱动，以对外开放促进深化改革，以深化改革提高对外开放水平，构成了我国制造业发展由内到外的全面动力机制。实际上，从我国各产业的市场化水平和对外开放水平来看，制造业一直是起步最早、市场化程度和对外开放水平最高的产业和领域。截至2017年，在制造业31个大类、179个中类和609个小类中，完全对外资开放的产业和领域有22个大类、167个中类和585个小类，分别占71%、93.3%、96.1%。这充分体现了我国制造业较高的对外开放水平和市场化程度。可以说，改革开放是我国制造业发展的强大动力，它加速了我国制造业发展的市场化进程，顺应了制造业全球价值链分工与合作大趋势，为我国加快建设制造强国、加快发展先进制造业奠定了雄厚的物质基础。

（二）制造业大而不强的问题仍然突出

在充分认识改革开放40年来我国制造业发展取得巨大成就的同时也必须看到，尽管我国是世界制造大国，但从制造业增加值率、劳动生产率、创新能力、拥有的核心技术、关键零部件生产、高端产业占比、产品质量和著名品牌等各方面衡量，我国制造业大而不强、发展质量不够高的问题十分突出，建设制造强国和发展先进制造业还有很长一段路要走。一方面，我国制造业产业结构不平衡、高级化程度不够，低端无效供给过剩与高端有效供给不足并存。从具体制造业产品看，大部分产品的功能性常规参数能够基本满足要求，但功能档次、可靠性、质量稳定性和使用效率等方面还有待提高，高品质、个性化、高复杂性、高附加值产品的供给能力不足，高端品牌

培育不够。另一方面，我国优秀制造业企业数量不够多，特别是缺少世界一流企业。从世界品牌实验室公布的2017年“世界品牌500强”名单来看，我国入选品牌仅有37个，约占7%。在全球知名品牌咨询公司Interbrand发布的2017年度“全球最具价值100大品牌”排行榜中，我国制造业产品品牌只占2席。我国制造业发展存在的短板充分说明，加快建设制造强国，必须大力提升制造业供给质量，推动制造业实现高质量发展。制造业高质量发展，是指在新发展理念指导下的更高程度满足社会需求的发展，具有产业结构高级化、产业组织结构合理化，以及制造产品高品质、高附加值、高复杂性、高个性化等一系列特点。

二、抓住新一轮科技和产业革命机遇，大力提高制造业发展质量

建设制造强国，发展先进制造业，不仅是我国进入工业化后期的发展需要，也是顺应世界工业化趋势，特别是新一轮科技和产业革命的必然要求。从世界范围看，2008年国际金融危机后，发达国家纷纷推出再工业化战略，同时以制造业信息化、智能化、服务化为特征的新一轮科技和产业革命方兴未艾，我国制造业发展既面临严峻挑战，又迎来重大历史机遇。从挑战来看，在新一轮科技和产业革命背景下，我国制造业的粗放型发展模式不可持续，必须转向创新驱动的高质量发展模式。从机遇来看，新一轮科技和产业革命为我国制造业转型升级和创新发展提供了技术经济基础，指明了发展方向。作为世界制造业第一大国，我国必须抓住这次科技和产业革命的历史机遇，大力提高制造业发展质量，加快建设制造强国。

（一）树立大质量观，积极推进中国制造的品质革命

推进中国制造的品质革命是一项复杂的、涉及经济社会各个方面的巨型系统工程，需要社会各界和制造企业凝心聚力、锲而不舍、协同推动。这就需要从系统、全局、综合和长期的视角看待中国制造的质量问题，建立起涵盖经济、文化、社会、生态文明等多领域，政府、企业、社会组织共同参与的质量管理体系。一方面，要提高国家层面的计量、标准、检验检测、认证认可等国家质量基础设施的支撑能力，产业层面的产业基础能力，企业层面的技术创新能力和管理创新能力，有效解决各个层面基础能力不高的问题。另一方面，要改善社会文化环境、政府政策环境和市场环境，协同推进社会文化环境改善与经济激励机制完善，协同推进质量法制体系完善和市场体系建设，同时大力激发企业家精神，大力弘扬工匠精神。

(二)建立良好创新生态系统,提升制造业技术创新能力

关键基础材料、核心基础零部件、先进基础工艺、产业基础技术一直是制约我国制造业发展和质量提升的技术瓶颈。比如,我国一些关键基础材料、核心基础零部件对外依存度较高,一些关键工作母机、高端医疗设备、高端精密仪器及其核心元器件也在很大程度上依赖进口,部分先进基础工艺和产业基础技术缺乏,等等。要解决这些问题,仅仅依靠增加创新投入远远不够,还要不断完善制造业科技创新生态系统,为技术创新营造良好环境。一是着力消除制造业创新链中基础研究和产业化应用之间的断裂或脱节,提高科技创新成果转化率;二是构建制造业科技创新网络,提高创新生态系统开放性、协同性,促进信息、人才和资金在各类创新主体间高效流动,形成开放合作的创新网络和形式多样的创新共同体;三是积极建立有利于各类企业创新发展、公平竞争的体制机制,尤其是为中小企业创新能力提升创造更好条件;四是加强各层次工程技术人员的培养,尤其要重视提高技术工人的创新能力。

(三)坚持改革开放,形成制造业全面开放新格局

20世纪90年代以来,在全球制造业发展中,产品模块化程度不断提升,生产过程可分性日益增强,信息技术和交通技术进步带来交易效率显著提高、交易成本明显下降,基于价值链不同工序、环节的产品内分工获得极大发展,制造业全球价值链分工成为国际产业分工的主导形式。随着新一轮科技和产业革命加速拓展、业态创新和产业融合日趋加快,新兴工业化国家不断提升制造业发展水平,提升其在全球价值链中的位置,全球价值链日益呈现出多极化发展的新态势。因此,推动制造业高质量发展,加快建设制造强国,必须加快制造业对外开放步伐,积极融入全球价值链分工。改革开放40年的经验表明,我国制造业发展所取得的成就得益于对外开放。当前,我国经济发展进入了新时代,实现制造业高质量发展,更加需要扩大对外开放,形成制造业全面对外开放新格局。一方面,持续优化营商环境,建立健全外商投资准入前国民待遇加负面清单的管理机制,切实降低制度性交易成本,强化知识产权保护,为全球投资者营造稳定、公平、透明、法治化、可预期的营商环境;另一方面,以"一带一路"建设为重点,引导更多中国企业到相关国家投资兴业,建立高水平研发中心、制造基地和工业园区等,推进产能合作和技术创新合作,实现互利共赢。

第四节 全球制造业转移新趋势对我国的启示

新一轮科技革命以来,世界制造业格局发生深刻变化,全球制造业产业转移呈

现出新趋势和新动向。目前，全球制造业转移呈现五大新趋势，即以智能制造为导向向发达国家转移、以按需生产为导向开展全球化布局、以“下一岸外包”为导向向潜在市场转移、以现地市场为导向向消费地转移和以知识产权保护为导向向营商环境高地转移。制造业转移不再仅仅局限于劳动力、土地、能源等低成本优势，而是更加侧重于消费市场、技术体系、营商环境以及创新生态等高端要素。这对我国“世界工厂”地位形成了新的机遇和挑战。准确把握全球制造业转移趋势和动因，及时调整我国制造业发展方向和策略，对我国建设制造强国具有重要意义。

一、发挥成本优势，吸引成本敏感型产业转移

与世界许多国家相比，我国在综合成本方面仍然具有一定的优势，特别是中西部地区在土地、能源、劳动力成本方面优势比较明显，同时随着西部大开发、中部崛起等战略的实施，中西部地区的基础设施、管理水平、人才素质不断提高，其制造业综合成本相对我国东部地区和发达国家仍具有显著优势。要充分发挥这一先天条件，积极吸引纺织服装、食品加工、能源等劳动密集型、成本敏感型产业转移。

二、突出市场优势，吸引市场导向型产业转移

我国拥有10亿级的人口数量，是世界最大的消费市场。同时，随着近年来城镇化的快速推进、人们生活水平的不断提高，我国将进一步释放内需潜力，提高消费需求。此外，东、中、西部地区经济发展的差异性也形成了多样化的消费层次。巨大的市场优势为制造业产品供应和升级提供了得天独厚的条件。我国要强化这一优势，积极吸引智能汽车、消费电子等终端消费品和新能源等市场导向型产业转移和布局。

三、巩固供应链优势，以集群为磁场吸引产业转移

当前产业转移的一个突出特点是由过去单个的、孤立的、分散的产业转移变为集中的、整合的、抱团式转移。与发达国家相比，我国形成了健全的产业体系，拥有齐全的产品门类，配套了完善的产业基础设施，培育了一大批具有世界影响力的产业集群，形成了许多国家难以匹敌的供应链优势，这些都成为吸引产业转移的新磁力。要继续巩固这一优势，依托电子信息、生物医药、高速铁路等优势产业集群，吸引行业主导企业和核心配套企业转移。

四、挖掘创新潜力,吸引产业高价值环节转移

创新水平是推动制造业迁移的重要动力。从历史上看,英、美、日等发达国家无不是通过技术革命成为世界制造业的中心。当前,我国科技发展水平从以跟踪为主步入跟跑、并跑和领跑并存的阶段,并且拥有规模庞大的高素质人才队伍,创新创业环境日益完善,创新潜力无可比拟。要进一步激发创新活力,完善激励创新的产权制度、知识产权保护制度和促进科技成果转化的体制机制等,打造全球创新高地,吸引研发设计、品牌运营、营销服务等价值链高端环节转移。

五、借力智能制造,抢滩新业态、新模式阵地

智能制造以消费者为中心,不断响应市场需求变化,综合了技术创新、管理方式创新、组织结构创新等各个方面,形成了一种全新的经济活动模式,颠覆了以往的经济布局理念,世界各国站到了统一的起跑线上。我国要抓住这一历史机遇,结合我国广大的消费市场和多样化的消费需求,积极抢滩大批量个性化定制、异地协同制造、第三方大数据服务、工业电子商务等新业态、新模式阵地,占领未来产业制高点,吸引全球企业投资和布局。

第三章　湖北省制造业发展概况

2017 年，湖北全省上下深入贯彻落实以习近平同志为核心的党中央和省委省政府的各项决策部署，牢记习总书记视察湖北时的殷殷嘱托，坚持稳中求进工作总基调，坚持新发展理念，坚持以供给侧结构性改革为主线，牢牢把握推进高质量发展的根本要求，统筹推进“五位一体”总体布局和协调推进“四个全面”战略布局，扎实推进“建成支点、走在前列”“全面小康”和“五个湖北”建设，全省经济社会发展取得新成绩。对 2017 年湖北省经济形势的基本判断是：湖北省经济呈现稳中有进、质效提升的发展态势，稳的基础继续巩固，进的力度持续加大，新的动能加快培育，好的因素不断积累，生态环境和人民生活持续改善，总体实现全年全省经济社会发展目标。

第一节　湖北省制造业的发展态势

2017 年，全省上下面对多重挑战，在多项因素影响下，在湖北省委省政府的坚强领导下，采取一系列举措稳增长、抓投资、促转型，湖北省规模以上工业实现主营业务收入达到 43531 亿元，总量位列中部第 2 位、全国第 7 位，具备了建设制造强省的基础和条件。国家深入实施“长江经济带”“一带一路”建设，以及中部崛起新十年规划、推进长江中游城市群建设和大别山革命老区振兴发展等一系列重大战略，必将进一步凸显湖北在全国发展格局中的战略地位，极大地拓展湖北发展的空间布局，加快推动把湖北巨大的潜在优势转化为发展强势，这些都将为湖北省工业发展创造更为广阔的空间和有利条件，为形成新的竞争优势、实现制造强省目标带来新机遇。

一、工业生产保持稳定增长

2017 年，湖北省全部工业增加值为 13874.21 亿元，增长 7.2%(见图 3-1)。年末全省规模以上工业企业达到 16634 家，比上年净增 170 家，增长 1.0%。规模以上工业增加值增长 7.4%，高于全国 0.8 个百分点，环比持平，同比回落 0.6 个百分点。从工业增速趋势看，一、二、三、四季度增加值累计增速分别为 7.6%、8.0%、7.9%、

7.4%,工业经济运行总体平稳。其中,国有及国有控股企业增长8.6%;轻工业增长6.2%,重工业增长8.1%。

2018年上半年,规模以上工业实现主营业务收入21001亿元,总量居中部第2位、全国第7位,与去年同期相比排位保持不变;企业利润保持增长,全省规模以上工业企业实现利润总额2503.65亿元,增长13.2%,同比加快2.7个百分点。

2017年,先进制造业发展势头良好,湖北省装备制造业增加值增长12.2%,比上年提高1.1个百分点,高于全部规模以上工业增速4.8个百分点。高技术制造业增长14.9%,高于全部规模以上工业增速7.5个百分点。工业机器人、新能源汽车、微型计算机设备产量分别增长23.9%、118.2%、52.3%。传统产业占比下降。农副食品加工和化工行业增加值占全部规模以上工业的比重分别为8.6%和7.0%,比上年分别下降1.7个和0.8个百分点。纺织行业占比为4.8%,与上年持平。全年规模以上工业销售产值增长10.0%。产品销售率为97.4%。出口交货值增长15.9%。全年规模以上工业企业实现利润2470.6亿元,增长10.0%。

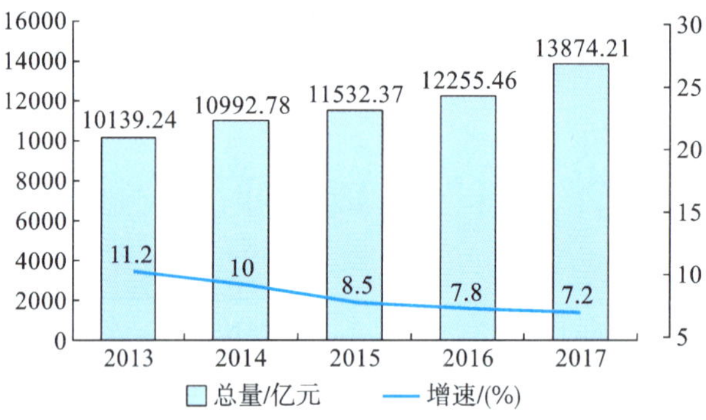

图3-1　2013—2017年湖北工业增加值及增长速度

二、工业投资稳定增长

投资后劲进一步增强,工业投资稳定增长。2017年,湖北省完成工业投资12712.4亿元,同比增长11.9%,增幅同比上升4.5个百分点。工业投资占全社会固定资产投资的39.9%。其中,制造业完成投资11257.5亿元,同比增长11.5%,比上年提高5.1个百分点,占工业投资88.5%。湖北省完成技术改造投资4958.7亿元,在同期基数较低的情况下,同比增长61.6%,占全省工业投资的39%,增速高于工业投资49.7个百分点。高技术产业投资保持快速增长,高技术产业投资累计完成1404.93亿元,增长33.4%,高于全省平均投资水平22.4个百分点。其中,航空航天器制造业投资增长292.4%,铁路/船舶/航空航天设备制造、电气机械、电子设备制

造、医药制造等行业投资分别大幅增长55.9%、35.2%、31.7%、25.2%。改建和技术改造投资占比有所提高。全省改建和技术改造投资完成4213.81亿元，增长34.8%，高于全省投资平均水平23.8个百分点，占全省投资比重为13.2%，比上年提高2.3个百分点。2018年上半年，全省工业投资增长14.7%，同比提升4.7个百分点；工业技改投资增长28.5%，同比提升9.1个百分点，保持较高增长速度。

三、工业用电和铁路货运量快速增长

2017年，湖北省工业用电1168.6亿千瓦时，增长4.8%，同比加快2.9个百分点。制造业用电847.4亿千瓦时，增长10.8%，同比提升8.2个百分点，其中有色冶炼、石油加工、医药、通用专用设备制造、运输及电子电气设备制造行业用电分别增长56%、21.7%、18%、15.1%、13.4%。与此同时，2017年，全省铁路系统货运装车192万车，同比快速增长187.7%，共发货1.02亿吨，同比大幅增长181.3%。从发送产品看：石油发送716万吨，增长7%；有色金属中金矿发送2012万吨，增长19.2%；钢铁发送407.7万吨，增长4%；化肥发送630.5万吨，增长6.2%；化工产品发送197.2万吨，增长1.9%。

四、产业结构持续优化

通过深入推进“两计划一工程”，湖北省主动适应新常态，加快四大传统产业改造升级，加快支柱产业发展壮大，加快十大重点领域创新突破，加大转型力度，产业结构调整成效显著。

（一）产业结构明显改善

“十三五”以来，食品、石化、汽车、电子信息、机械、纺织、钢铁、建材、电力、有色金属等产业规模不断壮大，占全省工业主营收入比重达91%。2017年，全省规模以上工业实现主营收入4.35万亿元，增长11.7%，总量保持全国第7、中部第2位；工业增加值增长7.4%，高于全国0.8个百分点，增速居全国第14位。2017年，全省制造业中装备制造业、消费品工业、原材料工业占比分别为34.7%、39.1%、26.2%；主营收入超过千亿元的行业达17个，其中食品、汽车产业突破6000亿元，石化、电子信息突破5000亿元，机械产业逼近5000亿元；高新技术制造业增加值达4862亿元，增长14.9%，占全省经济总量的比重达到13.3%。先进制造业中的汽车、铁路/船舶/航空航天设备制造、电气机械、电子设备制造、医药行业增加值增速领跑全省工业，分别增长14.5%、11.1%、18.1%、16.1%、14.6%。随着供给侧结构性改革、污染防治等工作深入推进,六大高耗能产业占比为28.1%,增长3.6%,同比下降4.4个百分点。

(二)企业利润保持增长

湖北省规模以上工业企业实现利润总额2503.65亿元,增长13.2%,同比加快2.7个百分点。规模以上服务业企业营业利润为376.5亿元,增长43.3%,同比加快42.8个百分点。

(三)新兴产业与高新技术产业发展水平得到提升

2017年,占全省工业比重近90%的制造业增长7.7%,快于规模以上工业0.3个百分点。高新技术制造业增长14.9%,快于规模以上工业7.5个百分点。高新技术制造业增加值占规模以上工业增加值的比重达8.4%,对规模以上工业增长的贡献率达15.9%。

2018年上半年,全省规模以上工业增加值增长7.8%。主导行业平稳增长,全省高新技术制造业增加值同比增长13.2%,高于全省规模以上工业增加值增速5.4个百分点,对全省规模以上工业增长的贡献率达13.7%。装备制造业增长9.8%,高于全省规模以上工业增速2.0个百分点;制造业增加值增长9.4%,高于全省规模以上工业增加值增速1.6个百分点,对全省规模以上工业增长的贡献率达40.6%,是全省工业增长的重要支撑。

(四)产业集聚效应持续凸显

湖北工业基本形成涵盖41大类、198个中类的行业比较齐全的产业体系,形成以电子信息、生物技术、医药化工、装备制造业为特色的产业集群。截至2018年上半年,湖北省拥有国家级高新技术开发区9个、国家级经济技术开发区7个、海关特别监管区3家,国家级和省级新型工业化示范基地达到40个,省级重点成长型产业集群达到100个,其中销售收入过百亿的达到52个。

五、创新能力显著提升

(一)技术创新平台不断增加

截至2018年上半年,湖北现有国家级高新技术企业5369家。全省拥有国家级高新技术开发区9个,省级以上企业技术中心500多个(国家级50余个)。武汉信息光电子制造业创新中心成为全国五个国家级制造业创新中心之一,国家数字化设计与制造创新中心于2018年10月正式启动。湖北还拥有数字化设计与制造、海洋工程装备等省级制造业创新中心、16家国家级新型工业化示范基地、28个国家重点实验室、19个国家级工程技术中心、14个省级以上新型产业技术研究院、50家产业技术创新战略联盟。

（二）企业技术创新主体地位进一步加强

湖北省高新技术企业培育工作取得积极进展，高新技术产业市场主体继续扩大。2018年上半年，全省高新技术制造业规模以上市场主体累计达到4553家，增长12.5%；高新技术企业2685家，增长17.0%。2017年，湖北省研发投入规模达到700.63亿元，同比增长16.8%，占GDP的比重上升到1.92%。在全国区域创新能力排名中，湖北省上升到第7位，进入“第一方阵”。2018年上半年，全省专利申请量达56531件，同比增长22.2%；其中发明专利达23568件，同比增长16.2%，发明专利占专利申请比重为41.69%。全省高新技术制造业完成产品销售收入9291.74亿元，同比增长12.7%。高新技术产品出口保持增长。全省高新技术制造业累计完成出口交货值达560.74亿元，同比增长8.5%。2017年全省3566家规模以上工业企业有研发活动，研发经费为468.9亿元，增速为5.2%。规模以上制造业研发经费内部支出占主营业务收入的比重为1.2%，规模以上制造业每亿元主营业务收入有效发明专利数为0.6件。

（三）关键核心技术取得重大突破

为了推动关键核心技术的重大突破，全省加大了项目策划和投入力度。2017年，全省组织实施了机械基础件、高档数控机床及机器人、现代信息技术装备、生物医疗装备等重大短板装备重点方向项目21项，争取了国家智能制造综合标准化与新模式补助、绿色制造系统集成补助、工业强基、高档数控机床与基础制造装备、航空发动机及燃气轮机、国家先进存储产业创新中心、国家级骨科机器人手术应用中心等各类重大专项17个。2017年，武汉重型机床集团有限公司研发的世界最大加工规格超重型数控单柱移动立式铣车床CKX53280，成功实现了高度近13米的国家百万千瓦级压水堆核电站的核反应堆压力壳、堆芯吊篮、蒸汽发生器等核电领域超高回转类零件制造装备的国产化。武汉华中数控股份有限公司依托“高性能数控系统关键技术及产业化”项目研发的数控系统，实现了纳米级插补技术和高速度、高刚度、高精度伺服驱动控制，突破了现场总线、五轴联动和多轴协同控制技术，改变了我国高性能数控系统被国外垄断的局面，获得年度国家科技进步奖二等奖。长飞光纤光缆股份有限公司依托“新型光纤制备技术及产业化”项目研制的大尺寸预制棒填补了世界空白，光纤弯曲性能国际领先，获得年度国家科技进步奖二等奖；研制的超低损耗系列光纤已应用于公用通信网络、海底光缆和电力通信干线，填补了国内新型光纤应用的空白。武汉光谷北斗控股集团有限公司被科技部认定为“北斗及地球空间信息产业国际科技合作基地”。

六、质量品牌建设取得重大突破

(一) 企业品牌培育和区域品牌建设成效显著

湖北制造业推广品牌培育成功经验，以《中国制造 2025 湖北行动纲要》中指出的十大重点领域和食品、工业消费品为重点，开展品牌培育工作，指导企业建立品牌培育管理体系。深入推进产业集群区域品牌建设试点示范工作，引导产业集群综合运用集体商标、知识产权、团体标准等手段，提升产业竞争力和区域品牌影响力。推荐品牌培育示范企业 5～10 家、产业集群区域品牌试点 1～2 个。工业和信息化部将湖北列入 2016 年工业质量品牌建设重点省份，湖北省 17 家企业被评为全国品牌培育示范企业，入选企业数全国排名第 5 位、中部居第 1 位。工业和信息化部公布的全国首批 6 个区域品牌培育示范区中，湖北省“随州专用车”榜上有名，是中部省份唯一获此殊荣的区域品牌。2017 年，武汉食品工业加工区“休闲食品产业集群”获批国家产业集群区域品牌建设试点；三宁化工、十堰驰田获批国家工业品牌培育示范企业。截至 2018 年 6 月，湖北省拥有国家工业品牌培育示范企业 19 家，位居中部前列；国家产业集群区域品牌建设试点区 4 个、示范区 1 个，排名均为中部第一；湖北名牌产品持有专利 10493 项，采用国际标准 940 个，产值突破 6000 亿元，占全省 GDP 比重达 23.02%，实现税额 914 亿元；湖北省有效期内湖北名牌总数已突破 1000 个，湖北省获国家质检总局公告保护的地理标志产品累计 165 个，数量稳居全国第 2 位，居中部省份第 1 位；湖北省 176 家企业 58 个产品获国家质检总局核准使用专用标志。

(二) 制造业质量竞争力指数逐年提升

湖北制造业质量竞争力指数逐年提升，实现了由初等竞争力阶段向中等竞争力阶段的跨越。2016 年，湖北制造业质量竞争力指数为 85.65，较全国平均水平高出 1.81，较中部地区平均水平高出 2.4，居全国第 10 位，在中部六省中排第 3 位。从历史数据来看，湖北制造业质量竞争力指数得分位于全国平均水平之上，呈现出波动上升态势。其中，2014 年实现了由初等竞争力阶段向中等竞争力阶段的跨越，2016 年较上年增长 0.44，近 3 年上升趋势明显，逐渐拉开与全国平均水平的距离，在全国稳居中上游。从行业看，在 29 个制造行业中，医药制造业质量竞争力指数为 90.95，稳居榜首，与电子通信共同处于较强竞争力阶段。仪器仪表、电气机械、其他制造

业、钢铁/船舶/航空航天/交通运输等12个行业进入中等竞争力阶段。从二级指标来看，质量水平和发展能力得分同步提升，得分分别较上年提高0.75、0.13。从三级指标看，湖北标准与技术水平、质量管理水平、质量监督与检验水平、研发与技改能力、市场适应能力等5项指标均较上年有所提高，得分分别增长了1.12、0.3、0.78、1.14、2.44；但是核心技术能力较上年降低了3.96，主要受每亿元产值拥有专利数得分下降影响，湖北的专利水平与制造业规模不相匹配问题仍较突出。

（三）全员劳动生产率逐年稳步提高

湖北通过降低企业成本、扩大市场需求、优化产业结构、引导科技投入、提高品牌意识等几个方面，为企业创造条件、搭好平台。随着企业创新能力和劳动者素质的不断提高，湖北规模以上工业全员劳动生产率稳步提升，2016年为8.86万元/人，比2015年提高8.7%；2017年全省全员劳动生产率为10.09万元/人，比2016年提高13.8%，增速优于《湖北省工业“十三五”发展规划》中提出的2020年必须达到的目标任务（年均提高7.5%）。

七、绿色制造取得积极成效

（一）节能降耗卓有成效

能源消耗总量和强度双控工作取得积极成效，经济绿色化程度不断提高。按照工艺装备、环保、安全、质量和能耗等标准，2016—2017年，湖北省压减338万吨粗钢过剩产能，淘汰466万吨炼钢和60万吨炼铁落后产能，淘汰平板玻璃产能775万重量箱、水泥产能45万吨、电解铝产能16.5万吨、煤炭285万吨、小印染1000万米、石油化工230万吨；查处“地条钢”企业15家，捣毁中频炉设备50台，退出产能约180万吨；六大高耗能行业占工业比重下降至28.1%。2016年、2017年全省规模以上单位工业增加值能耗同比分别降低8.25%、6.18%，累计降低13.92%；2016年、2017年单位工业增加值二氧化碳排放同比分别降低6.7%、9.78%，累计降低15.65%。全省2016年、2017年分别完成《湖北省工业“十三五”发展规划》目标任务的77.2%、71.13%，分别超进度82.2%、65.43%，领先于全国平均水平。

（二）循环经济和清洁生产广泛开展

以节能降耗、清洁生产、循环经济、低碳技术为核心，强力推进城镇污水处理厂及配套管网建设、烟气脱硫脱硝建设等项目，加大新能源、可再生资源开发力度，推广使用先进技术和节能产品。依托武汉市青山区循环经济产业园、鄂州循环经济产业园、云梦盐化工循环经济产业园、襄阳谷城循环经济工业园、荆门格林美循环经济产业园、宜昌国家级循环化改造示范试点园区及襄阳市再生资源产业集群等，重点发展以武汉、襄阳为主的报废汽车拆解循环利用产业，以武汉、荆门、荆州为主的废旧家电及电子电器产品循环利用产业，以襄阳为主的废旧金属循环利用产业，以孝感为主的废纸循环利用产业。重点加快推进节能装备及产品、环保治理装备及产品、资源循环利用等领域发展。2017 年，产值超 5000 万元的循环经济企业超过 200 家，再生资源回收利用多项指标跻身全国“第一方阵”。

八、两化融合水平显著提升

“十三五”以来，湖北省信息化与工业化融合呈现出领域扩展、融合深化、服务增强、支撑带动能力提高的良好态势。

（一）信息基础设施逐步完善

认真落实国家“互联网＋”“宽带中国”、创新驱动等战略举措，加快智慧湖北建设，完善全省工业互联网基础设施建设，推进武汉国家级互联网骨干直联点和下一代互联网示范城市建设。加快部署高速、宽带、移动、泛在的信息网络基础设施，积极推进武汉、襄阳等地的大数据、云平台建设；积极建设中部地区的区域性数据中心，提高对周边区域的辐射带动能力；着力提升宽带网络与移动通信网络支撑能力，促进大数据、移动互联网、云计算、物联网在制造行业的深入应用；组织开展工业云服务创新试点，推进研发设计、生产制造、营销服务、测试验证、检验检测等资源的开放共享，打造工业云生态系统；推进工业企业研发设计、生产制造、检验检测、数据管理、技术标准、工程服务的在线协调，为更多企业提供便捷的应用服务；加快开发和应用工业大数据，推动建设服务于工业企业的湖北工业云平台，组织开展行业应用试点示范。截至 2018 年 6 月，湖北省固定宽带用户达 1610 万户，固定宽带家庭普及率为 86.2%，已经提前完成《中国制造 2025 湖北行动纲要》中确定的目标(2020 年达到 70%普及率)和《湖北省工业“十三五”发展规划》中确定的目标(2020 年达到 60%普及率)；移动宽带用户达 3987 万户，移动宽带用户普及率达到 67.6%，完成《湖北省工业“十三五”发展规划》中确定的目标(2020 年达到 75%普及率)的 90.13%。

（二）两化融合总体水平持续提升

两化融合总体水平持续提升。2017 年，全省两化融合发展总指数达到 82.4，居全国第 9 位，其中工业应用指数达到 81.59，居全国第 6 位。省级工业设计中心 20 家，生产性服务业占服务业总量的 43%。省级两化融合试点示范企业超过 800 家，

国家级两化融合管理体系贯标试点企业达107家，通过两化融合管理体系贯标评定的企业达30家。

（三）两化融合管理体系推广普及

2017年，省级两化融合试点示范企业突破645家。其中国家试点示范企业70家，10家智能制造企业纳入国家试点示范，2家企业纳入国家级智能制造整体方案供应商。制造业与互联网融合发展试点示范项目4项，制造业"双创"平台试点示范项目1项。

（四）制造业数字化智能化改造升级进展显著

围绕《湖北省加快推进信息化与工业化融合行动方案（2014—2017年）》，以六个重点产业和四个优势传统产业为突破口，推动高档数控机床、工业机器人、智能专用装备等智能制造装备发展。围绕武汉"中国制造2025"智能制造城市试点示范，突出汽车、机械、电子等重点领域，组织实施智能制造发展应用计划。组织推广50家国家级和省级智能制造试点示范企业，并带动1100多家企业实施智能化改造。制造企业逐步剥离非主营业务，交通运输、现代物流、金融服务、工业设计等生产性服务业正加快与信息技术融合发展，电子商务、物联网、云计算等新一代信息技术在工业领域广泛应用。据两化融合服务联盟提供的指标数据：2016年，湖北省数字化研发设计工具普及率为57.3%，关键工序数控化率为41.7%；2017年，湖北省数字化研发设计工具普及率为62.1%，关键工序数控化率为46.3%。

九、区域增长多极拉动

2017年，17个市州中武汉、十堰、荆州、黄冈、咸宁、神农架等工业生产总产值增长同比加快；十堰、神农架、黄冈、鄂州、黄石、荆州、咸宁等均增长8%以上，分别增长13.6%、13.2%、8.5%、8.3%、8.2%、8.2%、8.1%，增速居市州前列。"一主两副"中，武汉增长7.7%，同比提高2.7个百分点，在稳定全省工业增长中贡献突出；襄阳增长6.2%，环比加快0.2个百分点，同比回落3.9个百分点；宜昌下降0.1%，增幅环比收窄0.5个百分点，同比回落10.3个百分点。

2017年，依据《湖北省重点成长型产业集群暂行管理办法》有关规定，湖北省经信委组织开展了省级重点成长型产业集群考核评审工作，报经省人民政府同意，2017年度湖北省重点成长型产业集群总数为103个，具体如下。

武汉市：武汉市江夏区高端装备制造产业集群，武汉市黄陂区服装产业集群，武汉市新洲区钢铁制品产业集群，武汉市蔡甸区电子产业集群，武汉市东西湖区食品加工产业集群。

黄石市:黄石市服装产业集群,黄石市模具产业集群,黄石市(阳新)化工医药产业集群,黄石市汽车零部件产业集群,黄石市下陆区铜冶炼及深加工产业集群,大冶市饮料食品产业集群,黄石(大冶)高端装备制造产业集群,黄石市电子信息产业集群。

襄阳市:襄阳市汽车及零部件产业集群,襄阳市再生资源产业集群,襄阳市电机节能控制产业集群,襄阳市樊城区纺织产业集群,襄阳航空航天产业集群,老河口市食品产业加工产业集群,襄阳市(襄州、南漳)农产品加工产业集群,枣阳市汽车摩擦密封材料产业集群,谷城县汽车零部件产业集群,宜城市食品加工产业集群。

荆州市:荆州市(公安)汽车零部件产业集群,荆州开发区白色家电产业集群,荆州市沙市区针纺织服装产业集群,荆州市荆州区石油机械产业集群,松滋市白云边酒业产业集群,荆州市(监利、江陵)家纺产业集群,监利食品加工产业集群,公安县塑料新材产业集群,石首市医药化工产业集群,洪湖市石化装备制造产业集群,荆州市荆州区拍马林浆纸印刷包装产业集群。

宜昌市:宜昌市磷化工产业集群,宜昌市医药产业集群,宜昌市夷陵区稻花香酒业产业集群,枝江市枝江酒业产业集群,枝江市奥美医用纺织产业集群,宜都市装备制造产业集群,宜昌市(长阳、五峰)健康食品产业集群,当阳市建筑陶瓷产业集群,宜昌市茶产业集群,宜昌数控机电装备高新技术产业集群,宜昌市新型显示及智能终端产业集群。

十堰市:十堰市商用汽车产业集群,十堰市生物医药产业集群,十堰市郧阳区铸锻件产业集群,丹江口市汽车零部件产业集群,十堰市竹房城镇带有机食品饮料产业集群,竹山县绿松石产业集群。

孝感市:孝感市电子机械产业集群,孝感市(高新区、汉川)纺织服装产业集群,汉川市食品产业集群,孝感市孝南区纸品产业集群,应城市化工产业集群,安陆市食品加工(含粮油加工装备)产业集群。

荆门市:沙洋县绿色食品及屈家岭生态农产品加工产业集群,钟祥市磷化工循环产业集群,荆门市东宝区森工产业集群,钟祥市农产品加工产业集群,京山市轻工包装机械产业集群,沙洋县新材料产业集群,荆门市东宝区电子信息产业集群。

鄂州市:鄂州市金刚石刀具产业集群,鄂州市重型机械制造产业集群,鄂州市经济开发区工程塑胶管材产业集群,鄂州市绿色农产品加工产业集群,鄂州葛店生物医药产业集群。

黄冈市:黄冈市华夏窑炉产业集群,武穴市医药化工产业集群,蕲春县李时珍医药化工产业集群,鄂东(麻城、浠水)汽车配件产业集群,黄冈大别山区食品饮料产业集群,团风钢结构产业集群。

咸宁市：咸宁市机电产业集群，咸宁市咸安区苎麻纺织产业集群，咸宁市现代森工产业集群，嘉鱼县管材产业集群，通城县涂附磨具产业集群，赤壁市纺织服装产业集群，赤壁市砖茶产业集群 ，通山县石材产业集群，崇阳县钒产业集群，通城县电子信息基材产业集群，咸宁高新区军民结合产业集群。

随州市：随州市专用汽车及零部件产业集群，随州市曾都区铸造产业集群，随县香菇产业集群，广水市风机产业集群，随州电子信息产业集群。

恩施州：恩施州富硒茶产业集群，恩施州（恩施、利川、建始）富硒绿色食品产业集群，恩施州（咸丰、来凤）绿色食品产业集群。

仙桃市：仙桃市无纺布产业集群，仙桃市食品产业集群，仙桃市汽车零部件产业集群。

潜江市：潜江市经济开发区化工产业集群，潜江市华中家具产业集群，潜江市特色食品产业集群。

天门市：天门市医药产业集群，天门棉花产业集群。

神农架林区：神农架生态产业集群。

第二节　湖北省装备制造业的主要特点

2017 年，湖北省装备制造业认真贯彻落实党的十九大精神，深入实施《中国制造 2025 湖北行动纲要》，深化供给侧结构性改革，培育发展新动能，产业发展质量和效益进一步提高，对全省工业发展的贡献进一步加大。

一、行业运行好于全省工业整体状况

2017 年，湖北省装备制造业发展势头良好，增加值增长 12.2%，比上年提高 1.1 个百分点，高于全省规模以上工业增加值增速 4.8 个百分点。其中，先进制造业中的汽车、铁路/船舶/航空航天设备制造、电气机械、电子设备制造、医药行业增加值增速领跑全省工业，分别增长 14.5%、11.1%、18.1%、16.1%、14.6%。高技术制造业增长 14.9%，高于全省规模以上工业增速 7.5 个百分点。2017 年，投资后劲进一步增强。航空航天器制造业投资增长 292.4%，铁路/船舶/航空航天设备制造、电气机械、电子设备制造、医药制造等行业投资分别大幅增长 55.9%、35.2%、31.7%、25.2%。

二、新旧动能转换取得积极成效

2017年,湖北省高技术制造业增长14.9%,高于全省规模以上工业增速7.5个百分点。工业机器人、新能源汽车、微型计算机设备产量分别增长23.9%、118.2%、52.3%。传统产业占比下降。农副食品加工和化工行业增加值占全省规模以上工业的比重分别为8.6%和7.0%,比上年分别下降1.7个和0.8个百分点。纺织行业占比为4.8%,与上年持平。企业利润保持增长。2017年,湖北省规模以上工业企业实现利润总额2503.7亿元,增长13.2%,同比加快2.7个百分点。

三、全省装备制造业运行态势良好

2017年,湖北省装备制造业加快由速度型向质量效益型转变,占全省工业的比重为31.7%,比上年提高1.3个百分点,对全省工业经济增长的贡献率达到50.8%。工业机器人、新能源汽车产品产量分别增长23.9%、118.2%。2017年,全省装备制造业主营业务收入增长16.7%。其中,汽车制造业、电气机械和器材制造业分别增长21.7%、21.1%。利润总额增长8.6%。

四、高端装备创新发展迈上新台阶

2017年,全省装备制造业加快由生产制造型向创造型转变,研发成果斐然。

(一)一批装备满足了国家战略需要

武汉重型机床集团有限公司研发的CKX53280型数控机床为世界最大加工规格超重型数控单柱移动立式铣车床,成功实现了高近13米的国家百万千瓦级压水堆核电站的核反应堆压力壳、堆芯吊篮、蒸汽发生器等核电领域超高回转类零件制造装备的国产化。

(二)一批装备打破了国外技术封锁

武汉华中数控股份有限公司依托“高性能数控系统关键技术及产业化”项目研发的数控系统,实现了纳米级插补技术和高速度、高刚度、高精度伺服驱动控制,突破了现场总线、五轴联动和多轴协同控制技术,改变了我国高性能数控系统被国外垄断的局面,获得年度国家科技进步奖二等奖。

（三）一批装备填补了国内外空白

长飞光纤光缆股份有限公司依托“新型光纤制备技术及产业化”项目研制的大尺寸预制棒填补了世界空白，光纤弯曲性能国际领先，获得年度国家科技进步奖二等奖；研制的超低损耗系列光纤已应用于公用通信网络、海底光缆和电力通信干线，填补了国内新型光纤应用的空白。

五、智能制造装备孕育发展新动能

全省装备制造业加快实施《中国制造 2025 湖北行动纲要》，以智能制造试点示范为重要抓手，加快培育智能制造创新载体，促进智能制造成为引领全省由装备制造大省向装备制造强省转变的新动能。

（一）传统装备制造企业智能化升级步伐加快

长飞光纤光缆股份有限公司、美的集团武汉制冷设备有限公司、武汉船用机械有限责任公司、劲牌有限公司等 50 家企业成为国家和省级智能制造试点示范企业，1100 家企业实施智能化改造。其中，武汉奋进智能机器人公司瞄准白酒酿造传统行业人力成本高、劳动强度大、劳动环境差的特点，遵循传统工艺，研发的上甑机器人已经全面应用于浓香型、酱香型、清香型白酒智能化酿造。

（二）3D 打印装备发展迈入快车道

华中科技大学研发的“智能微铸锻”金属增材制造技术，打破了增材制造行业的最大障碍，改变了长期由西方引领的“铸锻铣分离”的传统制造历史。武汉华科三维科技有限公司形成了年产近 100 台大型工业级增材制造装备的能力，目前已累计销售 500 多套工业 3D 打印装备及其耗材，并出口英国、新加坡、俄罗斯、巴西等国。

（三）智能制造装备及系统解决方案供应商全国领先

工业和信息化部首批 23 家智能制造系统解决方案供应商中，中部地区有 3 家上榜，湖北占有 2 席，分别是湖北三丰智能输送装备股份有限公司和武汉华中数控股份有限公司。

六、装备出口迈出新步伐

湖北省装备制造业抓住“一带一路”机遇，在扩大市场需求、技术输出、海外投资与合作等方面取得不凡成绩。湖北金鹰重型工程机械有限公司铁路大型养路机械不仅实现了我国成套大型养路机械首次出口，而且已应用于马来西亚东海岸铁路线既有线改造工程。目前，该企业已将海外市场扩展至美国、巴西、新西兰、澳大利亚、苏丹等20多个国家。武汉华工激光工程有限责任公司向"一带一路"沿线国家提供大功率激光切割装备和高档数控精细等离子切割设备，海外市场销售额已经占公司销售总额20%以上。

七、装备投资项目形成新的增长点

2017年，湖北省装备制造业完成投资4936.3亿元，增长20.9%，增速较2016年上升14个百分点，高于全省工业增速9个百分点。

(一) 一批项目建成投产

投资28亿元的襄阳汽车轴承股份有限公司"三环襄轴工业园"，投资3亿元的广东鸿图武汉压铸有限公司"汽车铝合金精密压铸件(一期)"，投资5亿元的湖北淮川汽车科技有限责任公司"年产10万吨精锻件项目"，投资3亿元的湖北长鑫源汽车实业有限公司"60万件铝合金汽车缸盖铸造项目"等一批项目建成投产，发挥效益。

(二) 一批项目正加快建设

投资50亿元的格力电器有限公司"格力智能装备产业园"，投资31亿元的湖北金鹰重型装备工程机械有限公司"金鹰重工工业园项目"，投资20亿元的格林美股份有限公司"车用动力电池包制造"和湖北豪丰农业装备有限公司"豪丰农机"，投资15亿元的襄阳博亚精工装备有限公司"装备产业园项目二期"等一批项目正在加紧建设中，即将发挥效益。

2017年，湖北省装备制造业发展仍存在以下问题：资金紧张，创新不足，深度不够，高端人才缺乏，对国产智能制造装备的认识存在误区，高端装备的推广应用缺乏包容创新环境等。

第三节　湖北省制造业发展的主要措施

一、强化完善顶层设计

（一）完善政策体系

编制出台了《湖北省工业“十三五”发展规划》《中国制造2025湖北行动纲要》《关于加快稳增长快转型高质量发展工作方案（2018—2020年）》《湖北省人民政府关于深化制造业与互联网融合发展的实施意见》（鄂政发〔2017〕26号）等一系列文件，完善政策体系，提供制度保障，系统引导、推进战略性新兴产业发展壮大、传统产业改造升级，推动“互联网＋”在制造业领域的融合发展。提出了“一个制造强省目标”，确立先进制造业集群核心区、智能制造先行区、产业转型升级示范区和区域领先、全国一流的制造业创新中心的“三区一中心”发展定位，实施“双九双十”行动，制造强省建设的政策框架基本形成。

（二）健全推进机制

成立以省长任组长、分管副省长任副组长的制造强省建设领导小组，设立由4名院士领衔的专家咨询委员会，与工业和信息化部签署《加快推进湖北制造强省建设战略合作协议》，湖北省制造强省建设领导小组出台了《湖北省推进制造强省建设2017年工作要点》，积极推进制造强省建设各项任务方案化、项目化、具体化。市州政府（包括主要工业大县）成立机构、制订方案，上下联动、试点示范，实现全覆盖。

（三）强化考核督办

将工业增加值、工业投资、重大项目建设等制造强省建设的重要指标纳入省政府重大督查事项，建立“月通报、季督办、年督查”工作约谈制度，切实推进制造强省建设。

二、激活产业创新发展动能

（一）完善技术创新体系

围绕系统创新链思想，深入实施“科技企业创业与培育工程”，努力推进“大众创业、万众创新”,大力发展“众创空间+大学生创业特区+孵化器+加速器”的全链条孵化平台,加快建立以企业为主体、需求为导向、产学研深度融合的技术创新体系,引导创新成果、发明专利转化应用。支持改造一批创新型领军企业,鼓励中小企业走“专精特新”之路,培育细分领域单项冠军。首批省级隐形冠军企业达323家,国家级单项冠军培育示范企业已达8家。2016年,湖北省4家企业入选全国首批制造业单项冠军,其中,中石化石油机械股份有限公司、长飞光纤光缆股份有限公司为示范企业,荆州市江汉精细化工有限公司、宜昌长机科技有限责任公司为培育企业。2017年,湖北省又有4家企业入选全国首批制造业单项冠军,其中,示范企业2家(武汉光迅科技股份有限公司、中石化四机石油机械有限公司),培育企业1家(湖北鼎龙控股股份有限公司),单项冠军产品企业1家(宜昌三峡制药有限公司的“硫酸新霉素”产品入选单项冠军产品)。

(二)提升制造业创新能力

开展多种形式的产学研对接活动,引导和支持企业与高校、科研院所、金融机构形成协同创新战略联盟,形成产学研相结合的技术创新体系;引导和支持企业加大研发投入,建设一批国家级、省级企业技术中心和行业技术创新服务平台;建立产学研对接平台,推进产学研用合作,促进科技成果转化和产业化。

(三)搭建新型创新平台

聚焦新一代信息技术、智能装备、新能源汽车、北斗卫星导航、生物医药和高端医疗器械、新材料、海洋工程装备及高技术船舶、航空航天装备、轨道交通装备、节能环保装备和资源循环利用等产业,推进产业链协同创新,创建信息光电子、数字化设计与制造、海洋工程装备等3家国家级、省级制造业创新中心,以及14个省级以上新型产业技术研究院、50家产业技术创新战略联盟,加强产业前沿和共性关键技术研发,突破优势领域、共性技术、关键技术的供给瓶颈。

(四)夯实质量和技术基础

大力实施“三品”(增品种、提品质、创品牌)工程,鼓励企业创建和提升自主品牌,组织开展新技术、新品种推广应用活动,提升工业有效供给能力。大力实施工业强基工程,聚焦芯片、工业机器人、专用钢、光纤、生物医药等一批先进基础材料、核心基础零部件等领域基础薄弱环节,制定强基专项行动方案,滚动建立总投资亿元以上的省级重点工业强基项目库,构建体系化、长效化推进机制。

三、积极培育产业新优势

（一）突出重点领域

聚焦新一代信息技术、智能装备、新能源汽车、北斗卫星导航、生物医药和高端医疗器械、新材料、海洋工程装备及高技术船舶、航空航天装备、轨道交通装备、节能环保装备和资源循环利用等十大重点领域，特别是国家重点支持的集成电路、新能源汽车、高档数控机床、海洋资源开发装备、生物技术药物等细分领域，实现一个领域、一个行动方案、一个重大项目包，实施政策创新、要素倾斜、分业推进、优先发展，培育一批在世界有影响力的先进制造业集群。

（二）扎实推进项目建设

聚焦设备更新换代、质量品牌提升、智能制造和绿色制造等发展方向，建立重点项目责任人和联系人制度，强化重大增长点跟踪服务，实施“机器换人”“产品换代”等重大示范工程，扎实推进工业园区、产业集群和新型工业化示范基地整体升级改造，打造新的重大增长点。

（三）开展重大工程和重点领域的试点示范

积极争取国家支持，加快推进“中国制造 2025”各类试点示范，以点带面，促进湖北制造发展模式转型和产业升级。截至 2017 年，国家级智能制造试点示范单位达 50 家，国家级智能制造整体方案供应商有 2 家，国家两化融合管理体系贯标试点企业达 107 家，通过两化融合管理体系贯标评定的企业达 30 家，制造业与互联网融合发展试点示范项目 4 项，制造业“双创”平台试点示范项目 1 项。

四、促进“互联网＋制造”深度融合

（一）政策体系逐步完善

研究出台了《湖北省人民政府关于深化制造业与互联网融合发展的实施意见》（鄂政发〔2017〕26 号）、《湖北省信息化与工业化融合“十三五”发展规划》、《湖北省信息化发展“十三五”规划》等一系列文件，完善了政策体系，提供了制度保障。

(二) 智慧湖北建设务实推进

充分发挥智慧湖北建设领导小组办公室职能作用,加强相关部门两化融合发展重大问题、重大政策统筹协调;对各市州及相关省直部门的智慧湖北建设情况进行专项督查,跟踪考评各地智慧城市建设成就;深化与国内知名信息通信企业合作,协调衔接阿里巴巴、华为等企业与省政府签订战略合作协议。

(三) 扎实推进信息基础设施和平台建设

加快推进4G、5G网络和"三网融合"基础设施建设,重点培育一批信息技术、智能制造领域的系统解决方案供应商以及楚天云平台、湖北移动"兴业云"等工业互联网平台,为中小企业提供标准化、专业化的系统解决方案。积极推进武汉、襄阳等地的大数据、云平台建设;积极建设中部地区的区域性数据中心,提高对周边区域的辐射带动能力。

(四) 提升应用集成能力

支持武汉创建"全国软件名城",推广数字化协同研发平台、智能化制造执行系统、工业机器人融合集成应用,提升精准制造、敏捷制造、柔性制造能力。组织开展工业云服务创新试点,推进研发设计、生产制造、营销服务、测试验证、检验检测等资源的开放共享,打造工业云生态系统;推进工业企业研发设计、生产制造、检验检测、数据管理、技术标准、工程服务的在线协调,为更多企业提供便捷的应用服务;加快开发和应用工业大数据,推动建设服务于工业企业的湖北工业云平台,组织开展行业应用试点示范。

(五) 扎实推进制造服务化

出台《关于深化制造业与互联网融合发展的实施意见》,实施两化融合示范工程,扎实推进贯标企业试点示范;深化与腾讯、阿里巴巴等互联网巨头合作,引导企业开展两化融合自评估、自诊断、自对标,大力培育发展大数据、云计算、物联网、车联网、人工智能等新业态和新商业模式,提升融合发展水平。

五、扎实推进工业绿色转型

(一) 实施绿色化改造

大力实施绿色制造工程,支持企业绿色改造、开发绿色产品,构建制造业绿色循环低碳发展的产业体系，加快形成工业绿色发展体系，树立一批绿色工厂、绿色设计产品、绿色供应链典型。坚持把推进传统产业改造升级与企业搬迁入园、兼并重组、处置“僵尸企业”相结合，以工业园区、工业集聚区为重点，加快推进工业园区循环化改造，重点推进 8 个循环经济园区和 7 大循环经济产业园区发展。推荐两批 16 家企业创建国家绿色制造示范工程。推进绿色制造系统集成项目建设，推荐的 4 个项目获国家专项支持。

（二）实施智能化改造

以实现重大产品和成套装备的智能化为突破口，以推广普及智能工厂为切入点，加快提升制造业产品、装备及生产、管理、服务的智能化水平。推进数字化车间、智能制造新模式应用、智能工厂新模式应用项目建设，推荐的 17 个项目获国家专项支持。

（三）实施节能环保改造

围绕工业生产源头、过程和产品三个重点环节，引导企业加快实施节能环保技术改造，积极开发和推广量大面广的节能、节材和环保的先进技术与设备，鼓励开发高效率、低消耗、低排放的绿色制造流程，探索推进节能环保的新机制新模式。推荐 13 项环保技术装备申报国家重大环保技术装备目录。推荐一批科研院所申报国家绿色发展评价中心。

（四）广泛开展循环经济和清洁生产

依托武汉市青山区循环经济产业园、鄂州循环经济产业园、云梦盐化工循环经济产业园、襄阳谷城循环经济工业园、荆门格林美循环经济产业园、宜昌国家级循环化改造示范试点园区及襄阳市再生资源产业集群等，重点发展以武汉、襄阳为主的报废汽车拆解循环利用产业，以武汉、荆门、荆州为主的废旧家电及电子电器产品循环利用产业，以襄阳为主的废旧金属循环利用产业，以孝感为主的废纸循环利用产业。重点加快推进节能装备及产品、环保治理装备及产品、资源循环利用等领域发展。2017 年，产值超 5000 万元的循环经济企业超过 200 家，再生资源回收利用多项指标跻身全国“第一方阵”。

（五）实施园区升级改造

扎实推动老工业基地改造、资源枯竭型城市转型、城区危险化学品企业搬迁，推动 40 家国家级、省级新型工业化示范基地建设，推动龙头企业及配套企业产业链协同改造。

六、奋力激发市场主体活力

(一)深化“放管服”改革

加强部门联动、上下互动,建立重大项目绿色通道,推行一站式服务,简化办事程序。实行涉企收费目录清单式管理,最大限度降低制度性交易成本和企业税费负担。落实“减负32条”政策执行检查督改力度,多措并举降低企业用能、用地、用网、用工及融资和物流成本,努力改善营商环境,提高环境竞争力。

(二)深入推进民营经济改革

出台《关于大力促进民营经济发展的若干意见》,积极深化非公经济改革,推进200户民营企业建立现代企业制度试点示范,加快补齐民营经济发展短板,努力激活民间投资。

(三)深化产业引导

整合发改、科技、财政、税务等部门资源,促进要素向优质鼓励类项目聚焦,加大有效投入力度;对限制类、淘汰类项目,实施差别化电价、差别化信贷等政策,倒逼落后低端产能及工艺设备加快退出。

(四)降低企业成本

出台《湖北省降低企业成本专项行动方案》等文件,从降低税费负担、人工成本、资源要素成本、物流成本、融资成本、外贸成本、制度性交易成本等七大方面,打出降成本“组合拳”。2017年全年为企业降低成本约1100亿元。

七、强力推进产业转型升级

(一)强化政策引领

深入贯彻省政府《关于加快推进传统产业改造升级的若干意见》《关于加快新旧动能转换的若干意见》《关于加快稳增长快转型高质量发展工作方案(2018—2020年)》等系列文件,滚动实施“万企万亿”技改工程,促进产业技改扩能;修订、完善《湖北省传统产业改造升级资金管理暂行办法》,将省级财政传统产业改造资金规模扩大到8亿元,成立30亿元的省级股权投资引导基金。协调长江产业基金、省级股权投资引导基金发起设立传统产业改造升级基金，确保 3 年内投向传统产业改造升级的资金规模不少于 100 亿元。

（二）扎实推进项目建设

编制全省工业投资导向计划和投资指南，引导企业技术改造和社会投资向智能制造、节能减排、质量品牌等关键环节和产业链“短板”聚集，聚焦设备更新换代、质量品牌提升、智能制造和绿色制造等发展方向，强化重大增长点跟踪服务，实施“机器换人”“产品换代”等重大示范工程，扎实推进工业园区、产业集群和新型工业化示范基地整体升级改造。

（三）着力去产能、去库存、补短板，提升产业整体素质

制定产能过剩行业建设项目产能置换细则，严控过剩产业无序建设。坚持技术改造与技术创新协调发力，推动科技成果产业化、规模化，推进光电子信息、高端数控装备、海洋工程装备等省级制造业创新中心建设。

（四）强化考核督办

建立常态化和“点穴式”的分析通报和督查约谈制度，对工业运行和工业投资实行“月分析、季督查、年结账”，引导各地大抓、实抓工业转型升级，形成竞相发展态势。

八、持续推进质量强省建设

（一）大力推进工业品牌创新发展

引导企业完善品牌管理体系、创新管理模式、增强培育能力，构建品牌培育能力评价机制，深化区域品牌建设，加快标准化体系建设。全面落实企业质量主体责任。实施工业千项精品工程，不断提升产品质量水平；开展“三品”专项行动，增强企业履行质量责任的能力；鼓励企业做好质量承诺，加强质量诚信建设，切实保护消费者的权益。

（二）积极推进自主品牌建设

指导企业推进品牌建设，组织企业开展质量共性技术攻关，研究制定推进产业聚集区域品牌建设的制度和措施，加大自主知识产权保护力度，加强质量、品牌保护。

(三) 推广先进质量管理方法

组织开展标杆交流活动,引导企业推广卓越绩效模式等先进质量管理方法,推广 ISO 9000、GMP 和 HACCP 质量管理体系,促进质量管理水平和品牌档次全面提升。组织开展工业品牌队伍的培养。加快推进工业企业品牌专业人才培养工作,完善品牌专业人才培育机制,广泛培养品牌专业岗位人员,为企业开展品牌建设提供人才保证。

九、不断提升县域经济发展水平

(一) 加强开发区和工业园区建设,夯实县域经济发展的根基

坚持"高端化、循环化、集群化、低碳化"方向,加强县域开发区和工业园区规划建设,不断完善公共服务平台、金融、保险、物流等服务配套和管理机制,为企业、项目、要素集中、集约、集聚提供平台。襄阳市与襄州区联手打造千亿级的智能城市轨道交通产业园和 500 亿级的航空航天产业园;夷陵、宜都、枝江、远安创新"一区多园、一园多点"管理模式,创建军民融合特色园区;京山经济开发被评为国家新型工业化产业示范基地。95 家县域开发区和工业园以不足全省县域 1%的土地,聚集了县域近 60%的规模以上工业企业,创造了县域 70%以上的规模以上工业增加值。

(二) 坚持调结构、促转型,提升县域经济发展水平

2017 年,县域三次产业比由上年的 16.9∶49.8∶33.3 调整为 16.2∶49.5∶34.3,其中:第三产业增加值增长 9.4%,高出县域 GDP 平均增速 1.7 个百分点,占比较上年提高 1 个百分点;工业主导地位稳固,工业增加值占比为 44%,16 个县(市、区)工业占比超 50%;县域规模以上工业企业达 13919 家,比上年底净增 195 家,32 个县(市、区)的规模以上工业企业超 200 家,12 家企业跻身"中国民营企业 500 强"、21 家企业入选省细分行业领域"隐形冠军"、42 家企业被评为省级"科技小巨人"。县域"中国驰名商标"202 个,比上年增加 9 个,占全省总数一半以上。

(三) 强化发展的生态刚性约束,推进绿色低碳发展,增强县域产业发展承载力

实施沿江化工产业整治、危化企业搬迁、淘汰落后产能、水泥错峰生产等政策措施,加快压减过剩落后产业产能。加快推进 5 个资源枯竭城市转型试点,建成一批具

有带动和示范作用的循环产业项目、生态工业示范园区和再生资源基地。2017年，县域万元生产总值能耗下降5.02%。

（四）加强分类指导，促进县域经济竞相发展、特色发展、错位发展

根据功能分区和各地发展实际条件，加强分类指导，建立完善有利于县域经济发展的体制机制，激励各地竞相发展、特色发展、错位发展。对重点开发区域，引导承接产业转移，加快传统产业改造升级和新兴产业培育，大力发展生产性服务业，打造县域经济升级版；对农产品主产区域，创新现代农业发展方式，加快发展现代农业和农产品加工业，培育特色产业；对重点生态功能区域，依托资源优势发展资源型新型工业、特色生态农业和生态文化旅游等。

十、深化产业国际化合作

（一）完善国际产能和装备制造合作支持政策

全面落实企业境外投资涉及的技术、装备及服务出口的税收优惠政策，加快境外投资企业相关的出口退税办理进度，搭建金融机构支持湖北省企业国际化的银、政、企合作平台。

（二）健全促进境外投资的政府服务体系

将湖北省重点境外投资企业和重大项目纳入国家重大战略规划及双边合作机制，统筹协调国家相关金融、投资、信保机构和基金组织对湖北省重点境外投资项目提供融资和保险支持，进一步简政放权，除涉及敏感国家和地区、敏感行业的投资外，实行备案管理，搭建湖北省与重点国家、地区深化国际产能和装备制造合作的制度化平台。

（三）建立境外投资风险防控体系

依托国家重大国别或地区风险评估和预警机制，加强湖北省境外投资重点国别和地区的风险评估和预判，及时通报、警示重大风险。积极配合国家有关部门妥善处理涉及湖北省境外投资等重大风险和问题，综合运用外交、经济、法律等手段，切实维护湖北境外投资企业合法权益。

第四节　湖北省制造业面临的机遇与挑战

一、湖北省制造业面临的机遇

工业是国民经济的命脉，也是结构调整和提质增效的主战场。目前，新一轮技术革命和产业变革方兴未艾，内外部环境正发生深刻变化，湖北工业发展呈现新特征、面临新的发展机遇。

(一) 大环境提供了新空间

经济全球化深入发展，利用两个市场、两种资源的空间逐步扩大；我国工业化进程加快，从规模扩张向结构升级转化，进入工业化加快发展期的中期阶段。随着供给侧结构性改革的进一步推进，以及财税体制改革、金融改革、行政审批制度改革、新一轮土地制度改革等政策红利的不断释放，“大众创业、万众创新”蓬勃开展，必将极大地释放各种要素创新、创业的活力，将为湖北省工业发展注入强大动力，有利于湖北省工业发挥优势进一步加快发展。

(二) 重大战略的实施带来新机遇

国家高度重视优化经济发展空间格局，重点实施“一带一路”、长江经济带开放开发、中部崛起新十年规划、推进长江中游城市群建设和大别山革命老区振兴发展等一系列重大战略，必将进一步凸显湖北在全国发展格局中的战略地位，极大地拓展湖北发展的空间布局，加快推动把湖北巨大的潜在优势转化为发展强势，这些都将为湖北省工业发展创造更为广阔的空间和有利条件，为形成新的竞争优势、实现制造强省目标带来了新机遇。

(三) 产业变革带来新契机

新一轮科技革命和产业变革正在兴起，其突出特点就是信息技术的全面突破和与其他产业领域的渗透融合，尤其是互联网与制造业的深度融合，正在引发影响深远的产业变革。在新技术革命驱动下，工业互联网、大数据、云计算等快速发展，推动全球制造业发展模式向智能化、绿色化、服务化方向加快发展。当前，湖北大力推进智慧湖北建设、《湖北省工业“十三五”发展规划》和《中国制造 2025 湖北行动纲要》，新产业、新业态、新模式加速成长，加快生成新的产业发展动力，为湖北省工业加快转型升级，实现工业强省建设目标创造了条件和机遇。

（四）政策激励带来新动力

省委、省政府坚持不懈推进工业经济加快发展，不断加大支持力度，不断完善考核激励机制，形成了抢前争先、竞进发展的强大气场。随着全省"一元多层次"战略体系深入实施，"两圈两带一群""一主两副多极"统筹推进，一批重大项目规划实施，一系列重大举措相继推出，湖北省工业发展的动力将越来越足，活力越来越强。

二、湖北省制造业面临的挑战

虽然2018年上半年全省工业经济运行保持总体平稳，但持续回升的基础仍不牢固，动力仍显不足，还存在一些问题和挑战。

（一）传统产业转型压力不减

作为全国老工业基地，湖北制造业传统为主、重化集中等结构性矛盾突出，在当前形势下传统产业转型面临新的困难和压力，突出表现为以下三点。

一是过剩产能化解之痛。近年来，湖北省在钢铁、水泥、有色、煤炭、平板玻璃等领域淘汰落后产能、化解过剩产能力度较大，这些行业增速明显低于全国平均水平，短期内影响制造业平稳增长；此外，随着供需矛盾缓解和原材料价格上涨，这些领域效益大幅改善，防止已淘汰落后产能死灰复燃的压力增大。

二是低端产业升级之痛。湖北省制造业整体处于产业链中低端，以初加工为主的加工类产业增加值占比超过54%，处在向产业链高端升级的瓶颈期。以农副食品加工业为例，产业规模接近5000亿元，但企业普遍"小、散、弱"，行业利润率低，多数企业无力投入品牌营运和技改升级，部分企业在市场竞争和行业洗牌中受到冲击甚至停（破）产。

三是环保整治之痛。2016年以来，湖北省大力推进沿江企业整治及环保督查整改，重点对石化、钢铁、建材企业搬迁整治，一批企业减产限产、关停并转，部分重点地区、重点行业及重点企业生产出现异常波动，短期内对工业平稳运行带来影响。

（二）新动能依然偏弱

一是新动能体量较小。2017年全省规模以上高技术制造业占规模以上工业的比重只有8.4%，装备制造业占规模以上工业比重只有31.7%，均低于全国平均水平。高新技术产业投资占全部投资的比重仅为4.4%。"四上"高新技术产业增加值增长12.9%,比上年放缓1.0个百分点,占GDP比重仅为16.0%。

二是新增企业拉动有限。全省2017年新增规模以上工业企业1147家,比上年少441家;新增规模以上工业企业拉动全省产值增速1.4个百分点,拉动作用比上年下降1.2个百分点。

(三)产销衔接水平偏低

2017年湖北省工业产品产销率为97.4%,比上年降低2.1个百分点。2017年,规模以上工业企业产成品存货1574.33亿元,增长7.8%,比上年同期加快9.6个百分点。其中,食品制造业、烟草制品业、化学原料和化学制品制造业、有色金属冶炼和压延加工业、汽车制造业等五大行业产品产销率较去年同期分别下降2.1个、2.3个、0.7个、0.8个和2.7个百分点。企业产成品库存增多,将会对后续排产产生不利影响。

(四)高新技术产业发展瓶颈仍需关注

一是区域发展不平衡。全省16个市州(不含神农架林区)中仅有8个市州高新技术产业增加值增速高于全省发展水平,其中"一主两副"(武汉、宜昌和襄阳)高新技术产业增加值分别增长13.9%、12.5%、137.%,"一主两副"完成增加值占全省高新技术产业增加值的比重达到67.6%。

二是产业结构欠优化。四大传统高新领域占比超过83%,新能源与高新技术、资源与环境保护技术等领域的占比分别仅为4.1%和2.5%,虽然增长速度较快,但比重偏轻的状况依然没有得到有效改变。

三是创新层次有待提高。湖北省研发经费支出强度虽大幅度提高,但研发投入强度仍低于全国平均水平,与发达省份相比还存在一定差距,研发投入不平衡不充分仍然是湖北省面临的最大现实。2017年,湖北省开展了创新活动的企业占比达到39.75%,但是有内部研究与开发(R&D)活动的企业占比仅为13.27%。2016年,湖北省研发经费投入到基础研究和应用领域的比重为16.6%,在全国排名第19位,反映出湖北省基础科学研究和核心技术研发的比较优势不强。

(五)实体经济依然困难

2017年,工业效益改善明显,但制造企业生产经营困难局面没有得到根本改观。

一是实体企业盈利低于全国水平。2017年,湖北省规模以上工业企业主营业务收入利润率为5.86%,比全国平均水平低0.5个百分点。利润总额增长虽有所加快，但仍低于全国的增长率 8.7 个百分点。

三是企业融资难问题突出。尽管国家出台一系列金融支持实体经济的政策措施，但各地普遍反映，金融部门和融资担保机构仍将防范化解风险摆在了首要位置，慎贷、惜贷现象严重，从而导致企业资金流动紧张加剧。近年来，全省制造业贷款比逐年下降，由 2015 年的 12.4%降至 2016 年的 10.9%，2017 年进一步降至 8.7%。到 2018 年 5 月末，全省制造业贷款余额同比下降 7.4%。

四是企业停产退规仍未得到缓解。受市场、资金、政策关停等多重因素影响，工业企业停产退规增多，这成为影响工业增长的重要因素。全省 2017 年规模以上工业企业为 15068 家，较去年同期减少 1221 家。

（六）后续增长压力依然较大

受国际、国内发展环境和条件变化的影响，湖北省工业经济后续增长压力较大。

一是中美贸易摩擦的持续升级已对全省出口产生明显的负面影响。2018 年上半年，全省共完成出口交货值 908.3 亿元，同比仅增长 0.6%，增长率较上年同期下滑 12.9 个百分点。其中，汽车制造和计算机通信行业增速较低，出口交货值同比下降 5.5%和 25.8%。

二是对全省上半年工业增长贡献突出的行业下半年可能出现回落。汽车行业在经历了近一段时期的高速增长之后，已现疲态，上半年 8.8%的增速较一季度继续回落 1.0 个百分点，为 2015 年年末以来的最低值。上半年，该行业增加值占全省全部规模以上工业的比重为 14.0%，若增速进一步回落，也将对全省工业经济增速产生较大影响。部分重点车企上半年产值均已出现增速回落或同比下降的情况。

三是供给侧结构性改革、污染防治等工作的深入推进带来的影响。“十二五”以来，湖北省大力推进沿江企业整治及环保督查整改，重点对石化、钢铁、建材企业搬迁整治，一批企业减产限产、关停并转，部分重点地区、重点行业及重点企业生产出现异常波动，已给湖北省工业平稳运行带来影响，特别是对化工行业增长产生较大影响。

（七）部分市州增长较慢

部分市州受环境整治、新动能不足等因素影响，工业增长相对较慢。如图 3-2 所示，宜昌、荆州、黄冈和恩施 2018 年上半年增加值同比增速分别为 6.8%、6.8%、5.7%和 2.5%，分别低于全省增加值平均增速 1.0 个、1.0 个、2.1 个和 5.3 个百分点。

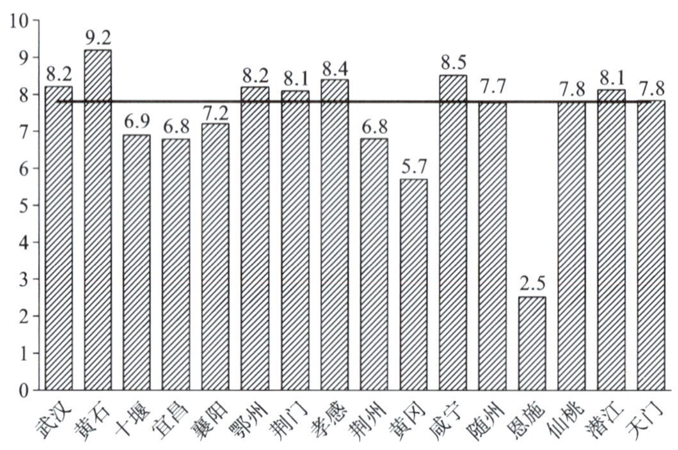

图 3-2　2018 年上半年各市州(不含神农架林区)
规模以上工业增加值同比增速(%)

第五节　湖北工业形势展望及建议

一、湖北工业形势展望

站在新的发展方位看湖北,工业发展稳中向好的势头将延续。这主要得益于“三个没有变”,具体如下。一是利好湖北工业的外部机遇没有变。世界经济整体延续复苏态势,国际市场需求持续回暖,“一带一路”、长江经济带、湖北自贸区、中部崛起、武汉建成国家中心城市、长江中游城市群建设等国家层面战略机遇叠加,为湖北工业提质增效升级提供了良好的外部条件。二是湖北工业结构调整优化的前进态势没有变。高技术产业、装备制造业发展势头良好,电子商务等新业态增长势头强劲,战略性新兴产业、技改投资保持较快增长,消费升级不断加快。三是支撑湖北工业持续增长的基础条件没有变。湖北地理位置突出、产业基础良好、科教资源丰富,工业化、城镇化加速发展,发展后劲不断积蓄,综合优势正在转化。经济发展的韧性好、潜力大、后劲足。但随着世界经济缓慢复苏,全球加息、降税浪潮已至,各种贸易摩擦加剧,国内区域竞争向深层次拓展,湖北工业的创新能力、质量效益还与先进地区存在较大差距,主要依靠要素投入、中低端竞争的路径依赖将难以持续,湖北工业也将迎来一个挑战趋多的发展阶段。

二、对湖北省制造业发展的建议

2018年是贯彻落实党的十九大精神的开局之年，是改革开放40周年，是决胜全面建成小康社会、实践"十三五"规划承上启下的关键一年。做好全年经济工作，意义十分重大。全省上下必须坚持以习近平新时代中国特色社会主义思想为指导，全面贯彻中央和全省经济工作会议精神，加强党对经济工作的领导，紧扣社会主要矛盾，推动"三大变革"，打好"防范三大"攻坚战，着力建设现代化经济体系，不断增强湖北省经济创新力和竞争力。

（一）以新发展理念为引领，构建现代化产业体系

加快建设制造强省。加快发展先进制造业，大力实施工业强基、智能制造、服务型制造、万企万亿技改等工程。深入推进产业链条延伸、企业兼并重组、落后产能淘汰，推动互联网、大数据、人工智能与实体经济深度融合，促进新一代信息技术等高新产业领域实现突破，培育新兴领域重点成长型产业集群。推进服务业提速升级。实施服务业提速升级行动计划、千亿元培育工程、高技术服务业创新工程，加快金融、会展物流、文化创意、现代供应链、人力资本服务等产业发展，着力建成全国性重要的现代服务业基地。实施乡村振兴战略。积极推进乡村振兴战略的湖北实践，推动农业供给侧结构性改革，实施"三乡工程"，推进"三权分置"，发展现代农业，培育新型经营主体，发展民宿经济、乡村旅游等新兴业态，推动农村一、二、三产业融合协调发展。

（二）以质量效益为核心，扎实推进三大变革

力求质量更好。加快质量强省建设，实施工业"三品工程"，推进农业产品绿色化标准化、工业产品高端化智能化、服务产品个性化精品化，推进湖北省自主品牌建设，打造"湖北标准""湖北品牌"。力求效率更高。逐步降低重污染高能耗行业比重，在共享经济、绿色供应链、人力资本服务领域培育高生产率行业，加快推进垄断行业、国有企业和要素市场改革，促进资源要素自由高效配置。力求动力更强。加快创新型湖北建设，推动国家全面创新改革武汉试验区全面升级，鼓励企业参与科技成果转移、转化，强化企业创新主体地位。推进引进人才"二十条"和"我选湖北"计划落地、落实，厚植人力资本。探索建立自由贸易港，积极组织企业开拓"一带一路"沿线国家市场，深度推进国际产能合作。

(三)以激活市场主体活力为抓手,深化供给侧结构性改革

深入推进"三去一降一补"。优化存量资源配置,扩大优质增量供给。稳步推进国有企业降杠杆,推动国有企业混合所有制改革,支持企业兼并重组,促进"僵尸企业"市场出清。加大重大基础设施建设力度,加强电网、信息、物流等基础设施网络建设。紧抓产业项目建设。加大对湖北省发展滞后的生产性服务业、前景较好的新兴产业以及基础设施等领域的投资力度。创新金融服务。推进金融监管、融资渠道、融资产品等方面创新,引导资金"脱虚向实",力争信贷投放实现"四个高于"目标,降低企业负债率和融资成本。培育"单项冠军"。弘扬企业家精神、劳模精神、工匠精神,加大"专精特新"和科技型企业扶持力度,打造一批细分市场领军企业和行业领先企业。

(四)以优质便捷为标准,全力改善营商环境

推进关键性改革。全面推进"放管服"改革,以商事制度改革、事中事后监管、降低创业准入成本等为重点,健全完善"三个清单"制度,减少审批事项、提高审批效率。改善工作作风、创新服务方法,当好服务企业的"店小二",扎实推进"亲清"营商环境建设。完善关键性制度。以产权有效激励、竞争公平有序、企业优胜劣汰为导向,深化经济体制改革。加快省级投融资平台公司转型发展,鼓励民营企业依法进入更多领域。积极构建市场机制有效、微观主体有活力、宏观调控有度的经济体制,为重商、亲商、安商、富商提供制度保障。

(五)以均衡协调为目标,形成多极支撑新格局

深化多极支撑战略。统筹推进"一主两副多极"建设,加快推动"一带一路"和长江经济带、长江中游城市群建设的湖北实践。增强城市要素聚集、科技创新和服务功能,助力武汉国家中心城市建设,提升襄阳、宜昌发展能级,构建以城市群为主体的新型城镇格局。做强县域经济。持续加大政策倾斜支持力度,进一步完善功能布局、搭建平台载体、突出项目支撑,引导各地提升主导产业规模和能级,提高县域要素聚集和产业承载能力,全面提升县域经济综合实力,为决胜小康社会打下坚实基础。

第四章　制造强省若干问题的思考

制造业是国民经济发展的基础。纵观世界强国的崛起，都是以强大的制造业为支撑的。在虚拟经济蓬勃发展的今天，世界强国仍然高度重视制造业的发展。制造业始终是国家富强、民族振兴的坚强保障。当前，新一轮科技革命和产业变革蓬勃兴起，全球范围内创新资源快速流动，产业格局深度调整，我国制造业迎来“由大变强”的难得机遇。

建设制造强省，是贯彻落实全省党代会精神、保持经济平稳健康较快发展的重要举措。坚持以供给侧结构性改革为主线，牢牢把握推进高质量发展的根本要求，统筹推进“五位一体”总体布局和协调推进“四个全面”战略布局，扎实推进“建成支点、走在前列”“全面小康”和“五个湖北”建设，全面对接融入国家战略，坚定不移推进由制造大省向制造强省转变，着力提升湖北制造整体水平和核心竞争力，力争在推进新一轮制造业发展中抢占先机、赢得主动、赢得未来。

第一节　制造强省的特征要求

2015 年，国务院发布《中国制造 2025》，2017 年，湖北省政府出台了《中国制造 2025 湖北行动纲要》，主动对接融入国家战略，加快建设制造强省。从《中国制造 2025》和《中国制造 2025 湖北行动纲要》看，制造强省的特征要求主要有以下几个方面。

一是规模大。工业门类齐全，产业积淀雄厚，产业规模和生产能力排在全国前列。

二是结构优。产业产品层次高，处于产业链高端和价值链高端，产业链条完善，配套能力强，集团协作程度高，重点产业、企业之间的关联度高。

三是动力新。创新意识强，创新服务体系完备。科教优势发挥充分，科技与产业结合紧密。

四是后劲强。传统产业提档升级，新兴产业生机勃勃。大数据、物联网与制造业紧密结合。

五是效益好。企业主要效益指标位于全国平均水平以上。

六是能耗低。资源节约,节能技术先进,实施绿色制造,有效推动工业清洁低碳循环和可持续发展。

第二节 湖北制造的优势和短板

一、湖北制造,优势在哪里

(一) 工业规模总量不断扩张

湖北工业规模总量以极快增长势头逐年壮大,截至 2018 年 5 月,有规模以上工业企业 1.5 万家。2016—2018 年,规模以上工业增速一直在 7.0%~8.0%的正常增长区间波动。2017 年,实现主营业务收入 4.35 万亿,利润总额达 2470.6 亿元;营业收入总量规模居全国第 8 位;千亿产业达到 17 个,较 2012 年增加 9 个产业,其中,汽车营业收入超过 7000 亿元,农副食品加工、化工、建材营业收入超过 3000 亿元,钢铁、纺织、计算机营业收入突破 2000 亿元。

(二) 工业结构由重变轻

湖北工业基本形成涵盖 41 个大类、198 个中类的行业比较齐全的产业体系,形成以电子信息、生物技术、医药化工、装备制造业为特色的产业集群,工业结构由重变轻。轻工业、重工业增加值之比由 34.6∶65.4 调整为 36.1∶63.9。六大高能耗产业增速回落至 3.6%,增加值占比为 28.1%,比 2012 年下降 2.9 个百分点。高新技术制造业总产值比重超过 40%,比 2012 年提高 11 个百分点。

(三) 工业效益持续向好

近三年来,工业利润总额占主营业务收入的比重由 2015 年的 5.1%上升到 2017 年的 5.5%,呈上升趋势。2015—2017 年工业利润增速分别为 2.1%、9.6%、10%,营业收入增速分别为 4.5%、6.8%、11.8%,工业效益呈现稳定向好态势。

二、湖北制造，短板在何处

（一）规模优势在缩小

与全国和中部省份的对比发现，湖北工业的规模优势正在缩小。从总量来看，2017 年工业总产值在中部的排位较 2016 年下降 1 个位次。2017 年主营业务收入在中部六省的占比为 16.72％，利润占比为 12.7％，分别较 2016 年下降 0.02 个、1.13 个百分点。从数量来看，2018 年，工业企业数量在中部的占比较 2016 年下降 1.3 个百分点（见表 4-1）。

表 4-1　中部六省工业企业数量、主营业务、利润总额情况表

	规模以上工业企业数量			主营业务收入			利润总额		
	2018 年/个	在中部占比/（％）	占比较2016 年增减/（％）	2017 年/亿元	在中部占比/（％）	占比较2016 年增减/（％）	2017 年/亿元	在中部占比/（％）	占比较2016 年增减/（％）
中部	85988	—	—	260319.3	—	—	19339.3	—	—
山西	3849	4.48	0.38	17725.3	6.81	0.75	1992.5	10.30	0.63
安徽	18924	22.00	－0.22	43408.1	16.68	0.08	1409.1	7.29	3.24
江西	10917	12.70	1.11	35585.1	13.67	－0.09	3208.6	16.59	0.06
河南	21984	25.57	－1.17	80605.7	30.96	－0.79	8327.6	43.06	－3.17
湖北	15087	17.55	－1.33	43531.2	16.72	－0.02	2470.6	12.78	－1.13
湖南	15227	17.70	1.25	39463.9	15.16	0.08	1930.9	9.98	0.37

（二）结构调整步伐稍慢

湖北工业在较快增长的同时，仍存在主导行业竞争力、支柱行业贡献率下滑等问题。主导行业竞争优势不明显，2017 年，计算机、通信和其他电子设备制造业，化学原料和化学制品制造业、纺织业等行业主营业务收入利润率分别比全国同行业的低 2.3 个、1.7 个、1.3 个百分点（见表 4-2）。从 2018 年 1—5 月的工业生产数据看，41 个行业大类中，有 6 个支柱行业（农副食品加工业、化工制造业、建材行业、纺织业、酒饮料茶制造业、通信设备制造业)的增速低于全国平均增速。

表 4-2　2017 年全国和湖北工业主营业务收入利润率情况

行业名称	全国主营收入利润率/(%)	湖北主营收入利润率/(%)	湖北与全国平均水平相比/(%)
农副食品加工业	4.8	4.1	-0.7
纺织业	5.2	3.9	-1.3
化学原料和化学制品制造业	6.9	5.2	-1.7
非金属矿物制品业	7.2	6.3	-0.9
计算机、通信和其他电子设备制造业	5.1	2.8	-2.3

支柱行业贡献率下滑。农副食品加工业、化学原料和化学制品制造业、建材行业等行业 2017 年主营业务收入在全国所占份额相比 2016 年均有所下降(见表 4-3)。汽车行业对湖北工业的带动效应突出，但 2018 年，汽车行业增速出现下滑，对工业增加值增速的贡献率下降。2018 年 1—5 月汽车行业增速为 9.0%，较 2017 年下滑5.5 个百分点；贡献率为 16.7%，较 2017 年下降 10.2 个百分点。汽车主要产品产量中基本型乘用车、客车、载货汽车的产量占全国的比重分别为 8.5%、12.7%、11.4%，较 2017 年分别下降 1.0 个、4.7 个、0.4 个百分点。

表 4-3　2016—2017 年部分行业工业企业主营业务收入占比情况

行业名称	2016 年主营收入占比/(%)	2017 年主营收入占比/(%)	2017 年比 2016 年增减百分点
农副食品加工业	7.08	5.93	-1.15
化学原料和化学制品制造业	4.62	3.60	-1.02
非金属矿物制品业	5.17	5.04	-0.13
计算机、通信和其他电子设备制造业	2.31	1.94	-0.37
金属制品业	3.77	3.70	-0.07
有色金属冶炼和压延加工业	2.77	2.19	-0.58
通信设备制造业	2.58	2.49	-0.09

产业布局趋同程度较高。全省 17 个市州的制造业中农副食品加工业、建材行业、化工原料及化学制品制造业等行业非常集中。荆门、随州、襄阳等 9 个市州的农

副食品加工业居前三位，占比在15%左右。

（三）新旧动能转换较差

新动能提升较快，但贡献偏弱，传统产业仍是工业经济的主要支撑。从生产指标看，2018年1—5月，高新技术制造业增加值增速同比增长13.5%，高于规模以上工业5.7个百分点；但其增加值占比仅为8.3%，对工业增长的贡献率为13.6%。传统行业中汽车、农副食品加工、烟草、电力等四大行业增加值占比为34.5%，对工业增长的贡献率达到42%。从效益指标看，高新技术制造业利润总额占比为8.4%。汽车、农副食品加工、烟草、电力四大行业利润总额占比为41.6%。

（四）创新能力待提升

作为创新活动的主体，工业企业科研投入总量逐年增长，但存在研发费用增速下滑，科技产出效率不高的问题。2017年，全省有3566家规模以上工业企业有研发活动，研发经费达468.9亿元，研发经费增速5.2%，较上年下滑4.3个百分点。科技产出效率不高，中高端工业产品比重相对较低。工业新产品销售收入增速为8.0%，低于全国水平2个百分点；工业产品市场占有率连续三年均在3.7%左右徘徊；出口交货值达2107亿元，仅占全国工业品出口总额的1.7%，远低于发达地区水平。

（五）效益提升基础不牢

工业效益虽有明显改善，但工业利润增长主要依赖少数行业，效益提升基础不牢。2018年1—5月，41个行业大类中，利润增长的行业有25个，烟草、医药、建材、汽车四大行业对一季度全省工业利润增长的贡献超过七成。利润来源不"绿"。烟草、建材、电力等传统高能耗行业对全省工业利润增长的贡献率达34.6%，高技术制造业的贡献率仅为18%。地区间效益增长不协调，在全省17个市州中，有14个市州的工业企业利润实现了增长，6个市州的超过全省平均水平；增速较高的主要集中在一些产业结构偏重的地区，如鄂州、黄石、十堰等。

第三节　加强建设制造强省的着力点

建设制造强省是湖北省经济走向中高端的必由之路，必须准确把握新趋势、主动应对新变化，坚持稳中求进的工作总基调，以推进供给侧结构性改革为抓手，加快产业结构调整和技术创新，推进湖北工业经济质量提升。

一、着力于转型升级,抢抓产业调整机遇

务实推动《中国制造 2025 湖北行动纲要》的实施,大力升级改造传统制造业。夯实基础产业,通过技术改造,淘汰落后产能,推动优势传统产业的调整改造和转型升级。强化优势产业。培育新兴产业。在重点领域寻找突破口,带动全省产业迈向价值链中高端。

二、着力于提质增效,解决现实难点问题

要主动适应发展目标的导向性变化,坚持质量第一、效率优先,积极促进制造业技术进步、劳动者素质提高和资源配置优化,提高全要素生产率。实施质量品牌战略,推进消费品工业增品种、提品质、创品牌。实施品牌升级行动,加大自主知识产权保护力度,加快培育一批行业龙头和行业细分领域"隐形冠军",点亮湖北品牌金字招牌。引导制造企业走出去,加强合作平台建设,优化外资利用结构,推动区域产业协同发展,深化产业国际合作,提升湖北工业外向度,拓展制造业发展新空间。

三、着力于科技创新,适应发展动能转换

着力推进制造业科技创新。要以更优惠的政策和力度促进湖北科教优势转化为产业优势,有效实施制造业创新驱动战略,推动科技、产品、业态和管理"四个创新",建立以企业为主体、市场为导向、政产学研用深度融合的技术创新体系,以制造业创新驱动实现增长动力的转换。

四、着力于改善环境,提供政策支持要素保障

在政策支撑上,要进一步加大"放管服"改革力度,在降低企业成本、优化营商环境、强化财税金融支持、建立健全激励机制、改革要素配置等方面,让企业真正享受到改革的红利。实施产业精准扶持政策,整合财政资金,引导长江经济带产业基金支持制造业发展。

领 域 篇

第五章　新一代信息技术产业

近年来，湖北新一代信息技术产业以创新为动力，以重大项目为抓手，积极培育产业发展新动能，从以光通信产业“一点支撑”转变为以光通信、集成电路、新型显示、智能终端、软件和信息服务等产业“多点支撑”的发展格局，改变了“缺芯少面”的局面，初步建立了“屏-芯-端”全产业链生态体系。湖北新一代信息技术产业快速发展，产业规模迈上新台阶，产业结构优化升级，骨干企业快速壮大，产业发展后劲增强，创新能力显著提升，成为全省快速发展的支柱产业。

第一节　基本情况

一、发展现状

2017年，湖北省电子信息产业坚持稳中求进的工作总基调，以改革创新促进产业供给结构优化，注重在提高质量效益上求进，努力使产业发展质量更好、效益更高、结构更优，新旧动能转换有序推进，产业转型升级效果显现，促进了产业平稳较快增长。

（一）产业质量效益不断提升

2017年，湖北省电子信息产业实现主营业务收入5682亿元，首次突破5000亿元大关，同比增长13.76%，比全省工业增幅高2.06个百分点。其中电子信息制造业主营业务收入4145亿元，同比增长12.8%；软件业务收入达1537亿元，同比增长16.29%。全行业实现工业增加值1623亿元，同比增长13.15%，比全省工业增幅高5.75个百分点；实现利润总额317亿元，同比增长6.65%；实现税金总额183亿元，同比增长5.93%。行业从业人员平均人数达到65.29万余人，同比增长2.57%。主要产品产量快速增长，其中锂离子电池增长290.4%、彩色电视机增长170.1%、电子专用设备增长15.4%、集成电路增长10.4%。电子信息产业仍是湖北省工业经济增长最重要的支撑之一。

(二)技术创新能力不断提升

湖北省电子信息产业科研创新成果丰硕,产业竞争能力进一步提升。电子信息企业不断加大研发投入,围绕产业核心关键技术突破,积极开展研发创新和科技成果产业化,进一步推进创新联盟建设,重点领域取得了突破性进展,产业不断向中高端迈进。无论是在国家还是在湖北省的科技进步或技术发明方面,湖北省电子行业都有重要地位,所获奖项的数量及等次都是名列前茅。2017年,湖北省积极争取的国家信息光电子制造业创新中心获批,项目落地和创建工作已全面展开。在北斗导航领域,湖北省技术研发能力全国最强,武汉是国内重要的地球空间信息技术及产业集聚区,光谷北斗被科技部认定为"北斗及地球空间信息产业国际科技合作基地",立得空间、武大吉奥等7家企业入选2017中国地理信息产业百强企业。湖北省拥有光谷北斗、梦芯科技、中原电子、光庭科技等一大批成长性较好的骨干企业,地基增强系统在技术水平和应用方面处于国内领先。长飞公司、华中数控、光迅科技获国家科技进步奖二等奖,武汉新芯获国家技术发明奖二等奖。

(三)骨干企业支撑作用不断加强

龙头骨干企业充分发挥引领支撑和带动发展的作用。2017年,湖北省有7家电子信息企业销售产值过百亿,长飞公司首次突破百亿大关,其中武汉联想、武汉邮科院、鸿富锦、骆驼集团、比亚迪、凯乐科技销售产值分别为411亿元、330亿元、174亿元、143亿元、135亿元、130亿元。武汉邮科院、骆驼集团被评为2017年(第31届)全国电子信息百强企业;长飞公司、泰晶电子、湖北瀛通、光迅科技被评为2017年(第30届)中国电子元件百强企业;长飞公司2017年荣获"全国质量奖",再次实现预制棒、光纤和光缆产销量全球第一;武汉联想销售产值自2015年开始始终位居本行业全省第一;宜昌2016年引进年产200万台液晶电视机的惠科电子,建成投产后迅速成长壮大,2017年全年生产液晶电视机191.8万台;荆州的华讯方舟、荆门的格林美、仙桃的健鼎电子、黄石的沪士电子和上达电子等一批引进企业对当地产业增长起到重要支撑作用。

(四)项目建设带动作用不断增强

湖北省加大招商引资力度,加快重大项目建设,目前项目建设进展顺利。

重大建设项目具体情况如下:武汉国家存储器基地项目已完成主体结构封顶,正在加快厂房装修、设备采购,2018年上半年推出产品,2018年年底开始量产;华星光电T4项目2017年6月开工,项目建设加快推进,2018年年底完成建设,2019年开始量产；天马微电子的二期六代 LTPS AMOLED 项目，2017 年 4 月实现产品点亮投产，成为全球第一条同时点亮刚性和柔性显示屏的第六代 AMOLED 生产线。基本建设完成并发挥作用的项目：武汉邮科院的通信产品及解决方案扩产、摩托罗拉的移动通信终端扩产、长飞公司的光纤光缆扩产、惠科电子的电视机和显示器新投产、沃特玛的新能源车用电池新投产、华讯方舟的天谷新投产及扩产等项目。另外，依托汽车大省优势，湖北省十堰、襄阳和荆门等市正积极谋划布局一批新能源电池项目。上述一批重大项目陆续建成投产，将为湖北省产业发展增添强劲的动力。

（五）软件产业发展水平不断提高

湖北省软件业以武汉中国软件名城创建为抓手，推动产业又好又快发展，规模迅速壮大，不断升级增效。部省协同创建武汉中国软件名城经过近四年时间努力，已进入最后冲刺阶段。着力营造产业环境，先后发布《湖北省云计算大数据发展“十三五”规划》和《湖北省软件和信息技术服务业“十三五”发展规划》。武汉邮科院、天喻信息连续多年进入全国软件业务收入前 100 家行列，全省产业呈现较快发展趋势。2017 年，软件业务收入累计 1537 亿元（其中软件产品收入 797 亿元，信息技术服务收入 667 亿元，嵌入式系统软件收入 73 亿元），同比增幅达到 16.29%，实现工业增加值 694 亿元，同比增长 15.7%。软件业从业人员人数达到 28.59 万人。软件业在湖北省电子信息产业中所占份额逐年加大，2017 年占全行业比重是 27.05%，比 2012 年的 16%提高了 11.05 个百分点。截至 2017 年 12 月底，软件业产业规模居全国第 11 位、中部第 1 位。

（六）对外贸易总量不断提升

电子信息产业进出口贸易已成为湖北省对外贸易的主力军和重要支撑，2017 年出口增速仍大幅增长。目前，行业进口、出口分别占全省各行业进口、出口总额的比例均保持在 30%以上。截至 2017 年 12 月底，有 9 家电子信息企业名列全省进口前 20 名，累计进口 47.78 亿美元，占全省外贸进口总额的 30.22%，其中，天马微电子、格林美、摩托罗拉累计进口同比增幅分别是 546%、118.3%、24.2%；7 家电子信息企业名列全省出口前 20 名，累计出口 92.65 亿美元，同比增长 18.45%，占全省外贸出口总额的 30.38%，比上年同期高出 0.38 个百分点，其中，武汉联想、烽火国际、武汉冠捷累计出口同比增幅分别为 67%、47.7%、33.6%。出口的电子产品主要有平板电脑、智能手机、集成电路、液晶显示器等。

（七）市州产业潜力不断提升

湖北省各市州依托自身优势和特点，积极推进电子信息产业发展，武汉、黄石等市把电子信息产业作为当地转型发展的重要抓手和突破口,加大力度,加速推进。湖北省电子信息产业统计的16个市州产业均保持稳定增长。截至2017年12月底,荆门、荆州、潜江、咸宁、天门、十堰、宜昌等7个市电子信息制造业主营业务收入同比增长均超过20%,分别是34.5%、34.3%、24.5%、23.7%、23.5%、21%、20.6%。武汉电子信息产业仍为全省产业发展主体,其中,2017年制造业主营业务收入占全省总额的68.56%,软件业务收入占全省总额的99.4%。2017年,襄阳电子信息制造业主营业务收入突破335亿元,荆州、宜昌、孝感、荆门分别达到245亿元、151亿元、130亿元、125亿元以上。全省电子信息产业呈现一主多极竞相发展态势。

二、面临的形势

(一)信息技术创新进入新一轮加速期

云计算、大数据、物联网、移动互联网、人工智能等新一代信息技术快速演化,硬件、软件、服务等核心技术体系加速重构,正在引发电子信息产业新一轮变革。单点技术和单一产品的创新正加速向多技术融合互动的系统化、集成化创新转变,创新周期大幅缩短。信息技术与制造、材料、能源、生物等技术的交叉渗透日益深化,智能控制、智能材料、生物芯片等交叉融合创新方兴未艾,工业互联网、能源互联网等新业态加速突破,大规模个性化定制、网络化协同制造、共享经济等信息经济新模式快速涌现。互联网不断激发技术与商业模式创新的活力,开启以迭代创新、大众创新、微创新为突出特征的创新时代。

(二)全球电子信息产业格局面临新的调整

发达国家依然占据电子信息产业价值制高点,在大力构建信息经济新优势的同时,积极以信息技术为手段推动再工业化进程,争取未来全球高端产业发展主导权。美国的“先进制造业伙伴计划”、德国的“工业4.0”、日本的《2014制造业白皮书》、英国的“英国制造2050”等,都努力促使国际资本调整布局,吸引高端制造业向发达国家“回流”。跨国信息技术企业加快在工业互联网、人工智能、智能制造等新兴领域的布局,力图打造发展新优势。受经济增速下降、劳动力成本上升、人民币汇率波动等内因影响,在华外资企业经营压力加大,一些信息产业新兴国家和地区积极参与全球产业再分工,承接资本及技术转移,导致一些跨国资本选择将其中低端制造业向其他新兴发展中国家“分流”。

（三）国家重大战略推进实施亟待产业新突破

电子信息产业正日益成为我国实现制造强国、网络强国的关键力量之一。“中国制造 2025”明确提出“以加快新一代信息技术与制造业深度融合为主线，以推进智能制造为主攻方向”，在加速向制造强国迈进过程中，需要在集成电路、信息通信设备、操作系统等新一代信息技术领域实现突破。“互联网＋”行动指导意见的持续推进，要求密切跟踪信息技术变革趋势，努力发展新技术、新模式、新业态，构建以互联网为基础的融合型产业生态体系。国家信息安全战略和网络强国战略的实施，需要尽快突破芯片、整机、操作系统等核心技术，大力加强网络信息安全技术能力体系建设，增强信息安全保障能力和网络空间治理能力。

（四）湖北省信息产业发展处于重要战略机遇期

“十三五”时期是湖北省建成小康社会、抢占经济发展制高点的关键时期。湖北省新一代信息技术产业发展具有诸多优势，处于重要战略机遇期和黄金发展期。一是政策环境优势。湖北省委省政府将新一代信息技术产业发展作为工业强省、网络强省和智慧湖北建设的重要突破口、调结构转方式的着力点，为产业提供了良好的政策发展环境。二是科研和人才优势。湖北省为科教大省，拥有众多高校和科研机构，信息技术人才资源丰富，为产业发展提供了有力的技术和智力支撑。三是良好的产业基础。湖北省新一代信息技术产业已经形成光通信、集成电路、新型显示、智能终端、软件和信息服务等产业“多点支撑”的发展格局，培育和集聚了一批龙头企业，为产业发展奠定了坚实基础。

第二节　存在的主要问题

湖北省电子信息产业已连续多年增幅保持在 20％以上，是湖北省发展最快的新兴产业，新一代信息技术产业虽然取得了跨越式发展，但深层次、素质性、结构性问题仍然突出。

一、产业利税增幅不高

利税增幅低于收入增幅，没有实现与产业发展同步增长。究其原因，一方面，人力、资源成本持续上涨压缩了企业利润增长空间；另一方面，产业面临激烈市场竞争及运营商集采等因素，导致企业产品价格连续下降。

二、产业发展仍不充分

目前,湖北省电子信息产业增速居中部第4位,低于河南、安徽、江西3省。其中一个重要原因就是一些重大项目尚未投产,如存储器基地和京东方、华星光电、天马微电子等新型显示项目正在加快建设,尚未产生经济效益,直接影响了电子信息制造业的发展速度和发展水平。

三、新一代信息技术基础研发能力仍然偏弱

产业自主研发能力仍待提高,底层技术专利储备较少,缺乏原始创新,造成核心芯片、关键元器件、基础软件领域等产业链重要环节严重依赖进口。2017年,集成电路进口额高达2601亿美元,同比增长14.6%,成为最大宗的单一进口产品,绝大部分设备、材料都依赖进口,FPGA、主流存储器全部依赖进口。国产通用CPU、基础软件在单品性能、兼容性和稳定性等方面与国外存在较大差距,且软硬件相互间适配性较差,产业链融合创新和集成配套能力明显不足。在信息技术领域,产业同世界先进水平与建设网络强国战略目标相比,在互联网创新能力、基础核心技术、信息资源共享、产业实力等方面还存在较大差距。

四、人工智能领域有待打造差异化竞争能力

当前人工智能应用场景、服务方向与产品类别层出不穷,其中不乏好的发展方向、与各领域融合发展的新模式,但仍然存在一些问题。一是概念性、"伪人工智能"产品及应用大量存在。二是人工智能产品低端化、重复化、碎片化现象突出。以无人机为例,在行业标杆展会美国消费电子展(CES)上,无人机产品核心竞争力不高、同质化现象非常突出,新鲜感与热潮褪去后,会发现产品极度缺乏突破性创新。三是人工智能产业发展快于智能化的发展,技术成熟度超越用户需求。如服务机器人领域,很多产品的技术含量不高,这种服务机器人的真正用处并不大,类似的低端重复化产品某种程度上是一种资源的浪费。

五、重点领域人才缺口严重制约产业发展

人才是信息技术产业发展的第一生产力,基础和重点领域人才缺口数量极大。以集成电路为例,现阶段我国本土集成电路产业从业人员不超过30万人,预计2020

年，全产业销售可达10000亿元，按照人均产值140万元计算，需要约70万人的规模。因此，目前的从业人员数量缺口极大。一方面急需引进国际化的领军人才及其团队，另一方面对基础性人才的本土化培育也亟待加强，以填补数量巨大的人才缺口。以芯片设计业为例，目前全行业从业人员约13万人，到2020年，需要将从业人员增加到28万人，缺口为15万人。要填补这个缺口是一个十分艰巨的任务。

第三节　发展主要举措

加强贯彻落实“中国制造2025”与“互联网＋”等战略部署，围绕《中国制造2025湖北行动纲要》和《湖北省“十三五”产业创新能力发展和建设规划》，分步骤推进湖北省制造强省战略的实施。

重点培育人工智能、集成电路、云计算及大数据等相关领域核心技术和关键技术人才，加快建设宽带、融合、安全、泛在的信息网络基础设施，推动信息技术融合应用示范，以数字技术和先进理念推动文化创意与创新设计等加快发展，大力扶持互联网与各行业深度融合，推动新一代信息技术产业规模化、特色化、融合化发展。力争到2020年，新一代信息技术产业规模达到1.2万亿元；到2025年，产业规模突破2万亿元，将湖北建设成为具有国际竞争力的新一代信息技术产业基地。

(1) 人工智能：主要发展深度学习、类脑智能技术，人工智能芯片、关键网络设备、网络安全技术设备等基础软硬件产品，计算机视听觉、生物特征识别、复杂环境识别等应用系统。以武汉经济技术开发区和东湖新技术开发区为核心，支持宜昌和襄阳地区推进“互联网＋”智能制造、发展人工智能。

(2) 集成电路：研发半导体存储器，智能终端系统级芯片(SOC)、基于12 in(30.48 cm)生产线的20 nm级芯片、电力电子芯片，射频、数模混合、微机电系统(MEMS)等特色制造工艺，高密度封装、3D微组装技术，大硅片、光刻胶、靶材等关键材料。以国家存储器基地建设为核心，打造武汉集成电路产业核心区；在宜昌、襄阳、荆州、黄石、孝感等地发展磁电子、物联网芯片、车用元器件等。

(3) 云计算及大数据：重点突破硬件资源虚拟化及服务化技术，数据资源传输、数据存储、数据挖掘、数据融合、数据管理技术，以及基于认知机理的智能信息处理技术、智能语音技术、基于语义的检索技术等。依托大数据产业园和云数据交易中心，培育武汉大数据云计算产业集群；在宜昌和襄阳建设云数据和大数据等示范应用试点。

(4) 数字创意：重点研发数字出版、数字影音、数字传媒、数字教育等应用软件，VR/AR/MR游戏、影视、硬件设备、体验馆等。以武汉光谷软件园、华中国家数字出版基地为核心，推动宜昌、襄阳等地发展数字创意集聚区。

一、大力扶持优势领域

围绕现有产业基础，在基础软件、工业软件及行业解决方案、数字内容加工处理、嵌入式软件和IC设计、北斗导航应用及服务、云计算、大数据、移动互联、虚拟现实技术等领域重点突破，鼓励产业创新，带动产业发展壮大。以建设武汉中国软件名城为重点，加快湖北软件和信息服务业示范基地建设，扶持一批“专、精、特、新”的中小企业，提高产业集中度。

二、积极培育骨干企业

引导软硬件企业加强合作，支持优势企业以资本、技术和品牌开展联合重组，协同开展技术创新和市场运作，合力推进以应用为核心的行业解决方案和技术集成方案的研发与产业化。鼓励企业转型升级，加大资源整合力度，引导创新要素向龙头企业聚集，提升优势骨干企业资源整合能力和竞争力，提高企业一体化、集成化创新能力。引导大型国有企业和政府及事业单位剥离信息技术服务机构，实行公司化运作。重点支持一批信息技术服务企业做大、做强。培育壮大软件和信息技术服务外包企业，重点支持以语言服务外包、数据服务外包、软件服务外包等为主的本土企业发展壮大。

三、推进软件产业园区建设

鼓励信息服务业集聚发展，支持武汉以光谷软件园、洪山区国家级软件和信息服务业示范基地、花山软件新城为龙头，打造“理念先进、功能完善、服务一流、环境优美”的软件企业集聚区。引导市州软件园区特色化发展，支持宜昌巩固“三水”(水利、水电、水工)、电子政务、重大装备等领域软件现有优势，大力发展云计算、大数据、移动互联等新兴领域。支持襄阳依托华为云计算华中基地项目、IBM卓越云计算中心项目等重大项目带动发展“云呼叫”、“云外包”、电子商务、物联网服务、移动互联网服务、动漫游戏加工处理、新媒体服务。进一步完善公共服务配套设施，提升服务功能，大力发展软件和信息技术领域的服务外包，高起点建设全国知名的服务外包承载区。加强湖北省软件和信息技术服务业公共服务平台建设力度，形成覆盖全省、资源共享、互联互通的平台网络。

四、优化产业发展环境

大力营造优先发展新一代信息技术产业的氛围，加强对湖北省新一代信息技术产业发展行动计划的贯彻落实，引导产业发展。加强统筹协调，推动区域联动发展，建立各部门共同支持新一代信息技术产业发展的统筹推进工作机制，争取各方面对产业发展的支持。发挥武汉东湖国家自主创新示范区的引领和带动作用，通过科技创新带动、产业链分工协作、管理模式输出、平台资源共享等方式，促进其他市州新一代信息技术产业发展。加强各部门对新一代信息技术产业重点项目、重大工程的共同推进力度。

第四节　发展建议

一、强化人才支撑能力

进一步加强和完善新一代信息技术领域人才发展环境和制度建设。加强人才培养和服务，实施“定制化、应需化、多元化”的创新人才培养工程，依托重大专项、重点项目的实施，加快集聚和培养造就一批结构合理、素质优良的各类中高端人才。依托重点企业、高校院所和培训机构，建立一批新一代信息技术产业实训基地，为企业培养一批新一代信息技术领域工程师、高级操作技工等紧缺人才。加强人才团队引进，结合湖北省新一代信息技术产业重点关键领域，依托重点学科、骨干企业、产业基地、重大科研或工程项目，加大引进高层次领军人才的工作力度。

二、提升开放合作水平

鼓励企业努力开拓国际国内市场，在更高水平、更大规模、更深层次参与国际合作与竞争。支持有条件的企业国际化运营，建立健全全球研发、生产和营销体系，发展研发外包业务，加快具有自主知识产权的技术标准在海外推广应用。积极开展招商引资(智)，进一步提升“武汉·中国光谷”的知名度和影响力。加强政策引导和服务，大力引进海外新一代信息技术领域华侨华人来鄂创新创业，积极引进国外知名新一代信息技术企业来湖北省投资，引导外资从加工制造向研发、服务等环节拓展。

三、推动智慧化发展

抓住“智慧城市”建设机遇,以信息惠民国家试点城市宜昌、襄阳、孝感为重点,协调推进软件产品服务和系统解决方案在智慧交通、智慧医疗、智慧安居服务、智慧教育文化服务等服务业领域的应用。引导扶持发展软件网络化服务、软件外包服务、电子商务、网络增值服务等新兴软件服务业态,不断拓展应用领域,提高应用水平。大力发展农业信息服务,推进智慧农业建设。支持农业信息技术服务创新和应用,推进物联网技术在农业生产、经营、消费与管理方面的应用。建立健全农产品质量安全可追溯体系。积极实施“万村千乡”市场工程和新农村现代流通网络工程,推进信息进村入户。

四、加大财税金融支持

引导社会资本、创投资本、人力资本等多种资源向产业重点发展方向聚集。积极争取国家在新一代信息技术产业基地(园区)建设、产业布局和项目建设等方面的大力支持。加快产业与金融对接,加大长江经济带产业基金、省级股权投资引导基金、集成电路产业基金对新一代信息技术产业的支持力度,加快推进软件产业基金和智慧湖北基金的建设。在基础设施建设、公共服务等领域适当引入政府和社会资本合作(PPP)模式。认真贯彻执行国家出台的有关促进新一代信息技术产业发展的政策措施,重点落实软件产业和集成电路产业的相关政策,推行普适性税收优惠政策。

第六章 智能装备

智能制造是基于新一代信息通信技术与先进制造技术深度融合，贯穿于设计、生产、管理、服务等制造活动的各个环节，具有自感知、自学习、自决策、自执行、自适应等功能的新型生产方式。加快发展智能制造，是培育我国经济增长新动能的必由之路，是抢占未来经济和科技发展制高点的战略选择，对于推动我国制造业供给侧结构性改革，打造我国制造业竞争新优势，实现制造强国具有重要战略意义。

装备制造业是湖北省的重要支柱和优势产业，智能制造是装备制造业发展的主攻方向。为实现“十三五”时期全省经济社会发展的主要目标，落实《中国制造 2025 湖北行动纲要》的各项任务，湖北省立足智能制造科研和人才优势，大力发展高档数控机床、工业机器人、智能专用装备等智能制造装备，抢占未来经济和科技发展制高点，促进装备制造业迈向中高端水平，显著提升核心竞争力，加快新产业新业态成长，实现湖北省由装备制造大省向装备制造强省的转变。

第一节 基本情况

一、发展现状

2017 年，湖北省装备制造业加快由速度型向质量效益型转变。全省规模以上工业增加值增长 12.2%，高于全省工业增加值增速 4.8 个百分点，同比加快 1.1 个百分点，占全省工业的比重为 31.7%，比 2016 年提高 1.3 个百分点，对全省工业经济增长的贡献率达到 50.8%。高新技术制造业增长 14.9%，高于全部规模以上工业增速 7.5 个百分点。

（一）高端装备创新发展迈上新台阶

2017 年，湖北省装备制造业加快由生产制造型向创造型转变，研发成果斐然。一批装备满足了国家战略需要。武汉重型机床集团有限公司研发的 CKX53280 型机床是世界最大加工规格超重型数控单柱移动立式铣车床,成功实现了高近13米的国家百万千瓦级压水堆核电站的核反应堆压力壳、堆芯吊篮、蒸汽发生器等核电领域超高回转类零件制造装备的国产化。一批装备打破了国外技术封锁。武汉华中数控股份有限公司依托"高性能数控系统关键技术及产业化"项目研发的数控系统,实现了纳米级插补技术和高速度、高刚度、高精度伺服驱动控制,突破了现场总线、五轴联动和多轴协同控制技术,改变了我国高性能数控系统被国外垄断的局面,获得年度国家科技进步奖二等奖。一批装备填补了国内外空白。长飞光纤光缆股份有限公司依托"新型光纤制备技术及产业化"项目研制的大尺寸预制棒填补了世界空白,光纤弯曲性能国际领先,获国家科技进步奖二等奖;研制的超低损耗系列光纤已应用于公用通信网络、海底光缆和电力通信干线,填补了国内新型光纤应用的空白。

(二)智能制造装备孕育发展新动能

湖北省装备制造业加快实施《中国制造2025湖北行动纲要》,以智能制造试点示范为重要抓手,加快培育智能制造创新载体,促进智能制造成为引领全省由装备制造大省向装备制造强省转变的新动能。一是传统装备制造企业智能化升级步伐加快。长飞光纤光缆股份有限公司、美的集团武汉制冷设备有限公司、武汉船用机械有限责任公司、劲牌有限公司等50家企业成为国家级和省级智能制造试点示范企业,1100家企业实施智能化改造。其中,武汉奋进智能机器公司瞄准白酒酿造传统行业人力成本高、劳动强度大、劳动环境差的特点,遵循传统工艺,研发的上甑机器人已经全面应用于浓香型、酱香型、清香型白酒智能化酿造。二是3D打印装备发展迈入快车道。华中科技大学研发的"智能微铸锻"金属增材制造技术,打破了增材制造行业的最大障碍,改变了长期由西方引领的"铸锻铣分离"制造传统。武汉华科三维科技有限公司形成了年产近100台大型工业级增材制造装备的能力,目前已累计销售500多套工业3D打印装备及其耗材,并出口英国、新加坡、俄罗斯、巴西等国。三是智能制造装备及系统解决方案供应商全国领先。工业和信息化部首批23家智能制造系统解决方案供应商中,中部地区有3家上榜,湖北三丰智能输送装备股份有限公司和武汉华中数控股份有限公司位列其中。

(三)装备出口迈出新步伐

湖北省装备制造业抓住"一带一路"机遇,在扩大市场需求、技术输出、海外投资与合作等方面取得不凡成绩。湖北金鹰重型工程机械有限公司铁路大型养路机械不仅实现我国成套大型养路机械首次出口,而且已应用于马来西亚东海岸铁路线既有线改造工程。目前,该企业已将海外市场扩展至美国、巴西、新西兰、澳大利亚、苏丹等 20 多个国家。武汉华工激光工程有限责任公司向"一带一路"沿线国家提供大功率激光切割装备和高档数控精细等离子切割设备，海外市场销售额已经占公司销售总额 20%以上。

（四）装备投资项目形成新的增长点

2017 年，湖北省装备制造业完成投资 4936.3 亿元，增长 20.9%，增速较 2016 年上升 14 个百分点，高于全省工业投资增速 9 个百分点。一批项目建成投产。投资 28 亿元的襄阳汽车轴承股份有限公司"三环襄轴工业园"，投资 5 亿元的湖北淮川汽车科技有限责任公司"年产 10 万吨精锻件项目"等一批项目建成投产，开始发挥效益。一批项目正加快建设。投资 50 亿元的格力电器有限公司"格力智能装备产业园"，投资 31 亿元的湖北金鹰重型装备工程机械有限公司"金鹰重工工业园项目"，投资 20 亿元的格林美股份有限公司"车用动力电池包制造"和湖北豪丰农业装备有限公司"豪丰农机"，投资 15 亿元的襄阳博亚精工装备有限公司"装备产业园项目二期"等一批项目正加紧建设中，即将发挥效益。

二、面临的形势

（一）产业升级是智能装备行业发展的长期动力

改革开放以来，我国经济增长的重要动力主要来源于工业的发展，特别是制造业的快速增长。可以预见未来整个工业在 GDP 中的比重仍将保持在 30%～40%。制造业依旧是经济增长的主要支撑力量。但在经济高速增长的背后，制造业发展仍然存在很多隐患，企业长期沿袭着粗放型的发展模式，凭借着国家资源的硬实力，依靠低自然资源成本、低资金成本、低劳动成本、低环境成本，同时高投入、高消耗、高污染来获得经济效益，"世界的加工厂"这种发展模式亟须改进。

在制造业转型的过程中，智能装备的发展不可忽视，制造业升级需要智能装备帮助一般制造业从繁重的人力劳动中解脱出来，降低生产成本，使资源更多地投入到研发和服务中，建立新的发展模式。在未来相对较长的一段时间里，智能装备将围绕产业升级得到进一步发展。

（二）下游需求的稳定增长提供了广阔的发展空间

自动化生产线在发展初期主要运用于汽车行业，经过长期发展，汽车行业自动化程度已达较高水平。而随着环保标准的不断提升，以及客户对汽车消费品质的提升、个体化和差异化消费需求增长，汽车生产向差异化、小规模定制化生产模式方向发展,汽车生产厂商管理向工业互联网、物联网和大数据方向发展。新车型的推出速度不断加快,更新换代周期不断缩短,这些趋势都对以自动化生产线为代表的汽车制造装备的自动化、柔性化、智能化和信息化水平提出了更高的要求,相应汽车行业固定资产投资将持续较快的增长。

目前,我国正处于经济结构调整和工业转型升级的关键时期,加快发展以智能制造装备为代表的高端装备制造业,用高端制造装备来改造提升传统产业,已经成为增强我国制造业核心竞争力和可持续发展能力的重要着力点。下游汽车行业市场需求将保持持续稳定增长趋势,利用自动化技术和智能制造装备改造提升一般工业企业的需求巨大,有利于推动智能制造装备行业的持续、快速、稳定增长。

(三)国家产业政策大力支持智能装备发展

国家颁布的《中华人民共和国国民经济和社会发展第十三个五年规划纲要》《"十三五"国家战略性新兴产业发展规划》《中国制造 2025》《装备制造业标准化和质量提升规划》《机器人产业发展规划(2016—2020 年)》《智能制造工程实施指南(2016—2020 年)》《智能制造发展规划(2016—2020 年)》《高端智能再制造行动计划(2018—2020 年)》《关于做好 2018 年工业质量品牌建设工作的通知》等一系列产业政策支持智能制造装备行业的发展。

为了加快智能制造装备的创新发展和产业化,发改委、财政部、工业和信息化部组织实施了智能制造装备发展专项,专项重点支持智能测控装置、重大智能成套装备的研发和示范应用,以及重点领域的数字化车间的示范建设。

第二节　存在的主要问题

一、产业规模效应有待增强

湖北省智能制造装备产业整体规模偏小,创新资源和产业资源分散于央企、校企、民企,体制机制不活,市场开拓力不强,缺乏具有创新精神和国际竞争力的大企业集团,对全省工业转型升级的促进作用亟待增强。

二、整体创新能力有待提高

湖北省智能制造装备关键核心技术创新能力和高技术转化能力较薄弱,协同创新氛围不浓，产学研合作缺乏系统性和持久性，“重模仿、轻创新，重引进、轻开发”现象普遍，拥有自主知识产权和核心技术的产品少，关键技术及核心部件受制于国外。

三、系统集成水平有待提升

湖北省智能制造装备单机应用居多、成套装备较少；缺乏能够提供智能制造整体解决方案的制造型服务企业，以及在工程设计、模块设计制造、设备供应、系统安装调试、技术咨询服务等领域竞争力强的专业化企业；系统集成能力较弱。

四、产业基础薄弱，缺乏行业内的配套支持

我国制造业已有多年位居全球制造业前茅，然而尚不能改善产业粗放型发展的格局，诸多核心技术仍落后于国际先进水平。智能制造装备产业同样如此，产业基础薄弱，行业内的配套企业整体实力较弱。一些优势企业在系统整体技术与集成能力上有所突破，但一些核心部件的制造仍缺乏国内企业的配套支持，受制于国外企业。

第三节　发展主要举措

适应智能制造产业发展趋势，发挥湖北现有技术优势和产业基础，瞄准国内外市场需求，加快推进智能制造装备的技术研发和产业化，积极拓展应用市场，不断壮大产业规模。通过对接国际先进水平，积极培育龙头企业，加快推进智能装备的技术研发和产业化，不断壮大产业规模。

着重发展复合焊接机器人、关节型喷涂机器人、加工机器人、搬运机器人等工业机器人，发展以高档数控机床为核心的大型化、成套化、智能化生产线，研发大型3D打印装备，发展激光加工装备、智能传感与控制装备。在武汉、襄阳建设核心产业园，在宜昌、黄石、荆门和孝感主要发展智能装备器件、数控机床、智能物流及基础零部件等。力争到2020年，智能装备产业规模突破2000亿元；到2025年，智能装备产业规模达到4000亿元，打造以智能装备为代表的中部高端装备产业核心区。

一、加快智能制造装备发展

创新产学研用合作模式，研发高档数控机床与工业机器人、增材制造装备、智能

传感与控制装备、智能检测与装配装备、智能物流与仓储装备五类关键技术装备。重点突破高性能光纤传感器、微机电系统(MEMS)传感器、视觉传感器、分散式控制系统(DCS)、可编程逻辑控制器(PLC)、数据采集与监视控制系统(SCADA)、高性能高可靠性嵌入式控制系统等核心产品,在数控机床、机器人、轨道交通等领域实现集成应用。

依托优势企业,开展智能制造成套装备的集成创新和应用示范,加快产业化。促进智能网联汽车、智能工程机械、智能船舶、智能照明电器、服务机器人等的研发和产业化,开展远程无人操控、运行状态监测、工作环境预警、故障诊断维护等智能服务。

二、加强关键共性技术创新

围绕感知、控制、决策和执行等智能功能的实现,针对智能制造关键技术装备、智能产品、重大成套装备、数字化车间/智能工厂的开发和应用,突破先进感知与测量、高精度运动控制、高可靠性智能控制、建模与仿真、工业互联网安全等一批关键共性技术,研发智能制造相关的核心支撑软件,布局和积累一批核心知识产权,为实现制造装备和制造过程的智能化提供技术支撑。

三、推动重点领域智能转型

围绕新一代信息技术、高档数控机床与工业机器人、航空航天装备、海洋工程装备及高技术船舶、先进轨道交通装备、节能与新能源汽车、新材料、生物医药及高性能医疗器械、建材等重点领域,推进智能化、数字化技术在企业研发设计、生产制造、物流仓储、经营管理、售后服务等关键环节的深度应用。支持智能制造关键技术装备和核心支撑软件的推广应用,不断提高生产装备和生产过程的智能化水平。在基础条件较好的领域,开展数字化车间/智能工厂的集成创新与应用示范。支持地方、园区、龙头企业等建设一批公共服务平台,开展技术研发、产品设计、软件服务、数据管理、测试验证等服务。

四、促进中小企业智能化改造

引导有基础、有条件的中小企业推进生产线自动化改造,开展管理信息化和数字化升级试点应用。建立龙头企业引领带动中小企业推进自动化、信息化的发展机制,提升中小企业智能化水平。整合和利用现有制造资源,建设云制造平台和服务平台，在线提供关键工业软件及各类模型库和制造能力外包服务，服务中小企业智能化发展。

五、推进区域智能制造协同发展

打造智能制造装备产业集聚区。积极推动以产业链为纽带、资源要素集聚的智能制造装备产业集群建设，完善产业链协作配套体系。加强规划引导，提升信息网络、公共服务平台等基础设施水平，促进产业集聚区规范有序发展。

促进区域智能制造差异化发展。结合《中国制造 2025 分省市实施指南》，紧密依靠湖北省智能制造发展基础，聚焦重点。实现优势产业智能转型，积极促进制造业欠发达地区结合实际，加快制造业自动化、数字化改造，逐步向智能化发展。

加强区域智能制造资源协同。搭建基于互联网的制造资源协同平台，不断完善体系架构和运行规则，加快区域间创新资源、设计能力、生产能力和服务能力的集成和对接，推进制造过程各环节和全价值链的并行组织和协同优化，实现区域优势资源互补和资源优化配置。

六、加快布局和建设智能制造产业创新中心

整合智能制造与机器人领域产业链和创新链中相关企业、高校、科研院所和服务机构等创新资源和平台，装备制造及生产、数据与网络层、感知层、智能工厂系统集成及下游应用等产业链各环节，实现产业链、创新链和资金链的深入融合，共同组建智能制造产业创新中心。

第四节　发展建议

一、完善创新体系

在智能制造领域研究建立若干制造业创新中心，建立市场化的创新方向选择机制和鼓励创新的风险分担、利益共享机制，解决技术研究与产业化应用之间的问题。围绕重点领域智能制造发展需求，建设重大科学研究和实验设施。支持智能制造公共服务平台建设，增强为行业服务能力。鼓励企业加大研发投入力度，加强智能制造关键技术与装备创新。

二、加大财税支持力度

充分利用现有资金渠道对智能制造予以支持。按照深化科技计划(专项、基金等)管理改革的要求,统筹支持智能制造关键共性技术的研发。完善和落实支持创新的政府采购政策。推进首台(套)重大技术装备保险补偿试点工作。落实税收优惠政策,企业购置并实际使用的重大技术装备符合规定条件的,可按规定享受企业所得税优惠政策。企业为生产国家支持发展的重大技术装备或产品,确有必要进口的零部件、原材料等,可按重大技术装备进口税收政策有关规定,享受进口税收优惠。

三、发挥行业协会组织作用

发挥行业协会熟悉行业、贴近企业优势,推广先进管理模式,加强行业自律,防止无序和恶性竞争。各相关行业协会要指导企业深化改革、苦练内功,抓好技术创新、人才培养,及时反映企业诉求,反馈政策落实情况,积极宣传和帮助企业用足、用好各项政策。鼓励行业协会、产业联盟提升服务行业发展的能力,引导企业推进智能制造发展。

四、打造智能制造人才队伍

构建多层次人才队伍。大力弘扬工匠精神,突出职业精神培育。加强智能制造人才培训,培养一批能够突破智能制造关键技术、带动制造业智能转型的高层次领军人才,一批既擅长管理制造企业又熟悉信息技术的复合型人才,一批能够开展智能制造技术开发、技术改进、业务指导的专业技术人才,一批门类齐全、技艺精湛、爱岗敬业的高技能人才。

健全人才培养机制。创新技术技能人才教育培训模式,促进企业和院校成为技术技能人才培养的"双主体"。鼓励有条件的高校、院所、企业建设智能制造实训基地,培养满足智能制造发展需求的高素质技术技能人才。支持高校开展智能制造学科体系和人才培养体系建设。建立智能制造人才需求预测和信息服务平台。

第七章　新能源汽车及专用汽车

湖北是汽车工业大省。近年来，在湖北省委省政府的坚强领导下，在全行业的共同努力下，全省汽车产业以新的发展理念为引领，深化供给侧结构性改革，坚持稳增长、快转型、高质量发展，整体保持了稳中向好的态势。

第一节　新能源汽车

一、基本情况

（一）发展现状

2017 年湖北省新能源汽车产业呈现出快速发展的态势。产业结构进一步优化，发展后劲进一步增强，经济效益进一步提高。2017 年，新能源汽车累计生产 70396 辆，增长 128%，处于全国第 6 位。

1. 产业优势进一步凸显

目前，湖北省已建成新能源汽车整车生产企业 14 家，已具备新能源乘用车 8 万辆/年、新能源客车 4 万辆/年、各类新能源专用汽车 2 万辆/年的生产能力，已经形成驱动电机 15 万套/年，电子控制器 25 万套/年，锂离子动力电池 12 亿瓦时/年的配套能力。武汉、襄阳、十堰新能源汽车产业基础进一步巩固，东风汽车集团有限公司、扬子江汽车集团有限公司、湖北新楚风汽车股份有限公司成为具有较强竞争力的企业。

2. 产业结构进一步优化

新能源汽车产品车型已经涵盖了纯电动轿车、客车和轻型商用车。全省纯电动乘用车、纯电动客车、纯电动物流车等多款车型已投放市场。以武汉、襄阳为核心的新能源汽车生产和示范推广基地已经建成，十堰、随州新能源商用车已初具规模。截至 2018 年 12 月，全省已有千余种型号的新能源汽车产品入选工业和信息化部道路机动车辆生产企业及产品《公告》,列入《新能源汽车推广应用推荐车型目录》。

3. 创新能力进一步提升

以纯电动、混合动力、燃料电池汽车为"三纵"的新能源整车研发能力和以整车控制、驱动电机、动力电池(含燃料电池)等为"三横"的关键零部件开发能力不断增强。东风汽车集团有限公司、武汉理工大学、华中科技大学、汉阳专用汽车研究所、武汉新能源汽车工业技术研究院等单位建立了整车、动力电池、燃料电池等关键零部件设计开发、检验检测的国家级和省级平台,建立了由东风汽车集团有限公司、武汉理工大学等单位发起的武汉新能源汽车产业技术创新战略联盟。

4. 发展后劲进一步增强

吉利、威马、金龙、比亚迪、江淮、众泰、海立美达、深圳西湖集团等公司在湖北省投资的一批新能源汽车项目,宁德时代、天津力神、深圳沃特玛、中航锂电、骆驼电池、金泉新材料等一批动力电池项目,以及东风汽车集团武汉新能源汽车产业基地、东风小康十堰新能源汽车基地、扬子江汽车集团新基地建设项目,将进一步增强湖北省新能源汽车产业的发展后劲。

5. 应用成效进一步显现

新能源汽车的推广应用已在全省范围内全面铺开。截至 2018 年 6 月,全省各地在公交、出租、环卫、物流、通勤及社会购车等多个领域推广应用新能源汽车 2.76 万辆,累计行驶里程 31881 万公里,累计节油 3189 万升,累计减少碳排放 7.1 万吨,居全国领先水平。

6. 发展环境进一步优化

湖北省政府制定并印发了《关于加快推进新能源汽车推广应用的实施意见》,提出了加快湖北省新能源汽车推广应用的总体要求,建立了由省领导任召集人,省直各职能部门为成员单位的省际联席会议制度。相关市州也制定了鼓励新能源汽车示范推广应用的意见和工作方案,从土地供应、财政税收、自主创新产品推广应用、技术创新、金融支持、企业人才建设和产学研技术联盟组建等方面予以政策支持。

(二) 面临的形势

当前,我国新能源汽车产业实现了高速增长。2017 年,全国新能源汽车产销分别完成 79.4 万辆和 77.7 万辆,同比分别增长 53.8%和 53.3%。产销量和保有量均处世界第一。尽管如此,新能源汽车产业发展今后仍将是机遇与挑战并存。

1. 产业发展新趋势带来的新挑战

为了破解制约汽车产业发展的能源和环保问题,目前主要汽车生产国已将发展新能源汽车上升为国家战略,以节能和新能源汽车、智能网联汽车、无人驾驶为主攻方向的国际汽车产业竞争态势已全面展开。

2. 新的发展理念提出的新要求

汽车产业在新一轮发展中必须以创新为第一动力，以协调为内生特点，以绿色为普遍形态，以开放为必由之路，以共享为根本目的。加快推动节能与新能源汽车产业发展成为实现新发展理念的根本选择。

3. 国家发展战略带来新机遇

制造强国战略、“中国制造 2025”、“长江经济带”等一系列国家发展战略的深度实施，将会对内需市场需求结构带来很大影响。在供给侧结构性改革和绿色、环保政策影响下，各种形式的新能源汽车将快速增长。

4. 鼓励政策带来的新变化

政府补贴只是推动新能源汽车产业发展的阶段性政策手段，国家新能源汽车鼓励政策将向市场化、法制化和建立长效机制方向调整。国家《新能源汽车碳配额管理办法》《新能源汽车生产企业及产品准入管理规定》《乘用车生产企业平均燃料消耗量与新能源汽车积分并行管理办法》等新政策的颁布，将对新能源汽车生产和消费产生积极影响。

二、存在的主要问题

（一）充电基础设施仍然是发展的短板

我国现在车桩比只有 3.5∶1，随着新能源汽车数量的持续增长，充电基础设施结构性供给不足的问题日益凸显，整体规模仍显滞后。2020 年规划建设公共充电桩数量约 50 万个，但是与同期新能源汽车发展的规模仍然不匹配。另一方面，充电设施的布局也不够合理，公共充电桩的使用率还不到 15%，可持续的商业发展模式还没有形成，存在着运营企业盈利困难和消费者充电价格偏高的双向矛盾。

（二）政策体系仍需完善

在货币化支持政策逐步退出的情况下，使用通行便利等后续接替的政策需要提前研究，抓紧布局。国家部委之间，中央与地方之间支持政策的衔接还不够充分。不同形式的地方保护主义仍然存在，部分城市设置地方目录，导致消费者对车型的选择空间大大压缩，造成了市场的割裂，抑制了发展的活力。

（三）核心技术还需进一步突破

从动力电池来看，高端产品与国外的差距不大，但产业整体创新能力还不够强。在先进技术研发、产品的一致性保障及国际化发展方面，与跨国企业相比，仍存在着不小的差距。从整车来看，真正意义上新一代纯电驱动的平台大多还没有纳入企业的研发计划，已有的平台大多是利用原来燃油车进行的改装性平台。燃料电池汽车与国际先进水平的差距还在拉大，以企业为主体，产学研用相结合的创新体系还亟待完善。

(四)后市场流通服务体系有待健全

在售后服务方面，不同品牌新能源汽车的质保内容参差不齐，电池以旧换新的政策也不相同，售后服务配套体系滞后，对培育消费市场也有一定的负面影响。同时，新能源汽车二手车市场评估标准的缺失，流通体系的不健全，车辆保值率的低水平，影响新车市场的长远发展。

三、发展主要举措

发展乘用电动汽车、插电式混合动力汽车，研发整车驱动系统、控制系统、超轻量新型客车，增强电池、电机、电控系统技术改进。建立动力电池回收、处理、再利用体系。进一步发挥武汉、襄阳在新能源汽车推广应用的先发优势和示范带动作用，加快全省各地新能源汽车整车及关键零部件产业化。到2020年，实现新能源汽车工业产值达到400亿元；到2025年，实现新能源汽车产值达到800亿元。

(一)加强新能源汽车行业指导和规划引导

加强行业指导，在贯彻落实国家一系列新能源汽车产业发展政策措施的同时，积极跟踪国家新的政策走向，研究符合地方实际的具体措施和政策储备。进一步加强《湖北省新能源汽车及专用车产业“十三五”发展规划》宣传贯彻和各项推进工作，引导全省新能源汽车产业持续快速发展。

(二)推进新能源汽车产业项目建设

积极推进吉利新能源汽车项目落地，积极促进东风汽车集团、厦门金旅、长丰猎豹、众泰汽车等一批新能源汽车项目及金泉新材料公司等一批核心总成和关键零部件项目建设。鼓励全省专用汽车企业，特别是随州、十堰等重点地区专用汽车企业发挥自身优势，加快新能源专用汽车产品研发和生产，积极促进新能源专用汽车发展。加快推进武汉、襄阳、十堰等汽车产业比较集中的城市的新能源汽车和关键零部件产业基地发展壮大。

（三）推动新能源汽车产业创新发展

大力推进全省新能源汽车产业协同创新，整合省内新能源汽车研发资源，加快武汉新能源汽车工业技术研究院等共性技术平台建设。大力推进新能源汽车智能化发展，通过推进下一代互联网、云计算、北斗导航等的关键技术、设备、软件及业务应用，以及数字化车间建设和智能制造发展，发展新能源智能汽车，提高新能源汽车制造个性化定制、柔性化生产等智能化水平。积极引导商业模式创新，不断拓展新能源汽车产业的市场边界，努力促进新能源汽车产业由生产型向生产服务型转变。

（四）推进新能源汽车基础设施建设

加强部门的协调，按照国家充电设施相关标准，因地制宜推进充电设施建设。将充电设施建设纳入城市综合交通运输体系规划和城乡建设相关规划。充分利用城市公共停车场、住宅小区停车位、加油站、加气站等现有场地和设施，推进和完善充电设施建设。鼓励具备条件的政府机关、公共机构及企事业等单位设置新能源汽车专用停车位、配建充电桩。

（五）加大政策支持和协调服务力度

充分发挥长江经济带产业发展基金作用，加大对新能源汽车重点项目和优势企业的支持力度。积极帮助企业争取更多新能源汽车产品顺利进入国家《新能源汽车推广应用推荐车型目录》和《免征车辆购置税的新能源汽车车型目录》，获得国家政策资金支持。创新投资、融资模式，多方面鼓励社会投入，将社会各类资金引导到新能源汽车发展领域。

四、发展建议

（一）完善产业发展环境

着力提高汽车产品节能、环保、安全、智能水平，完善道路交通安全法规和标准，建立道路交通事故深度调查研究机制，对事故车辆存在的质量问题依法追究生产改装企业责任。加快研究制定规范管理低速电动车的指导意见，从源头解决非法生产销售问题。加强机动车污染防治，科学制定并严格执行机动车排放和车用燃料标准，建立实施汽车排气检测与维护制度，鼓励使用清洁能源，推广使用节能环保车型，以市场化手段推动老旧、高排放汽车淘汰更新。提高城市规划和交通布局的前瞻性和科学性，合理建设、布局城市道路、停车场、加油站、充电站（桩）等基础设施，大力建设安全便捷、畅通高效、绿色智能的现代综合交通运输服务体系。促进汽车共享经济发展,全方位提高汽车使用效率。

(二) 推动公共服务领域率先推广应用

在城市公交车行业率先推广应用。大力推动新能源公交车示范运营,按照国家出台的有关政策要求,改革完善城市公交车成品油价格补贴政策。城市公交车行业是新能源汽车推广的优先领域,将新能源公交车纳入成品油价格补贴范围,同等享受城市公交车燃油补贴。加快全省新能源公交车替代燃油公交车步伐,促进城市公交行业健康发展。

加大党政机关和公共机构、企事业单位推广使用力度。党政机关、公共机构更新车辆时,当年购买配备新能源汽车数量不低于年度更新车辆总量的30%,并逐年提高比例。在推行公车改革中,积极倡导公职人员购买使用新能源汽车。

(三) 加强宣传引导和舆论监督

充分利用各类媒体,通过多种形式,大力宣传推广应用新能源汽车对降低能源消耗、治理大气污染的重要意义,组织业内专家解读新能源汽车的综合成本优势,提高全社会对新能源汽车的认知度和接受度。积极组织推广应用交流活动,及时总结成功经验,促进各地相互学习借鉴、共同提高。对损害消费者权益、弄虚作假等行为要进行曝光,形成有利于新能源汽车消费的良好氛围。

(四) 加强人才队伍保障

加强对汽车人才队伍建设的统筹规划和分类指导,开展汽车人才培养及管理模式等专项研究,健全人才评价体系,完善人才激励机制,优化人才流动机制,改善人才生态环境,构建具有国际竞争力的人才制度。加强汽车学科专业建设,改革院校创新型人才培养模式,强化职业教育和技能培训,搭建普通教育与职业教育的流动通道,着力培养科技领军人才、复合型人才、企业家等紧缺人才队伍,扩大培养技艺精湛的能工巧匠和高级技师。弘扬工匠精神,推进现代学徒制,支持企业推行订单培养、顶岗实习等人才培养模式,实现培养与产业需求的精准结合。构建汽车产业人才供需对接、互动交流、成长服务等专业特色平台,构建和完善各类人才数据库,指导人才合理流动和定向培养。

(五) 发挥行业组织作用

发挥行业组织熟悉行业、贴近企业的优势,为政府和行业提供双向服务。行业组织应加强数据统计、成果鉴定、检验检测、标准制定等能力建设,提高为行业企业发展服务的水平。行业组织应密切跟踪产业发展动态，开展专题调查研究，及时反映企业诉求，充分发挥连接企业与政府的桥梁作用。鼓励行业组织完善公共服务平台，协调组建行业交流及跨界协作平台，开展联合技术攻关，推广先进管理模式，培养汽车科技人才。行业组织应完善工作制度，提高行业素质，加强行业自律，抵制无序和恶性竞争。

第二节　专用汽车

一、基本情况

（一）发展现状

1. 产业链进一步完善

湖北汽车工业走廊“武汉—随州—襄阳—十堰”闻名全国。武汉是我国内陆的汽车市场中心，有极强的市场集散功能和广泛的经济辐射作用。十堰已发展成为我国最大的商用汽车生产基地和具有较大影响力的汽车零部件生产基地之一。襄阳不仅是东风商用车和乘用车的重要制造基地，以及我国汽车动力和汽车零部件的制造基地，也是新能源汽车发展较快的示范城市。随州是湖北汽车工业走廊的节点城市之一，专用汽车产业和汽车零部件产业集群优势明显。

2. 创新步伐进一步加快

“十三五”时期我国经济发展进入新常态，表现出速度变化、结构优化、动力转换三大特点。汽车产业能否适应和引领新常态，实现结构优化、动力转换，关键在于创新。

武汉汽车产业致力于推进人才、资本、技术等要素集聚与配置，构建完善创业创新的政策和制度环境；进一步完善以企业为主导的产业创新体系；重点突破新能源和智能网联汽车核心技术，形成世界领先的汽车自主品牌研发创新与制造体系；积极适应互联网时代新变化，打造创新发展新空间。

十堰汽车产业发展将创新驱动发展作为重大发展战略，加快推进制造业提档升级，加强与东风公司的发展对接和政企共建，推动汽车产业转型升级、做大做强；加快企业制造装备数字化、智能化升级，引导制造业向分工细化、协作紧密方向发展。

襄阳以开放倒逼产业升级，积极开展境外招商，逼迫本土企业吸收先进技术，提高自主创新能力；以发展新能源专用车为重点，积极从事新能源汽车的研发、生产，初步形成新能源汽车“两纵三横”(纯电动汽车、混合动力汽车,动力电池、驱动系统、控制系统)的产业形态。

随州在调整产业结构与合资合作带来的发展机遇的同时,也面临宏观经济下行和区域竞争加剧带来的挑战。随州专用汽车产业引导企业产品向“专、精、特、新、轻”方向转型,瞄准绿色发展和低碳节能,以创新驱动,促进自主创新,提高产业核心竞争力,促进持续发展。

3. 配套能力进一步提升

在湖北汽车工业走廊上汽车整车与零部件企业间基本形成了较为明确的分工,协作配套关系较为稳定。

十堰目前已形成重、中、轻、微、客等全系列商用车和专用汽车、关键零部件总成及全系列汽车零部件生产体系,东风汽车公司近 50%商用车整车的产值与产量、约 70%的汽车及零部件企业(600 多家)集中在十堰,十堰已成为全国汽车零部件产业集群度最高、汽车零部件产业链较为完整的城市之一。襄阳从事整车和零部件研发、试验和制造的企业有 300 多家,其中零部件企业主要为东风汽车、东风股份、神龙公司的轻型商用车、中高档乘用车等进行配套。襄阳初步形成了电动汽车底盘、动力电池、电机、驱动系统、控制系统、充电系统等较完整的新能源汽车零部件产业链。

(二)面临的形势

1. 宏观经济环境的变化引领专用汽车产业的整体发展

随着我国经济新一轮的深度改革,国内经济改革将在“十三五”期间进入深水区,经济总体增长形势会发生较大变化。由固定资产投资、出口、消费拉动经济增长模式正在向公共基础设施建设、传统产业绿色升级和创新、消费等拉动国民经济增长方式转变,由区域试点经济发展向全国经济整体协同发展转变。

在“一带一路”政策导向下,大量工程类专用汽车在市场需求空间上会西移和外延,同时带动国内大物流的西移和外延。京津冀经济区、上海自贸区、北部湾经济区、东北-蒙东经济区、长江流域经济带的建设等,将对内需市场的需求结构带来较大影响,城市服务专用汽车、新能源专用汽车、物流专用汽车、适应公共基础设施建设的工程类专用汽车将是未来内需市场需求的发展方向。受互联网、大物流和大工程影响,国内大量工程类和物流类客户将向集团类客户转变。在国家加大新农村建设的宏观政策导向下,适合农村需求的短物流车、环卫车、消防车等新型农村专用汽车会呈现较强的增长态势。在节能、环保政策影响下,各种形式的新能源专用汽车将以较快速度增长。在大物流环境影响以及国家强调资源循环利用、发展循环经济的政策下,铝合金专用汽车等轻量化专用汽车在“十三五”期间将得到较大发展。针对以铝合金专用车辆为主的企业,在市场需求环境发生转变的情况下,其运营模式将会引入开创型发展新思维。

2. 创新和绿色发展推动专用汽车产业的全面升级

创新已成为驱动产业转型升级的主要动力。国家重点提出传统产业的绿色升级和创新，打造“中国制造 2025”强国战略。我国专用汽车行业过去重视低质跑量、追求短期经济效益，忽视新产品、新技术、新材料、新生产方式、新管理方式、新市场、新组织方式、新运营方式等产业升级内容的研究和运用，在新一轮产业创新发展的进程中，专用汽车企业要注重提高自主创新能力，突破一批关键核心技术，充分利用互联网、物联网、大数据、云计算、人工智能等新一代信息技术改造提升专用汽车产业。

推进绿色发展、循环发展、低碳发展，有利于形成节约资源和保护环境的可持续发展格局。绿色发展即以效率、和谐、持续为目标的经济增长和社会发展方式，是我国推动经济结构调整的重要举措。国家出台《国务院办公厅关于加快新能源汽车推广应用的指导意见》，鼓励新能源专用汽车设计、制造技术的自主研发。我国排放法规日益严格，促使专用汽车企业加快技术革新步伐，推动传统能源专用汽车的节能减排。“十三五”期间，专用汽车产业将紧紧围绕“绿色”这一主题积极主动推进产业的绿色化升级改造，将生态文明的理念渗透专用汽车产业发展的全过程，发挥科学技术的生态功能，推进科技创新与突破，采用新技术进行绿色生态化改造，将专用汽车产业的生产方式改造为绿色生态化生产方式，形成促进生态文明建设与专用汽车产业协调发展的科技支撑体系。

3. 市场需求的变化促进专用汽车产品结构的优化调整

在经济新常态格局下，经济增长方式将由粗放型向集约型转变、由要素驱动向创新驱动转变。经济增长方式的转变，将推动国内市场需求格局的变化。从发展趋势来看，国内专用汽车市场需求将产生下列变化：一是传统固定资产投资向公共基础设施建设方面的转移，将会对工程建设类车辆在客户对象、车辆适应性、空间格局上带来较大变化；二是在网商快速发展的背景下，大物流是社会发展的必然趋势，国内物流公司将由过去“小、散、乱”向少数规模化企业快速转变，物流类专用汽车集团客户将会增多，真正适合物流企业需求的运输类专用车辆将在技术提升、新材料应用、轻量化发展、车联网技术、新能源运用、企业运营模式等方面发生质的变化；三是政府职能转变后，过去由政府承担的服务必将快速市场化，部分企业将由制造企业向综合服务企业转变；四是伴随着产业链的发展与延伸，将会使专用汽车企业由过去的单一提供产品，向产业链价值的共同分享转变，使企业更加专注经营模式和产品方向的战略定位；五是社会分工的精细化、专业化和需求的多样化将推动专用汽车产品朝个性化需求和个性化服务方向发展。

二、存在的主要问题

(一)企业协同能力不强

湖北省专用汽车生产企业多、聚集度高、产业规模大,已形成较为完善的汽车产业集群,但集群内经济结构不够合理、企业发展不平衡、行业龙头企业带动性不强的问题依然存在;企业间尚未建立真正意义的协同联盟关系,如原材料采购、物流运输、人员培训等。

(二)产品差异化发展不够

经过"十二五"的努力,湖北省专用汽车产品低质化、同质化的问题得到了一定的遏制,但从总体上看,由于技术力量和产品研发投入仍显不足,因此创新不够、简单仿制的现象仍不同程度存在,尤其是技术含量不高、附加值较低的洒水车、混凝土搅拌运输车、加油车、半挂车、车厢可卸式垃圾车等低端产品仍不同程度存在低质竞争。

(三)智能装备水平不高

"十二五"期间,湖北省专用汽车产业的生产环境、生产装备、生产工艺等已实现了质的变化,达到一个相对较高的水平,但与国内同行业的国有大型汽车企业相比,在设备、工艺、信息与管理等诸多方面存在一定的差距。湖北省专用汽车产业与国际、国内高水平的汽车整车生产企业相比,在生产线的自动化程度、设备的智能化水平、制造工艺的先进性方面仍有距离。

(四)研发资金投入不足

湖北省大部分民营企业在粗放型经济结构中完成企业原始资本积累后,在技术研发和市场开拓等方面的资金投入明显不足,大部分企业的资产经过抵押实现资本放大后再投入到土地购置和厂房建设,形成短贷长投发展模式。企业产能快速放大所形成的激烈竞争,使得企业利润急剧下降、资金成本快速增加。此外,土地成本、经营成本、管理成本等亦大幅增加,多重效应的共同作用,造成企业资金异常紧张,产品研发资金的投入进一步受到挤压,产品缺乏创新、活力不足,使得大部分中小企业,特别是民营中小企业在发展过程中面临严重的资金短缺问题。

三、发展主要举措

重点发展应急救援、消防、警务等城市公共服务车辆，矿山专用车、桥梁施工车、道路养护车等工程施工车辆，快递物流和冷链运输等节能环保车辆，机场以及国防现代化建设需要的各类专用特种车辆。以十堰、随州、襄阳为龙头，加快武汉、襄阳、荆州等地专用汽车特色化发展。到2020年，实现专用汽车工业产值达到700亿元；到2025年，实现专用汽车产值达到1000亿元。

（一）加大产品结构调整，不断开发新产品

根据专用汽车行业发展趋势，以“专、精、特、新、轻”为主攻方向，在巩固现有优势产品的基础上，着力产品结构调整和新产品开发。规模化发展一批专用汽车产品。提高自卸车、罐式车、厢式车、保温冷藏车、城市环卫车、高速公路运输车、油田专用汽车、沼液沼渣抽排车等产品质量，扩大生产规模和国际国内市场份额。高起点研发一批高附加值的专用汽车。通过引进、联合开发和技术创新等手段，大力促进医疗救护车和医疗垃圾车、电力和通信应急保障车、城市公共服务通信指挥车、混凝土泵车、危化品运输车、液化气（天然气）运输车、起重和高空作业车、高等级公路养护及抢险救援车、机场专用汽车等产品的研发和产业化。鼓励企业开发适合国情的各种新能源专用汽车产品。

（二）推进集团化发展，培育龙头企业

积极推进企业联合、兼并、重组，支持骨干企业跨地区、跨行业、跨所有制，以兼并重组方式发展大型专用汽车企业集团，以优势互补和资源共享方式组建企业联盟，或与国外优势专用汽车企业合资合作，不断扩大企业经营规模。进一步做大做强龙头企业，鼓励其依托在产品生产、市场开拓、技术创新和经营管理等方面的优势，参与国内外竞争，并在竞争中进一步培育核心竞争力，成为在国内外有一定影响力和竞争力的企业集团或特色支柱企业。

（三）优化产业布局，推进集群化发展

发挥市场对资源优化配置的基础性作用，引导全省专用汽车资源向专用汽车企业比较集中的武汉、随州、十堰汽车工业走廊聚集，推进专用汽车集群化发展。整合产品、信息链、技术服务链，加快发展模具、汽车电子等专用汽车上下游产业及产品，促进上下游产业有效融合，形成设计、研发、生产、配套、营销、物流等相互促进发展的专用汽车产业集群。

(四) 加快技术创新体系建设,增强企业自主创新能力

进一步完善以市场为导向、以企业为主体、产学研相结合的技术创新体系,加强专用汽车企业研发中心建设,不断提高企业自主创新能力。充分发挥湖北的科教优势和国家汽车技术研究中心汉阳专用汽车研究所的作用,围绕专用汽车新技术、新材料、新工艺,加强研究与合作,逐步形成并保持"生产一代、研制一代、开发一代"的产品结构开发体系和产品多元化、系列化的发展格局。

(五) 建立和完善服务体系建设,促进生产经营方式转型

加快发展专用汽车生产性物流、交易及售后服务,汽车租赁、汽车保险、消费信贷等,加快企业从生产型向生产服务型转变。建立省级专用汽车交易、展示服务平台。依托国家授权的专用汽车检测中心,完善专用汽车质量监督检测体系。

四、发展建议

(一) 加大对专用汽车发展的资金支持力度

整合现有省级财政支持汽车产业发展的相关专项资金,重点支持专用汽车企业产品技术创新,以及关键技术与共性技术研发平台、公共检测平台、商务与科技信息平台搭建等。专用汽车生产企业较集中的地区,地方财政每年也要拿出一定资金,支持本地区专用汽车行业的发展。

(二) 营造省内专用汽车销售的良好市场环境

积极引导专用汽车生产企业与省内重大建设项目的投资方和承建方建立合作伙伴关系。鼓励省内专用汽车生产企业采用省产底盘改装各类专用汽车;鼓励省内公共工程建设、城市环卫用车、城市公交用车、消防用车等公共财政投资的项目或配套项目在同等条件下,优先选用省产专用汽车。

(三) 强化人才建设

支持大专院校和职业学校开设与新能源汽车及专用汽车产业发展相关的各类专业,加快培养一批专业技术人才、管理人才和专业工匠。加强企业与高校和科研院所的合作,设立更多的博士后流动站,深化知识溢出效应。比照发达省份的人才引进政策,加大留住人才政策力度,防止人才流失。鼓励社会资本投资培训机构,加大产学研一体化发展的力度,构建多元化、多层次新能源汽车及专用汽车人才教育

培养体系。

（四）提升对专用汽车企业的服务

充分利用大企业直通车等服务平台，为专用汽车企业发展提供良好服务。对企业联合重组的，工商部门要为其登记、变更、注销等提供优质、高效、便捷的服务，有关部门要落实国家相关税收优惠政策；培育专用汽车优势企业上市融资；加大对技术含量高、市场前景广、附加值高的专用汽车争创名牌的支持力度。

第八章　北斗卫星导航

北斗卫星导航应用产业是以卫星导航和地理空间信息为基础、以具有时空特征标志的各类数据为资源、以面向市场需求提供智能化服务产品为主要特征的战略性新兴产业。

随着全球信息技术，特别是利用时空标志的信息技术不断创新，新产品、新服务、新业态大量涌现，不断激发新的消费需求，成为日益活跃的消费热点，市场发展潜力巨大。以基于位置的智能化服务为切入点，大力发展北斗产业，能有效拉动需求，加快居民消费升级，是一项既利当前又利长远、既稳增长又调结构的重要举措。

发展北斗产业是湖北转方式、调结构的迫切需要。北斗产业以北斗芯片研制为核心环节，可带动湖北省在数据获取、加工与处理，相关软硬件研发等优势的发挥，可形成湖北省面向智慧城市提供智能化服务为主的高端服务业竞争优势。要发挥北斗产业在调整经济结构、转变发展方式中的重要作用，形成湖北省在新一轮经济发展中的核心竞争力和整体带动力，力争“十三五”期末实现北斗产业弯道超车、超常规发展的目标。

第一节　基本情况

一、发展现状

2017 年，湖北省北斗产业实现主营收入 49 亿多元，同比增长约 18.4%。湖北承担着构建中部崛起重要战略支点重任，拥有测绘地理信息领域的人才技术优势，形成了以武汉为中心的高精度定位服务和地理信息采集、处理、分析等为主的产业发展格局，是拥有人才优势、技术优势、产业优势的重要区域。

在北斗导航领域，湖北省技术研发能力全国较强，武汉是国内重要的地球空间信息技术及产业集聚区，光谷北斗被科技部认定为“北斗及地球空间信息产业国际科技合作基地”，一批骨干企业快速成长，立得空间、武大吉奥等 7 家企业入选 2017

中国地理信息产业百强企业。湖北省拥有光谷北斗、梦芯科技、中原电子、光庭科技等一批成长性较好的骨干企业，地基增强系统在技术水平和应用方面处于国内领先。

2017 年，湖北省政府办公厅发布了《关于加快推进北斗导航应用示范项目的通知》，建设内容为“1 个平台＋6 个应用示范”，即以湖北省北斗地基增强系统为基础，以北斗高精度定位为特色，搭建北斗高精度位置服务平台，建设现代农业、城市配送、交通安全和基础设施、地质灾害监测预警、环境监测、民生关爱等 6 个行业示范，推广安装 42 万套北斗应用终端，拓展北斗应用尤其是高精度应用领域。

（一）建设北斗区域地基增强服务系统

湖北省率先研制建设了国内首个拥有自主知识产权的北斗区域地基增强服务系统——湖北省北斗地基增强系统。该系统已稳定运行，在米级和亚米级导航方面，已初步应用于江汉油田工程车辆运输监控管理、长江航道船舶监控管理、武汉城市规划执法管理。该系统还应用于数字湖北、地理国情监测、全省农村集体土地确权登记发证等项目，以及规划、水利、林业等多个行业的日常业务中，精度达到厘米级，甚至还能为毫米级的地壳运动、地质灾害及大型建筑的形变监测提供服务。

（二）北斗导航现代农业应用示范

湖北农机本着“试点先行为项目实施探路”的原则，先后在湖北省现代农业展示中心以及省内天门、老河口、洪湖、沙洋等地试装了农机自动驾驶系统，针对不同地域、不同地况、不同作物、不同品牌、不同机型、不同作业开展试点试验，效果显著。目前，在沙洋、襄州、老河口和江陵等地已安装 691 台(套)北斗监测设备和 33 台、套、农机自动驾驶系统进行试点。

（三）北斗导航城市配送应用示范

北斗卫星导航应用示范项目(城市配送项目)旨在建设共同配送一站式服务系统，推广批量北斗终端，实现货源信息与车源信息的共享和对接，通过局部区域内尽可能少的货站、车辆等物流配送资源取得最大的物流配送成效，从而达到不断减少货车流量的目的，减轻道路拥挤、交通混乱、环境噪声以及车辆废气排放等城市管理难题。

2018 年，基于北斗导航系统应用的“城市驯鹿”共同配送平台已在湖北省上线，将有效提升武汉城市共享式货源的效率，通过降低供应链物流成本，可拉低相关商品的终端价格，为消费者带来更多实惠。

基于北斗导航系统的共享货运平台将以共享货车的形式为主，目前每天已有约 300 台在运营，全面部署北斗定位导航，配送过程实现可视化，一年内将增加到 20000

台左右，每单货运成本较市场价能减少30%的成本。

(四)北斗导航公共管理应用示范

2016年，中地数码集团基于公安云GIS平台，为洪山区公安分局搭建立体防控云、公共安全预警等信息化系统。2017年，中地集团入驻该局科技信息化联创中心，一线民警将直接参与产品前期设计、实战化应用测试、产品后期优化等工作。

2017年，荆门市启动公务车辆北斗定位监管系统建设，对公务车辆安装北斗定位终端。

2017年，武汉依迅电子信息技术有限公司研发出针对渣土车的北斗智能终端，在车辆上装载密闭监测、载重、超速等多个传感器。

(五)全球首个无缝导航示范区建设在武汉启动

2018年2月，武汉大学、武汉市江汉区人民政府及武汉市测绘研究院在武汉组织召开了“科技成果转化暨院士项目‘全球首个无缝导航示范区’建设启动会”。会议签署了《测绘地理信息科技成果转化及产业培育战略合作框架协议》，旨在推动“3S院士成果转化及产业化示范基地”建设，促进科技成果转化暨院士项目落地，打造武汉市江汉区地理信息产业带动形成新的产业链和产业集群、人才集群和成果转化的应用示范区。

“全球首个无缝导航示范区”是在武汉市江汉区28.28平方千米范围内建设基于高精度室内外定位以及云计算、大数据、物联网和GIS等技术的室内外一体化无缝导航体系，为辖区内大型复杂公共场所提供优于1米的导航服务，以满足市民在室内(或地下)空间出行、购物、停车找车，以及大型室内外场所的疏散、救援、安保及反恐等应急需求。

二、面临的形势

(一)政府大力推动北斗卫星应用产业发展

卫星导航定位系统是建设国家信息体系的重要基础设施，是直接关系到国家安全、经济发展的关键性系统技术平台。我国政府对北斗卫星导航系统及其应用推出了多项行业规划和产业政策予以支持。

(二)社会需求拉动北斗卫星应用创新发展

卫星导航定位技术已成为人们获取位置和时间信息的重要手段，逐步被人们了解、接受、信赖和使用，特别是专业应用用户对卫星导航的应用从被动接受使用已转化为主动要求应用。人们对北斗卫星应用的需求也趋于多元化和个性化，推动传统行业信息化建设和产业升级，这就要求北斗卫星应用企业针对不同用户的需求特点，提供创新的差异化服务，挖掘行业的服务潜力，促进北斗卫星应用行业的蓬勃发展。

（三）技术创新保障卫星导航定位有效发展

在电子通信、计算机、信息处理等技术推动下，卫星导航芯片产品向单芯片、低功耗、小型化、低成本的方向发展，使卫星导航走进千家万户成为可能。同时，移动通信网络的完善，互联网络资源的丰富，地理信息资源的共享，都为卫星导航技术创新与应用奠定了基础。我国政府正在加大力度完善我国拥有自主知识产权的北斗卫星导航系统，政府与研究机构及企业联动的研发应用局面初步形成，并取得了一系列成果，正在逐步打破欧美国家的技术垄断，为我国卫星导航行业的发展提供技术保障，使各种应用与服务成为可能。

（四）新需求为北斗产业发展提出新要求

湖北省提出“率先、进位、升级、奠基”总体目标，加快实施“五个湖北”建设、“两圈两带一群”协调发展、“祖国立交桥”打造以及大江大河治理等发展战略，对北斗信息产业提出了新的需求。要求加快产业转型升级，培育壮大北斗卫星导航应用产业等战略性新兴产业，大力发展电子信息产业，建设智能终端、北斗应用等全产业链的集聚区，推动北斗卫星导航领域的关键技术突破和应用，打造千亿元北斗产业集群。要求加快智慧城市建设、海绵城市建设，完善信息化基础设施，建设覆盖全省的北斗卫星导航地基增强系统，推动相关行业应用向北斗系统迁移，将测绘地理信息与新一代网络、大数据、云计算中心等共同纳入信息社会的基础设施。

第二节　存在的主要问题

一、产业集中度低

北斗产业发展“小、散、乱”问题突出。与美国 GPS 民用市场相比，我国北斗产业缺乏龙头企业。以产业上游的核心芯片技术企业为例，美国只有高通、博通等几家，而我国北斗芯片企业就有几十家。很多企业都想从事北斗行业，并付诸实践，这就造成产业“小、散、乱”的局面。

二、技术障碍

高性能的北斗卫星应用产品融合了卫星定位、卫星授时、微电子、无线通信、软件等多种核心技术，并结合产品应用领域的特点交叉运用了该领域独特的专有技术，核心技术及应用技术的掌握需要长时间积累。目前北斗卫星应用产业刚刚发展起来，国内市场成熟度不高。新进入者需要对行业发展方向和技术发展趋势进行把握，短期内很难与先进入者在核心技术层面和应用技术层面展开竞争。

三、专业人才缺乏

我国不仅在北斗卫星应用技术专业人才和市场人员方面匮乏，同时也缺乏高水平的北斗卫星应用的管理人员。管理观念、信息化意识的培养以及专业人才队伍的建设是一项长期的过程，目前这仍是制约我国卫星导航定位发展的一个重要因素。要建设一支优秀的管理团队与技术团队需要大量的时间、资金方面的投入，因此，先发企业的人才优势比较明显，新进企业的人才障碍突出。

第三节　发展主要举措

充分释放已有的独特优势，以行业应用及民生应用为总牵引，全方位拓展空间信息产品与服务，加快提升产业规模化、高端化、服务化、集聚化发展水平，推动产业跨越式发展，形成全国有影响力的北斗卫星导航产业集群。

突出北斗芯片、高端接收机及终端产品、北斗 CORS 基站等重点领域，加快提升产业的规模化、高端化、服务化水平。到 2020 年，实现北斗及地球空间信息产业规模提高到 1000 亿元；到 2025 年，实现产业规模至少达到 2000 亿元，形成全国具有重要影响力的北斗卫星导航产业集群。

一、推进现代化测绘基准体系建设

加强北斗卫星导航服务能力，积极参与全国北斗卫星定位连续运行参考站网建设、东南亚北斗地基增强系统建设以及基于三网融合的高精度位置服务，形成运用北斗卫星导航促进产业发展的巨大带动力和核心竞争力。依托湖北省自主研发的核心软、硬件技术，进一步完善全省北斗高精度位置服务“一张网”建设。进一步加密覆盖全省及周边地区的北斗卫星定位连续运行参考站网，为全国现代化测绘基准体系建设发挥重要支撑作用；将北斗高精度位置服务“一张网”与通信、广电等各类信息传输网络融合，促进互联互通、优势互补，提升网络竞争力，实现市州城区重点区域多网融合；大力开展测绘基准信息服务，形成定位精准、功能完备、服务高效的现代化测绘基准框架综合服务体系，形成以完全拥有自主知识产权、自主可控的“北斗网”；加强卫星导航定位基准站建设和应用的管理工作，进一步做好现有测量标志的管理维护工作。

二、加快培育北斗卫星导航应用产业集群

整合现有相关园区，加快武汉东湖新技术开发区“湖北省北斗卫星导航应用产业园”建设，深入推进“军民融合创新中心”建设，搭建小微企业孵化平台，孵化、引进一批有特色、专业化、高附加值的中小企业，吸引、引进一批国际国内知名企业落户湖北。围绕实施“一带一路”战略，积极推进北斗卫星导航应用产业海外布局，支持省内科研机构、高等院校和各类企业参与全球及区域性北斗卫星导航投资合作计划，引导、支持有条件的省内北斗卫星导航应用企业在境外建设北斗导航应用产业园区，拓展国内、国际市场，促进湖北省北斗卫星导航应用产业爆发式增长。

三、完善北斗高精度位置服务平台建设

通过整合改造省内连续运行基准站，进一步完善全省北斗高精度位置服务，加快推动全省测绘基准体系现代化步伐，建立全国统一、省内权威的北斗高精度位置服务平台。在湖北省北斗地基增强系统的基础上改造升级，通过导航与位置服务接口与各类终端连接、示范接口与示范应用系统连接，存储海量位置信息和基础地理信息，在此基础上实现基于大数据的海量数据挖掘、分析、统计、决策，通过应用接口为各应用系统提供北斗高精度差分数据产品，为百万规模用户搭建北斗高精度位置服务平台，为北斗卫星导航行业示范应用提供支撑，共享海量信息，进一步支撑后续的全面推广应用。

四、加强北斗智能终端应用推广

以北斗芯片为核心，发展位置服务高端制造业，在交通、农业、林业、城市管理等行业推广北斗智能终端的应用，包括以北斗车联网服务系统、基于物联网的危险及

灾害监控系统,基于北斗高精度位置服务的智慧农业、林业应用,基于北斗导航的智慧管网综合管理平台、城市管理中的高精度位置服务应用等为基础的各类智能应用。

五、加快北斗卫星导航产业创新中心建设

紧贴国家战略、国防建设和国际化发展的重大需求,以提高卫星导航应用于PNT(定位、导航、授时)领域自主创新能力、促进湖北省北斗卫星导航规模化应用与产业升级为核心,以技术研发、测试服务、产业孵化为主要任务,整合遥感、定位及信息网络领域的相关创新资源和平台,组建北斗卫星导航产业创新中心,推动我国北斗卫星导航规模化应用于军民融合发展。

第四节　发 展 建 议

一、加强统筹协调,形成发展合力

建立完善北斗产业发展协调机制,促进军民融合、加强部门沟通协调,以及统筹省市和其他社会资源,研究制定产业化促进政策,引导产业布局优化,申请国家支持产业发展的重大专项,推动产业重大项目的组织、申报与实施。充分发挥行业协会等专业机构的行业引导、协调、服务作用,鼓励建立产业联盟,强化行业和企业自律制度,构建产业发展的良性竞争环境。

二、完善法规政策,优化发展环境

健全和完善促进北斗产业发展的法规、规章,加快地理空间信息数据交换和共享等立法工作。实行适度宽松的北斗相关企业市场准入政策。加大北斗产业知识产权保护力度,完善地理信息安全保密政策。在政府采购活动中,同等条件下,优先使用或采购具有自主知识产权并经检测认证合格的北斗卫星数据、产品和服务。大力扶持具有自主知识产权的创新成果产业化。发挥政府的引导作用,大力开展市场培育与应用示范,充分发挥市场主体的创造活力,鼓励应用服务和商业模式创新,加大实施相关重大工程的力度,推动北斗卫星导航系统的规模化应用。

三、加强标准建设，提升发展水平

加大北斗卫星导航产业基础标准和通用标准的制定、修订力度，加快卫星应用与相关领域关键技术和重要基础性标准的研发，并做好标准宣贯和市场监督检查，更好地服务、支撑和引领该领域标准化产业发展。加大知识产权保护力度，引导标准、专利等产业联盟健康有序发展。积极参与制定国家标准，提高湖北省在国家北斗卫星导航产业应用标准制定中的话语权。

着力建立健全卫星导航产品质量保障公共服务平台，积极推进涉及安全领域的北斗基础产品及重点领域应用产品的第三方质量检测、定型及认证，规范卫星导航应用服务和运营，培育北斗品牌。逐步建立卫星导航产品检测和认证机构，强化产品采信力度，促进北斗卫星导航产品核心竞争力的全面提升，推动北斗卫星导航应用与国际接轨。

四、加大公共投入，鼓励产业创新

加大财政、税收及金融支持力度，完善多元化投资与运营模式，创新金融服务模式，拓宽企业融资渠道。坚持园区化、集约化发展模式，建设北斗产业园，鼓励引进国际、国内知名企业在产业园区设立研发总部。扶持优势企业做大做强，通过实施兼并、重组等方式，提高产业集中度和竞争力。依托龙头企业、高校及科研机构，建立产学研用一体化的科技创新体系。将湖北打造成北斗卫星导航应用领域重要的芯片研发中心、核心终端制造中心、智能化服务中心，形成完整的共生型产业发展业态。

五、加大人才引进，营造发展环境

全面落实引进人才优惠政策，推动湖北省人才计划向北斗产业倾斜。以促进科技创新和产业升级为重点，着力引进和培养高层次、创新型的核心技术研发人才和科研团队；以提高北斗产业综合竞争能力为核心，加快引进和培育具有国际视野的经营管理人才。建立和完善有利于优秀人才发展的收入分配制度，完善技术或知识产权参股、入股等产权激励机制，营造良好的人才发展环境。

六、加强交流合作,拓展发展空间

创建国内外卫星导航企业合作交流机制,促进多模卫星导航系统的技术合作与应用。积极开拓国内外市场,支持科研机构、高等院校和各类企业参与全球及区域性北斗卫星导航投资合作计划,推动拥有自主知识产权的高新技术装备、软硬件产品及技术服务进入国际市场。积极营造良好的商务环境和诚信环境,吸引国内外大中型企业来湖北省投资兴业,提升湖北省北斗产业的国际地位。

第九章 生物医药和高端医疗器械

生物医药和高端医疗器械产业是关系国计民生的战略性新兴产业，是加快建设制造强省和健康湖北的重要保障。在国家的大力扶持下，我国生物医药和高端医疗器械行业得到了快速的发展，逐步缩短了与先进国家的差距。随着市场需求进一步扩容，国家扶持力度的进一步加大，生物医药和高端医疗器械将迎来快速发展的黄金时期。同时这也将是湖北省生物医药和高端医疗器械产业转型升级、迈向医药强省的关键时期。

第一节 基本情况

一、发展现状

2017 年，全省医药产业认真贯彻落实省委省政府的决策部署，积极应对经济上出现的新情况、新变化、新挑战，主动作为，迎难而上，采取一系列举措稳增长、抓投资、促转型，全省医药产业保持较快增长，发展质量和效益明显提升。

（一）产业发展质量效益大幅提升

（1）生产保持较快增长。

2017 年，全省规模以上医药工业企业完成工业增加值同比增长 14.6%，高于全省工业增加值增速 7.2 个百分点。

（2）质量效益显著提升。

2017 年，全省医药产业主营业务收入 1216.1 亿元，占全省工业收入比重的 2.8%，同比增长 14.4%，加快 2.1 个百分点；利润同比增长 33.8%，加快 20.2 个百分点；税金同比增长 15.7%，加快 7.8 个百分点。

医药产业制剂单产品销售收入过 1 亿元的增至 36 个，过 2 亿元的增至 9 个，过 3

亿元的增至5个，过5亿元的增至4个，过10亿元的增至2个。其中，武汉生物制品研究所和李时珍医药集团单品种销售收入过1亿元的产品增至5个；宜昌东阳光药业股份有限公司抗流感“可威”单品种销售收入超过16亿元。全省高端医疗器械龙头企业武汉德格拜尔公司的金属接骨板(钉)类产品收入超过1亿元。

(二) 供给侧结构性改革成效明显

(1) 化学药品制剂企业集中度进一步提高。

2017年人福医药集团、宜都东阳光药业股份有限公司、远大医药等3家企业的主营业务收入超过250亿元，占全省医药工业收入的20%。

(2) 生物医药研制迈出可喜步伐。

武汉生物制品研究所研发的国家一类新药肠道病毒71型灭活疫苗(Vero细胞)历时9年成功上市，从2017年5月份上市短短7个月，其销售收入已达到2.26亿元，占全部营业收入的四分之一。

(3) 中药提取和中药配方颗粒试点取得突破。

全国植物药提取三大基地之一的湖北诺克特药业2017年加工中药材3万吨，销售收入2亿元。部分中药生产企业相继开展了中药配方颗粒的研发和生产，劲牌生物医药有限公司确定为全省中药配方颗粒试点生产企业。

(4) 高端医疗器械发展势头强劲。

武汉华大基因、药明康德、安翰光电、喜康生物、康圣达、明德生物、九生堂、璟泓生物、中旗生物等一批高端医疗器械企业快速成长，成为各自领域的排头兵和“隐形冠军”。武汉华大基因、药明康德、康圣达主营业务收入均突破5亿元，安翰光电主营业务收入突破3亿元。武汉盛齐安“载药囊泡治疗胆道恶性梗阻技术”等创新医疗技术开展临床应用。可控式胶囊内窥镜、十八导联心电图机、循环肿瘤细胞捕获仪、组织工程自体皮肤、蛋白质三维比对技术、高通量临床基因测序仪等一批世界领先的创新成果进入市场。

(三) 新动能培育初见成效

(1) 产业投资持续增强。

全省医药产业全年完成固定资产投资556.93亿元，同比增长17.9%，其中，中成药制造、生物生化制品制造、化学药品制造、医疗器械制造分别完成固定资产投资63.48亿元、97.62亿元、121.64亿元和131.5亿元，同比增长39.5%、15.4%、13.2%和5.7%。

(2) 重点项目加快实施。

总投资8.3亿元的湖北康沁药业红益胶囊、盐酸葡酮胺项目，总投资2.2亿元的

聚瑞中药饮品项目，总投资10亿元的钟祥人福医药辅料项目一期工程项目均进展顺利。总投资过8亿元的宜昌东阳光长江药业仿制类药物产业化及大品种制剂项目、胰岛素扩建项目，总投资约30亿元的东阳光药业化学原料药项目，总投资50亿元的联影武汉总部基地项目均开工建设。

（3）智能制造试点示范带动作用明显。

智能制造引领一批企业转型升级，企业装备水平得以提升。湖北华强科技“医药包装材料智能化丁基橡胶车间”、马应龙“中药软膏智能制造”分别获批2017年国家和省级智能制造试点示范项目。远大医药入选2017年国家制造业与互联网融合发展试点示范项目。在获批试点示范项目的带动下，湖北康沁药业、枝江奥美卫生材料、爱民制药、华仁同济药业等企业积极申报国家和省级智能制造试点示范项目。东阳光公司对红霉素生产实施智能制造后生产效率提高20%，运营成本降低20%。

（四）创新发展成效显著

（1）医药产品创新有新突破。

2017年，湖北省医药产业创新产品开发进展顺利，全省共获得药品注册批件14个，其中新药批件1个；获得43个二类以上医疗器械产品注册证，共计400余个医疗器械产品注册上市。

（2）技术创新平台逐步完善。

2017年，全省建立国家级重点实验室2个，省部共建国家重点实验室培育基地2个，国家工程技术研究中心2个，省级产业技术研究院3个，国家创新型（试点）企业2个，国家和省级产业技术创新战略联盟7个，国家中药现代化科技产业基地1个，省级中药现代化科技示范企业、基地（园）50个，省级工程技术研究中心12家。

（五）优势企业引领作用增强

（1）细分领域骨干示范作用明显。

宜昌人福、宜昌东阳光、远大医药、武汉生物制品研究所、广济药业、中旗生物等6家企业被评为省级细分领域隐形冠军示范企业；湖北康沁药业等15家被评为省级“科技小巨人”；联合药业等14家企业被评为省级细分领域隐形冠军培育企业。

（2）行业龙头引领作用显著。

目前光谷生物城集聚了世界500强企业8家，近1400家企业构建出预测、预防、诊断、治疗、管理等生命健康产业“全周期”服务链，成为我国重要的新药创制中心、国家级创新药物孵化基地和国家新药创制综合大平台。

2017年，人福医药集团进入全国医药工业百强榜单（按主营业务收入排序），位列30名，获得省政府长江质量奖提名奖。全省有16家医药企业进入全国医药工业500强。

(六)对外合作卓有成效

随着国家“一带一路”战略深入推进,全省医药产业对外开放继续保持活跃。2017 年,人福医药与中信资本合资以 6 亿美元收购全球第二大安全套企业 Ansell,股权融资 3.5 亿美元引入血液制品、疫苗等项目在武汉落地;汉德联合资本以 6.05 亿美元完成对美国医药细分行业龙头 Ritedose 公司的收购,引进无菌灌装 BFS(吹瓶-灌装-封口)技术在省内落地。远大医药合营入股加拿大 Conavi 公司,并获得该公司“Foresight ICE”系列及“Novasight Hybrid”系列等产品在中国(含香港、澳门及台湾地区)的 20 年独家代理权,这将加快其在心脑血管急救诊疗领域的国际化发展。

(七)产业发展环境逐步改善

湖北省相当部分市州纷纷将医药产业作为产业结构调整的重点予以扶持发展。为支持医药产业发展,国家出台了《国务院办公厅关于促进医药产业健康发展的指导意见》《中医药发展战略规划纲要(2016—2030 年)》等。湖北省也先后出台了《中国制造 2025 湖北行动纲要》《关于加快全省医药产业发展的若干意见》《湖北省中药材保护和发展实施方案(2016—2020 年)》《省人民政府关于全面推进中医药发展的实施意见》《省人民政府办公厅关于促进医药产业健康发展的实施意见》《湖北省医药产业“十三五”发展指导意见》和《生物医药及高端医疗器械产业“十三五”发展行动计划》等,为全省医药产业加快发展提供了良好的环境。

二、面临的形势

(一)市场需求推动产业持续发展

中国医疗器械市场销售规模仅占世界市场份额的 10% 左右,远不能满足 13 亿人口的需求。医疗保险制度的完善、医疗服务体系的改革、群众医疗需求的不断提高,必将推动医疗器械消费的持续增加。随着新医改政策的不断深化,以及分级诊疗制度的试点与推行,农村乡(镇)卫生医疗机构将成为医疗器械潜力巨大的市场。人口老龄化和生活水平的日益提高,将推动体外诊断、骨科、康复等医疗器械产业的快速发展。在市场需求的刺激和经济持续稳定增长的背景下,中国的医疗器械产业还将处于快速发展期。

（二）技术创新驱动产业健康成长

为促进医疗器械产业创新发展，中国制定并实施了一系列科技投入计划。这些科技计划包括“863”计划、国家“十二五”医疗器械重点专项、“十二五”科技支撑计划、“十三五”国家重点研发计划等，资助领域对象涉及企业、高校、科研院所等，资助内容涵盖产品研发、科技成果转化、人才培养、高新技术产业化、科技服务机构建设等，为推进医疗器械产业技术创新提供了良好的平台与基础。

在医疗器械重点专项的推动下，国内医疗器械行业正在逐步形成以企业为主体，以市场为导向，产、学、研、用相结合的技术创新体系。中国医疗器械领域的重大产品不断取得技术突破，创新成果密集涌现，取得了一系列“自主原创”“从无到有”和“从低到高”的重要突破，一批数字化、智能化、便携式的创新医疗器械产品应用到基层医疗机构。中国医疗器械领域自主创新的内生动力、创新活力显著增强，医疗器械领域践行“创新驱动发展”率先突围，医疗器械国产化将进入大发展的崭新局面。

（三）环保监管加强推动产业绿色发展

药品产业是国家进行化学耗氧量、氨氮排放量监管的重点行业之一。环境保护政策的实施有利于企业绿色生产、优化工艺，以达到降低排放、减少环境污染的目标。近年来，国家对于药品产业环境保护工作愈发重视，对制药行业环保政策力度不断加大，先后颁布的《环境保护法》和《水污染防治行动计划》表明，环保要求明显提高。环保标准提高，让很多工业企业面临环保持续达标的压力，让制药企业环保投入不断加大的同时，企业对外扩张步伐放缓。与此同时，区域工业用地紧缺、能源紧缺和环境减排压力将会进一步束缚企业的发展扩大。一些企业将会面临原料药新品种难以落地的问题。环境资源因素将会导致中药材资源紧缺情况进一步加剧，制约中成药企业的可持续发展。

第二节　存在的主要问题

一、产业规模总量偏小

医药产业市场主体不够，企业数量少，且普遍存在“小、散、弱”的问题，小企业偏多，龙头领军企业缺乏，且带动作用不大，多数企业没有形成完整的产业链和规模经济效益，同品种生产企业多，导致企业做不强，产品做不大。近几年，湖北省医药产业规模与山东(4545 亿)、江苏(3864 亿)的差距还在拉大。

二、研发能力较为薄弱

湖北省医药科研机构不多,研发型领军人才缺乏,研发投入不足。中小企业无力开展研发,大企业缺乏创新意识,耐不住研发周期长、风险大的"寂寞",导致全省新药研发面临极大的困境,尤其是中药新药申报连续两年"零申报"。全省 2012 年中药新药申报量有 5 种,2013 年申报 3 种,2014 年申报 4 种,2015 年和 2016 年申报量则为零。

三、资源优势发挥不够

湖北素有"华中药库"之称,全省分布有中药资源 3970 种,为全国第 4 位,有规模以上中药生产企业 162 家,占全省药品生产企业(423 家)的 38.29%。但优质道地中药材深加工不够,效益差。2017 年全省中药产业实现主营收入 346.54 亿元,同比增长 7.68%;实现利润 27.89 亿元,同比增长 32.24%;实现税收 14.56 亿元,同比增长 9.23%。主营业务收入、利润、税收均约占全省医药产业的三分之一,发展速度远低于医药产业的发展速度。

第三节　发展主要举措

重点开发新型疫苗、治疗性抗体、蛋白质多肽类药物、新型血液制品;着力突破大规模细胞培养技术、基因测序技术、纳米制剂技术、缓释制剂技术等。依托武汉国家生物产业基地发展生物技术药、新兴药物制剂;在宜昌、黄冈地区发展新型化学药物。重点研发高端医疗装备核心部件及系统,高通量基因测序分析检测设备及配套试剂、体外诊断仪器和配套试剂,高端生物医用材料和新型辅料耗材等。以武汉国家生物产业基地为龙头,以鄂州葛店经济技术开发区和宜昌高新技术产业开发区为支撑,辐射十堰、荆州等地。到 2020 年,实现生物医药和高端医疗器械产业规模达到 2000 亿元;到 2025 年,实现产业规模达到 3500 亿元,将湖北打造成国家生物医药产业基地。

一、加强政策贯彻落实和规划的组织实施

深入贯彻落实《中国制造 2025 湖北行动纲要》，认真执行《关于加快全省医药产业发展的若干意见》《湖北省医药产业“十三五”发展指导意见》，认真组织实施《湖北省中药材保护和发展实施方案（2016—2020 年）》和《生物医药及高端医疗器械产业“十三五”发展行动计划》。

二、壮大产业规模

把壮大产业规模、发展产业总量作为医药产业发展的重要任务，力争经过几年的努力，使全省医药产业规模有一个大的提高。为此，要加大市场主体培育力度，吸引海内外医药机构来鄂投资办企业。同时，加快化学药制剂和中成药的研发及产业化，扩大中药饮片生产规模，壮大中成药工业生产规模，积极发展中药保健品。

三、做大做强龙头企业

发挥上市公司和重点企业在技术、人才、资金、管理和营销方面的优势，加快推进跨地区、跨行业、跨所有制的战略性兼并重组步伐，培育形成一批具有国际竞争力和对行业发展有较强带动作用的大型企业集团，实现产业规模化、集约化经营。鼓励同类产品企业强强联合，有效整合省内现有产品品种文号资源，鼓励药品生产文号（批件）向优势企业转移。

四、调整和优化产业结构

根据产业发展基础及资源禀赋，紧跟世界生物技术发展步伐，发挥武汉国家生物产业基地的作用，培育发展壮大生物医药产业；发挥湖北省中药材资源优势，加强大宗药材、道地药材的规范化、规模化、产业化基地建设，打造一批特色中药材产业链，做大做强中药产业；发挥湖北省化学原料药竞争优势，大力发展新型制剂产业；大力发展医疗器械和生物医用材料产业。

五、培育产业新动能

抓住当前全球药品专利到期高峰，组织实施重大药品创新计划。集成现代药物

筛选技术和制剂技术，拓展新药研发渠道，增强创新能力。研制一批对预防、治疗重大疾病具有显著效果的重大新药产品。注重对传统中成药品种进行二次开发，应用智能制造新技术，创新中成药生产工艺，研制一批疗效确切、安全性高、有效成分明确、作用机理清晰的医药产品。

六、开拓发展新领域新业态

推动生产性服务业和服务型制造发展。大力发展合同生产、合同研发、医药电子商务等新型生产性服务业。鼓励医疗器械企业开展产品延伸服务，建设第三方检验中心、影像中心、透析中心、病理中心等。拓展互联网在医药领域的应用。加强对医疗健康大数据的开发和利用，打通数据资源共享通道，指导疾病诊断、药物评价和新药开发。

第四节　发展建议

一、加大政策扶持力度

一是充分利用国家相关财政专项资金、省级股权投资引导基金、长江经济带产业基金等，发挥财政资金导向与杠杆效应，吸引社会资本加大对创新医药产品研发和产业化的支持力度。拓宽融资渠道，鼓励产业投资基金、风险投资基金支持创新型中小医药企业发展。二是设立新药研发奖补资金，对取得生产批文的新药予以一次性奖励。三是设立仿制药一致性评价奖补资金，对通过一致性评价的仿制药予以一次性奖励。四是恢复省级中药产业发展专项，支持中药研发及重点项目建设，支持中药新药产业化转化。

二、鼓励增加研发投入

一是多渠道增加资金投入。企业要创新投融资方式，除了要争取国家及政府扶持资金，还要以股权投资、资本注入等形式增加研发投入。此外，还应通过上市融资的方式增加研发投入。二是增加人才投入。企业应重点引进国外知名生物医药公司的专家和高管，设立优秀研发团队奖励办法和优秀研发人员专项资金；分计划选派优秀年轻研发人员出国进修，学习欧美发达国家跨国药企的先进技术；与高等院校、科研机构建立人才联合培养机制，培养医药领域急需的高端研发人才、复合型人才和高级技能人才。

三、提高质量安全水平

加强质量体系建设。强化企业质量主体责任，提升全过程质量管理水平。推动重点领域质量提升。全面提升基本药物质量水平，落实仿制药质量和疗效一致性评价要求，完成国家基本药物口服固体制剂的一致性评价任务。

四、提升协同服务水平

发挥医改、医保和基药招标等成员单位职能作用，提高湖北省企业独特产品和同类产品在集中招标、进医保的比重、比例和市场占有率。积极推荐一批本省名优特传统中药和主要新药产品纳入国家和省医保药品目录；在药品招标采购中，在同等条件下优先采购本省的医药企业生产的药品；对医药生产企业的扩大产能技改项目、新药产业化项目积极争取国家和省财政资金的支持。

五、加大产品推广应用

在组织省级医保、基本药物等目录调整时，同等条件下优先按规定将省内符合要求的新药品种、独家品种和大品种纳入目录，并全力支持纳入国家基本医疗保险药品目录和国家基本药物目录。积极推动本省医疗机构按照“优质优选、就近供应、降低成本”的原则采购和使用省产药品，支持和引导本省医疗机构优先采购和使用省产药械。支持本省各类新药、医械新品、医药优势品种参与本省药品集中招标采购。对获得国家新药证书的化学药、中药和生物技术药，在进入政府医药招标采购过程中，及时按规定接受企业申请，依法依规纳入省级药品集中采购平台。

六、促进企业兼并重组

引导医药行业龙头企业、优势企业围绕产业链延伸拓展，开展跨地区、跨行业、跨所有制的兼并重组。对省外医药生产企业整体或部分迁入湖北省、省内医药生产企业跨市整体迁建的，依法依规优先办理《药品生产许可证》，加快并联审批，对被兼并企业的生产范围、注册批准文号和《药品生产质量管理规范》证书按有关法律法规的要求，及时变更到兼并重组后的医药生产企业；对兼并重组过程中涉及的土地增值税、契税和印花税,按照国家有关规定给予免征。鼓励药品生产企业在兼并重组过程中整合药品品种资源,规范和推进药品技术转让。

七、提升药械质量水平

全面实施国家药品和医疗器械标准提高行动计划和仿制药质量一致性评价工程,对企业完成和通过仿制药质量一致性评价的,作为重大技术成果产业化项目,按品种给予一定的补助和奖励。对检验设备投资大、利用率低的药械检验项目,依法可委托具备资质的第三方检验机构进行检验。支持和帮助企业推进美国的FDA和WHO的GMP认证,对企业获得相关认证证书的,视同制定制造业标准,给予一定奖励。

第十章　新　材　料

与传统原材料产业相比，新材料产业具有技术高度密集、研发投入高、产品附加值高、生产与市场的国际性强，以及应用范围广、发展前景好等特点，其研发水平及产业化规模已经成为衡量一个国家经济社会发展、科技进步和国防实力的重要标志。

作为我国七大战略性新兴产业和"中国制造 2025"重点发展的十大领域之一，新材料是世界上公认的六大高技术领域之一以及 21 世纪最重要和最具发展潜力的领域，已成为我国战略性新兴产业的重要组成部分。

第一节　基本情况

一、发展现状

2017 年，湖北省生产新材料产品的企业有 1264 家，新材料产业产值达到4895.97 亿元，产业增加值为 1139.68 亿元，增加值增速达到 11.5%。

（一）产业体系进一步完善

形成了以下产业体系：以高性能钢铁、特种合金和铜铝精深加工等为代表的高端金属材料产业体系；以乙烯下游产业链、有机氟硅材料、高性能纤维、特种涂料、高性能黏结剂及密封材料等为代表的先进化工新材料产业体系；以预制棒及特种光纤、半导体微电子、激光晶体、电子陶瓷、LED/LCD/PDP 平板显示材料、电子级玻璃纤维、电子粉体材料、PCB 材料、化成箔和锂电池材料等为代表的电子信息材料产业体系；以特种玻璃、特种陶瓷、高性能玻璃纤维、新型保温材料、高端摩擦材料等为代表的新型无机非金属材料产业体系。

（二）产品竞争力进一步提升

形成一批在国内具有一定特色或竞争力的新材料主导产品：武钢的冷轧硅钢，

湖北新冶钢的轴承钢等特殊钢,大冶有色的高强度精炼铜深加工产品,湖北维维安科技的真空熔炼稀土母合金等高端金属材料;武汉乙烯的乙烯及其深加工产品,兴发集团的磷精细化工和有机硅;长飞公司的光纤预制棒及特种光纤,菲利华公司的高端石英材料,湖北新华光公司的光学玻璃,襄阳金控公司的陶瓷真空管体及微晶陶瓷耐磨球;宜昌南玻公司的电子级多晶硅,格林美公司的超细钴镍粉等电子信息新材料;宜昌新成石墨公司的柔性石墨,武汉优乐光电科技的光伏太阳能浆料,罗田宏源公司的六氟磷酸锂等新能源材料。

(三) 产业基地初步形成

武汉形成光电子信息材料、金属结构材料和先进高分子材料生产和研发基地;宜昌是国内新型建筑材料和非金属功能材料的重要聚集区;黄石发展成为特种金属材料和新型建筑材料生产基地;襄阳是国内重要的光学材料、无机非金属材料生产研发聚集区;荆门成长为重要的化工新材料产业基地;鄂州已成为国内重要的化工新材料和无机非金属材料生产研发聚集区。

(四) 研发能力进一步加强

拥有新材料领域的两院院士 10 余位,设有材料学科的高等院校 20 余所,材料相关专业国家级重点实验室 5 个,省部级新材料重点实验室 15 个,国家和省部级新材料工程技术中心 17 个。华中科技大学、武汉大学等高校在有机硅材料、无机非金属材料等领域有较好的基础。

二、面临的形势

(一) 新材料产业是新一轮国际制造业竞争的重点领域

新材料是发展高新技术的先导和基础,是人类取得科技进步的重大引擎,在材料领域取得的重大进步,可以显著改善国民经济各个领域产品性能,提高竞争力。由于新材料突出的地位和重要性,世界主要发达国家和发展中国家都将新材料列入重点发展计划。目前全球新材料产业市场规模已超万亿美元,由新材料带动的新产品和新技术具有更大规模市场。以美、日、德等为代表的制造业发达国家,不仅力争分得更大市场份额,而且力图抢占新材料新技术的制高点。这些均将推动国际制造业的竞争向新材料领域聚焦。美国将新材料列为六大关键技术之首,并制定了一系列与之配套的国家计划。

（二）我国新材料产业发展前景广阔

从国内看，“十三五”是全面建设小康社会的关键时期，是加快转变经济发展方式的攻坚时期，经济结构战略性调整为新材料产业提供了重要发展机遇。一方面，加快培育和发展节能环保、新一代信息技术、高端装备制造、新能源和新能源汽车等战略性新兴产业，实施国民经济和国防建设重大工程，在需要新材料产业提供支撑和保障的同时，为新材料产业发展提供了广阔市场空间。另一方面，我国原材料工业规模巨大，部分行业产能过剩，资源、能源、环境等约束日益强化，迫切需要大力发展新材料产业，加快推进材料工业转型升级，培育新的增长点。

（三）湖北省具有加快发展新材料产业的有利条件

湖北省省委省政府把加快培育发展战略性新兴产业，作为促进产业结构调整，推动建立现代产业体系，加快经济发展方式转变的突破口和重要抓手，战略性新材料产业发展和传统产业转型升级为湖北省新材料产业发展提供了重大战略机遇。湖北省汽车产业在国内外具有重要地位，东湖高新区是国家重要的光电子产业基地，以 80 万吨乙烯工程为依托的武汉化工新城将是中部地区最大的石化产业生产基地。湖北作为军工大省，军民融合、船舶制造和海洋工程研发制造全国领先。特别是“一带一路”发展战略和“长江经济带”开放开发战略，西电东送、西气东输、高速铁路等基础设施和航空航天工程、海洋工程、核电等重大工程建设，将为湖北省新材料产品的推广应用、新材料产业的后发赶超提供历史性发展机遇。

第二节　存在的主要问题

虽然近年来湖北省新材料产业总体发展势头良好，产业规模不断壮大，产业体系基本形成，基地建设初具规模，多个领域取得了创新性突破，涌现出一批优势骨干企业，形成了一批具有较强竞争力的新材料产品，但是总体上仍处于跟踪模仿和产业培育阶段，与国际先进水平差距较大。关键材料保障能力不足，产品质量稳定性差、可靠性低等问题还没有得到根本解决。很多高技术产业、科技重大专项严重受制于材料开发。

一、总体产业竞争力不强

湖北省新材料产业规模偏小，与湖北省经济总量在全国地位不相称。新材料产业产品品种主要以资源主导型和粗放型居多，现有基础新材料产业链不完善，在新材料重点领域具有较强竞争力和影响力的产品和企业不多。特别是在碳纤维、高端膜材料、磁储存、稀贵金属功能材料、超临界火电用钢等新材料前沿领域处于空白阶段。生产中低端产品的中小企业占据主导地位，能够参与国际竞争的龙头企业寥寥可数。

二、产业结构有待调整

中低端产能过剩与高端产品及管件材料保障不足并存，新材料产业无法适应消费结构升级变化，特别是高品质、个性化、高端、高附加值的产品供给能力不足，产品质量水平和稳定性亟待提高。同时也存在某些领域过度炒作、盲目扩张、一哄而起、低水平重复建设等问题，地区产业雷同、企业“小、散、弱”等问题已经凸显。关键零部件、核心工艺和基础材料等相当大的比例仍然依赖进口，受到国外制约，也难以融入全球新材料供应体系。如大飞机、高铁、核电等所需的高温合金、高性能纤维、高性能钢材等关键材料仍然依赖进口。

三、核心技术较为缺乏

我国新材料研发能力相对薄弱，核心技术与专用装备水平相对落后，仍以引进、消化和吸收为主，核心技术受制于人。科研机构重研发，轻应用，产学研用相互脱节，成果转化率低；企业创新动力不足，研发投入少，主要依靠模仿；创新体系不完善，创新产业链条不完善，产业链上下游缺乏有效沟通，新材料推广应用困难。没有建立统一的国家新材料重大专项和新材料产业基金。这些因素成为制约新材料和相关产业发展的瓶颈。

四、标准、计量和管理体系有待完善

新材料所涉及的品种和领域广泛，而且新材料和传统材料尚无严格界定，国家层面一直未出台新材料的标准、统计体系，不易与现行统计体系对接并获取真实、可靠的数据。分类的变化也导致统计标准体系难以建立，也难以与历史进行比较。新材料的标准、计量和管理不健全等问题没有得到根本解决，不利于决策部门和企业掌握产业发展全局，给后续相关扶持措施的出台和未来发展重点的部署带来较大困难。

五、绿色低碳发展压力不断加大

党的十九大强调了新的发展理念，更加突出了生态文明的战略地位。为应对全球气候变化，我国已承诺，到2020年单位国内生产总值二氧化碳排放比2005年的降低40%～50%。国家“十三五”规划纲要也对单位GDP能耗和主要污染物排放提出了明确的约束性指标。我国新材料生产能耗高、水耗高，废水、二氧化硫、烟尘、粉尘和固体废物排放总量大。随着新环保法的实施和“大气十条”“水十条”等环保法出台，环保督查、问责力度不断加大，企业面临的环保监管将更加严格，这必将对新材料产业发展提出更高要求。

第三节　发展主要举措

通过着力培育自主知识产权、自有核心技术和自主战略品牌，大力发展高性能金属材料、高端化工材料、电子信息功能材料、新型无机非金属材料、前沿新材料等，将新材料产业培育成全省战略性新兴产业的重要支柱产业。

进一步扩大产业规模，提升企业研发创新能力，形成产学研用紧密结合的产业体系。扶持培育一批龙头企业，带动整个产业链合理布局发展。到2020年，实现新材料产业销售收入4500亿元；到2025年，实现新材料产业规模达到8000亿元。

一、加快推进基础材料调整改造，实现提档升级

巩固冷轧硅钢、高强汽车板、高速重轨、高性能工程结构钢等优势产品地位。围绕国家重大工程急需及产业发展急需，重点开发热轧超高强钢、高强薄钢板、高速铁路车轴钢、航空航天用超高强度钢、核电高温合金等高端特殊钢。

促进新领域精细化工、高端化学品材料向产业链中高端延伸，优化品种结构，加快升级换代。大力推进乙烯系高分子材料产业链的发展，重点开发特种工程塑料、特种合成橡胶、聚酯及涤纶纤维等乙烯系列先进高分子材料。

积极开发新型功能材料、高性能结构材料和先进复合材料，壮大新型无机非金属材料产业规模，实现新型无机非金属材料产业提档升级。重点发展中高档液晶显示玻璃基片、无铅低熔封接玻璃、锗锑硒玻璃、压延微晶玻璃、零膨胀微晶玻璃、激光玻璃、长波红外玻璃等。

二、发展壮大关键战略材料，加快培育前沿新材料

积极培育新能源、生态环境、生物高分子和纳米等前沿新材料产业。重点发展硅基太阳能与薄膜太阳能电池材料、太阳能光电转换材料、热电材料等新能源材料。重点开发高效吸收、吸附、固化、催化转化、汽车尾气净化等关键材料及技术。

重点发展通信用光电子材料与集成技术、微电子材料、新型电池用能量电子材料等信息新材料。完善新型石英晶体、塑料光纤、浅海光缆等光通信材料产业链。优化发展印制电路板专用化学材料、柔性电路板基材、电子浆料等电子材料产业链。

促进生物化工与生命科学结合，推动生物基材料向现代医疗材料方向发展，大力发展人造器官、高分子材料基医疗器械。针对重大疾病的诊断和治疗，积极开发具有自主知识产权的抗肿瘤药物、诊断试剂、生物降解材料、生物基化学品、药物控制释放材料、抗菌材料、智能纤维素凝胶、荧光材料、吸附材料、高分子储能材料等新型生物医用材料。

围绕提高电池性能(高比容量、高充放电效率、长循环寿命、高安全性)，降低生产成本，重点开发大容量锂电池新材料，包括正极材料、有机化合物正极材料、新型硅负极材料、LTO负极材料、新型隔膜材料等，如钛酸锂、磷酸铁锂，石墨和硅、锡、锑的复合材料，碳纳米管、石墨烯等阴极材料，聚酰亚胺、陶瓷膜等高性能电池隔膜等材料。积极开发有机光伏材料、有机发光二极管(OLED)关键材料等有机光电功能材料。重点发展高端发光二极管(LED)封装材料、混合液晶和关键新型单体材料、偏光片及相关光学薄膜材料、彩色滤光片及相关材料、高纯电子气体和试剂。

针对3D打印专用材料，围绕提高材料耐高温、高强度性能，降低材料成本。重点开发低成本钛合金粉末、铁基合金粉末、高温合金粉末等。开发改性聚苯乙烯支撑材料、纳米增韧的芳纶、玻璃纤维增强不饱和树脂、碳纤维增强不饱和树脂、丙烯酸树脂等光固化树脂体系。重点突破光敏树脂、碳纤维增强尼龙复合材料、彩色柔性塑料及PC-PBS材料等耐高温高强度工程塑料，聚乳酸、聚乙醇酸、聚醚醚酮等高分子材料。

重点开发纳米金属软磁材料、陶瓷纳米材料、纳米光学材料、纳米微波吸收材料、纳米半导体材料、纳米磁性材料、纳米催化材料等。积极推进纳米材料在新能源、节能减排、环境治理、绿色印刷、功能涂层、电子信息和生物医用等领域的研究应用。

积极发展高纯石墨、锂电池用石墨负极材料、核级石墨材料等。重点发展核工业石墨密封材料、高倍率可膨胀石墨、超纯超薄低硫低氯导电导热石墨材料、高气密性高强度石墨复合材料、石墨聚苯板。加强石墨烯产品技术开发力度，积极开发高质量石墨烯微片、锂电池石墨烯基材、石墨烯基特种防腐涂料、大尺寸石墨烯薄膜、

石墨烯基热界面材料等。

三、引导产业集聚发展，促进特色产业园区建设

把工业园区和产业基地建设作为推进新材料产业发展的重要载体，引导新材料产业聚集，建成一批产业特色鲜明、产业链完整、具有较强市场影响力的新材料产业园区。围绕园区龙头和优势产业，集中人才、技术、资金和服务资源，支持龙头企业和优势产业发展壮大。建立满足园区产业发展需要的技术孵化、产品开发、质量检验、市场开拓、信息服务平台及公共基础设施。

四、加强推广应用，扩大市场需求

探索建立新材料应用推广联盟，广泛建立新材料企业之间、新材料企业与高校和科研院所之间的联系，对新材料产业大力推介、拓展市场需求。认真研究并逐步建立新材料产品应用示范保险补偿机制，确定重点新材料产品首批应用示范产品目录，大力开发试点示范的推广与应用。

创新市场营销模式，大力发展电子商务、自营出口、终端销售、境外办厂和建立自有原材料供应基地等扩大市场占有和保证产品生产供应的体系。围绕湖北省汽车、电子信息材料、新型建筑材料、高端装备制造、石油化工、节能环保产业、新能源、生物医药、国防军工及其他战略性新兴产业等重点产业领域，以满足产业升级需要和替代进口为目的，开展共同技术研发和典型应用示范，扩大湖北省新材料产品的应用范围，提升市场占有率。

第四节　发展建议

一、推进产业平台建设

为促进新材料产业已经积累的海量资源能够有效应用，打破各类不同主体资源的信息封闭不对称困境，解决资源闲置浪费、交易流通困难、价值难以被有效挖掘利用的难题，鼓励新材料企业建设资源共享平台。为了构建上下游有效协同的新机制、新体制、新体系，填补产业应用衔接空缺，缩短开发应用周期，实现新材料与终端产品同步设计、系统验证，鼓励新材料企业建设新材料生产应用示范平台。为解决

测试评价机构对新材料缺少统一的测试方法和标准,数据积累不足、缺乏共享的困难,鼓励湖北省新材料企业参与建立新材料测试评价平台。

二、提高产业创新能力

加强新材料学科建设,加大创新型人才培养力度,改革和完善企业分配和激励机制,完善创新型人才评价制度,建立面向新材料产业的人才服务体系。鼓励企业建立新材料工程技术研究中心、工程实验室、企业技术中心、技术开发中心,不断提高企业技术水平和研发能力。围绕材料换代升级,建立若干技术创新联盟和公共服务平台,组织实施重点新材料关键技术研发、产业创新发展、创新成果产业化、应用示范和创新能力建设等重大工程,发挥引领、带动作用,促进新材料产业全面发展。

三、培育优势核心企业

发挥重点新材料企业的支撑和引领作用,通过强强联合、兼并重组,加快培育一批具有一定规模、比较优势突出、掌握核心技术的新材料企业。鼓励原材料工业企业大力发展精深加工和新材料产业,延伸产业链,提高附加值,推动传统材料工业企业转型升级。高度重视发挥中小企业的创新作用,支持新材料中小企业向"专、精、特、新"方向发展,提高中小企业对大企业、大项目的配套能力,打造一批新材料"小巨人"企业。鼓励建立以优势企业为龙头,联合产业链上下游核心企业的产业联盟,形成以新材料为主体、上下游紧密结合的产业体系。

四、加强军民融合发展

充分利用湖北省已有军工新材料产业发展的技术优势,优化配置军民科技力量和产业资源,推进国防科技成果加速向经济建设转化,促进军民新材料技术在基础研究、应用开发、生产采购等环节有机衔接,加快军民共用新材料产业化、规模化发展。鼓励优势新材料企业积极参与军工新材料配套,提高企业综合实力,实现寓军于民。建立军民人才交流与技术成果信息共享机制,积极探索军民融合的市场化途径,推动军民共用材料技术的双向转移和辐射。

第十一章 海洋工程装备及高技术船舶

2017年,《船舶工业深化结构调整加快转型升级行动计划(2016—2020年)》和《海洋工程装备制造业持续健康发展行动计划(2017—2020年)》正式发布,明确了"十三五"期间船舶工业深化结构调整加快转型升级的总体要求、重点任务和保障措施,引导船舶企业健康平稳发展,同时2017年也是国际船舶市场经过长时间调整后的回升之年。我国船舶工业紧密围绕产业政策,抓住市场回暖的有利时机,在全行业的艰苦努力下,取得了三大造船指标继续领先、产品结构不断优化、产业结构更加合理、产融结合更加深入、船配产业质量升级、国际地位不断提升的良好业绩。

湖北省船舶与海洋工程装备产业在国家政策的引导和支持下,积极落实省委、省政府各项决策部署,充分发挥科技人才优势,努力抢抓海洋强国建设机遇,全面落实《关于加快船舶与海洋工程装备产业发展的行动方案》,努力打造"四基地、一中心、两个产业集群",产业实现逆势较快发展,成为内陆唯一的国家船舶与海洋工程装备新型工业化产业示范基地。

第一节 基本情况

一、发展现状

(一)转型升级效果明显

湖北船舶工业实现了军船与民船融合发展,船舶与海洋工程装备共同发展,船舶与非船、总装与配套协调发展。高技术船舶与海洋工程装备发展迅速,一批世界领先或填补国内空白的产品在湖北研制交付。武汉船机智能制造系统实践荣获2018中国智能制造十大科技进展,成为船舶行业唯一一家入选的企业;湖北省智能深海渔场装备再签新订单,将建世界养殖水体最大、能力最强的超大型渔业养殖平台;武船集团重装公司承建的向家坝升船机已实现了通航启动,单次通航能力为

1000 吨级，最大提升高度为 114.2 m，最大升降速度为 12 m/min，是目前国际上提升高度最高的升船机；中国船舶重工集团公司第七一二研究所（简称七一二所，以下类似）为新疆天池景区打造的 4 艘基于纯锂电池动力新能源船成功试航；武船集团承建的苏岭山大桥主拱成功实现合龙。

（二）军民融合发展进入新阶段

湖北省着力完善军民融合发展多元合作机制，促成省政府与国家国防科技工业局签订战略合作框架协议，进一步巩固和深化省政府与中船重工、航天科工等军工集团公司的战略合作，谋划争取一批国家军工投资项目和军民结合产业化项目在鄂布局。推动省长江产业基金、省高投、省长投、中船重工集团设立 10 亿元的湖北省船舶与海洋工程装备产业投资基金建立。依托科教资源和军工技术两大优势，大力推进协同创新，指导成立了湖北省船用 LNG 装备产业联盟。

（三）公共服务平台建设初见成效

湖北省国防(科学技术工业办公室)依托湖北省船舶与海洋工程领域军民品企业、科研院所、高校等丰富的行业资源，组织湖北海洋工程装备研究院有限公司创建了船舶与海工装备产业公共服务平台。该平台基于产业资源汇聚、技术创新服务、产业联盟服务、投融资服务、产业交易服务、众创众包服务等六大功能定位，设计了 12 个子平台，包含 52 项公共服务和 350 多个功能点。目前，已建成运行的有行业信息推送、企业及产品服务推介、三维数字展示、试验检测资源共享、人才资源信息查询、LNG 产业联盟专栏等功能模块。自 2017 年 11 月上线运行以来，该平台收集录入了湖北省船舶和海洋工程装备领域主要行业资源，包括企业、科研院所、高校等各类单位 96 家（占湖北省该领域单位总数 70%以上），试验检测中心 48 个（涵盖了湖北省该领域主要试验检测资源），船舶、海工、配套等特色产品及服务 268 项，在促进行业科研资源共享、推动军工资源对外开放、扩大企业和技术产品宣传等方面发挥了积极作用。

该平台是国内首个省级船舶与海工装备产业的公共服务平台，整合了湖北省船舶与海洋工程装备领域的优势资源。下一步，湖北省将依托该平台加强合作，面向全国船舶与海洋工程装备领域开展服务，为促进全行业资源共享和协同创新发展发挥作用。

二、面临的形势

作为全球一体化的产业，船舶与海洋工程装备产业发展与世界政治、经济与贸

易紧密相关。当前全球经济、政治形势复杂多变，我国船舶工业发展阶段和面临的市场竞争环境也在发生深刻的变化。

（一）国际市场份额位居第一，产业集中度不断提高

2017 年，国际航运市场触底反弹，新船市场保持活跃。我国船企紧抓市场回暖的有利时机，积极开拓市场。全年造船完工量、新船订单量和手持订单量在全球市场所占份额分别为 41.9%、45.5%和 44.6%，三大造船指标国际市场份额均位居世界第一。船舶行业产业集中度进一步提高，全国前 10 家企业造船完工总量占全国的 58.3%，比 2016 年提高 1.4 个百分点。新接订单向优势企业集中趋势明显，前 10 家企业新接订单总量占全国的 73.4%；我国骨干船企优势明显，产业核心竞争力不断提升，有 5 家企业进入全球完工量前 10 强，有 4 家企业进入全球新接订单量前 10 强。

（二）扎实推进精益管理，多措并举降低成本

2017 年，全球航运和造船市场持续低迷，船舶企业面对“接单难”“交船难”“盈利难”等难题，围绕市场和客户需求变化，在产品策略、技术创新、管理模式等方面全力转型，通过精益管理、成本管控、智能制造、风险防范等措施努力降低成本。中国船舶重工集团有限公司（以下简称“中船重工”）深化“转模—精益造船”重点项目推进，集团企业建造效率不断提高：大连船舶重工集团有限公司 7.2 万吨成品油船首制船比计划节点提前 17 天下水，超大型原油船（VLCC）坞内建造周期不断缩短；黄埔文冲船舶有限公司持续开展降本增效工作，通过严格执行预算管理、开展成本专项管理、积极抓好采购管理等措施“截流”，降低成本费用超过 3 亿元；金海智造股份有限公司通过光伏发电屋顶项目，每年节省电力成本 10%；舟山万邦永跃修造有限公司引进修船机器人提高平均作业效率 3 倍；南通中远川崎船舶工程有限公司通过智能制造实现了生产模式转型，其船舶制造智能化车间采用自动化生产线提高生产效率 3 倍；招商局集团、中船重工等通过发行公司债券节约融资成本。

（三）市场化手段去杠杆，产融结合更加深入

2017 年，在欧洲银行不断观望，部分银行纷纷收紧船舶融资之际，中国进出口银行和国家开发银行通过政策性金融手段继续支持我国船舶工业向高质量制造转型升级。我国船舶融资租赁业务快速发展，逐渐成为全球新造船市场的主力买家。据不完全统计，2017 年工银金融租赁有限公司、民生金融租赁股份有限公司、国银金融租赁股份有限公司和交银金融租赁有限责任公司等中资金融租赁公司累计在国内船厂订造了 300 多万吨船舶，以金融创新模式支持了我国船舶企业的健康发展。我

国骨干船企不断创新融资模式,通过发行债券、债转股等市场化手段解决融资困难。中船重工通过实施市场化债转股,资本结构得到有效优化,杠杆率得到有效降低,资产负债率下降11%。

(四)关键技术自主创新,船配产业质量升级

2017年,国际海事规则对船舶配套产业,特别是对排放的要求日趋严格。为适应航运业及造船业对绿色、环保产品的新要求,我国船舶配套企业加大关键核心技术研发力度,加强产品研制和市场拓展。全球首台微引燃双燃料发动机、国内首台带自主研发高压选择性催化还原(SCR)系统船用低速柴油机、世界直径最大船用螺旋桨交付使用;自主研发具备主动升沉补偿功能的电驱动海洋绞车、CS21船用中速柴油机、全航速减摇鳍、R6系泊链、GCS1000齿轮箱等产品技术填补国内空白,打破国外垄断;青岛双瑞BalClor系列压载水管理系统成为亚洲首家获得美国海岸警卫队(USCG)型式认可证书的产品。

(五)多部门政策助推,促进海洋工程装备发展

2017年11月27日,工业和信息化部等八部门联合印发《海洋工程装备制造业持续健康发展行动计划(2017—2020年)》(以下简称《计划》),为我国海洋工程装备行业未来三年的发展提出明确的行动纲领,提出发展目标为:到2020年,我国海洋工程装备制造业国际竞争力和持续发展能力明显提升,产业体系进一步完善,专用化、系列化、信息化、智能化程度不断加强,产品结构迈向中高端,力争步入海洋工程装备总装制造先进国家行列。

第二节　存在的主要问题

一、"融资难"未能得到有效缓解

2017年,金融机构进一步加大对船舶和海洋工程装备建造企业风险的关注度,部分银行已经出现收紧授信或延长授信审批的情况,增加了企业的融资难度。尽管市场有所回暖,但船舶和海洋工程装备市场仍处于低谷期,企业的现金流大幅萎缩,行业内骨干大型企业都面临着资金紧张的问题。船舶行业"融资难"问题未能得到有效缓解。

二、去产能工作任重道远

近年来，各主要造船国都在努力化解过剩产能，但与新船需求的大幅收缩相比，船企新接订单难以满足正常生产需求。我国手持船舶订单已连续 4 年下降，大部分船企只能维持 1 年左右的工作量，在保证连续生产能力方面面临严峻挑战。从需求侧来看，国际新造船市场年均 8000 万吨左右，我国可承接到约 40%的市场订单。面对新船需求的新常态，只有坚持推进供给侧结构性改革，充分发挥市场在资源配置中的决定性作用，努力做好去产能工作，船舶行业才能真正走出低谷、实现复苏。

三、综合成本快速上升，盈利空间大幅萎缩

2017 年，受船舶订单下降、开工船缺口增大的影响，新船市场竞争异常激烈，新船价格与成本倒挂矛盾凸显。一方面，船舶市场需求价低量少、船企开工不足、交付困难、两头受压。另一方面，2016 年年末以来，以船板为主的原材料价格持续高涨，平均涨幅超过 40%，人民币兑美元汇率出现连续性上涨，企业财务费用增多，劳动力不足导致用工成本刚性上涨；企业改单延期交付现象增多，管理费用持续增长。船舶企业综合成本的快速上升大幅挤压了船企的利润空间，行业盈利水平大幅下降，可持续发展受到冲击。

四、外部环境持续恶化，在手项目风险加大

2017 年，国际知名海洋工程运营商哈菲拉航运、潮水公司、法斯塔德航运等申请破产或筹划债务重组，对海洋工程装备建造市场打击巨大，船企手持海洋工程平台项目延期交付和弃船现象愈演愈烈，市场环境持续恶化。据统计，我国船企手持各类海洋工程平台涉及合同终止和弃船项目明显增多，这些项目被船东反复要求延期交付，最终还是被弃船，对船厂生产经营造成极大影响。海洋工程装备产品定制化的特点，使之转手出售的难度极大，当前海洋工程产业技术日新月异，船企在手海洋工程项目的弃船风险不断集聚，交付形势尤为严峻。

第三节　发展主要举措

推进海洋工程装备及高技术船舶高端化、差异化发展，加快打造我国船舶和海

洋工程装备产业发展“第四极”。巩固发展高端海洋工程船舶、海洋平台建造基地,船舶配套设备及海洋工程装备通用设备制造基地,海洋工程装备专用设备制造基地,重点建设海上核动力平台基地、船舶和海洋工程装备研发设计中心,船舶和海洋工程装备公共检测服务平台。

发展高性能执法作业船、豪华邮轮、生态环保和新能源动力船等高技术船舶,海洋油气资源开发装备、深海渔业及其保障平台装备、海上浮动核电装备、海洋矿产资源勘探开发装备等海洋工程装备,动力及推进配套装备、海洋油气开采配套装备、浮式生产储卸油装置(FPSO)、海滩储油装备、动力定位系统、高频地波雷达、大型浮标及水下蛙人装备等船舶与海洋工程装备配套设备。

重点在武汉、宜昌、荆州布局,以武汉船舶与海洋工程装备产业新型工业化示范基地、荆州经济开发区、宜昌国家高新技术产业开发区、武桥重工桥梁与海工装备产业园、湖北海山科技产业园等为重要载体。

到 2020 年,实现海洋工程装备及高技术船舶产业规模达到 1000 亿元;到 2025 年,实现产业规模达到 1500 亿元。全力打造继环渤海、长三角和珠三角之后的全国第四大船舶和海洋工程装备产业发展集聚区。

一、加强核心关键技术研发

强化企业自主创新主体地位,瞄准国家海洋强国建设重大装备战略需求,结合湖北省优势,依托海洋核动力平台、深远海渔业养殖装备、深水起重铺管船、深远海渔业资源开发综合保障平台、南海综合补给基地、远洋渔船、深海矿场开发装备、豪华邮轮/游船/游艇、大型 LNG 装备、大型海洋压裂装备、极地冷海钻完井关键技术研究、节能环保江海直达船、无人驾驶巡航搜救船及测量船等重大项目,加强基础共性技术和核心关键技术研发,抢占未来船舶和海洋工程装备产业发展制高点。加强喷水推进装备、低速柴油机等产品关键共性技术攻关,掌握以绿色、智能、协同为特征的先进设计制造技术。针对甲板机械、400 吨以上大型低压拖缆机、海上综合补给系统、带主动升沉补偿功能海洋工程起重机、吊舱式电力推进系统、折臂式全回转舵桨、动力定位系统、大型原油运输船惰气系统、LNG 超低温潜液泵、海水提升泵、通导与智能系统及设备等核心船用设备急需,开展产学研联合攻关,重点突破核心技术和产业化瓶颈,掌握核心配套设备集成化、智能化、模块化设计,全面提升系统集成能力和智能化水平。

二、推动产业智能制造发展

以提升质量、效率和效益为核心，以数字化、网络化和智能化技术应用为主线，以数字化工艺设计和工艺数据库建设为支撑，以船舶中间产品智能制造为突破口，推进海洋工程装备和高技术船舶制造、管理的智能化。

（一）推动船舶建造精益化管理

依据现代造船模式，优化精益建造管理体系，推动船舶企业建立平面分段、曲面分段等船舶中间产品制造主要环节过程精益控制和关键工艺流程模拟仿真，达到生产成本有效控制、船舶精益生产的要求。

（二）推动生产过程数字化控制

推广船舶和海洋工程智能制造新模式，鼓励企业建立模块生产、船体加工、舾装制作的数字化生产管理平台，打造数字化车间，打通设计与制造的关键环节，实现数字化、信息化和自动化的有机结合。

（三）推动关键工序智能化作业

推进焊接、涂装、舾装等船舶建造关键工序的智能化，在船体分段制造阶段，推进自动化焊接设备的应用和涂装工位喷砂与喷涂的自动化。建立管件加工、铁舾件的智能化生产线，实现关键工序的智能化作业。

（四）推动机器人焊接技术应用

推进工业机器人以及基础核心零部件发展，研发多机器人协调工作、机器人自动粉末喷涂技术，完善机器人焊装线，形成研发、设计、生产、安装与维护的完整体系，推动工业机器人焊接技术在船舶和海洋工程装备建造过程中的应用。

三、推动高端产品发展

利用船舶和海洋工程装备产业基础，提升设计能力，推动产业转型升级，推进高技术、高附加值船舶建造。大力发展深海油气核心模块、海洋资源开发超大型关键施工装备、深海作业吸力桩等海洋资源开发装备。

支持武船、武汉船用机械有限责任公司、湖北海洋工程装备研究院、七〇一所、七一九所、武汉理工船舶股份有限公司、中石化石油工程机械股份有限公司等以承担的国家专项为依托,加快智能船舶与海洋工程装备研发,达到船舶与海洋工程装备智能化要求。推进武汉船用机械有限责任公司、七一二所、七〇九所、七二二所、宜昌船舶柴油机有限公司等配套企业深入贯彻落实国家《船舶配套产业能力提升行动计划》,加快智能甲板机械、电力推进系统、喷水推进装置、船用低速柴油机、通导与智能系统及设备等智能设备研发,提高船舶与海洋工程装备配套设备智能化水平,保持和提升优势配套产品的核心竞争力。鼓励支持骨干企业以承接的国外订单为基础,加快智能渔业养殖装备等产品智能技术消化吸收和再创新,提升智能船舶与海洋工程装备研制能力。支持发展智慧城市、智慧港口、智能停车场成套设备等智能非船产品。

四、调整优化产业布局

以武船双柳基地、武汉船用机械有限责任公司海洋工程机电设备国家工程实验室、中船重工湖北海洋核能有限公司海洋核动力平台示范工程项目、湖北海洋工程装备研究院、七〇一所国家级渔业装备工程技术中心、宜昌船舶工业园等基地和创新平台为依托,按大项目—产业链—产业集聚—产业集群的方向,推进湖北高端海洋工程船舶与海洋平台建造基地、船舶配套设备及海洋工程装备通用设备制造基地、海洋工程装备专用设备制造基地、海洋核能研制基地、船舶和海洋工程装备研发设计中心的建设和全产业链的发展,促进武汉、荆州、宜昌、黄冈等地船舶与海洋工程装备产业跨地域协同,实现产业集聚和集群发展。严把市场准入关口,淘汰落后产能,减少低端船舶供给。推进兼并重组,引导、鼓励资源整合,支持发展具有市场竞争力的船舶和海洋工程装备企业集团,提高产业集中度。推动企业提升技术装备水平,优化产能存量。

五、做好企业技术创新和提质增效

当前,世界船舶科技发展迅速,国际造船新规范、新标准频繁出台,船东对技术、质量要求更加严格,日韩等主要竞争对手加大科技创新力度,使我国船舶工业面临更大的挑战。一方面,必须适应市场结构的变化,密切联系船东,加大研发投入,提高创新能力,努力开发适应市场需求的绿色环保船舶、打造品牌船型,以技术引领市场。另一方面,在船价低迷、制造业综合成本不断上涨的双重压力下,加强成本控制和管理,已成为企业提高国际竞争力的重要途径。应以提高生产效率、降低制造成本为核心推进各项工作。通过加强财务管理,狠抓降本增效,推进两化融合,发展智能制造,实行精益造船,控制采购成本,降低能源消耗等措施,全面提升企业管理水平。

六、加强海洋工程装备在手订单风险管控

当前，国际海洋工程装备产业外部市场环境严峻，在手海洋工程项目订单延期交付，甚至撤单情况频发。各企业应充分认识海洋工程项目风险的重要性和紧迫性，加强和完善海洋工程项目全流程管理和风险防范，减少企业自身违约风险因素。对在建项目，结合客户具体需求，帮助客户解决融资和运营租赁等方面的困难，为装备交付创造条件；对已出险项目，紧密跟踪仲裁、赔付等工作进展情况，采取有效措施积极应对，避免出现系统性风险。

第四节 发展建议

一、加大金融支持力度

鼓励金融机构在依法合规、风险可控、商业可持续的基础上，对暂时遇到还款困难的优质海洋工程装备及船舶制造企业予以支持；支持符合条件的海洋资源开发企业、海洋工程装备制造企业在境内外上市融资、发行各类债务融资工具；鼓励面向发展前景良好但遇到暂时困难的优质海洋工程装备企业开展市场化债转股。

二、推进军民融合深度发展

充分发挥湖北省船舶与海洋工程装备产业军工科技、人才和产业优势，积极推进军工船舶科研院所分类改革，加快建设人才激励机制，破除制约科研院所创新发展的体制机制障碍，提升创新发展能力。积极推进军工与非军工船舶单位加强合作，促进军工人才、科研、试验检测等资源与非军工单位共享，依托重大科研项目，开展协同创新，促进船舶军民通用设计、制造先进技术的合作开发，加强军用与民用基础技术、产品统筹和一体化发展。鼓励、支持军工单位积极争取国家民用高技术船舶和海洋工程装备专项，促进军用设计、制造先进技术转民用。推进军工船舶单位之间加强合作，发挥军工技术优势，联合研制民用高技术船舶与海洋工程装备。推进军工单位通过协作配套、委托建造分段等方式，提高外部配套率，带动符合条件的民用造船企业的发展。推进军工船舶单位利用军工技术，发展非船产业，支持中船

重工在鄂相关单位牵头整合交通运输、智慧城市、通航产业、环保工程等四大产业板块,促进非船产业做大做强,提高应对船舶与海洋工程装备市场风险能力。

三、加大科研开发和应用推广支持力度

支持建设一批行业重大研发、试验检测平台,支持骨干企业创新能力建设。实施好首台(套)重大技术装备保险补偿机制。加快海洋工程装备对新材料的应用推广。支持海洋地质调查和资源调查,加大对海洋环境、目标的观测、监测和极地科考等海洋科技活动的支持力度,促进海洋通信网络与信息服务的融合共享,推动海洋探测、深海资源勘探开发、深远海大型养殖装备、人工岛礁等技术装备研制和应用。

四、加强人才队伍建设

依托重大创新专项,吸引和集聚高层次创新人才。鼓励企事业单位积极创造条件,引进研发设计、工程项目管理、市场营销等方面的国际领军人才和团队。加强相关高校海洋学科建设,支持和推动高职院校加强海洋工程装备高技能人才教育与培养。优化海洋工程装备制造企业人才培养和使用机制,加快建设创新型研发人才、项目管理人才、高级营销人才、高级技能人才等专业人才队伍。

五、发挥行业组织和专业机构作用

充分发挥船舶工业行业协会、造船工程学会、船级社等行业组织、专业机构和相关智库的作用,加强行业自律,引导企业规范经营、理性竞争,维护行业权益;研究发布海洋工程装备及高技术船舶产业景气指数,引导市场预期;促进国内外交流合作,发挥桥梁纽带作用,及时向政府部门反映市场信息和企业诉求。

六、营造发展环境

充分利用新闻媒体和宣传媒介,加强对船舶和海洋工程装备产业的宣传报道。完善产业经济运行分析、监测机制,及时掌握行业发展情况,全面指导行业健康发展。支持企业积极参加国际合作与交流,增强行业整体国际影响力。对企业开拓市场、品牌建设、成果转化、知识产权保护、产学研合作等给予重点支持。

第十二章　航空航天装备

航空航天产业是当今世界最具挑战性和广泛带动性的高科技领域之一，是国家综合国力的集中体现和重要标志，是国家战略性新兴产业和先进制造业的重要组成部分，是国家科技创新体系中的一支重要力量。该产业具有高技术、高投入、高风险、高收益、产业要素高度集约等特点，技术辐射面广、产业带动力强、关联产业多、产品附加值高、集群效应大，具有巨大的溢出效应和经济带动作用，能带动新一代信息技术、智能装备制造、新材料、新能源等高新技术产业发展。

第一节　基本情况

一、发展现状

湖北省政府将航空航天发展摆在经济社会发展的突出位置，全面统筹谋划全省航空航天产业发展，加大机场建设、民航市场拓展、航空航天产业发展、体制机制改革等各项工作力度，在航空航天系统各单位和军方的大力支持以及相关市州的共同努力下，湖北省航空航天进入较快发展的新阶段，取得了显著成绩。

2017 年，湖北航空工业企事业单位实现工业总产值 108.25 亿元，实现利润 6.26 亿元。截至 2017 年底，全省航空工业企事业单位共计 33 家，涵盖特种飞行器、通用飞机、无人机、航空仪表、飞机座椅、复合材料、飞机维修等领域。

（一）产业集群集聚初步形成

通航研发与制造方面。依托中国航空工业特种飞行器研究所，60 吨重载飞艇、AG50 轻型运动类飞机、载人观光飞艇等一批拥有自主知识产权的通航产品正积极研制中；中国特种飞行器研究所轻型运动飞机国家地方联合工程研究中心获批；天使通用飞机制造基地项目智能生产线安装调试完成，首架天使飞机机体结构成功下线。荆门泊鹭通用航空制造产业园项目已完成 3 架飞机组装及生产设备安装，2017

年 8 月 18 日成功实现首飞。

通航运营与维护方面。湖北中航通用机场管理有限公司揭牌成立，接管漳河机场。珠海通航公司成功开通“荆门—武汉”民航 CCAR-135 部不定期短途运输航线。飞行家(湖北)通用航空有限公司成功通过民航 CCAR-91 部运行合格审定，取得通航运营资质。幸福运通用航空有限公司 6 架飞机已入驻漳河机场开展日常飞行训练。

通航+新兴服务业方面。爱飞客极客公园、飞行体验中心、跳伞基地、房车营地等航空主题项目建成投入营运；与北京和利圆文化传媒有限公司签约，打造荆门爱飞客海陆空国际影视中心。

通航培训方面。2017 年，依托荆楚理工学院组建了荆门通用航空学院，开设了飞行器制造工程、航空电子电气技术、航空材料精密成形技术等专业，招收学生 290 余人；龙浩飞行培训学校项目正式签约，办公人员已进驻荆门航空产业园，项目正在进行。

(二) 特种飞行器、航空救生装备总体能力在全国领先

2018 年 5 月，我国新一代轻型运动飞机 AG50 通过详细设计评审，预计年底实现首飞。AG50 由位于荆门的中国航空工业特种飞行器研究所设计。该所是我国唯一从事水面飞行器和浮空飞行器等特种飞行器研究的主机所，成功研制了中国第一代大型水上飞机、第一艘载人飞艇、第一代超轻型飞机、第一代水陆两栖飞机、第一代平流层飞艇平台和国产水陆两栖大飞机 AG600 等，多次填补了我国航空高科技和基础研究领域的空白。

(三) 武汉国家航天产业基地建设进展迅速

中国航天科工集团有限公司、中国航天三江集团公司联合湖北长江经济带产业引导基金、武汉市政府投资平台以及其他社会资本发起设立了长江航天产业基金，计划总规模 100 亿元，首期计划募集 20 亿元，首期实际认缴资金 25.8 亿元。长江航天产业基金将主要以商业航天、军民融合、双创、混改、并购等为投资方向，重点围绕武汉国家航天产业基地和长江经济带建设开展项目投资工作。

2017 年 4 月，武汉国家航天产业基地正式开建，航天产业港、航天科工火箭总装总调中心等项目先后开工。根据规划，武汉国家航天产业基地以商业航天、高端装备为支柱产业，优先发展航天运载火箭及发射服务、卫星平台及载荷、空间信息应用服务等主导产业，以快舟运载火箭为基础，面向微小卫星提供廉价快速、响应灵活的商业航天发展服务。

一年多以来，武汉国家航天产业基地已初步形成 8 平方公里以商业航天为龙头

的产城融合示范区，园区循环路网基本成型，园区形象高品质呈现，航天产业港将于下半年建成投用，同时，航天产业港（一期）主体结构已封顶。

与此同时，武汉国家航天产业基地招商形势良好，累计签约额逾60亿元，奥英光电、燕拓减振、优利麦克、瀚氢动力等一批高科技企业，通过华夏幸福“以商招商”的升级引资模式落户江城。2018年下半年，航天科工电磁防护材料、奥英光电、燕拓减振、和泰新材料等项目将陆续开工建设。

二、面临的形势

目前，我国正处于加快推进中国特色社会主义现代化建设的关键时期，也是航空航天产业实现跨越式发展的攻坚时期，国家正在大力推动军民融合深度发展，航空航天产业作为重要的军民结合产业，既面临难得的机遇，也存在不小的挑战。

（一）航空工业领域

航空产业发展受到高度重视和广泛关注，国家已将航空装备列入战略性新兴产业发展的重点方向，正在实施大型飞机重大专项，具有完全自主知识产权的150座级C919单通道干线客机成功首飞，将推动我国民用航空工业实现快速发展。国民经济快速发展和国防现代化建设为民用航空工业发展提供广阔的市场空间，尤其是空域管理改革和低空空域开放步伐的加快，为通用飞机的发展带来了新的市场机遇。与此同时，工业转型升级、创新能力和国际竞争力显著增强，航空设备的综合化水平不断提高，航空机载系统集成体系能力建设进一步完善，这些将为加快民用航空工业发展提供良好的科技和工业基础。

（二）航天工业领域

我国已具备了较为完善配套的航天装备研发、设计、制造、试验及产品质量保障体系，成为世界上为数不多的能够提供运载火箭、卫星、载人飞船、深空探测等多类航天产品、发射服务及地面设施建设等一揽子服务的国家。长征五号运载火箭成功首飞，推动我国运载火箭实现升级换代。天宫二号、天舟货运飞船发射成功，载人航天工程第二步取得积极进展。嫦娥三号实现地外天体软着陆，探月工程第二步战略目标全面完成，探月工程三期再入返回飞行试验取得圆满成功。东方红五号卫星平台立项研制，航天器平台型谱不断丰富。量子通信、三浮陀螺仪等一批关键技术和产品实现突破，我国已跻身世界航天大国行列，正在向航天强国迈进。

同时，全球新一轮科技革命和产业变革蓄势待发，重大颠覆性技术创新和群体性技术突破不断涌现，世界航空工业经过百余年的发展，在市场上已形成了高度垄断,我国外部安全环境面临严峻威胁,太空军事化态势加剧,太空利益争夺日趋激烈。总体来看,我国航空航天科研原始创新能力仍有待提高,技术储备仍显不足,核心元器件、关键原材料等瓶颈短板仍未得到根本解决,我国航空航天发展也面临着诸多风险挑战。

第二节　存在的主要问题

湖北省没有一家年产值超过50亿元的航空工业企业,省内现有的主机企业大多采用全产业链发展模式,配套产能释放不足。航空工业特种飞行器研究所(简称特飞所)、航宇公司等军工航空企业具备较强的研发能力,但对民用航空工业辐射带动作用不大。

湖北省拥有的两所航空装备研究所——中国航空工业特种飞行器研究所、中国航空救生研究所,分别位于荆门和襄阳,存在人才难留、交通不便、外部交流不畅等问题。湖北仅有武汉汉南机场、荆门漳河机场、荆州沙市机场、随县厉山机场和仙桃机场5个通用机场投入使用,数量较少,难以满足试验试飞需求。

一、技术差距仍较大

国际航空市场以波音和空客为双寡头的垄断竞争格局依然存在,波音和空客两大巨头始终占据着大飞机制造的主系统集成商地位及资源和技术优势。同时,我国正在地球遥感、通信、导航等应用领域赶超俄罗斯,但在载人航天方面落后于俄罗斯,在基础空间研究方面落后于欧洲。

虽然我国自主研发了多种机型及"长征"系列运载火箭,航空航天产品的自主化率不断提高,但是部分产品核心技术与国际一流水平相比仍然落后,对国外技术依赖性较强,核心产品仍需依赖进口。发动机、关键材料和元器件等仍是制约我国民用航空航天装备制造业发展的瓶颈。

二、航天国际竞争力不足

中国已经是航天大国,但是与实现航天强国的目标仍然有很大的差距。我国的航天已经走向载人航天、探月工程、空间站等更高更深更远的方向,但应用卫星产业是短板。卫星应用影响广泛,但是对人民大众服务偏少;卫星在军事领域应用较多,在民用领域上应用少。目前在我国卫星广播通信产业规模达到200亿元,但应用服务仅能覆盖我国及周边地区,仅占全球市场的2.5%;目前在我国国内2500亿元的卫星导航与位置服务市场中,北斗导航仅占30%左右;卫星遥感领域长期以来主要依靠政府投资,以气象、国土、海洋、减灾等需求应用为主,为政府服务,尚未形成规范的市场,市场规模仅30亿元,企业缺乏竞争力。

三、配套体系不健全

我国航空航天产业发展的配套政策有待进一步完善。航空航天装备制造业属于高投入、高风险产业,仅仅依靠政府加大投入远远不够,必须引入民间资本,鼓励民营企业参与。目前,我国还缺乏相应的机制和规则,相关鼓励民营企业进入航空航天发展的配套政策还需完善。在各地众多的航空航天产业园中,由于缺乏统筹规划及管理,一些园区发展无序,过度投资建设和招引项目,落地产品单一低端,盲目铺摊产业链,给产业发展带来了严重的风险和隐患。在我国航空领域,由于缺乏机场及配套保障等设施建设,管理体制改革和发展滞后,空域开放、基础设施、维修服务、人员培训等明显跟不上,人才储备、技术经验积累也明显不足。

第三节　发展主要举措

大力推进武汉国家航天产业基地、国家卫星产业国际创新园、国家地球空间信息产业化基地等重大项目和基础工程建设,打造全国一流的航空产业基地、航空产业新城、地理空间信息名城。优先发展新型运载火箭及发射服务、卫星平台及载荷、空间信息应用、地面及终端设备制造等领域的关键技术及相关产业,带动和辐射上下游的航空运营业、航空服务业及航空关联产业发展。加快低轨宽带卫星、低轨窄带卫星、空间信息应用及车联网、船联网、工程机械联网等卫星应用服务体系项目的建设布局。加快发展地理信息系统、卫星导航、遥感系统、移动道路测量设备等技术、产品及应用。支持企业开展以应用和服务为导向的商业模式创新,完善上游地球空间信息数据获取、中游数据处理加工与运营服务、下游系统集成及应用服务的产业链。

研发特种水面飞行器,轻型直升机、通航飞机等各类飞机,各类无人机及地面站和通信指挥车,航空零部件、航电与机电系统,以及商业固体运载火箭、航天动力、材料、自动控制系统、伺服系统、通信元器件、航天发射地面装备等关键装备和核心技术。

依托武汉国家航天产业基地布局商业航天技术,在荆门、武汉、襄阳、宜昌等地建设若干个航空技术与产品研发基地、航空器整机制造基地和航空零部件生产基地。到2020年,实现航空航天装备产业规模提高到1000亿元;到2025年,实现产业规模达到2700亿元,努力打造全国重要的航空航天产业发展基地。

一、培育通用飞机产业

推进无人机研发制造。重点发展无人机整机组装,鼓励发展无人机用重油活塞发动机,形成产品系列化发展。推动无人机数据链路系统、通信电台、自动导航仪等无人机配套业务发展,拓展无人机产业链,壮大产业规模。

推动通用航空配套产品生产。推动发展金属基、陶瓷基、碳基等高性能复合材料,积极拓展通用飞机新材料业务。鼓励通信导航监视系统、飞机座舱显控系统、飞控计算机系统、综合处理与网络系统、光电探测系统、综合惯性导航系统、飞行控制系统等发展,促进配套产品技术进步。积极与国外高端公务机生产厂商开展合作,引进高端公务机生产制造,消化、吸收国外先进技术,推动公务机自主研发和生产。

积极发展通用航空保障设备。发展通用航空飞行监视与管理设备、飞行服务系统设备、空地一体的通用航空机场指挥调度设备,初步形成通用航空飞行管理与保障服务设备制造能力。

二、完善航空产业配套

完善飞机座椅产业配套并向航空内饰等产业链延伸,巩固航空仪表的技术优势并提高产业化应用水平,推动航空防护救生、空降空投装备等航空生命安全领域技术和产品达到国际水平,促进军用航空救生器材向民用航空、通用航空领域扩展。

鼓励发展航空机载电源、电子器件、传感器、惯性器件、多功能显示器、变流器、变压器、蓄电池、照明装置等航空电子设备及元器件,重点发展环控系统、燃油系统、防/除冰系统、液压系统等关键机电系统,积极发展商用飞机客舱系统及各类机载系统,着力突破高集成度通用航空通信导航监视系统、通用航空飞机座舱线控系统、飞控计算机系统、综合处理与网络系统、光电探测系统、综合惯性导航系统、飞行控制系统等航电系统。

三、发展航空维修及服务产业

推动航空维修项目实施。积极争取国际知名航空发动机生产厂商与国内航空公司或飞机维修公司合作在鄂设立子公司,引进规模较大、具备部(附)件综合维修能力的企业，弥补国内对部分机型和型号产品维修能力的不足。推动“客改货”及维修业务发展，积极引进制造商完成中心或第三方完成中心，发展公务机装饰业务，逐步开展运输飞机翻新业务。鼓励通用飞机维修企业开展航线维修、定检和大修资质升级，提升整机改装、翻新、大修和关键零部件的维修能力。

拓宽通用航空服务范围。支持通航公司扩展作业范围，全方位提供海上石油、海洋监测、港口引航、空中巡查、航空摄影等工业服务；鼓励发展精准农业，支持使用农林航空、无人机喷洒等先进生产方式。积极推动低空旅游业发展，鼓励通航公司开设通用机场与主要景区之间的低空旅游航线，开发“陆、海、空”低空旅游产品。

打造现代服务中心。开展通用飞机及设备租赁、资产管理、交易服务、中介服务、信息服务、后台支持、特色金融及保险服务等现代金融服务。鼓励金融租赁机构开展飞机租赁、航材交易、业务咨询、融资保险等业务。推动航空物流业发展，加快航空高层次人才培养。

四、加强研发和生产空间基础设施

重点研发和生产航天器系统、运载火箭、火箭发动机、先进运载火箭部组件、先进卫星平台及有效载荷、先进卫星分系统部组件产品、航天器测控地面站、移动测控设备以及航天器空间环境模拟系统；基于自主数据源的高速全交换式卫星遥感地面接收系统，基于网格架构的卫星遥感数据处理及存储系统，面向服务的卫星遥感数据分发系统，遥感卫星地面标校系统和增强系统，导航卫星地面监测站，以及导航信号增强系统等。

五、加快布局和建设产业创新中心

商业航天产业创新中心。以建设武汉国家航天产业基地为契机，整合航天产业领域的国家、省级创新资源与平台，围绕航天运载火箭及发射服务、卫星平台及载荷、空间信息应用服务、航天地面设备及制造等商业航天主导产业，充分发挥航天云网公共服务平台作用，重点开展低成本、系列化固体运载火箭、绿色新型液体运载火箭、微小卫星、先进上面级、天基物联网等研发生产，打造国际一流的商业航天创新支撑平台和育成中心。

通用航空飞行器产业创新中心。整合航空领域现有国家、省级创新平台和主要创新资源，围绕通用航空设计、制造、运行保障、服务运营等产业链环节，以突破通用航空飞机和水上飞行器制造技术为核心，建立完善技术研发、飞机试飞、检验检测等创新平台，共同组建通用航空飞行器产业创新中心。

第四节　发展建议

一、加强组织领导

加快转变政府职能,创新管理方式,完善行业管理,培育良好市场环境。按照职能部门对口原则和责任分工,紧密衔接国家相关部委,落实国家航空航天领域发展政策、规划和部署,努力争取国家支持。加强对重大工程、关键设备设施等监管,综合应用国产首台(套)设备应用支持政策,加大对首台(套)设备应用的支持力度。加强知识产权保护与利用。

二、推动军民融合

加强军民航空航天资源共享,提升资源整体效益,实现人才、资本、信息、技术等全要素多领域高效益融合。统筹使用军民航空航天重大基础设施,推动编制和发布军工和民用重大试验设施共享目录。推动建立完善国防科技重点实验室开放共享机制,健全信息发布和共享机制。

三、加大资金支持

加大各级政府专项资金在航空航天领域的支持力度;推广实施政府与社会资本合作等模式,积极引导和鼓励社会资本投资与发展航空航天产业;鼓励金融机构创新服务和产品,拓宽航空航天领域重大项目融资渠道,鼓励有条件的企业利用上市平台开展资产证券化工作。

四、强化人力支撑

推动航空、航天人才队伍建设,紧紧围绕湖北省航空、航天产业总体发展目标,加大人力资源开发力度,不断深化人事制度改革,创新人才工作机制,努力营造有利于优秀人才脱颖而出、人尽其才的良好环境,充分利用国家“千人计划”和省“百人计划”,积极引进航空、航天高端人才和急需人才。加强与高等院校等机构的合作,培养航空、航天所需人才。鼓励和支持航空、航天科技人才落户,建立完整的人力资源开发机制及人才选拔培养机制，形成满足产业发展需要、结构合理的通用航空、航天高技术人才和经营管理人才队伍。

推动人才交流。充分利用湖北省科研院所、高等院校等资源集聚优势，以联合办学、联合培养等模式，加强与华中科技大学、武汉大学等知名高校及专业培训机构的合作，构建科教合作交流平台，加强科技合作协同创新，加强职业教育合作，深化产教融合。搭建教学科研平台，创建创新人才联盟。

五、大力推进国际合作

树立开放式创新理念，积极融入全球创新网络，全面提升航空航天产业科技创新的国际化水平和在全球科技创新体系中的话语权。坚持“引进来”和“走出去”相结合，全面深化与世界各国各地区之间的合作，引进海外创新资源，鼓励航天及相关产业跨国公司、大型企业入驻并设立研发中心、分支机构，组建跨境跨地区的产学研联盟。以航天科工与俄罗斯、乌克兰等国家部分重点合作项目为支撑，建立国际合作创新示范园区，开展技术、资本和产业化等多层面的合作。

第十三章　轨道交通装备

轨道交通产业集研发设计、新型材料运用、装备制造、整车生产、运营管理、维修服务于一体，产业链庞大，涵盖了规划设计、工程施工、装备制造、投资运营和技术服务五大重点环节，产业带动性强，落地投资高，技术含量高。

轨道交通装备是国家公共交通和大宗运输的主要载体，属高端装备制造业，也是我国高端装备"走出去"的重要代表。先进轨道交通装备包含现代技术的干线轨道交通、区域轨道交通和城市轨道交通的运载装备、通信信号装备、运控装备与路网装备。

当前，资源紧缺、城市治理、环境保护等发展问题日益突出，客货运力不足、道路交通拥堵、环境污染严重、公交便捷及安全等问题日益成为经济社会全面协调发展的短板，产业发展趋势和政策导向催生了极大的轨道交通市场需求。湖北要抢抓产业发展的战略机遇，打造国家轨道交通产业中部基地。

第一节　基本情况

一、发展现状

湖北省轨道交通装备以标准掌控市场话语权，地域布局上，形成了以汉江为走廊、武汉和襄阳集聚发展的"一走廊两集群"格局。目前，以武汉、襄阳为聚集区，湖北省轨道交通装备领域规模以上企业近50家，工业总产值约130亿元，约占全国行业总产值的3.3%。其中，货车生产国际领先，地铁车辆制造已实现本地化。

（一）新技术带动制造企业升级

湖北企业在《中国制造2025》的指引下，在产业链中找准突破口，乘势而上，成为湖北战略性新兴产业中崛起的新力量。湖北企业打造从研发到生产的全产业链，一批湖北制造的轨道装备在全国站稳了脚跟。

2017 年金鹰重工为出口车辆进行了 5 大项 28 个小项的改进，铺设了东南亚铁路标准的调试检测线，进行了多次测试和改造，成为全国首批成套出口到东南亚市场的企业之一。长客黄陂生产基地研发了时速 100 公里的地铁列车，为武汉地铁生产 30 列时速最快的地铁。

（二）项目投资踊跃，发展后劲增强

轨道交通装备项目成为投资热点。总投资均为 18 亿元的武汉中车长客轨道车辆有限公司和武汉中车株机轨道交通装备有限公司地铁、城际动车组和有轨电车整车生产项目已经建成。总投资 20 亿元的我国第一家专业磁浮交通投资建设公司——中铁磁浮交通投资公司已经在汉成立，搭建起磁浮、单轨等新型轨道交通产业发展的平台。总投资 22 亿元的襄阳中车工业园生产轨道交通特种电机项目、总投资 31 亿元的襄阳金鹰铁路工业园项目、总投资 6 亿元的时瑞达重工建设重型工程机械和机车驱动齿轮箱项目已经投产。湖北威能达传动征地 300 多亩，开始生产机车轮对、齿轮箱等产品。中铁科工集团机械研究院的运架施工设备、湖北盛坤的铁路电气化控制和监控设备、大桥车灯厂的车灯生产等项目即将投产。

（三）集群发展明显，产业格局趋于完善

地铁建设的快速推进，带动武汉轨道交通全产业链加速形成，并日趋壮大。武汉轨道交通设计跻身国内第一方阵，同时武汉地铁列车已实现本地化生产。

襄阳轨道交通装备产业初步形成了以金鹰工业园、中车工业园为核心，中铁十一局集团汉江重工有限公司、中车洛阳机车有限公司襄阳分公司、时瑞达重工、国铁股份为重点，以腾威机械、纳科特机械、中铁纵横机电、奇竞特机电、福瑞特机械、固鑫机械、腾德机械、祥达机电、中铁宏吉工程等为配套企业的轨道交通装备产业集群。金鹰重工生产的重型轨道车辆、电气化铁路施工维修检测设备和城市轨道交通工程车辆，全国市场占有率 60％以上，出口到美国、巴西、新西兰等 20 多个国家和地区。

襄阳打造千亿级轨道交通产业集群的目标迈出坚实一步。2017 年 2 日，襄阳市举行的智能城市轨道交通产业项目推介会上，常州天晟新材料、苏州汇川技术、襄阳国铁机电等三家大型股份公司与襄州区签订轨道交通产业投资框架协议。襄阳市积极谋划建设和申报国家级智能城轨交通示范区，在襄州区伙牌工业园东区规划 3000 亩建设用地，计划用 5 年时间，投资 800 亿元，打造一个千亿级轨道交通产业集群。目前，园区各项基础设施已全部建成。襄阳市将运用“基金＋项目＋产业＋基

地”的发展模式，重点做好智能车辆、智能路线、智能运营、智能预警、智能维护等产品的研发、制造、应用、推广，以城市轨道整车智能制造为龙头，打造全产业链产业集群。

二、面临的形势

(一)铁路建设将会出现爆发式增长

根据最新印发的《国家中长期铁路网规划》和《城镇化地区综合交通网发展规划》方案要求，2020 年中国高铁营业里程将达 30000 公里，新增 11000 公里，要覆盖 80%以上的大城市；修建 8000 公里城际铁路，覆盖 98%的节点城市和 60%的县(市)。“十三五”期间，国家高铁和城际铁路建设总投资将会超过 40000 亿。其中，城际铁路投资超过 10000 亿元，年均复合增长率超过 25%；铁路轨道交通车辆总投入超过 5400 亿元，年均复合增长率超过 20%。

(二)城市轨道交通产业市场空间巨大

目前全国已经有 100 多个城市制定了城市轨道交通规划。已经建设和在建城市超过 40 个；有 60 多个城市已经开展了规划、勘测、设计、咨询等前期工作，准备批复建设；另外尚有 100 多个的城市有可能在“十三五”期间进入建设行列。未来 5 年，随着对申报发展城市轨道交通的城市人口要求下调(从城区人口达 300 万人以上下调至城区人口达 150 万人以上)，城市轨道交通建设审批权限的再次下放，将出现 80 个以上城市同时建设城市轨道交通的壮观场面。预计未来 5 年，中国城市轨道交通总里程将超过 7000 公里，总里程数翻番，城市轨道交通的投入将会超过 30000 亿元，新增城市轨道交通装备量年均复合增长率将会超过 20%。

(三)轨道交通维修后服务市场加速发展

从轨道交通产业链的角度来看，2010 年开始，经过 7 年多的运营期，车辆开始陆续进入驾修和大修期，轨道交通车辆维修相关后服务市场才刚刚起步。整个“十三五”期间，轨道交通维修后服务市场都会出现持续增长态势，轨道交通车辆维修后服务市场空间超过 2000 亿元。

第二节　存在的主要问题

一、产业势能尚未释放，产业辐射能力不强

缺乏具备整车制造能力的龙头企业，现有企业相对零散，产业系统效率较低，产业链上下游拓展和产业集群加速发展的势能尚未得到有效释放。多数企业集中于零部件制造和装配，上下游相关科技研发、勘察设计、工程施工、运营管理、养护维修等产业链的主要环节和拓展环节薄弱。

二、创新能力有待提高，核心技术掌握不够

企业生产的产品多数为外围零部件产品，关键系统和核心零部件研发基础薄弱，尚未摆脱对国外的依赖；产品的安全性、可靠性和使用寿命等方面与发达国家相比仍有差距；在轨道交通产业相关设计、仿真、分析、计算和试验验证等产业技术方面开发条件不足。技术创新体系建设和人才队伍培养亟待加强。

三、产业发展活力不足，本地配套水平不高

产业主体主要以央企和大型国有企业为主，民营企业不多、不强。产品主要以国内市场为主，参与国际竞争的意识和能力不够。产业基础配套能力不能适应创新集群发展需要，基础零部件、制造工艺、材料发展相对滞后，产品性能质量和可靠性与国外存在差距。

四、缺乏引领性产业发展规划，社会资本活力不够

轨道交通产业发展普遍缺乏整体上的规划及与之相关的引导发展体系，产业分工主要以自发形成为主，土地集约利用效率有待提升，融资渠道狭窄、方式单一，社会资本参与活力不足。运用专项产业引导基金、债券融资等水平较低。产业研究与咨询人才缺乏。

第三节　发展主要举措

发展车辆制造、车载设备与列控系统、车用关键部件，强化零部件、系统、设备与整车之间的有机联系。重点在襄阳和武汉建设产业基地，发展车辆制造、车载设备与列控系统和车用关键部件。力争到2020年，实现轨道交通装备产业规模提高到600亿元；到2025年，实现产业规模达到1200亿元。

一、完善发展环境，加速产业空间集聚

（一）加快特色园区建设

充分发挥湖北省的区位、市场、信息、技术以及人才优势，在现有轨道交通企业相对聚集的基础上，加快建设轨道交通装备产业园区，加快推进湖北特色轨道交通装备产业集群建设。

（二）搭建轨道交通装备检测认证平台

通过与检验认证机构合作，建立轨道交通装备检测认证平台，为轨道交通装备企业提供产品检测与认证服务，保障产品质量，降低采购风险，吸引相关企业到湖北集聚发展。

（三）出台相关促进产业发展政策

围绕湖北省轨道交通装备产业的发展，制定包括政府采购、要素保障、鼓励创新创业等支持轨道交通装备产业发展的系列政策和措施。从土地供给、信息服务、投融资服务、公共政策服务、技术创新开发服务、企业协调服务等方面，使轨道交通装备产业资源在整合中集聚，加快打造产业集群。对有利于轨道交通装备产业链衔接、产业集聚和产业技术提升的项目或企业给予重点扶持。

二、发挥科研优势，提升技术创新能力

（一）提升企业创新能力

鼓励湖北省轨道交通装备企业加大研发投入，扶持企业创新项目，开发一批拥

有自主知识产权的关键技术，攻克全自动驾驶系统核心技术、轨道交通车辆综合在途监测系统技术、路网调度指挥系统技术、轨道交通减振降噪技术等一批关键技术。强化企业创新载体建设和技术开发能力，牵头制定、形成城市轨道交通自动售检票系统标准、城市轨道交通安全门系统标准、城市轨道交通全自动驾驶系统技术标准等一批关键行业技术标准。

（二）推动协同创新平台建设

利用湖北省科技人才优势，吸引国内外大型企业在湖北省设立研发中心、研发基地，以企业工程研究中心及企业博士后工作站为依托，加强以重点实验室、工程研究中心、重点学科为代表的科技创新基础设施建设，聚集一批全球领先的轨道交通科技创新要素，突破核心与关键技术瓶颈，开发出一批具有自主知识产权、对行业有重大影响的国际领先技术装备，打造国家级城市轨道交通系统工程研究中心。

（三）推进产业技术创新联盟建设

进一步推动湖北省轨道交通装备产业技术创新联盟建设发展，鼓励发展系统的集成式研发、制定，推广技术标准，组织企业需求对接活动，通过科技创新需求对接、联合研究、委托开发、成果转化、共建研究开发机构和科技实体等多种途径，深化产学研用合作。

三、加大扶持力度，培育发展本地企业

（一）加强企业培育

对于湖北省轨道交通领域的企业，在政策、资金、土地、上市等方面，给予重点支持。加快建设轨道交通装备产业专业孵化器，形成相互关联、信息共享的轨道交通科技孵化器网络，从科技研发、创业孵化、新技术孵育、平台搭建等方面促进企业成长。

（二）优先扶持本地企业产品

面向湖北省配套能力强的成套设备，特别是本地企业自主研发、具有自主知识产权的轨道交通首台（套）设备，招标时可在同等条件下优先采购。针对已经落地的轨道交通装备龙头企业，充分发挥其带动作用，提升其本地产品配套率，可采取政府担保、设立保险基金等措施，支持本地有实力的企业提供配套产品。

(三)发挥城轨示范线路引领效应

结合湖北省轨道交通发展规划,在中心城区之间、中心城区与县城之间,先期规划建设城轨示范线路,形成产品示范、技术示范、交通组织方式示范、建设运营一体化模式示范,将湖北省轨道交通装备产业链相应企业整合纳入采购目录,统筹解决企业业绩缺乏问题。

四、依托重大项目,带动产业链配套完善

(一)加强重大项目谋划

结合湖北省轨道交通建设需求,建立轨道交通装备重点项目库,着力谋划、论证、储备一批大项目、好项目,形成"建设一批、开工一批、推进一批、储备一批"的格局。建立健全湖北省轨道交通装备项目信息沟通渠道和合作机制,重点关注高校院所、大型央企和军工集团、境外知名企业和研究机构、海外高层次人才创业企业的重大科技成果和产业化项目。

(二)优化产业链招商

深入研究轨道交通装备产业集群发展的特征和模式,集中引进一批科技含量高、附加值高、市场前景好的大项目。重点突出产业链招商,创新招商引资理念和机制,改进招商引资方式,组建精干高效的专业招商队伍,深入轨道交通装备产业主要聚集城市招商,重点引进世界知名企业、中央大型企业和国内大型民营企业来湖北省投资,促进产业聚集发展。

(三)带动配套产业发展

基于湖北省轨道交通网建设需求,以轨道交通建设重大工程为引领,围绕轨道交通装备产业链条,通过引进一批居于产业链条核心环节、具有较强竞争力的核心企业,吸引集聚相关配套企业,带动湖北省轨道交通装备上下游配套产业发展。

第四节 发展建议

一、完善产业规划，主动引领发展

尽快成立轨道交通产业发展领导小组，完善相关配套政策，明确发展路径、发展重点，加大轨道交通产业园区建设力度，充分发挥大企业大集团龙头带动作用，有效引导中小企业有机配套协作，培育和引进关键环节、关键技术，打造国家轨道交通产业中部基地。

二、发挥产业杠杆效应，提升产业辐射带动能力

实施错位发展战略，以城市轨道交通和城际铁路为主攻方向，加强有轨电车等特色装备生产；以拓展产业链和产业集群为导向，培育壮大一批龙头企业；发展现代制造服务业，拓展在设计研发、检验测试、系统集成、认证咨询、运营调控、维修保养、工程承包等产业链前后端的增值服务业务。

三、提高企业协作配套水平

改进和完善首台(套)、首批(次)、首版(次)政策，加大政府对采购自主创新产品的支持力度，扩大政府采购的适用领域，建立市级企业和市级轨道交通建设项目采购本市自主创新产品的有效激励机制。推进轨道交通装备制造企业智能工厂、数字化车间建设，培育一批国家级、省级智能制造试点示范项目。

加强经验总结和典型推广，加大对中小企业经营者的培训，促使经营者转变观念，树立与大企业协作配套的理念，鼓励企业发挥主观能动作用，加大市场开拓力度，开展自主创新，投入技术研发，提升生产工艺、装备和技术水平，培育自己的核心技术、核心产品，走“专、精、特、新”的发展道路。

四、加大财税支持力度

加大对轨道交通装备产业发展的财政资金引导扶持力度，对列入国家、省级和市级轨道交通装备产业重点领域的技术创新、技术改造和创新成果产业化、重点产

品推广示范应用、产业创新支撑体系建设项目给予重点支持,落实符合条件的项目和企业的税收优惠。建立产业重大项目库,认真谋划一批重大支撑项目,积极争取国家、省级重大轨道交通装备产业项目在规划编制、产业布局、投资安排、资金补助、贷款贴息等方面的支持。积极争取国家、省级和市级轨道交通装备产业领域中的各类专项补助(补贴)资金,凡获得国家、省、市专项资金支持的项目,当年由企业所在地财政给予一定配套。市级财政工业发展资金、科技专项资金、基础设施建设专项资金向轨道交通装备产业重点倾斜。发挥中小企业专项资金的导向作用,扶持企业配套表现突出的企业,并给予一定的奖励,同时财政资金向配套协作工作突出的县市区倾斜。

五、鼓励内部育才外部引智

实施本土培育和外地引智相结合的内外联动计划。

本土培育方面:加强轨道交通装备产业人才发展统筹规划和分类指导;组织实施人才培养计划;加大专业技术人才、经营管理人才和技能人才的培养力度;完善从研发、转化、生产到管理的人才培养体系;鼓励企业和学校合作,培养轨道交通制造急需的科研人员、技术技能人才与复合型人才。

外地引智方面:加强高层次创新创业人才的政策支持,经评审认定为领军人才的,按照政策给予相关资助和奖励,从优享受创业相关扶持政策,并在住房保障、配偶就业、子女入学等方面在政策范围内优先解决。

第十四章　节能环保装备和资源循环利用

发展节能环保产业，是培育发展新动能、提升绿色竞争力的重大举措，是补齐资源环境短板、改善生态环境质量的重要支撑，是推进生态文明建设、建设美丽中国的客观要求。

经过多年发展，湖北省已初步建立起集研发、生产、销售、服务于一体的节能环保产业体系，产业基础优势和发展潜力逐渐凸显。加快发展节能环保产业，不断增强节能环保技术领域的自主创新能力以及重大装备、产品生产和服务的市场竞争优势，努力打造市场竞争力强、结构及布局合理、产业特色鲜明的节能环保产业体系，既是调整经济结构、转变经济发展方式、构建全省新的支柱产业和新一轮经济增长的内在要求；也是推动节能减排、发展绿色经济、建设资源节约型和环境友好性社会，积极应对气候变化，抢占未来竞争制高点的战略选择。

第一节　基本情况

一、发展现状

近年来，湖北通过加大创新力度，提升企业竞争力，拓展环保产业"新蓝海"，实现年均15%以上的增速，居中部第一。

（一）市场主体活力不断增强

格林美、都市环保等一批骨干企业快速发展壮大，华灿光电、华丽环保等一批成长性好的中小型企业迅速崛起，部分企业成功登陆创业板市场。投资节能环保产业的积极性高，神雾、格林美、合加环境、华工科技等省内外上市公司加大投资力度，武钢、华新、大冶有色等也转型发展节能环保产业。一大批在建或拟建项目正在稳步推进，将为湖北节能环保产业发展提供强劲的后备力量。

(二)品牌影响力不断提升

一批重点企业掌握部分节能环保关键技术,打造拥有自主知识产权的名牌产品和优势领域。金洋公司铅物料连续熔炼技术和装备达到国际领先水平;朗肯公司牵头制定了三联供空气源热泵行业标准;力帝公司是国内最具专业化的废钢处理设备研发生产企业;法利莱激光再制造设备产业化生产被列入国家再制造试点;华新公司在水泥窑协同处置城市生活垃圾、市政污泥、危废等方面具有独特技术优势。

(三)节能环保产业初具规模

湖北节能环保产业发力节能技术与装备、大气污染治理、循环经济等领域,多个产业带初具规模。在武汉东湖高新区,环保装备制造、水处理、大气治理技术等产业正抱团发展;黄冈、黄石依托钢铁工业走廊和建材工业,高效节能工业窑炉、节能建材产业产值全国第一;随州、襄阳着力推动节能和新能源企业、节能机电产业化,推进废旧铅酸蓄电池、废钢、废铝等再生资源循环利用产业发展。

(四)武汉智慧城市国际环保产业园项目启动

2017 年 7 月,武汉智慧城市国际环保产业园正式向武汉市发改委申请立项,该项目将为武汉建成超大型智慧环保城市,促进环保产业提档升级,为形成环保产业集群提供有力支持。产业园整体规划实施将秉持依托政府主导、借力企业先行的原则,加大湖北省国家重大环保科技成果集中转化力度,在未来三年内同步建设产业园总部核心区域以及异地选址建设环保产品生产加工区,使其成为“头在内、身在外”的环保产业规模化实体企业生产基地。

二、面临的形势

(一)产业仍将呈高增长态势

“十三五”末期,节能环保产业将培育为国民经济的支柱产业,全国节能环保产业将保持年均 15%左右的增长率,到 2020 年产值将超过 8 万亿元。随着国家强化产业扶持,宏观战略导向和环境保护力度的不断加大,节能环保产业具有广阔的发展空间和巨大的市场增量,将重点围绕水、气、土细分领域展开。碳市场全面启动,碳减排产业潜力巨大。

（二）产业结构将向装备制造和服务业并重升级

随着产业规模进一步扩张，节能环保装备制造业仍会占有很大比重，节能环保服务业所占比重将进一步增加，其发展速度高于节能环保产业的其他领域。在新的需求下，传统制造业产品向标准化、成套化、智能化方向发展，节能环保服务业将从单一环节服务逐步发展为一体化的综合节能环保服务业，有效提高行业集中度。

（三）业内整合并购和跨界整合引发产业格局变迁

目前，环保行业的整合并购趋势明显，集中在较成熟的水务和固体废弃物行业。非节能环保企业的跨界收购也大量涌现，达总资金规模的25%。中国石油化工集团公司、中国中铁四局集团有限公司等，通过资本、技术、工程和设备等途径纷纷进军节能环保产业。随着行业并购规模进一步扩大，业内兼并重组将形成行业龙头的相对垄断竞争格局，而跨行业重组则会带来产业链条的延伸。

十九大报告指出，要以"一带一路"建设为重点，坚持"引进来"和"走出去"并重，遵循共商共建共享原则，加强创新能力开放合作，形成陆海内外联动、东西双向互济的开放格局。面对节能环保市场的全球化发展，越来越多的节能环保企业调整发展战略，将目光投向国际市场。2017年，环保部等四部委联合发布了《关于推进绿色"一带一路"建设的指导意见》，为我国节能环保产业"走出去"提供了政策支撑。中材节能、桑德环境、北控水务等骨干节能环保企业，已获得了多个海外项目订单，开拓了多个国家市场，积累了丰富的建设运营经验。

第二节 存在的主要问题

一、整体竞争力不强

突出表现在"两小一低"。一是产业规模偏小。湖北省节能环保产业产值占全省工业总产值比例不足5%，该产值仅为江苏的四分之一，为浙江、山东的三分之一左右。二是企业规模偏小。大型企业（集团），特别是具有系统解决方案提供能力的企业还不多，仍以中小企业为主，集中度低，市场竞争力不强。三是技术水平偏低。掌握关键核心技术、从事高端设备制造的企业不多，大多属于一般加工制造企业，产品附加值较低。

二、产业关键技术缺乏

节能环保产业是技术密集型产业,湖北省节能环保产业目前却陷入了技术储备、技术力量不足的窘境。以企业为主体的节能环保技术创新体系不完善,技术开发投入严重不足,缺乏自主知识产权的技术支撑。欧美节能环保企业的科技投入一般占销售收入的15%~20%,而国内高新技术企业对环保的科研投入平均为2%,没有形成创新驱动的发展模式。企业的整体科研实力特别是基础研究领域长期滞后,一些核心技术尚未完全掌握,部分关键设备仍需要进口,部分已能自主生产的节能环保设备性能和效率有待提高。

三、行业融资能力不足

节能环保企业需要具备相应的资金实力和融资能力。目前行业内公司多采用自筹资金的方式,融资渠道较为狭窄、方式比较单一,尽管政府和金融机构已经出台了相关的绿色信贷业务,但是对于那些资信能力较低、较难提供抵押资产的小公司,融资压力普遍增大。所以,融资渠道和融资量在一定程度上限制了节能环保企业的发展。

四、扶持政策不够系统

一是在创新驱动方面,没有把节能环保产业关键技术和装备的研究开发作为省级科技计划的重点领域。二是在需求牵引方面,国家通过推广节能环保产品、实施节能环保重点工程来推动节能减排和扩大投资消费需求,但地方政府不能只推广使用本地产品,需求牵引政策难以精准发力。三是在投资促进方面,主要是申请国家资金扶持,省级没有设立节能环保产业发展专项资金,相关节能环保企业的产业化项目只能通过变换主题来申请有关部门的其他专项资金,影响了企业投资积极性,甚至导致墙内开花墙外香的局面。四是在政策引导方面,对一些新兴的服务模式,如合同能源管理、环境污染第三方治理等,政策不明确、法律规范不健全,影响了推广应用;在资源循环利用领域,废弃物回收利用增值税进项抵扣问题尚未得到解决。五是在组织协调方面,没有建立规范统一的统计体系,影响对产业发展形势的科学研判。部门之间协调配合还不够。

第三节　发展主要举措

“十三五”期间，为适应绿色发展、循环发展、低碳发展新需求，努力推进产品与技术高端化、企业总承包运营一体化、设备制造与环保节能服务融合发展，形成较为完善的节能环保产业链。

坚持引进与自主开发相结合、研发制造与拓展服务相结合的发展原则，做大做强节能环保产业，使之成为推动湖北省产业创新发展、转型升级的重要产业。

发展水污染治理关键技术和装备、大气污染治理关键技术和装备、固体废弃物处理关键技术和装备、废旧汽车拆分及废钢加工技术和装备、碳捕捉技术和设备、湖泊景观污水处理技术与装备等。重点在武汉、宜昌、襄阳、黄石、荆州、荆门等地布局环保装备制造产业。到2020年，实现节能环保产业规模达到5000亿元；到2025年，实现产业规模达到8000亿元。

一、重点发展高效节能、先进环保、资源循环利用等领域

重点发展高效节能、先进环保、资源循环利用等领域，推进绿色低碳从产品生产向装备和服务延伸、从外围向核心突破、从中低端向中高端迈进。

（一）高效节能

加快高效节能关键技术、核心材料和关键设备的研发和系统集成，推进节能技术装备升级换代和服务模式创新。积极培育提供咨询设计、工程施工、运营维护等综合节能专业服务的市场主体，大力推行合同能源管理，实施燃煤锅炉节能环保综合提升、余热余压余气综合利用、建筑节能改造等重大工程。推进化石能源近零消耗建筑技术产业化，大力推广应用节能门窗、绿色节能建材等产品。

（二）先进环保

集中突破废水、雾霾、土壤农药残留、水体及土壤重金属污染等领域污染防治关键共性技术，实施土壤修复、大气治理、水污染专项治理等工程。强化先进环保成套装备制造能力，推广先进环保技术装备在冶金、化工、建筑材料、食品制造等重点领域的应用。加快建立和完善第三方治理模式，大力推进污染集中治理的专业化、市场化、社会化运营，提升先进环保服务水平。

(三)资源循环利用

实施循环发展引领计划和循环经济重点工程,着力构建循环型产业体系。大力推动共伴生矿和尾矿及大宗工业固体废弃物综合利用,提升"城市矿产"开发利用水平,推动构建废弃物逆向物流交易平台,完善再生资源回收体系,积极开展新品种废弃物回收利用,发展再制造产业。加强农林废弃物及农林产品加工副产物资源化利用,推进废旧农膜、农药包装物、灌溉器材等回收利用。加快推进城市餐厨废弃物、建筑垃圾、园林废弃物、城镇污泥等城市低值废弃物资源化利用,鼓励利用现有大型新型干法水泥窑无害化协同处理固体废弃物。

二、强化技术研发协同化创新发展

鼓励企业围绕亟待解决的环境污染热点难点问题和不断提升的环保标准需求,以突破关键共性技术为目标,以行业关键共性技术为依托,以产业链为纽带,培育创建技术创新中心、产业技术创新联盟。引导企业沿产业链协同创新,推动形成协同创新共同体,实现精准研发,攻克一批污染治理关键核心技术装备以及材料药剂。加强应用推广平台建设,完善产业化机制,鼓励创新成果转化,推动装备与治理项目精准对接,加快在钢铁、有色金属、化工、建材等传统制造业绿色化改造中的应用。

三、推进生产智能化绿色化转型发展

探索推进非标产品模块化设计、标准化制造,推广物联网、机器人、自动化装备和信息化管理软件在生产过程中的应用,提高环保装备制造业智能制造和信息化管理水平,实现生产过程精益化管理。加大绿色设计、绿色工艺、绿色供应链在环保装备制造领域的应用,开展生产过程中能效、水效和污染物排放对标达标,创建绿色示范工厂,提高行业绿色制造的整体水平。

四、推动产品多元化品牌化提升发展

优化环保装备产品结构,拓展产品细分领域,逐步开发形成针对不同行业、具有自主知识产权的成套化、系列化产品,针对环境治理成本和运行效率,重点发展一批智能型、节能型先进高效环保装备,根据用户治理需求和运行环境,打造一批定制化产品。加强环保装备产品品牌建设,建立品牌培育管理体系,推动社会化质量检测服务,提高产品质量档次,提升自主品牌市场认可度,培育一批具有国际知名度的自

主品牌，提高品牌附加值和国际竞争力。

五、引导行业差异化集聚化融合发展

鼓励环保装备龙头企业向系统设计、设备制造、工程施工、调试维护、运营管理一体化的综合服务商发展，中小企业向产品专一化、研发精深化、服务特色化、业态新型化的“专、精、特、新”方向发展，形成一批由龙头企业引领、中小型企业配套、产业链协同发展的聚集区。引导环保装备制造与互联网、服务业融合发展，积极探索新模式、新业态，加快提升制造型企业服务能力和投融资能力。推进军民融合，促进军民两用装备在环境污染治理领域的应用推广。鼓励传统制造企业利用自身技术优势向环保装备制造业拓展，延伸产业链条的深度和广度。

六、鼓励企业国际化开放发展

鼓励环保装备企业加强合作，采取优势互补、强强联合形式，积极拓展国外市场，通过技术引进、合作研发、直接投资等方式参与海外环保工程建设和运营，引导环保装备制造业由以单机出口为主向提供成套设备与服务为主的国际设备总承包和工程总包转变。鼓励环保装备企业与基础设施建设企业联合，积极参与“一带一路”建设、国际产能合作中的环境基础设施建设项目。充分利用双边、多边合作机制和交流平台，加强与国外企业信息、技术和项目交流合作，推动环保技术装备专利、标准等国际互认，实现国际化对接。

第四节　发展建议

一、完善政策支持体系

节能环保产业的发展离不开产业政策的有力保护和积极支持。湖北省节能环保产业还比较弱小，发展不成熟，因此需要政府提供更多的政策支持。要注重规划引导，进一步完善政策支撑体系，加快节能环保产业发展步伐，尽快形成成熟、完整的政策体系。同时，对于节能环保企业，要通过实施财政补贴、减免税、低息贷款、折旧优惠和奖励制度等，进行政策扶持。

二、加强行业规范引导

按照环保装备制造业的细分领域，制定各细分领域的规范条件，发布符合规范条件的企业名单，引导生产要素向优势企业集中。进一步完善行业标准体系，引领产品标准化、系列化、通用化、成套化发展。构建行业经济运行监测体系，规范环保装备制造业有序发展。

三、加大财税金融支持力度，拓宽企业融资渠道

充分利用绿色制造、工业转型升级、节能减排、技术改造等现有资金渠道，发挥节能节水环保专用设备所得税优惠政策和首台(套)重大技术装备保险补偿机制，支持先进环保技术装备产业化示范和推广应用。积极推动绿色信贷、绿色债券、融资租赁、知识产权质押贷款、信用保险保单质押贷款等金融产品，加大对环保装备制造业的支持力度。鼓励社会资本按市场化原则设立产业基金，投资环保装备制造业。鼓励社会资金进入节能环保行业，可采用政府和社会合作的 PPP 等模式，拓宽社会资金参与的广度。与此同时，也要借助资本市场的力量，可以设立节能环保产业投资基金和债券，支持符合条件的节能环保企业上市融资，提高资本活跃度。

四、强化产业技术支撑，完善环境技术转化政策

鼓励企业与相关管理部门、科研单位和高校等机构合作，建立产业联盟以及政产学研联盟，实现产学研一体化。充分发挥政府专项资金的作用，增加科研经费，增大对关键技术、成套装备攻关力度。开展节能环保技术评价—筛选—验证制度，建立环境新技术、新产品示范转化推广应用机制，加快环保技术的产业化进程。

五、加强人才队伍建设

围绕环保装备制造业发展需要，建立和完善多元化人才培训体系，加强具有创新精神的专业技术人才和具有工匠精神的高技能人才队伍建设，加强“走出去”人才的储备和培养，为行业发展提供多层次创新人才保障。

专 题 篇

第十五章　智能制造试点示范

第十六章　制造业创新中心

第十七章　工业强基

第十八章　服务型制造

第十九章　智能化技改

第二十章　制造业国际化

第十五章　智能制造试点示范

当前,《中国制造 2025》进入全面部署、深入推进的新阶段,随着智能制造工程、智能制造试点示范、智能制造专项等工作的开展,国家、地方、行业和企业对智能制造的认识不断深入,对推进智能制造的积极性不断高涨,并在一些点、线、面上取得突破,取得了很好的成效。推进智能制造发展,可有效缩短产品研制周期、提高生产效率、提升产品质量、降低资源能源消耗,对深化制造业供给侧结构性改革,加快我国制造业转型升级和“互联网＋”融合发展,培育制造业竞争优势,建设制造强国具有重要意义。

智能制造已成为当今全球制造业发展趋势。实现“数字化、网络化、智能化”制造,是制造业发展的新趋势,也是新一轮科技革命和产业变革的核心所在。加快发展智能制造,是培育湖北省经济增长新动能的必由之路,是抢占未来经济和科技发展制高点的战略选择,对于推动湖北省制造业供给侧结构性改革,打造湖北省制造业竞争新优势,实现制造强省具有重要战略意义。近年来,湖北省智能制造试点示范在多方面取得了重要进展。

第一节　目标要求

一、基本原则

(一)坚持统筹推进、协同共享

加强顶层设计、规划布局、共建共享等方面的统筹谋划,促进系统互通、信息共享和业务协同,加快制定各类标准规范,确保技术标准和管理服务规范统一。坚持互利共赢,扩大对外开放,加强在标准制定、人才培养、知识产权保护等方面的国际交流合作。促进社会大合作、系统大集成、数据大开放、业务大协同,防止重复建设、信息孤岛和业务分割。

(二)坚持分类指导、有序推进

立足省情,准确把握智能制造的发展规律,因势利导,引导行业循序渐进推进智能化。针对不同地区、行业、企业发展基础、阶段和水平差异,形成科学循序、重点突出、灵活精准的分类工作体系。加强分类施策、分层指导,加快推动传统行业改造、重点领域升级。

(三)坚持市场主导、政府引导

发挥市场在资源配置中的决定性作用,调动市场主体投资积极性,以需求为导向,激发企业推进智能制造的内生动力。同时加强政府引导支持,开展试点示范和绩效考核,营造环境,创造条件,形成市场主导、政府引导、社会资本广泛参与的发展新模式。

(四)坚持创新驱动、智能转型

建立健全创新体系,推进产学研用协同创新,激发企业创新创业活力,加强智能制造技术、装备与模式的创新突破。以改革创新释放发展红利,大力促进技术创新、管理创新、商业模式创新和投融资机制创新,大力发展新业态、新模式,培育壮大信息经济,引领智能制造转型升级,提高经济发展质量和效益。

二、主要目标

(一)形成一批有效的智能制造经验和模式

选择 100 家骨干企业,围绕离散型智能制造、流程型智能制造、网络协同制造、大批量定制、远程运维服务、工业云平台、众包众创等方面,实施智能制造新模式试点示范项目。

(二)推广一批形成的智能制造经验和新模式

遴选确定 20 家在实施智能制造成效突出的标杆企业,围绕设计、研发、生产、物流、服务等全生命周期,在相关行业形成关键领域智能制造标准,不断形成并推广智能制造新模式。

(三)进一步提升智能制造关键技术装备应用水平

进一步提升高档数控机床与工业机器人、增材制造装备、智能传感与控制装备、智能检测与装配装备、智能物流与仓储装备五大智能制造关键技术装备应用水平，在智能制造关键领域形成20项综合标准。

（四）促进智能制造试点示范项目作用的有效发挥

智能车间/工厂试点示范项目通过2～3年持续提升，实现重点行业装备数控化率70%，运营成本降低20%，产品研制周期缩短20%，生产效率提高20%，产品不良品率降低10%，能源利用率提高10%。

第二节　主要进展

一、加强顶层设计，制定智能制造试点示范工程实施方案

2017年2月，湖北省制造强省建设领导小组根据湖北制造业发展特点，进一步加强智能制造试点示范顶层设计，组织编制了《湖北省智能制造试点示范工程实施方案》(2016—2020年)。2018年4月，湖北省经济和信息化委员会为贯彻落实《中国制造2025》总体部署，按照《工业和信息化部办公厅关于开展2018年智能制造试点示范项目推荐的通知》要求，组织编制了《湖北省智能制造试点示范项目实施方案(2018版)》，进一步明确了湖北智能制造试点示范的总体要求、重点任务以及实施的保障措施。

二、制定智能制造试点示范工程保障措施

（一）加强统筹协调

加强领导，加强省直部门联动，有效推进智能制造试点示范的组织实施和协调。加强与各地主管部门、行业协会的联动，协同推进智能制造试点示范工作。加强与国家、省其他重点工程、科技计划的衔接。加大系统解决方案供应商培育力度，推动组建智能制造产业联盟。

（二）加强政策支持

充分利用国家工业转型升级资金、省级股权投资引导基金、长江经济带产业基金等现有渠道，加大对试点示范的支持力度。加强资源共享，开展协同创新，合力消

除智能制造企业的成本障碍、标准障碍和技术障碍,推动湖北智能制造产业发展。

落实智能制造发展的税收优惠政策。鼓励建立按照市场化方式运作的各类智能制造发展基金,加强政府、企业和金融机构的对接,引导金融机构创新产品和服务。

(三) 加强支持引导

对通过公示确认为“湖北省智能制造试点示范项目”的项目,发文予以公布,优先推荐参加国家、省智能制造领域项目遴选;对试点示范项目主要承担单位授予“湖北省智能制造示范单位”牌匾。加强对试点示范项目的指导,并结合本地实际给予资金、要素保障等鼓励支持。智能制造试点示范项目和单位实行动态调整,不能保持达到《智能制造试点示范项目要素条件》要求的,将予以剔除。

(四) 深化国际合作

加强智能制造合作平台建设,优化外资利用结构。搭建外贸外经企业高层对接平台,推进跨境电子商务综合服务平台建设,促进企业及行业组织间开展智能制造技术交流与合作,进一步增强湖北智能制造企业技术实力,加强产业招商指导,在推进产业演进升级中有序承接产业转移,建设智能制造示范工厂。

(五) 加快多层次人才培养

充分利用现有技能人才培养平台,加快建立完善管理人才、高级技术人才、技能人才等制造业人才培养体系,提升企业素质。探索多元化的校企联合培养模式,完善技能人才实训基地建设,提高人才应用能力,培养职业“工匠”人才。

三、编制湖北智能制造“十三五”规划

装备制造业是湖北省重要支柱和优势产业,加快建设制造强省,“智造”是主攻方向。湖北省经济和信息化委员会发布的《湖北省智能制造装备“十三五”发展规划》(以下简称《规划》)提出,到2020年,湖北省智能制造装备产值力争达到2000亿元,加速建成国家级智能制造装备产业基地。

根据《规划》,湖北省将以高档数控机床及系统、机器人、智能光电子装备、智能增材制造(3D打印)装备、智能交通运输装备、智能医疗装备和智能制造核心基础设备等七大领域为重点,开展核心技术攻关,培育40家年收入过10亿元的骨干企业和50家集成能力强、辐射带动力大的工程技术服务公司参与全球智能制造的竞争与合作。《规划》提出,依托多层次技术创新体系,在机制改革、环境创新和人才高地等方面发力,力争到“十三五”末,全省智能制造装备主营业务收入达到2000亿元,年均递

增19%，建成在全国具有重要影响的智能制造装备产业基地。资料显示，“十二五”末，全省智能制造装备实现收入850亿元，综合实力居全国第8位。

四、发布《中国制造2025湖北行动纲要》“1+X”相关规划

2017年3月，湖北省制造强省建设领导小组印发了《〈中国制造2025湖北行动纲要〉“1+X”配套行动计划或实施方案的通知》，集中发布了《湖北省智能制造试点示范工程实施方案》等8个计划和方案，此前省政府及省政府办公厅，省经济和信息化委员会先后出台7个意见或规划，涵盖促进工业转型升级、航空产业、北斗卫星导航应用产业、节能环保产业、智能装备产业、新能源汽车及专用汽车产业、轨道交通装备产业。

至此，湖北省政府印发《中国制造2025湖北行动纲要》一年多后，湖北省以《中国制造2025湖北行动纲要》为主的“1+16”规划政策体系框架基本形成。这一规划体系将进一步加强政府对制造业发展的政策引导，凝聚行业共识，汇集社会资源，围绕重点、破解难点，着力突破制造业发展的瓶颈短板，抢占未来竞争制高点，加快实现湖北从制造大省向制造强省的跨越转型。

《湖北省智能制造试点示范工程实施方案》提出，选择100家骨干企业，实施智能制造新模式试点示范项目。在智能制造关键领域形成20项综合标准。试点示范项目实施后实现运营成本降低20%，产品研制周期缩短20%，生产效率提高20%，产品不良品率降低10%，能源利用率提高10%。

五、认定2017年湖北省智能制造试点示范名单

2017年6月，湖北省经济和信息化委员会为落实《中国制造2025》总体部署，按照《省经信委关于开展2017年湖北省智能制造试点示范项目推荐工作的通知》精神，经各市州推荐、专家评审、社会公示等程序，认定“中药软膏智能制造”等36个项目为2017年“湖北省智能制造试点示范项目”，马应龙药业集团股份有限公司等36家主要承担项目单位为“湖北省智能制造示范单位”。

要求各市州、各示范单位在总结智能制造试点示范工作经验基础上，深入推进智能制造试点示范工作，更好地发挥试点示范的辐射带动作用。要进一步扩大行业和区域覆盖面，启动传统制造业智能化改造，开展离散型智能制造、流程型智能制造、网络协同制造等智能制造新模式的试点示范。继续注重智能化持续增长、关键技术装备安全可控、基础与环境培育，加快智能制造在制造业各领域全面推广，奋力实现湖北省从“装备大省”向“装备强省”转变。

六、承办中国(武汉)智能制造2025峰会

2017年7月,中国(武汉)智能制造2025峰会在湖北武汉召开。会议由工业和信息化部电子信息司、信息化和软件服务业司指导,机械工业信息中心主办,全国智能制造发展联盟、湖北省机械行业联合会承办,长飞光纤光缆股份有限公司、武汉华中数控股份有限公司、上海明匠智能系统有限公司、江苏天泽信息产业股份有限公司、四川长虹电器股份有限公司、湖北武铁山桥轨道装备有限公司、华为技术有限公司、格力电器(武汉)有限公司协办。来自政府、协会、大学、科研、制造、技术服务等领域共200余人参加了此次会议。

中国(武汉)智能制造2025峰会按照《中国制造2025》提出的"以推进智能制造为主攻方向"和《关于积极推进"互联网+"行动的指导意见》指出的"提升制造业数字化、网络化、智能化水平"的整体部署,推广普及智能工厂,促进提升制造业产品、装备及生产、管理、服务的智能化水平。同时,积极探索互联网与制造业融合发展路线图及云制造、众包、众创、众扶、众筹等基于互联网的新型制造模式和新业态,拓展讨论互联网在制造业领域的新应用,积极推进两化深度融合。

七、组织申报2018年国家智能制造试点示范项目

2018年4月,湖北省经济和信息化委员会为贯彻落实《中国制造2025》总体部署,按照《工业和信息化部办公厅关于开展2018年智能制造试点示范项目推荐的通知》要求,组织湖北省有关企业申报2018年国家智能制造试点示范项目。

八、推进智能制造试点示范项目建设

智能制造是新一轮工业革命的核心,是实施"中国制造2025"战略和制造业转型升级的主攻方向。湖北省经济和信息化委员会为了加快实施"智能制造试点示范工程",开展了湖北省智能制造试点示范项目推荐工作。按照工业和信息化部部署和《中国制造2025湖北行动方案》要求,积极开展制造业智能制造试点示范和智能制造专项工作,强劲助推全省智能制造的发展和应用。

工业和信息化部公布的2018年智能制造试点示范项目名单中,全国共99个项目入围,覆盖38个行业、25个省区市。其中,湖北省12个项目入围,数量居全国第一。

全省装备制造业加快实施《中国制造2025湖北行动纲要》,以智能制造试点示范

为重要抓手，加快培育智能制造创新载体，促进智能制造成为引领全省由装备制造大省向装备制造强省转变的新动能。

一是传统装备制造企业智能化升级步伐加快。长飞光纤光缆股份有限公司、美的集团武汉制冷设备有限公司、武汉船用机械有限责任公司、劲牌有限公司等50家企业成为国家和省级智能制造试点示范企业，1100家企业实施智能化改造。其中，武汉奋进智能机器公司瞄准白酒酿造传统行业人力成本高、劳动强度大、劳动环境差的特点，遵循传统工艺，研发的上甑机器人已经全面应用于浓香型、酱香型、清香型白酒智能化酿造。

二是3D打印装备发展迈入快车道。华中科技大学研发的“智能微铸锻”金属增材制造技术，打破了增材制造行业的最大障碍，改变了长期由西方引领的“铸锻铣分离”的传统制造历史。武汉华科三维科技有限公司形成了年产近100台大型工业级增材制造装备的能力，目前已累计销售500多套工业3D装备及其耗材，并出口英国、新加坡、俄罗斯、巴西等国。

三是智能制造装备及系统解决方案供应商全国领先。工业和信息化部首批23家智能制造系统解决方案供应商名单中，中部地区有3家上榜，湖北三丰智能输送装备股份有限公司和武汉华中数控股份有限公司位列其中。

在积极争取国家政策支持的基础上，为广泛动员更多制造业企业进行智能制造转型升级，湖北省一年两次组织开展了省级智能制造试点示范申报工作。下一步，将全力支持和推进智能制造试点示范项目建设，通过智能制造试点示范逐渐发展为行业应用解决方案，提升为共性技术和共性标准，促进湖北省智能制造产业发展走在全国前列。

九、承办第二届中国（武汉）智能制造大会

2018年6月，为深入落实“中国制造2025”的战略部署，探索制造业智能制造新模式，推动产业智能转型，强化信息技术产业支撑能力，完善信息安全保障措施，推进信息化和工业化的深度融合，实现制造业质量变革、效率变革和动力变革，在工业和信息化部电子信息司的指导下，由机械工业信息中心主办，全国智能制造发展联盟、湖北省机械行业联合会共同承办的第二届中国（武汉）智能制造大会在武汉举办。

会议谈到，在湖北省委省政府和有关部门的坚强领导下，以智能制造引领产业转型升级，加快推进制造强省建设，积极开展智能制造试点示范的工作，取得了可喜成就。目前，湖北省已初步形成以高档数控机床、工业机器人、智能专用装备、关键基础零部件等特色鲜明的智能制造装备体系，部分产品在细分领域处于国内领先地位；以加快应用智能制造装备为特征的传统制造业智能化转型和以智能制造服务业

为代表的新型智能制造业也在湖北省蓬勃兴起。湖北省智能制造产业整体实力得到了极大的提升,在全国的排名逐步上升,2017年,全省智能制造装备产业居全国第8位。与此同时,全省智能制造装备产业整体规模偏小、整体创新能力不强、系统集成水平偏弱、推广应用力度不够等问题依然存在,与其他智能制造大省之间差距明显。

第三节 面临的主要问题

目前湖北省制造业尚处于机械化、电气化、自动化、数字化并存,不同地区、不同行业、不同企业发展不平衡的阶段,尚未形成较完善的智能制造生态环境,在智能制造软件、装备供给能力、支撑服务平台、中小企业智能制造推进、人才培养等方面亟待完善。发展智能制造面临关键技术装备受制于人、标准/软件/网络/信息安全基础薄弱、新模式推广刚刚起步、智能化集成应用缓慢等突出问题,存在的问题主要表现在以下四个方面。

一、工业软件支撑智能制造发展能力不足

工业软件是制造业实现数字化、网络化、智能化的核心要素,工业软件在各个发达国家实施智能制造的战略中均占据着重要位置。湖北省工业软件企业与国外企业存在很大差距,市场话语权有限,支撑智能制造发展的能力严重不足。

二、企业智能化改造推进速度慢

湖北省多数企业受到技术、人才、资金等的制约,智能制造参与程度很低。全省智能制造装备关键核心技术创新能力和高技术转化能力较薄弱,协同创新氛围不浓,产学研合作缺乏系统性和持久性,“重模仿、轻创新,重引进、轻开发”现象普遍,拥有自主知识产权和核心技术的产品少,关键技术及核心部件受制于国外。

三、智能制造装备供给能力有待提升

湖北省高档数控机床在高速、高精、多轴联动控制、多通道复合加工、网络通信、智能检测等技术方面与国际先进水平比较存在一定差距,生产制造过程所需装备很多需要依赖进口,智能制造装备供给能力有待提升。

四、智能制造人才供应存在短板

智能制造对高端专业技术人才和高技能人才需求量较大，但目前湖北省智能制造人才培养体系尚未建立，人才储备不足，人才缺口较大。具有智能制造基础的高级技工缺乏，具备操控关键设备技能的一线人员不足，企业陷入用工困局。

第四节　下一步推进的思路和发展重点

一、推进的思路

当前，湖北智能制造仍处在起步阶段，补短板工作任重道远，对此，应立足省情、统筹规划、分类施策、分步实施，以企业为主体、市场为导向、项目应用为切入点，持续推进全省智能制造试点示范。进一步扩大行业和区域覆盖面，全面启动传统制造业智能化改造，开展离散型智能制造、流程型智能制造等智能制造新模式的试点示范，继续注重发挥企业积极性、注重智能化持续增长、注重关键技术装备安全可控、注重基础与环境培育，逐步探索与实践有效的经验和模式，使之不断丰富成熟后在制造业各领域全面推广。

主动把握“互联网＋”时代的变革机遇和融合趋势，牢固树立创新、协调、绿色、开放、共享的发展理念，以深入推进供给侧结构性改革为主线，以构建跨界融合的新型制造业体系为目标，以实施融合发展重点工程为着力点，加快构建制造业与互联网融合平台，深入发展网络制造新模式，提升深度融合发展支撑能力，激发制造企业创新活力、发展潜力和转型动力。着力研发新产品新技术，打造竞争新优势；着力推动产业转型升级，集聚发展新动能；着力培育新业态新模式，发展壮大新经济，加快湖北由制造大省向制造强省转变。具体推进思路如下。

（一）完善智能制造试点示范项目评选方案

根据《智能制造发展规划（2016—2020 年）》和《智能制造工程实施指南（2016—2020 年）》的要求，重点围绕五种智能制造模式，鼓励新技术集成应用，开展智能制造试点示范。做好项目遴选工作，制订《2018 年智能制造试点示范项目要素条件》。

(二) 多批次遴选年度智能制造试点示范项目

采取边试点示范、边总结经验、边推广应用的方式,启动当年智能制造试点示范项目评选工作,组织试点示范项目推荐活动。按照政府引导、企业自愿原则,各地优先推荐基础条件好、成长性强、符合两化融合管理体系标准要求、开展多种模式试点示范的项目。按照省级试点示范项目的要素条件和遴选标准,公平、公正地进行评审并向社会公示评审结果。

(三) 总结和推广智能制造经验

组织召开全省智能制造试点示范经验交流会议;组织开展轻工、装备、电子、民爆行业典型案例经验交流与模式推广;编制完成智能制造试点示范项目经验交流材料汇编;组织智能制造试点示范项目集中展示,支持试点示范项目参加中国国际工业博览会等,集中展示智能制造试点示范项目取得的成果。

(四) 开展重点领域试点示范

对焦国家高档数控机床重大科技专项、智能制造专项、首台(套)重大技术装备保险补偿等,聚焦汽车、机械、航空、电子、船舶等重点领域,分类实施流程制造、离散制造试点示范。

(五) 支持智能制造示范基地建设

支持创建国家级智能制造示范基地、国家新型工业化示范基地,规划一批产业配套完善、龙头企业主导、创新能力突出、辐射带动较强的省级示范基地。实施两化融合试点示范。建立覆盖区域、行业和企业多层次的两化融合试点示范体系,分行业、分领域树立一批贯标示范标杆企业,通过试点示范带动企业两化融合整体水平的提高。

(六) 建立两化融合培训制度

以湖北两化融合管理体系培训班为载体,集聚高等院校、行业协会和重点企业的培训资源,对市州经信委系统和企业不同层面人员进行集中培训。尽快形成技术、生态、人才、市场的有机统一,推动实现以数字化、网络化、智能化改造提升传统制造业,以技术进步推动产业高效发展、绿色发展。

(七) 开展两化融合评估对标引导和经验推广

依托中国两化融合服务平台,周期性开展企业自评估、自诊断、自对标,进行全省两化融合现状识别、效益分析、问题诊断、趋势预测。加强两化融合管理体系实施与推广，总结提炼贯标成果和经验，推动管理体系工作由试点推广向全面普及转变。

二、发展重点

根据《智能制造发展规划（2016—2020年）》和《智能制造工程实施指南（2016—2020年）》的要求，重点围绕五种智能制造模式，鼓励新技术集成应用，开展智能制造试点示范。

（一）离散型智能制造试点示范

在离散制造典型应用的机械、汽车、航空、船舶、轻工、医疗器械、电子信息等领域，开展智能车间/工厂的集成创新与应用示范，实现企业设计、工艺、制造、管理、物流等环节的产品全生命周期闭环动态优化，推进企业数字化设计、装备智能化升级、工艺流程优化、精益生产、可视化管理、质量控制与追溯、智能物流等方面的快速提升。

（二）流程型智能制造试点示范

在流程制造典型应用的石化化工、冶金、建材、纺织、民爆、食品、医药等领域，开展智能工厂的集成创新与应用示范，实现生产过程动态优化、制造和管理信息的全程可视化，提升企业在资源配置、工艺优化、过程控制、产业链管理、节能减排及安全生产等方面的智能化水平。

（三）网络协同制造试点示范

在机械、汽车、航空、船舶、家电、集成电路、信息通信产品等领域，利用工业互联网等网络技术，优化网络化制造资源协同平台，集成企业间研发系统、信息系统、运营管理系统，促进企业间、部门间创新资源、生产能力和服务能力高度集成以及生产制造与服务运维信息高度共享，提高资源和服务的动态分析与柔性配置水平。

（四）大规模个性化定制试点示范

在石化、冶金、建材、汽车、纺织、家电、家居产品等领域，利用工业云计算、工业大数据、工业互联网标志解析等技术，实现模块化设计方法、个性化定制平台、个性化产品数据库的不断优化，形成完善的基于数据驱动的企业研发、设计、生产、营销、供应链管理和服务体系，提升快速、低成本满足用户个性化需求的能力。

(五)远程运维服务试点示范

在石化、冶金、建材、机械、船舶、轻工、家居、医疗设备、信息通信产品等领域,集成应用工业大数据分析、智能化软件、工业互联网联网、工业互联网 IPv6 地址等技术,建立智能装备/产品远程运维服务平台,能够对装备/产品上传数据进行有效筛选、梳理、存储与管理,并通过数据挖掘、分析,向用户提供日常运行维护、在线检测、预测性维护、故障预警、诊断与修复、运行优化、远程升级等服务。建立信息安全管理制度,具备信息安全防护能力。通过持续改进,建立高效、安全的智能服务系统,提供的服务能够与产品形成实时、有效互动,大幅度提升嵌入式系统、移动互联网、大数据分析、智能决策支持系统的集成应用水平。

第十六章　制造业创新中心

创新是经济发展的第一动力，更是发展高水平实体经济的第一动力。要以创新加快推动“中国制造”向“中国智造”转型。习近平总书记在视察徐工集团时指出，发展实体经济，就一定要把制造业搞好，当前特别要抓好创新驱动，掌握和运用好关键技术。在这一思想的指导下，要以制造业创新中心为重要节点，打造高效立体的开放性创新网络，作为制造业强国和网络强国建设的重要支撑。

制造业创新中心的使命不仅仅是进行技术创新，更重要的是通过技术创新、模式创新、体制创新、业态创新，将技术研发成果切实转化为先进生产力，加速实现中国制造转型升级，加快中国制造向全球价值链中高端迈进。

在制造业创新中心工程写入《中国制造 2025》、中央“十三五”规划建议和国家“十三五”规划纲要的同时，制造业创新中心工程也是《中国制造 2025 湖北行动纲要》的核心任务。近年来，湖北制造业创新中心建设工程在多方面取得了重要进展。

第一节　目标要求

一、基本原则

紧紧围绕“四个全面”战略布局，牢固树立“创新、协调、绿色、开放、共享”发展理念，顺应“互联网＋”的发展趋势，以加快新一代信息技术与制造业的深度融合发展为主线，以推进智能制造为主攻方向，突出改革激活力、创新强动力、结构谋转型、绿色促发展，突出问题导向，强化工业基础，注重集成应用，提升制造水平，全面拓展湖北制造业发展新空间，培育发展新动能，构建产业新体系，增强核心竞争力，加快实现从制造大省向制造强省的战略转型和跨越。

（一）顶层设计，优化布局

以提升湖北省产业创新能力为主线，加强顶层设计和系统布局，突出重大需求和问题导向，明晰关键共性技术创新方向和产业平台培育方向，着重加强在新兴产业领域的布局。

(二) 企业主体，市场主导

建立健全以企业为主体的创新体系，使企业成为技术创新的决策主体、研发投入主体、科研组织和成果转化中的主体；强化市场需求侧政策引导，加快推进新产品、新服务的应用示范，将潜在需求转化为现实供给，以消费升级带动产业升级。

(三) 集聚资源，重点突破

发挥产学研协同创新效应，将创新贯穿产业发展的全过程，引导创新资源、公共服务平台、重点企业等集中布局，选择基础条件好、发展潜力大、具备比较优势的重点产业领域和优势产业的关键环节作为突破口，集中力量实现率先发展。

(四) 创新机制，规范运行

推动管理机制、体制和制度创新，强化公共服务、监管评估等责任，进一步创新管理方式。统筹规范产业平台建设，激励原创突破和成果转化，形成充满活力的管理和运行机制，为创新发展提供持续动力。

二、主要目标

创新是制造业发展的重要引擎，是供给侧结构性改革的重要内容，是湖北建设制造强省的最大优势和潜力。湖北是科教大省，完全有能力并行跟进新一轮科技革命和产业变革，实现制造业的转型升级和创新发展。围绕《中国制造 2025 湖北行动纲要》提出的新一代信息技术产业、智能装备、新能源汽车及专用汽车、生物医药和高端医疗器械、新材料、海洋工程装备与高技术船舶、航空航天装备、北斗卫星导航、轨道交通装备、节能环保装备和资源循环利用等十大重点领域，兼顾各地特色产业、支柱产业发展，加快构建以创新中心为核心节点的多层次、网络化的制造业创新体系，将湖北省打造成为全国制造业创新体系中区域领先、全国一流的制造业创新中心。

(一) 创新投入进一步提高

到 2020 年，全省产业创新投入强度进一步增强，全省 R&D 支出达到 1000 亿元左右，全省 R&D 支出占全省 GDP 的比重和规模以上工业企业研发投入达到全国平均水平，政府支持产业创新能力提升的投入力度继续加大。

（二）创新产出持续增加

到 2020 年，全省产业创新产出显著增加，战略性新兴产业增加值在全省 GDP 中的比重持续增加，超过全国平均水平，达到 17%左右；发明专利拥有量明显提升，达到每万人 10 件左右；创新成果转化效率明显提升，创新成果对产业的贡献能力进一步凸显。

（三）创新基础设施建设布局更加合理

到 2020 年，全省产业创新平台布局进一步优化，建成一批分布重点领域的产业创新中心、工程研究中心、企业技术中心等多层次技术创新平台，布局总量和运行效率都得到明显提升，创新平台对产业创新能力的支撑作用得到明显增强。

（四）创新主体发展能力明显提升

到 2020 年，以企业为主体的技术创新体系建设取得积极进展，全省大中型企业普遍建立研发机构，创新主体的各类创新能力指标得到明显改善，成长起一批领先的创新型企业、品牌和标准。产业创新人才进一步集聚，人才创新活力充分激发。

第二节　主要进展

一、加强顶层设计，制定制造业创新中心建设工程实施方案

创新是制造业发展的重要引擎，是供给侧结构性改革的重要内容，是湖北建设制造强省的最大优势和潜力。但目前湖北省制造业创新发展还面临很多难题，中高端科技成果转化率不高，缺乏具有核心竞争力的企业和产品等。2015 年 12 月，湖北省人民政府印发了《中国制造 2025 湖北行动纲要》；2017 年 2 月，湖北省制造强省建设领导小组根据湖北制造业发展特点，为深入推进《中国制造 2025 湖北行动纲要》规划制造业创新中心建设工程，提出大力实施创新驱动发展战略，加快建设区域制造业创新体系，加大核心关键共性技术研发，推动科技成果转化和产业化，积极推进由企业牵头、产业目标明确、产学研结合的协同创新联盟建设，组织编制了《湖北省制造业创新中心建设工程行动方案》，进一步明确了湖北制造业创新中心建设工程的总体要求、重点任务以及组织保障措施。

二、制定制造业创新中心建设工程保障措施

(一)加强统筹协调

充分发挥湖北省企业技术中心建设部门协调机制作用,做好推动产业创新能力提升工程实施的具体工作,加强统筹协调,加强调查研究,促进信息沟通,指导推动各地工作。建立规划实施目标责任制,将产业创新能力规划确定的发展目标、主要任务分解到各地、各部门,明确责任主体、实施进度要求,形成多层次推动产业创新能力建设的工作格局。

(二)优化创新投入

充分利用现有资金渠道,加大对创新平台等建设项目的支持。发挥现有财政专项资金和股权投资引导基金、创业投资引导基金的牵引作用和撬动作用,通过市场机制引导社会资本和金融资本支持产业创新能力建设,重点支持战略性新兴产业发展的重要环节、关键技术、示范工程以及创新平台建设。大力发展天使投资、创投基金、风险投资,鼓励引导社会资本投资早期创业创新实践,对投资早期创业创新企业的基金给予一定的让利和政策激励。大力发展科技金融,鼓励商业银行提高对创新型企业的贷款额度,提供科技融资担保、知识产权质押、股权质押、债权融资、信用担保、银保联动等金融服务。

(三)凝聚优秀人才

建立健全人才激励机制,提高高校、院所科研人员在科技成果转化中的收益比例。创新人才评价机制,加快职称制度和职业资格制度改革,实行科研人员分类评价制度,建立科学的人才评价体系。根据全省重点产业和战略性新兴产业发展需要,引进一批与湖北省产业、企业发展需求紧密对接的海内外高端人才、拔尖人才和紧缺人才。支持国内外高层次人才团队携科技成果来鄂创业创新,对创办企业的落地团队可运用引导基金参股支持。创新技术技能人才教育培训模式,深化校企协同育人,促进企业和职业院校成为技术技能人才培养的“双主体”。

(四)完善知识产权保护

健全知识产权维权援助体系,设立知识产权维权援助工作站,加强对小微企业、科技人员知识产权维权服务工作,营造有利于自主创新的环境。完善专利审查协作机制,继续深化专利审查业务国际合作,拓展“专利审查高速路”国际合作网络。推

行企业知识产权管理国家标准，在生产经营、科技创新中加强知识产权全过程管理。鼓励和支持大型企业开展知识产权评议工作，在重点领域合作中开展知识产权评估、收购、运营、风险预警与应对。切实增强企业知识产权意识，支持企业加大知识产权投入，提高竞争力，培育知识产权优势企业。

（五）推动开放合作

围绕湖北省产业创新能力发展需求，在新一代信息技术、高端装备制造、生物、新材料、绿色低碳、数字创意、现代农业等领域建设若干国际联合研究中心、国际技术转移中心、示范型国际科技合作基地和国际创新园。吸引海外知名高校、研发机构、跨国公司到湖北省设立全球性或区域性研发中心，引导湖北省企业与研发中心开展深度开放合作。深化科技人才国际合作交流，面向全球扶持一批高层次科技人才团队携带成果在湖北省创新创业，依托高层次人才信息、技术优势，引进一批国际先进技术和研发资源在湖北省布局。支持湖北省有条件的企业引进或并购境外企业和研发机构，鼓励企业到境外建立研发机构，主动参与全球产业协作和研发分工。

三、召开信息光电子制造业创新中心建设方案研讨会

2017 年 7 月，为加快推进国家《中国制造 2025》提出的制造业创新中心建设工程，争创湖北省首个国家级制造业创新中心，湖北省经济和信息化委员会和武汉邮科院共同主办的信息光电子制造业创新中心建设方案研讨会在中国工程院召开。中国工程院 11 位院士及清华大学、北京大学、中国移动、中国电信等单位的 12 位专家参会并对创建方案进行研讨。武汉市相关领导，湖北省经济和信息化委员会领导、湖北省无线电管理委员会办公室领导参会并致辞。工业和信息化部科技司领导出席会议并作重要讲话。

会议指出，湖北工业基础雄厚，综合配套能力较强，但还存在大而不强、创新投入不足、结构调整转型升级缓慢等深层矛盾和问题；要突破瓶颈、解决这些问题，根本出路在于创新，关键是要靠科技力量。湖北省主动对接《中国制造 2025》，加快推进《中国制造 2025》提出的制造业创新中心建设工程，旨在充分发挥湖北科教资源富集、人才红利涌现和特色产业集群发展的优势，加快构建区域制造业创新体系，打造全国制造业创新体系中区域领先、全国一流的制造业创新中心，以创新引领新一轮产业布局调整，加快湖北省从制造大省向制造强省跨越转型。武汉邮科院旗下武汉光迅科技股份有限公司依托其产业规模和创新能力在行业内的领先优势，牵头创建国家信息光电子制造业创新中心，将全力肩负起助推信息技术强国的历史使命，着力突破核心光电子芯片及高端器件严重缺失等制约我国新一代信息技术产业发展

关键瓶颈问题。

会议强调，新一代信息光电子产业是世界各国竞相发展的战略性高技术产业，是工业和信息化部确定的22个国家制造业创新中心建设领域总体布局之一。创建国家制造业创新中心应比照工业和信息化部印发的《省级制造业创新中心升级为国家制造业创新中心条件》通知要求，吸纳行业领先的共建单位，精确定位工作目标，营造良好的发展环境。国家级的制造业创新中心应当具备唯一性、代表性、开放性和支撑性，创建的难点在体制机制创新，重点在引进创新人才、集聚创新资源开展协同创新，发力点在突破产业链上下游关键共性技术。

2017年10月，工业和信息化部在北京组织召开国家信息光电子制造业创新中心建设方案专家论证会。与会专家听取了武汉光谷信息光电子创新中心有限公司关于信息光电子创新中心建设方案的汇报，就创新中心的功能定位、运行机制和建设目标等进行了深入讨论，一致同意通过信息光电子国家制造业创新中心建设方案。

10月31日，工业和信息化部正式批复同意组建国家信息光电子创新中心，该中心成为全国第二批国家制造业创新中心(3个)之一，实现了湖北省国家制造业创新中心零的突破。同时，指导海洋工程装备制造业创新中心完善方案，对标建设；指导高端数控装备制造业创新中心及时将瞄准领域调整为数字化设计与制造方向，大力推动其与清华大学及重点领域骨干企业的交流合作，加快整合行业资源，完善创建方案，做实企业主体，探索市场化运行机制和可持续发展模式，冲刺第三批国家制造业创新中心。

四、召开数字化设计与制造创新中心建设方案专家研讨会

2018年5月，由湖北省经济和信息化委员会主办的数字化设计与制造创新中心(以下简称“创新中心”)建设方案专家研讨会在中国工程院召开。中国工程院院长主持研讨会，相关领域的15位专家出席了会议，并就创新中心建设方案展开积极论证。

会议指出，自2016年获批湖北省制造业创新中心以来，数字化设计与制造创新中心按照“聚集国内一流创新资源、面向市场独立自主运作、探索建立激励约束机制”的要求，抓紧建设，在增资扩股、联盟成立、组建团队、研发合作等方面取得了良好成效，也得到了国家有关部委的高度肯定，创建国家制造业创新中心的条件已基本成熟。武汉市政府始终高度重视制造业创新中心建设，今年还将出台《武汉市制造业创新中心建设实施方案》，按照“创建一批、建设一批、培育一批”的思路，一如既往地在资金、土地、人才等方面聚焦政策，努力构建体系完善、特色鲜明、作用显著的新型制造业创新体系。

数字化设计与制造创新中心建设方案专家研讨会的召开标志着湖北省数字化设计与制造创新中心争创国家级的速度在提升，力度在加大，取得了阶段性的重要成果。湖北创建国家数字化设计与制造创新中心有基础、有优势、有希望，省、市、开发区与企业联手创建有信心、有决心、有行动。湖北省、市、开发区三级政府高度重视数字化设计与制造创新中心建设，将在用地、人才、税费等配套政策方面给予持续支持。

五、组织企业申报 2018 年国家技术创新示范企业

2018 年 5 月，为贯彻落实《中国制造 2025》，深入实施创新驱动发展战略，强化企业技术创新主体地位，根据工业和信息化部、财政部联合印发的《技术创新示范企业认定管理办法(试行)》要求，决定开展 2018 年国家技术创新示范企业认定工作。

六、承办工业和信息化部制造业创新中心培训会

2018 年 6 月，工业和信息化部在湖北省武汉市组织召开制造业创新中心培训会，有关省、市、自治区、直辖市、计划单列市及副省级城市工业和信息化主管部门科技处负责同志参加了会议。会议由工业和信息化部科技司创新处相关领导主持。

会议指出，湖北省制造业创新中心建设工程具有以下特点。

定位准。第一批三个省级制造业创新中心均集中在武汉市，牵头企业均是在国内相关领域湖北省最具比较优势的龙头骨干企业，虽然数量不多，但贵在质优，有很好的产业支撑，具备很强的竞争优势。

基础好。湖北是科教资源大省，湖北省坚持将科教资源优势转化为经济发展优势，围绕企业持续创新发展的需求，深入构建技术创新平台体系，为产业技术创新提供了坚实的支撑。

行动快。2016 年初，湖北省启动制造业创新中心建设工程之后，湖北省委随即召开全省经信系统制造业创新中心建设工程座谈会进行宣贯，开展深入调研，编制了指导这项工作的《湖北省制造业创新中心建设工程行动方案》等政策文件，顶层设计初步完成。之后，又积极推动省市相关部门陆续将制造业创新中心建设作为重点工作写入各级各部门新出台的政策文件之中。

力度大。各级政府及相关部门勇于担当，始终站在创新驱动发展的高度看待这项工作，以决胜之姿和严实之态推进制造业创新中心建设工程。省政府已出台的《湖北省工业经济稳增长快转型高质量发展工作方案(2018—2020 年)》《省人民政府关于加快新旧动能转换的若干意见》《湖北省激励企业开展研究开发活动暂行办

法》,以及省政府拟出台的《关于海外优秀人才引进倍增计划的实施意见》等都提出了支持制造业创新中心建设的相关意见。

第三节　面临的主要问题

制造业创新中心是产业转型升级发展的重要支撑,建设制造业创新中心是当前世界主要发达国家提升制造实力、重塑制造业竞争优势的重要举措。湖北是科教大省,完全有能力并行跟进新一轮科技革命和产业变革,实现制造业的转型升级和创新发展。在激烈的市场竞争中,唯创新者进,唯创新者强,唯创新者胜。但目前湖北省制造业创新发展还面临很多难题。存在的问题主要表现在以下四个方面。

一、省级制造业创新中心总量不多

湖北省制造业创新中心建设虽然起步较早、进展较快、成效明显,但目前仅有2个省级制造业创新中心,在全国70多个省级制造业创新中心中所占比例过小,与支撑工业经济高质量发展的要求相比还有较大的差距,与兄弟省市相比原有的领跑优势也在逐渐丧失。

二、总体功能定位有待加强

制造业创新中心的总体功能定位是开展产业前沿和关键共性技术研发,促进技术转移扩散和首次商业化应用。因此,创新中心的核心目标是补齐产业发展的技术短板,打通产业链和创新链各个环节,从而跨越基础研发和产业化应用之间的鸿沟。然而湖北省内制造业创新中心基本上都还在建设初期,处于摸着石头过河的阶段,各项体制机制都不健全,要实现其最终发展目标仍然面临着重重挑战。根据相关政策规定,创新中心应以企业法人形式存在,按照现代企业管理制度运营,因此一旦顺利启动以后,创新中心就需要自主经营、自负盈亏。但开展前沿和共性技术研究是一项艰巨的任务,投资大、风险高、周期长,要最终取得成功还需要经受住实践的考验。

发展的前提是生存,能否保持生命活力、实现自我可持续发展是各制造业创新中心面临的最大问题。创新中心要想维持自身稳定持续发展,一方面可以通过扩大融资规模,通过体制机制创新吸引更多社会资本;另一方面则是通过创造营业收入,不断开拓市场,促进研发成果的商业价值实现。

三、共享合作机制有待健全

制造业创新中心作为产业创新资源的整合枢纽，十分重视成员单位的多元化结构，尽可能多地吸纳各类创新主体。从当前省内创新中心的组建情况来看，申请国家创新中心时，明确要求其股东中必须包括若干本领域排名前十的企业，涵盖50%以上本领域的国家重点实验室、国家工程实验室、国家工程技术中心、国家工程研究中心等国家级创新平台。因此，各级在创新中心创建过程中更加重视大型骨干企业和国家重点研究单位的参与，对中小企业的重视程度不高。

中小企业往往具有较高的市场敏感度和研发创新活力，但是在资金实力和研发实力方面与大型企业相差悬殊。如果实行单一的股权制结构，对中小企业而言，参与制造业创新中心建设的门槛显然过高。美国的制造业创新中心通常采取的是多层级会员制度，依据缴纳会费多少而享受不同等级的权利，这一制度极大地提高了中小企业参与创新中心建设的积极性，有利于激发中小企业的创新活力。

此外，从形式上看，采取“公司＋联盟”模式的创新中心将本领域内的各类创新主体聚集在一起，但要真正实现创新资源的整合，还需要进一步完善成员之间的共享合作机制。

四、知识产权运营能力有待提升

知识产权既是制造业创新中心关键投入要素，又是研发创新成果的重要体现，一个创新中心的知识产权存量和增量是衡量其研发创新能力的重要评价标准。可以说，知识产权是创新中心的灵魂。因此，能否充分利用既有知识产权从事新项目研发，能否有效保护知识产权成果并运用知识产权创造收益，决定了一个创新中心能否实现可持续发展。

在创新中心建设初期，较多的工作重心放在融资和研发启动方面，对于知识产权成果的保护、运用和共享问题重视不够。如果前期制度建设不到位，后期技术成果转化和收益分配就容易发生矛盾和纠纷。因此，必须高度重视创新中心知识产权制度建设。

第四节　下一步推进的思路和发展重点

一、推进的思路

全面贯彻党的十九大精神，坚持以习近平新时代中国特色社会主义思想为指导，牢固树立“创新是引领发展的第一动力，是建设现代化经济体系的战略支撑”理念，深入实施创新驱动战略，把创新能力发展作为推进供给侧结构性改革、建设经济新体系的重要任务，以突破重点领域前沿引领性技术、关键共性技术、现代工程化技术为导向，以产业创新平台和双创示范基地建设为抓手，整合行业优势资源和多元化创新资源，着力建立“以企业为主体、市场为导向、产学研深度融合的技术创新体系”，贯通创新链、产业链和服务链，构建产业创新生态网络，培育壮大产业发展新动能，打造“创新湖北”经济发展的强大引擎。

（一）建设区域制造业创新体系

湖北省制造业创新中心要积极融入国家制造业创新体系，聚集优势资源，推进区域制造业创新中心建设。以创新中心建设为核心，发挥公共服务平台、工程数据中心、企业技术中心、重点实验室、创新创业平台等载体的重要支撑作用，打造区域制造业创新体系，使之成为国家制造业创新体系中全国一流的制造业创新中心。以武汉建设全面创新改革试验区为突破口，统筹推进科技、管理、制度、商业模式创新，推动“引进来”和“走出去”有效结合，加强高科技领域的合作创新，建立完善市场化的创新方向选择机制和鼓励创新的风险分担、利益共享机制，攻克一批具有全局性、带动性的关键共性技术，加快成果转化和产业化。

（二）加大核心关键共性技术研发

瞄准湖北制造业转型升级重大战略需求和未来产业发展制高点，制定实施重点领域技术创新路线图，明确阶段性目标、关键技术和路径，建立长期的持续跟踪研究和投入机制。整合创新资源，加强对关键技术研发的专利布局导航，积极推进由企业牵头、产业目标明确、产学研结合的协同创新联盟建设。以汽车、光电子、智能制造、海洋工程装备、生物医药等优势产业为突破口，聚焦有较好研发基础和潜在市场前景的关键核心技术、共性技术等，集中力量，重点突破，支撑产业技术发展和集成能力提升。

围绕共性技术研发和转化，聚焦“互联网＋”、生命健康、新材料、智能制造、人工智能等领域，整合产学研创新资源，支持建设功能型技术创新平台，加快共性技术成果转化。围绕专项技术的研发和转化，引导和支持东风汽车、烽火通信、三江航天、长飞光纤等行业领军企业以及高校院所、重点实验室、工程研究中心等向社会开放创新资源。建立以质量提升与安全管控服务为核心的检验检测技术体系，面向设计开发、生产制造、售后服务全过程，开展观测、分析、测试、检验、认证等一站式服务。聚焦省内优势行业及战略性新兴产业，以重点实验室、工程研究中心等创新平台为主体，强化项目研发和创新链整合，推进创新资源开放共享和关键技术的合作攻关。

（三）激发中小企业创新活力

制造业创新中心设立的主要功能是最大限度聚合各类创新资源，而中小企业是创新的主力军之一，具有敏锐的市场嗅觉。中小企业既是创新中心的要素提供者，也是创新中心的重要客户来源和服务对象。湖北省制造业创新中心在提高中小企业的参与度方面，可以从以下四个方面着手：一是改革创新中心管理体制，提高中小企业参与比例；二是了解中小企业发展需求，优先支持中小企业参与项目遴选、技术研发和成果转化；三是降低知识产权交易成本，确保中小企业共享创新成果；四是为中小企业提供人才培训、专业指导等服务，扶持中小企业快速发展。

（四）推动科技成果转化和产业化

创新中心建设要积极完善科技成果转化运行机制和知识产权运营机制，建设集科技信息服务、技术转移对接、科技投融资和网上技术交易等于一体的科技成果转化服务工作体系。开展科技成果转移转化“六大专项行动”，实现“六个全覆盖”。深入实施全省科技成果大转化工程，打造“互联网＋技术转移”服务平台，建立对科技成果转移转化公共服务平台持续稳定的支持机制。围绕战略性新兴产业、“中国制造2025”等重点领域，加强产业部门与科技部门对接，加快组织实施一批重大科技攻关、成果转化和示范应用项目，尽快实现批量化生产和应用。探索完善科技成果评估定价机制，在战略性新兴产业相关领域建立利用财政资金形成的科技成果限时转化制度。健全知识产权公共服务体系，完善知识产权价值评估、质押融资、托管运营、风险补偿、保险服务及维权援助机制，强化知识产权行政执法与司法裁判有机衔接，加大对侵权违法行为的查处力度。支持大企业设立产业投资基金，利用资金优势为创新创业提供金融服务。组织创新创意大赛，打通创意征集遴选、导师辅导、天使对接、终极路演、创意孵化、产品产业化等环节，推动创意向技术转化、技术向产业孵化。

(五)打造制造业"双创"基地

依托国家新型工业化产业示范基地、国家级经济技术开发区、国家高新技术产业开发区,积极发展创客空间、创新工场、开源社区等新型众创空间,培育武汉"创谷"等一批支持制造业发展的示范基地(园区)。培育制造业"双创"孵化器。支持在医药、航天、机械等领域的龙头企业,利用在行业领域的专业优势,搭建与自身业务相关的创业孵化器,围绕主营业务构建"双创"孵化器。

大力推进东湖高新技术区、荆门高新技术区、武汉市江岸区和罗田县等国家"双创"示范基地建设,探索适应"双创"发展的成功模式和典型经验并向全省推广。以创业创新资源集聚区域为重点和抓手,支持建设省级"双创"示范基地,加大体制机制改革力度,搭建支撑服务平台、完善知识产权保护制度,拓宽投融资渠道,促进科技成果转化,营造"双创"的生态环境。加强"双创"示范基地规范管理,细化建设标准和管理办法,组织开展第三方评估,形成一批可复制可推广的模式和经验并及时向全省推广。

(六)加强创新平台建设

着力推进武汉进行全面创新改革试验,支持武汉建设综合性国家产业创新中心,建成参与全球产业创新合作与竞争的重要载体。支持襄阳、宜昌建成区域性创新中心,推动创新型城市建设。支持各地高新区加快发展,推进市州多层次创新示范。着力打造科技创新平台,加快建设"双一流"高校及学科、世界一流水平的科研院所,形成3~5家具有鲜明特色的世界级科学研究中心。加快建设武汉光电国家研究中心,推进脉冲强磁场实验装置、精密重力测量研究设施等国家重大科技基础设施建设,力争湖北省国家(重点)实验室、重大科学装置数量居全国前列,培育若干科学研究领域的国际"领跑者"和未来产业变革核心技术的"贡献者"。强化产业创新体系建设,统筹建设一批工程研究中心、技术创新中心、制造业创新中心、产业创新中心等高水平创新平台。建设国家信息光电子创新中心,建成2~3家国家制造业创新中心。在集成电路、智能汽车、智能制造、商业航天、北斗卫星导航等领域组建10家产业创新中心,建成省级以上创新平台500家。

二、发展重点

以创新型领军企业牵头,采取企业主导、院校协作、多元投资、军民融合、成果分享的新模式,在战略性新兴产业等领域建立若干产业创新中心,培育壮大经济发展新动能,支撑供给侧结构性改革,打造具有竞争新优势的新支柱产业。

按照湖北省委、省政府有关布局战略性新兴产业决策部署，在集成电路、智能汽车、智能制造、生物育种，以及商业航天、北斗卫星导航、通用航空等战略性领域组建一批产业创新中心。通过整合行业内创新资源，构建高效协作的创新网络，打造战略性颠覆性技术创新、行业引领性技术开发与推广应用、系统性解决方案研发供给、高成长性科技企业投资孵化平台，育成若干新兴产业，促进新兴产业集聚发展。

创新中心由行业中具有显著创新优势和较大影响力，具备充分利用和整合行业创新资源的能力，能够为省级产业创新中心发展提供充足资金支持和条件保障的单位牵头发起组建。省级产业创新中心一般以企业法人实体形式运行，治理结构清晰，运行机制灵活有效。省级产业创新中心要联合国家、省级工程研究中心、企业技术中心以及行业创新平台等，广泛吸纳高校院所等创新力量，通过共同出资、协作研发、技术入股、创新平台共建或人才联合培养等方式，形成紧密合作的创新网络。创新中心围绕以下领域方向布局。

（一）国家先进存储产业创新中心

由长江存储牵头发起，联合产业链和创新链中相关企业、高校、科研院所和服务机构等，围绕设计、制造、封装测试、装备材料及下游应用等产业链各环节，以突破存储器关键技术为导向，整合先进存储领域现有国家创新平台和主要创新资源，共同组建国家先进存储产业创新中心。

（二）智能汽车产业创新中心

由东风汽车集团牵头发起，联合产业链和创新链中相关企业、高校、科研院所和服务机构等，整合汽车产业现有国家创新平台和主要创新资源，以突破智能汽车关键共性技术为导向，重点开展智能汽车信息安全、智能汽车测试评价技术等研发，组建智能汽车产业创新中心。

（三）智能制造产业创新中心

整合智能制造和机器人领域产业链和创新链中相关企业、高校、科研院所和服务机构等创新资源和平台，围绕装备制造及生产、数据与网络层及感知层、智能工厂系统集成及下游应用等产业链各环节，实现产业链、创新链和资金链的深入融合，共同组建智能制造产业创新中心。

（四）商业航天产业创新中心

以建设武汉国家航天产业基地为契机，整合航天产业领域的国家、省级创新资源与平台；围绕航天运载火箭及发射服务、卫星平台及载荷、空间信息应用服务、航天地面设备及制造等商业航天主导产业,充分发挥航天云网公共服务平台作用;重点开展低成本、系列化固体运载火箭,绿色新型液体运载火箭,微小卫星,先进上面级,天基物联网等研发生产;打造国际一流的商业航天创新支撑平台和育成中心。

(五)通用航空飞行器产业创新中心

整合航空领域现有国家、省级创新平台和主要创新资源,围绕通用航空设计、制造、运行保障、服务运营等产业链环节,以突破通用航空飞机和水上飞行器制造技术为核心,建立完善技术研发、飞机试飞、检验检测等创新平台,共同组建通用航空飞行器产业创新中心。

(六)激光产业创新中心

整合激光领域现有国家创新平台和主要创新资源,以激光材料、关键器件和激光器的研发生产为核心,大力发展高端激光设备及系统,加快发展激光应用服务,共同组建激光产业创新中心。

(七)北斗卫星导航产业创新中心

紧贴国家战略、国防建设和国际化发展的重大需求,以提高卫星导航应用于PNT(定位、导航、授时)领域自主创新能力、促进湖北省北斗卫星导航规模化应用与产业升级为核心,以技术研发、测试服务、产业孵化为主要任务,整合遥感、定位及信息网络领域的相关创新资源和平台,组建北斗卫星导航产业创新中心,推动我国北斗卫星导航规模化应用于军民融合发展。

(八)生物医药及高性能医疗器械产业创新中心

由省内生物行业龙头企业牵头发起,整合生物医药与医疗器械领域现有国家、省级创新平台和主要创新资源,组建生物医药及高性能医疗器械产业创新中心。

(九)生物育种产业创新中心

由中种集团、湖北种业公司等湖北省生物育种行业龙头企业牵头发起,围绕基因组编辑、全基因组选择、细胞工程、高能离子诱变、航天生物工程等前沿核心技术的创新与应用,加速新材料的创制和育种元件的组装改良,联合产业链和创新链中相关企业、高校、科研院所和服务机构等,整合生物育种领域现有国家、省级创新平台和主要创新资源,组建生物育种产业创新中心。

（十）数字建造与工程安全产业创新中心

由中铁大桥局、中建三局等国内行业龙头骨干企业牵头发起，围绕地铁、桥梁、超高层建筑、建筑能源控制等技术研发与服务能力的提升，突破关键核心技术、基础共性技术，联合产业链和创新链中相关企业、高校、科研院所和服务机构等，整合建筑工程数字化领域现有创新平台和主要创新资源，共同组建数字建造与工程安全产业创新中心，打造国际一流的数字建造创新平台。

第十七章　工业强基

工业基础主要包括核心基础零部件(元器件)、关键基础材料、先进基础工艺和产业技术基础(简称工业“四基”),是工业发展的基石,是支撑和推动工业发展的物质基础条件,直接决定着产品的性能和质量,是工业整体素质和核心竞争力的根本体现,是制造强国建设的重要基础和支撑条件。

工业基础能力是关系工业发展水平和核心竞争力的关键环节,夯实工业基础能力已成为实现制造强国战略的重要支点。党的十九大报告突出抓重点、补短板、强弱项,提高供给体系质量,加快建设制造强国,对提升工业基础能力提出了明确的要求。湖北 2017 年继续贯彻落实《中国制造 2025》、中央“十三五”规划建议和国家“十三五”规划纲要中对工业强基的要求。同时,将工业强基作为《中国制造 2025 湖北行动纲要》的核心任务,作为制造强省战略的基石。近年来,湖北工业强基在多方面取得了重要进展。

第一节　目标要求

一、基本原则

落实制造强省建设战略部署,围绕《中国制造 2025 湖北行动纲要》十大重点领域高端突破和传统产业转型升级重大需求,坚持“问题导向、重点突破、产需结合、协同创新”,以企业为主体、应用为牵引、创新为动力、质量为核心,聚焦五大任务,继续开展重点领域“一揽子”突破行动,实施重点产品“一条龙”应用计划,持续推动“四基”领域军民融合发展,着力构建市场化的“四基”发展推进机制,为建设制造强省奠定坚实基础。

(一) 坚持问题导向

围绕湖北省重点产业领域发展、重大项目实施、重大科技攻关任务、重大技术装备科研等，分析和研究工业“四基”的薄弱环节，针对共性瓶颈和突出问题，分类施策，强化工业基础供给。

（二）坚持重点突破

改变抓单一产品、抓单个材料、抓单独工艺的做法，加强工业“四基”发展的统筹规划和分类指导。集中优势资源，点式打穿，率先突破。

（三）坚持产需结合

探索产需合作新模式，促进产业链上下游协同发展，推动整机与工业“四基”企业的紧密结合，推动工业“四基”发展与产业应用良性互动。

（四）坚持协同创新

统筹各类创新资源，促进整机系统企业、基础配套企业、科研机构等各方面人才、资本、信息、技术的有效融合，产品开发全过程对接、全流程参与，探索科技与产业协调、成果和应用互动的新模式。

二、主要目标

经过5～10年的努力，部分核心基础零部件（元器件）、关键基础材料达到国际领先，产业技术基础体系较为完备，“四基”发展基本满足整机和系统的需求，形成整机牵引与基础支撑协调发展的产业格局，夯实制造强省建设基础。

到2020年，工业基础能力明显提升，初步建立与工业发展相协调、技术起点高的工业基础体系。40%的核心基础零部件（元器件）、关键基础材料实现自主保障，先进基础工艺推广应用率达到50%，产业技术基础体系初步建立，基本满足高端装备制造和国家重大工程的需要。具体目标如下。

（一）质量水平显著提高

基础零部件（元器件）、基础材料的可靠性、一致性和稳定性显著提升，产品使用寿命整体水平明显提高。

（二）关键环节实现突破

推动80种左右标志性核心基础零部件（元器件）、70种左右标志性关键基础材料、20项左右标志性先进基础工艺实现工程化、产业化突破。先进轨道交通装备、信息通信设备、高档数控机床和机器人、电力装备领域的“四基”问题率先解决。

(三)支撑能力明显增强

争创2家国家级制造业创新中心、2家国家级产业创新中心、50家国家级质量检验检测和技术中心,主营业务收入5亿元以上的工业企业基本实现研发技术机构全覆盖。

(四)产业结构优化升级

培育100家左右年销售收入超过10亿元、具有国际竞争力的"小巨人"企业,形成10个左右具有国际竞争力、年销售收入超过300亿元的基础产业集聚区。

(五)进入高质量轨道

基本形成工业高质量发展的评价体系,围绕高质量发展"指挥棒",建立健全湖北工业发展的指标体系、政策体系、标准体系、统计体系、绩效评价体系和政绩考核体系。基本形成多点支撑、协同发展的产业体系。基本形成以质量效益为核心的价值导向,规模以上工业企业利润率保持在60%左右,利润总额和利润增速在全国位次明显前移、中部领先;制造业产品质量合格率达93%以上,生产性服务业顾客满意率达90%以上。万元工业增加值能耗每年降低4%以上。

第二节 主要进展

一、加强顶层设计,制定工业强基工程实施方案

贯彻《中国制造2025》、实施制造强国战略,既要强调高端突破,又要做到底端筑牢。聚焦顶层设计,建立完善工作机制。积极对接《中国制造2025》和《工业强基专项行动方案》,组织编制了《湖北省工业强基工程三年实施方案》,明确今后一个时期重点任务和发展目标,同时,加强湖北省工业强基方案与新一轮技术改造专项行动、中国制造2025示范城市、产融合作试点城市、"互联网+"制造等各类试点示范对接,形成工作合力,不断提升湖北省建成支点、走在前列的进程。

我国制造业发展外来植入性强,自主基础研究不足,底层技术和配套产业基础技术支撑乏力、发展不均衡;通过举国之力实现的重大技术装备的突破多是整机,无法实现全产业链布局。一些制造企业也希望通过收购并购等方式来解决基础不牢的难题,但核心技术很难买来。湖北省制造业也面临着同样瓶颈。

为此，湖北出台《工业强基工程实施方案（2016—2020）》（以下简称《方案》），通过提升工业基础能力，夯实工业发展的基础，为制造强省建设提供基础和支撑。《方案》主要围绕工业“四基”，即核心基础零部件（元器件）、关键基础材料、先进基础工艺和产业技术基础发力。《方案》的出台，进一步加强了省政府对制造业发展的政策引导，加快湖北从制造大省向制造强省的跨越转型。

二、制定工业强基工程组织措施

（一）加强组织领导

要加强对工业经济运行的过程领导，在主战场落实主担当，在抓工业中敢作为、勇创新、善落实，力戒形式主义和官僚主义。完善工作推进机制，明确责任主体，抽调人员成立工作专班，做好跟踪分析和督促落实，增强工业千项精品工程的执行效力。充分发挥制造强省建设专家咨询委员会作用，研讨“四基”发展重点和推进机制，为重点行业和重点企业发展提供咨询建议。形成大抓工业的浓厚氛围、共抓发展的强大合力。

（二）加强协调服务

全面转变服务企业作风，构建既亲又清的政商关系和政务环境。各级政府及其部门每年深入企业现场调研、协调、服务覆盖面不少于规模以上工业企业的三分之一。各级部门要发挥工业企业的“娘家”作用，及时提供政策信息，加强政策宣传解读，畅通企业诉求渠道，对企业反映的问题建立台账并实行销号管理。开展企业评议政府部门服务活动，每年对湖北省营商环境、惠企政策效果组织第三方评估。组织品牌企业参加国内外大型展览展示活动，建立品牌商品工商对接机制，开展知名品牌产品全国行、网上行和进名店等活动。开展“楚天杯”工业设计大赛、武汉时装周等品牌活动，积极引进一批具有国际渠道、拥有核心竞争力的品牌展览展示机构。

（三）加强引导社会参与

鼓励研发实力较强的企业联合高校、科研院所成立技术研发联盟，集中资源对涉及多个应用领域的共性技术进行协同攻关。加强宣传引导，通过总结典型经验、宣传示范应用案例、组织现场会等方式，利用各种媒体不断加大宣传力度，鼓励民营企业广泛参与，推进“四基”领域大众创业、万众创新，营造重视基础、积极参与的氛围。

(四)发挥行业组织作用

充分发挥行业组织作用,大力调动行业协会、商会、科研院所、大专院校等机构的积极性,组织实施推进工业千项精品工程的各项对接活动。促进行业组织加强行业自律,加强行业研究、规划和政策引导,服务企业技术创新与转型升级,真正发挥行业协会作为政府和企业桥梁纽带的作用。支持咨询机构组织行业协会、科研院所、重点企业等单位编制印发《工业"四基"发展目录》,根据实际适时调整,引导社会资金资源投向。

(五)加强考核督办

细化年度工作重点和推进计划,加强事中事后监管,建立年度、中期等动态评价体系,根据评价结果对重点任务和实施目标进行动态调整。湖北省政府每年将工业经济重点工作纳入省政府大督查范围,督查结果作为市(州)政府和省直部门年度目标责任考核和有关政策性资金切块下达的重要依据。湖北省经济和信息化厅每年年底对各市(州)工业经济主要指标排位情况进行通报,抄送各地党委、政府主要负责同志。对承担服务全省工业经济发展的政策性平台企业、担保再担保企业,重点考核其服务工业经济发展的情况和效果,其盈利情况不作为主要考核指标。湖北省经济和信息化厅要定期组织对各市(州)执行本方案的情况进行督促检查。各市(州)政府、省政府有关部门要根据本方案,拟定任务书、路线图和重点项目,为抓好方案落实提供硬支撑。

三、制定工业强基工程保障措施

(一)加大政策扶持力度

从政策、资金等各方面积极支持"四基"产业发展。充分发挥政府中小企业发展基金的引导作用,带动创投机构及其他社会资金支持种子期、初创期、成长期的"四基"中小企业加快发展。对涉及科技研发相关内容,如确需中央财政支持的,应通过优化整合后的中央财政科技计划(专项、基金等)统筹考虑予以支持。切实落实基础产品研究开发费用税前加计扣除、增值税进项税额抵扣等税收政策。

(二)加强服务平台建设

深化产学研合作,完善制造业创新中心、产业技术基础公共服务平台、工业产品质量控制和技术评价实验室、工业设计中心等创新平台和重点行业研发公共服务平台建设。

（三）积极改善市场环境

开展保护知识产权专项行动及企业知识产权运用能力培训活动，推进企业建立规范化的知识产权管理体系，树立一批知识产权运用标杆企业，严厉打击假冒伪劣产品，防止劣币驱逐良币。开展“四基”领域知识产权布局，建立产业链知识产权联合保护、风险分担、开放共享与协同运用机制。建立“四基”产品和技术应用示范企业。营造基础领域国有企业与民营企业公平竞争的市场环境，鼓励更多民营企业进入基础领域。

（四）强化舆论宣传引导

加大宣传力度，积极推广典型企业在技术创新、信息化管理、循环经济、产品升级、节能降耗、品牌建设等方面的经验和做法，鼓励企业加强同新闻机构的联系与合作，通过宣传媒介提升企业和产品的知名度、美誉度和影响力，在全省上下形成争创工业精品的良好氛围。

（五）拓宽“四基”企业融资渠道

促进信贷政策与产业政策协调配合，加强政府、企业与金融机构的信息共享，引导银行信贷、创业投资、资本市场等在风险可控、商业可持续原则下加大对“四基”企业的支持。对于主要提供《工业“四基”发展目录》中产品或服务的“四基”企业，在进入中小企业股份转让系统挂牌时“即报即审”，并减免挂牌初费和年费，优先审核推荐上市。积极支持主要提供《工业“四基”发展目录》中产品或服务的“四基”企业在银行间债券市场发行非金融企业债务融资工具，在沪深证券交易所、全国中小企业股份转让系统、机构间报价系统和证券公司柜台市场发行公司债券（含中小企业私募债），进一步扩大融资规模。

（六）加强技术技能人才队伍建设

面向工业强基发展需求，广泛开展订单培养、校中厂、厂中校、现代学徒制等，形成产教协同发展和校企共同育人的格局。积极实施职业教育产教融合工程规划项目，鼓励企业举办或参与举办职业教育，丰富和完善校企合作形式，着力培养“荆楚工匠”。设立卓越工程师引才计划，支持企业引进一批工业“四基”重点发展领域急需的顶尖高技能人才。健全高技能人才评价体系，完善职业资格证书制度。加强对企业职工培训教育经费使用的监督，进一步增强服务工业强基工程的支撑力。

四、制定《2018 年全省工业千项精品工程工作方案》

2018 年 5 月,湖北省经济和信息化委员会为贯彻落实党的十九大精神,加快工业供给侧结构性改革,推进制造业优化升级,根据《2018 年湖北省政府工作报告》部署,为推进全省工业供给侧结构性改革,促进全省工业增品种、提品质,创品牌,满足人民对美好生活的向往,结合湖北省实际,制定了《2018 年全省工业千项精品工程工作方案》(简称《工作方案》)。

《工作方案》指出,以习近平新时代中国特色社会主义思想为指导,牢固树立新发展理念,紧紧围绕“四个全面”战略布局,深入实施《中国制造 2025 湖北行动纲要》,以增品种、提品质、创品牌为抓手,以重点项目、重要平台、重大活动为主要载体,加快培育形成品种日趋丰富、品质明显提升、品牌不断涌现的全省工业精品供给新格局。

五、组织开展 2018 年工业强基工程实施方案申报工作

2018 年 5 月,湖北省经济和信息化委员会、湖北省财政厅转发《工业和信息化部办公厅 财政部办公厅关于发布 2018 年工业转型升级资金工作指南的通知》,为全面实施“中国制造 2025”,为加快制造强国和网络强国建设,促进工业转型升级,工业和信息化部、财政部联合组织开展 2018 年工业强基工程实施方案、绿色制造系统集成、工业互联网创新发展工程及智能制造综合标准化与新模式应用等申报工作。

第三节 面临的主要问题

尽管当前湖北工业经济稳中有进、稳中向好,但制约产业转型升级的问题仍然突出,后期经济运行面临形势依然十分复杂而严峻,这与我国巨大的工业体量和规模极不协调,工业基础能力薄弱是重要原因,突出表现在以下五点。

一、工业基础领域投入不足,企业自我改造能力差

有些企业基本上是在低水平状态下运行,原材料质量不过关,工艺和工艺装备水平不高,不能保证零部件质量的一致性。没有好的基础材料、基础零部件(元器件)、基础工艺,就无法形成具有特色和竞争力的整机和系统设备。必须扎扎实实推

进工业强基工程建设，逐步摆脱长期受制于人的局面，筑牢筑久工业发展的根基。

二、企业融资难问题突出

尽管国家出台一系列金融支持实体经济的政策措施，但各地普遍反映，金融部门和融资担保机构仍将防范化解风险摆在了首要位置，慎贷、惜贷现象严重，导致企业资金流动紧张加剧。近年来，全省制造业贷款比逐年减少，占全部贷款的比重由2015年的12.4%降至2016年的10.9%，2017年进一步降至8.7%。到2018年5月末，全省制造业贷款余额同比下降7.4%。

三、产业自主发展能力不足

先进产能比重低，产品附加值低，导致工业产品普遍产能结构性过剩，低端产品产能过剩、高端产品供给能力不足的矛盾十分突出，如我国高档工程机械中的液压件和发动机基本依赖进口，两项占整机成本比重高达30%～50%；数控机床配套的高档数控系统95%以上依赖进口。而进口产品价格高、供货时间无保证，成为一些重要国产化工程的“卡脖子”环节。

四、核心技术竞争力缺乏

产业技术基础体系缺失，难以支撑行业发展，企业整体仍停留在劳动密集型的代工模式，对先进产品的模仿也整体停留在表面。“中兴事件”更明显体现出缺乏核心技术支撑的产业追赶最终仍将被人扼住咽喉。因此，中国制造需要从技术做起，积极推动产能的更新换代，加大对先进制造技术的研发投入，增强核心竞争力，向知识和技术密集型产业转型，从而不断攀向产业链的上游。

五、国际贸易摩擦带来的不确定因素增多

虽然当前中美贸易磋商取得一定进展，摩擦暂缓，但中美贸易问题存在复杂性和长期性。当前部分关键基础材料、零部件（元器件）不能自给，大量依赖进口，如计算机芯片、操作系统等核心元器件主要由国外掌控，许多电子信息产品的自主创新和竞争能力无从谈起。

第四节 下一步推进思路和发展重点

2018年是湖北省工业经济发展的关键一年,在全国和中部省份工业经济不断释放积极信号的情况下,湖北省工业强基工作要深入贯彻落实十九大精神,以提升供给体系质量为目标,注重解决突出问题,集中有限资源,着力在“协同攻关、模式创新、扶持政策、载体培育、经验推广”上下功夫,加快建立长效工作机制,努力营造有利政策环境,开创工业强基工作新局面。

一、保持定力,久久为功

工业强基是一项长期性、系统性、复杂性的战略工程,必须动员全社会力量,整合多方面资源,齐心协力、共同推进,为制造强省建设奠定更坚实的物质基础。

(一)坚持创新驱动,着力打造“四基”研发平台

以国家级新型工业化产业示范基地为重点,利用湖北省科教优势资源,引导和搭建国家级“四基”产业共性技术和关键核心技术研发平台,积极对接国家重大专项,突破一批关键核心技术和产业化技术,着力破解制约重点产业发展的瓶颈,进一步强化湖北省制造基础。

(二)加强项目储备,做好协调服务

抓紧摸底并汇总湖北省工业强基项目库,滚动推进实施,努力形成前期储备一批、开工建设一批、竣工投产一批、达产达效一批的良性动态循环。对已列入国家工业强基工程的项目,建立健全项目跟踪管理机制,强化各类要素保障,及时帮助解决项目建设中的问题,推进项目建设进程,加强事中事后监管,按照工业强基项目验收评价办法,做好验收评价工作。

(三)创新财政资金使用方式,加大对接扶持力度

探索建立政府主导、银行主动、企业主体的“三位一体”的联动机制,引导各类产业基金特别是政府发起设立的产业引导基金,优化投入方式,精准支持“四基”重点领域,同时,在省级传统产业改造升级专项中重点支持强基入库项目,积极推荐这些项目参与国家各类专项资金评比。

（四）更大力度推进“中国质造”和“中国智造”

加快推动建立以工业产品质量为核心的、基于大数据应用的目标考核、统计指标和信用评价体系，推进工业强基，加快形成以质量品牌为标志的中国制造竞争新优势。

二、继续实施“一揽子”突破行动，集中攻克一批“卡脖子”瓶颈

湖北省经济和信息化委员会通过实施“一揽子”突破行动，不断夯实工业发展基础，提升工业发展的质量和效益。聚焦重点领域，高位组织推进。围绕《工业强基工程实施指南（2016—2020年）》明确的“四基”，聚焦湖北省有基础、有优势、有潜力、有前景的新一代信息技术、新材料、航空航天、北斗卫星导航等十大重点领域，特别是国家重点支持的集成电路、电子基础产品、新能源汽车、高档数控机床、海洋资源开发装备等细分领域，对接《中国制造2025湖北行动纲要》，每个领域制定一个行动方案、一个重大项目包，实施政策创新、要素倾斜、优先发展。聚焦重点项目，培育产业新优势。制定发布《全省技术改造导向计划》和《湖北省工业转型升级与技术改造投资指南》，滚动建立省级重大技改项目库和项目监测跟踪机制。全省储备投资过亿元以上工业和技术改造项目2000多个，总投资2万余亿元。

近年来，立足湖北省资源禀赋和市场条件，突出先进性和支柱性，大力推进工业强基在先进制造业领域的实施，紧跟国家强基发展重点，积极组织有代表性、有竞争力、具备实施条件的企业参与强基工程。扎实推进强基工程，推动新一代信息技术、智能制造装备等十大领域实施“四基”“一揽子”突破行动，建立健全重点项目库，引导产业投资基金和创业投资基金投向“四基”领域重点项目。坚持有限资源实现现有目标，每年遴选若干标志性基础产品、材料和工艺，实施“一揽子”突破行动，集中突破一批需求迫切、基础条件好、带动作用强的核心基础零部件、关键基础材料和先进基础工艺，以单个产品和技术的突破支撑行业整体能力的提升。同时，努力争取加大支持力度，积极引导社会资金投向，不断提高资金使用效率。

三、继续实施“一条龙”应用计划，探索并形成一批成果应用模式

2017年，湖北省探索了以第三方机构市场化操作替代政府主导推进“一条龙”应用的新模式，取得了一定的试验性成果，得到了较好的社会反响。下一步考虑，在更大程度上发挥市场的能动性，更大范围内调动各方的资源和积极性，鼓励整机和系

统开发初期制定基础需求计划,吸收基础企业参与;鼓励基础企业围绕整机和系统需求,不断开发和完善产品和技术。鼓励整机和系统企业不断提高基础产品质量、培育品牌,满足市场需求。努力探索整机企业、零部件企业、原材料企业、科研院所等主体协同共生的强基成果推广应用一体化新模式。由政府遴选企业承担项目,转变为链上企业根据市场形式、自身优势自行组合;由政府推动牵引强基项目实施,变为产业链上下游企业根据市场情况和具体需求进行线上线下沟通;由政府斥资补助承担项目的企业,变为上下游各级企业组成联盟按照市场规则确定利益分割。

四、持续培育一批“专、精、特、新”“小巨人”企业

持续培育一批专注于核心基础零部件(元器件)、关键基础材料和先进基础工艺等细分领域的企业。完善市场机制和政策环境,健全协作配套体系,支持“双创”平台建设,鼓励具有持续创新能力、长期专注基础领域发展的企业做强做优。优化企业结构,逐步形成一批支撑整机和系统企业发展的基础领域“专、精、特、新”中小企业。鼓励基础企业集聚发展,围绕核心基础零部件(元器件)、关键基础材料和先进基础工艺,优化资源和要素配置,形成紧密有机的产业链,依托国家新型工业化产业示范基地,培育和建设一批特色鲜明、具备国际竞争优势的基础企业集聚区,建设一批先进适用技术开发和推广应用服务中心。

五、推进工业设备上云“领跑者”计划

当前,全球范围内新一轮科技革命和产业变革蓬勃兴起。工业互联网作为新一代信息技术与制造业深度融合的产物,日益成为新工业革命的关键支撑和深化“互联网+先进制造业”的重要基石,对未来工业发展产生全方位、深层次、革命性影响。工业互联网通过系统构建网络、平台、安全三大功能体系,打造人、机、物全面互联的新型网络基础设施,形成智能化发展的新兴业态和应用模式,是推进制造强国和网络强国建设的重要基础,是全面建成小康社会和建设社会主义现代化强国的有力支撑。为贯彻落实《国务院关于深化“互联网+先进制造业”发展工业互联网的指导意见》精神,根据工信部发布的工业互联网平台建设及推广工程实施指南相关要求,结合湖北省正在实施的“万企上云”工程进展情况,切实推动湖北省工业互联网平台建设与推广,湖北省经济和信息化厅将对全省工业互联网平台发展现状开展调研,并推进工业设备上云“领跑者”计划。

六、加强宣传引导，总结推广一批强基先进经验和有效模式

一是继续办好工业强基工程现场会和工业强基专家论坛，将其打造成为年度性宣传推广品牌，逐渐形成工业“四基”领域政产学研对接的常态化载体。

二是加强工业强基项目的考核评估，结合工业强基项目验收工作，及时总结一批先进经验和典型案例，在有条件的地区和企业率先示范推广。

三是充分利用新媒体多渠道宣传工业强基理念和工程推进效果，鼓励民营企业广泛参与，推进“四基”领域大众创业、万众创新，营造重视基础、积极参与的氛围。

第十八章　服务型制造

推动生产型制造向服务型制造转变，是我国制造业提质增效、转型升级的内在要求，也是推进工业供给侧结构性改革的重要途径。从各国发展态势看，服务型制造越发达，在国际竞争中就越占主动。习近平总书记和李克强总理多次提出要按照"高端化、智能化、绿色化、服务化"的方向推进制造强国建设。2016年7月，工信和信息化部会同国家发展改革委、中国工程院共同印发了《发展服务型制造专项行动指南》，成为《中国制造2025》"1+X"体系第一个公开发布的配套文件。此后，"服务型制造"更是得到全社会的普遍关注，成为中国特色社会主义进入新时代的背景下推动制造业发展的又一重要力量。湖北省要以生产性服务业引领制造业服务化升级，重点发展"微笑曲线"两端的高附加值产业链；要加快生产性服务业发展，尽快明确生产性服务业发展的目标。

第一节　目标要求

服务型制造，是工业化进程中制造与服务融合发展的一种新型产业形态，是制造业转型升级的重要方向。发展服务型制造，重塑制造业价值链，是增强产业竞争力、推动制造业由大变强的必然要求，是顺应新一轮科技革命和产业变革的主动选择，是有效改善供给体系、适应消费结构升级的重要举措。

一、基本原则

（一）市场主导，政府引导

尊重企业市场主体地位，支持企业把握服务型制造发展趋势，勇于创新，加快转型，增强市场竞争能力。更好发挥政府作用，完善政策措施，合理有序引导，增强公共服务供给，优化服务型制造发展环境。

（二）创新驱动，融合发展

通过科技、制度等创新，激发企业发展服务型制造的活力和潜力。拓展新一代信息通信技术在创新服务方面的应用，深化制造业与“互联网＋”融合发展，促进制造业与服务业资源整合、运营协同，以服务提升带动制造能力和制造水平提升。

（三）立足行业，突出特色

支持企业结合区域资源禀赋和行业竞争优势，因地、因业自主实践并创新发展服务型制造模式，不断优化组织结构，推动管理创新，探索发展路径。鼓励优势制造业企业“裂变”专业优势，通过业务流程再造，提供社会化和专业化服务。

（四）示范引领，全面推进

针对价值链延伸和提升的关键环节，围绕企业、项目、平台和区域，多层次开展试点示范和宣传推广。坚持问题导向和发展导向，着力完善政策、搭建平台、制定标准、培育人才，凝聚发展服务型制造的多元合力，推动大中小企业全面协同发展。

二、主要目标

以制造业提质增效和转型升级为导向，加强政策引导，营造融合发展生态，增强支撑保障能力。支持企业聚焦核心业务和产品，加快服务模式创新、技术创新和管理创新，延伸和提升价值链。推动服务型制造向专业化、协同化、智能化方向发展，形成国民经济新增长点，打造湖北省制造竞争新优势。

选择船舶、航空航天、纺织服装、家具、电子等特定行业推行服务型制造定制化生产模式；引导钢铁、装备等行业领军企业承接大型工程项目，开展从单纯提供产品向提供设计、制造、安装及运维服务等一体化服务转变；研究出台制造业电子商务行动方案，大力推进制造业电子商务应用，加强完善工业设计中心、工业设计示范企业创建工作。建设制造业大数据、云平台，将资金、信息、物流、服务等数据统一构成大型资源池，鼓励企业通过平台随时获取产品生命周期服务，实现产品需求和网络化制造资源的无缝对接。

到“十三五”末，建成3个服务特色鲜明、配套体系健全的服务型制造示范区；培育2～3家服务能力强、行业影响大的国家级服务型制造示范企业，30家在总集成总承包、个性化定制、网络化协同设计、在线支持服务等领域具备行业和地方特色的省级服务型制造示范企业；建设一批具有国内外影响力的工业设计园区，培育3～4家具有核心技术、代表行业最高水平的国家级工业设计中心，50家省级工业设计中心；

支持一批服务水平高、带动作用好的示范项目;建设一批面向行业和产业集群的产学研用功能完备、高效运转的服务型制造公共服务平台。

到2020年,在船舶、航空航天、纺织服装、家具、电子等行业开展服务型制造的企业力争达到1000家;到2025年,开展服务型制造的企业达到3000家。成为全国服务型制造先行先试区。

第二节 主要进展

一、加强顶层设计,制定服务型制造发展规划

为贯彻落实《中国制造2025湖北行动纲要》和《发展服务型制造专项行动指南》,深化制造业供给侧结构性改革,加速湖北省制造业由传统生产型制造向现代服务型制造的转变,2017年2月,湖北省制造强省建设领导小组根据湖北制造业发展特点,进一步加强服务型制造顶层设计,组织编制了《湖北省发展服务型制造专项行动实施方案》(2016—2020年),进一步明确了湖北服务型制造的总体要求、重点专项行动以及实施的保障措施。2018年7月,湖北省发改委出台了《湖北省服务业提速升级行动计划(2018—2020年)》《湖北省服务业"三千亿元产业培育工程"实施方案》《湖北省服务业"五个一百工程"实施方案》等多项政策,落实《湖北省进一步加快服务业发展的若干意见》,实现建设中部服务业强省目标。同时,继续组织实施一批服务型制造试点示范项目,分行业推出一批服务型制造解决方案,组织开展对标贯彻活动,推动全省服务型制造向专业化、协同化、智能化方向发展。

二、制定服务型制造推进保障措施

(一)深化体制改革

充分发挥市场在资源配置中的决定性作用,更好地发挥政府的作用。转变政府职能,强化市场主导,继续推进简政放权、放管结合、优化服务,充分激发和释放市场主体活力,调动市场主体的积极性和创造性,营造良好的服务业发展环境。进一步减少服务业重点领域前置审批和资质认定项目,简化相关审批验收环节和程序,全面落实放宽市场准入的政策措施,鼓励社会资本运用PPP模式进入服务业领域。扩大政府购买服务范围,加快推进非基本公共服务市场化改革,加大事业单位改革力度。

（二）实施创新驱动

大力推进创新驱动，培育服务新动能，拓展产业新空间。加强科技创新能力建设，强化企业创新主体地位，鼓励企业开展科技创新、产品创新、管理创新、市场创新和商业模式创新。建立以企业为主体、产学研结合的创新体制，支持省内高校及科研院所开展“智慧型资产管理”，深入挖掘潜在的科技资源。加大技术创新力度，积极支持各类服务业创新创业孵化器发展，推动服务业共性技术研发、系统集成和推广应用。加快科技成果转移转化，深入实施“科技成果大转化工程”。完善支撑和配套措施，加强创新创业平台建设，搭建大中小企业和高校、科研机构“五方协同”的众创平台。充分利用湖北省丰富的科教资源，以东湖自主创新示范区为依托，打造环大学城创新经济圈和创业街区，构建区域创新创业体系。

（三）强化要素保障

强化要素资源集聚，抓好资金筹措、土地供应、税收及价格政策等工作，增强要素配置功能。完善以政府投资为引导、企业筹资为主体、民间资本和境外投资为支撑的投融资机制，创新财政资金投资方式，充分发挥省长江经济带产业基金和省级股权投资引导基金作用，引导更多社会资本投向服务业。拓宽服务业发展融资渠道，支持金融机构创新适合服务业特点的金融产品和服务，加大对服务业重点领域企业的贷款扶持力度，鼓励符合条件的服务业企业通过上市和发行企业债券、短期融资融券、中期票据等进行融资。调整城镇用地结构，扩大服务业用地供给，提高服务业建设用地比例。鼓励各地探索供地政策，支持对地方经济带动作用大的现代服务业和惠及民生的旅游、健康养老等服务业项目建设。深化财税体制改革，落实好服务业税收优惠政策。清理和纠正针对服务业领域的歧视性收费项目，严格执行服务业用电、用水、用气与工业同价政策，进一步完善峰谷分时电价政策。推进市场要素配置改革，促进人才、资金、科研成果等在城乡、区域、企业、高校、科研机构间有序流动。

（四）完善标准质量体系

深入推进服务业标准化建设，建立完善服务业标准体系。实施“标准化＋”工程，坚持标准引领提升，增强服务产品质量和市场竞争力，建设“中国光谷国家技术标准创新基地”。实施服务业标准化提升计划，建立健全与生产、生活密切相关领域的标准体系。强化标准基础建设，培育标准化专业服务机构，加快各服务行业基础标准的研制修订，探索适应行业特点的服务（企业）分级与评定制度，引导和保障服务业有序、规范、持续、高效发展。研究制定地方行业标准或企业标准,提升服务业领域标准的覆盖率,引领和支撑湖北省服务业向标准化、品牌化、现代化方向发展。

(五)加强人才建设

强化服务业人才支撑,建立健全服务业人才培养和引进机制。依托高等院校和相关机构,加快实施现代服务业人才培养工程,创新服务业人才培养模式,鼓励各类院校和社会培训机构完善学科专业建设,与服务业企业联合建立实训基地,培养和储备各类服务业专门人才,分门别类实施人才计划和人才工程,积极推进高端服务业人才的交流合作,建立服务业人才教育培训体系。加大服务业人才的引进力度,利用全国"千人计划"和湖北"百人计划",重点引进一批复合型、国际型的服务业人才。完善和落实高层次服务业人才的评价、考核、激励机制,对高层次服务业人才、团队创业及项目进展提供全方位服务,营造充满活力、富有成效、更加开放的人才环境。鼓励各地各部门出台政策措施,因地制宜培养和引进本地本行业服务业发展急需的人才。

(六)加强考核评估

健全服务业发展统计考核评价制度,完善考核评价指标体系,强化对服务业工作绩效及发展状况的考核评价。加强组织领导,充分发挥省服务业工作领导小组统筹协调全省服务业发展的职能作用,充分调动各部门积极性,形成发展合力。定期开展规划评估,加强对规划实施情况的跟踪分析,及时公布规划执行情况。加大督促检查力度,确保规划确定的重点任务、重大项目、重要政策落到实处。

三、认定2017年度省级服务型制造示范企业

2017年8月,湖北省经济和信息化委员会根据《湖北省发展服务型制造专项行动实施方案(2016—2020)》要求,经企业申报、地方推荐、专家评审并向社会公示,认定东风设计研究院有限公司等20家企业(项目、平台)为省级服务型制造示范企业(项目、平台)。

要求认定的服务型制造示范企业(项目、平台)以此为契机,进一步加快产品创新、生产技术创新、管理创新和服务模式创新,从传统以产品为中心向制造生产服务增值延伸,不断提高制造服务水平和核心竞争力。

要求各地经济和信息化部门加强对服务型制造示范企业(项目、平台)的指导服务,加大政策扶持和支持力度,进一步发挥省级服务型制造示范企业(项目、平台)在促进地方服务型制造发展和产业转型升级方面的示范带动作用,推动全省服务型制

造向专业化、协同化、智能化方向发展。

四、开展第二批省级服务型制造示范创建工作

2018年2月，湖北省经济和信息化委员会根据《湖北省制造强省建设领导小组关于印发＜中国制造2025湖北行动纲要＞“1＋X”配套行动计划和实施方案的通知》之《湖北省发展服务型制造专项行动实施方案（2016—2020）》要求，开展第二批省级服务型制造示范创建工作。总体要求如下。

（1）突出成效。通过生产型制造向服务型制造转型，推动企业服务收入占比逐年提升，企业生产经营重心从制造环节向制造和服务环节并重转变，企业利润中心由制造部门向服务部门延伸，以引导各类主体围绕核心优势加速转型。

（2）注重创新。深入挖掘在模式创新、管理创新、服务创新等方面具有代表性，并取得良好经济效益和社会效益的典型案例，鼓励各类主体通过创新，加快转型。

（3）鼓励融合。引导制造企业与产业链上下游企业融合，与互联网企业和信息技术服务企业融合，以服务为纽带建立协同共赢的合作关系。通过融合优化产业生态，提升资源统筹和专业协作水平，降低交易成本和合作风险，提升服务能力。

第二批省级服务型制造示范创建工作的重点将聚焦供应链管理、产品全生命周期管理、总集成总承包服务和信息增值服务等领域，按照企业自主申报，地方经信部门推荐的原则，择优选择一批有一定特色和示范效应的示范企业、示范项目和示范平台。

五、开展第二批国家服务型制造示范遴选工作

2018年5月，为贯彻落实《中国制造2025》，推进服务型制造发展，工业和信息化部下发了《工业和信息化部办公厅关于开展第二批服务型制造示范遴选工作的通知》，湖北省经济和信息委员会组织各地市符合条件的企业、项目和平台申报。根据各地上报情况，建立省级服务型制造示范企业、项目和平台库，在此基础上，择优遴选推荐。

第三节　面临的主要问题

加快推进服务型制造有利于湖北省制造业稳增长，有利于经济效益提高，有利于向产业链的高端推进，有利于提高国际竞争力，更有利于将信息技术与制造业的

有机融合,实现智能制造。目前,湖北省服务型制造依然处于发展初级阶段,多数制造企业主要基于产品的延伸服务,而基于客户需求的整体解决方案业务所占比重较小,服务活动所带来的经济效益尚不明显。湖北省服务型制造发展依然面临着一些制约因素。

一、制造业企业自主开展服务化转型的动力不足

制造业企业发展服务型制造,推动服务化转型,涉及企业的战略规划、经营管理、资源配置等多方面因素,不仅需要大量的资金与人力资源支持,还缺少可供遵循的固定模式和路径,而且也面临着市场、技术和经营等不确定风险。从相关信息汇总情况来看,人才、市场、资金成为制约企业发展服务型制造较为重要的因素。不少大中型企业缺乏足够动力开展服务型制造,而拥有人才和专业优势的一些企业服务部门和第三方服务机构往往规模较小、资源较少,很难为大型制造企业提供系统化、一站式的专业服务。

二、一些关键领域自主研发能力欠缺

目前,我国不少关键基础材料、核心基础零部件及元器件严重依赖进口,重大技术装备的系统集成能力不强,95%的高档机床数控系统仍依赖于进口。加之没有核心关键技术就缺乏提供差异化、个性化集成服务的技术支撑,难以提供行业独占性的产品和服务,直接影响到企业向服务型制造转变的程度和效果。服务型制造转型的关键在于实现产业价值链的最大化,而研发与设计正成为创造制造业价值最重要的组成部分。随着研发、设计在产业发展中的地位日益突出,部分研发、设计也从传统的制造企业中分离出来,成为独立的服务型制造业。在这一过程中,信息技术发挥着越来越重要的作用。信息技术在研究设计领域的广泛应用,创新了研发设计的工具和手段,提升了产品的技术含量和质量,推动了制造业价值链的重构。制造业的研发设计越来越重要,影响和决定产品在市场上的价值,成为企业核心竞争力的重要组成部分。

三、支持和促进发展的举措有待加强

目前,国家虽然出台了一系列支持服务业发展的政策措施,但在制造业企业发展服务业方面还存在一些政策障碍。比如:制造业企业普遍缺少服务类资质,在拓展服务业务时存在障碍;缺少统一的服务型制造统计口径和标准,也一定程度上制

约了服务型制造的发展。在涉及企业的政策上，制造业企业内部的服务活动无法按照服务业计算增值税，服务外包存在着重复计税的行业乱象；在进入总承包和相关金融服务领域方面，存在资质管理难等问题；在供应链、总集成总承包、合同管理、再制造、资产处置等领域因缺乏相应的规范和标准，导致价值和履行合约难以测算。

四、专业化服务的平台网络有待进一步建设

服务型制造的重要方向是深化产业链上下游相关企业的合作关系，需要公共服务平台在集中采购、产业协同、平台营销、技术支持和服务集成等方面，提供专业高效的中介服务。目前省内综合性、区域性、专业化的服务平台在数量上较少，服务水平和能力有待进一步提升。针对服务化转型的公共服务供给能力还较为薄弱，特别是尚未形成有效的制造与服务融合发展的支撑体系。

五、对外开放程度不足，高端复合型人才缺乏

湖北作为内陆省份，服务业的国际化基础相对较为薄弱，在开展国际合作和应对国际竞争方面经验不足，服务业整体开放程度偏低，产业渗透式发展不够，服务业“走出去”和“引进来”工作亟待加强。长期以来，制造业在以产品为核心的模式下，人才的培养方式比较简单，人才储备大多围绕产品本身开展，适应服务型制造的创新人才培养体制机制尚不完善，缺乏复合型高端人才成长环境，人才保障和智力支持有待加强。

第四节　下一步推进的思路

一、加快生产性服务业创新发展

依托制造企业集聚区，以外引、内联等方式，吸引、培育一批现代化的生产性服务企业。在智能制造、海洋工程装备、轨道交通、汽车等领域，大力发展融资租赁服务业；对高附加值设备、成套生产线等提供融资租赁服务；鼓励融资租赁企业支持中小企业发展。以智慧湖北建设为契机，推广信息服务业，重点支持信息服务机构面向相关产业提供专业化服务，推动制造业的智能化、网络化、柔性化发展。充分利用高校、科研院所、企业的检验检测设备资源，聚焦光电子、新材料、生物医药等领域，

大力发展分析、测试、检验、认证和计量等综合性服务,通过检验检测服务业引领提升制造业发展水平。利用北斗卫星导航等先进技术,加快发展第三方物流,加快物流公共信息平台建设,提升物流业信息化水平,降低湖北制造业流通成本。大力发展服务贸易,积极推进服务外包,努力把武汉创建成为全国的服务外包示范城市。

二、促进生产型制造向服务型制造转型

围绕拓展产品功能和满足用户需求,增加研发设计、物流、营销、售后服务、企业管理、供应链管理、品牌管理等服务环节投入,提升服务价值在企业产值中的比重。鼓励发展定制化生产,支持船舶、航空航天、纺织服装、家具、玩具等行业积极开展个性化定制,建立快速响应的柔性生产模式,在重点行业推行定制化生产试点,以点带面促进全产业实现定制化生产。支持高端装备制造企业搭建智能服务平台,利用智能技术和信息技术,对装备使用过程的运行状态、利用效率进行远程监测,提供在线检测、检验、监控服务。推动新一代信息技术在产品营销中的应用,拓展电子商务平台功能,通过大数据、云计算的数据挖掘和分析提高消费类制造企业的市场响应能力。

三、推进服务业综合改革试点区和服务业发展示范园区建设

通过合理布局和有效开发,营造有利于服务业快速发展的良好环境,打造开放型、动态型、创新型服务业综合改革试点区和具有产业集中、资源共享、发展集约等特征的服务业发展示范园区。积极推进服务业综合改革试点区创新发展,紧扣体制机制创新的主题,积极探索新的发展模式和路径,为其他地区服务业发展提供可借鉴的经验。大力促进园区提档升级,充分利用园区自身比较优势和资源禀赋,积极引进人才,创新发展模式,培育和引进具有特色的服务业项目,发挥服务业增长极的作用。

四、拓展国际交流与合作

开展高格局、深层次、宽领域的国际合作,积极争取和创造良好的国际环境。加快新型模式、前沿技术的消化吸收与再创新,鼓励湖北省具有一定国际影响力和市场竞争力的企业积极走出去参与国际竞争,广泛开展创新模式的孵化与产业化合作。积极搭建国际化的技术、标准、服务平台,有效聚集全球创新资源,提升制造业企业的服务水平和国际竞争力。

五、完善人才交流和培育体系

突出发挥领军人才作用，鼓励有条件的企业通过技术入股、股权奖励、期权激励等方式引入国际高端技术团队和行业领军人才。通过形式多样的培训和专题讲座，开展服务型制造先进理念和技术的推动工作。为促进企业创新思维模式的转变，培养服务型制造发展所需人才。鼓励高校、职业培训院校、社会培训机构与服务型制造发展对人才的需求对接，开展多层次、多类型的综合教育。

第十九章　智能化技改

当前，新一代信息通信技术快速发展并与制造技术的深度融合，正引发制造业制造模式、制造流程、制造手段、生态系统等的重大变革。湖北省正处于发展的历史机遇叠加期和转型升级关键期，工业经济发展面临的内外环境更加错综复杂。

加快推进企业技术改造和设备更新，是补短板、调结构、培育发展新动能，推动产业向中高端迈进的重要举措。推动全省新一轮企业智能化节能改造和设备更新工作，促进产业转型升级，促进传统产业焕发新的生机。实现新旧动能在新常态下的融合发展，加快发展智能制造，是培育湖北省经济增长新动能的必由之路，是抢占未来经济和科技发展制高点的战略选择，对于推动湖北省制造业供给侧结构性改革，打造湖北省制造业竞争新优势，实现制造强省具有重要战略意义。

第一节　目标要求

一、基本原则

（1）实施一个战略，即加快制造强省建设。到 2020 年，工业总量进入全国前六位；到 2025 年，进入全国制造强省第一方阵。

（2）突出一条主线，即大力推进供给侧结构性改革。紧盯满足需求这个最终目的，把准提高供给质量这个主攻方向，抓住深化改革这个根本途径，从根本上提升制造业供给体系的质量和水平。

（3）主攻一个方向，即推进制造业与网络信息技术融合发展。实施“两化”融合示范工程，加强基于互联网的新型基础能力和平台建设，加快信息基础设施演进升级，培育推广网络化协同制造、个性化定制和服务型制造等新兴模式，拓展制造业与互联网融合发展新空间

（4）提升两种能力，即提高创新能力和工业基础能力。在强化企业创新能力建设的基础上，着力搭建新型协同创新平台、创业创新服务平台，推进制造业创新中心

建设。开展工业强基专项行动，瞄准汽车轮毂轴承、工业机器人、新材料、汽车发动机关键零部件、高端芯片和海洋工程装备关键技术等湖北市场需求大、具备产业基础又亟待实现重大突破的领域，加强“四基”技术研发、市场培育和产品应用，进一步强化湖北制造业基础。

(5) 用好三个手段，即投资、消费、开放合作。稳定工业有效投资，加强项目谋划和项目库建设，滚动实施“万企万亿技改工程”，建立完善的重点项目推进机制。强化质量品牌，提升工业有效供给能力，促进多元化、个性化、高品质消费，滚动实施“工业千项精品工程”，积极开展工业质量品牌提升专项行动，大力培育“专、精、特、新”科技性企业。高水平承接产业转移，全方位扩大国际产能和装备制造合作，加强政策引导，加快推动产业园区合作共建，建立海外营销服务体系。

(6) 突出四个重点，即高端化、智能化、绿色化、服务化。在高端化方面，主动对接工业和信息化部《中国制造 2025 分省市指南》，围绕十大重点领域，突出集成电路、光通信、新能源汽车、高端数控装备、北斗卫星导航、海洋工程装备、生物医药等高端装备领域，培育一批世界级先进制造业集群核心区，加快形成独特的比较优势，培育新经济重要增长点。在智能化方面，牢牢把握智能制造这一主攻方向，以实现重大产品和成套装备的智能化为突破口，以推广普及智能工厂为切入点，加快提升制造业产品、装备及生产、管理、服务的智能化水平。在绿色化方面，坚决淘汰落后产能和化解过剩产能，狠抓重点行业节能降耗，全面推进清洁生产，引导循环产业规范发展。在服务化方面，组织实施服务型制造示范工程，办好“楚天杯”工业设计大赛，大力发展软件服务、现代物流、工业设计、电子商务等生产性服务业，推动生产性服务业向专业化和价值链高端延伸。

二、主要目标

2018 年持续把工业投资作为工业增长的“定海神针”，把技术改造作为产业升级的“必由之路”，提高政治站位、主动担当作为。围绕实施“3121 工程”(3 个万亿元产业、10 个五千亿元产业、20 个千亿元产业和 1000 个隐形冠军)，抓紧抓实工业投资技改工作。

稳增长、快转型、高质量是新时代湖北工业经济发展的新要求。增长稳是条件，转型快是重点，质量高是目标。实现稳增长、快转型和高质量发展的有机统一、协同推进，是湖北省工业经济发展要把握的重要原则。总体目标是，全年工业技改投资不低于 5000 亿元，技改投资增长 12%以上；通过 5 年的努力，全省智能化水平显著提升，打造中部地区制造业智能化改造高地，成为全国产业转型升级示范区。

(一)提高智能制造水平

到2020年,新一代信息技术在制造业重点领域应用取得明显进展,制造业数字化、网络化、智能化水平明显提升,传统产业改造快速突破,3年内规模以上工业企业完成技术改造面达80%以上,技改投资占全省工业投资的42%以上。

(二)提高绿色制造水平

到2020年,绿色制造水平明显提升,传统制造业能耗、水耗、污染物排放强度显著下降,清洁生产水平进一步提高,绿色制造体系初步建立,打造和培育50家绿色示范工厂、5家绿色示范园区,绿色制造产业产值达到5000亿元。每年组织实施重点减排技改工程项目不少于300个、培育清洁示范企业30家。

(三)提高产品质量水平

基本形成以质量效益为核心的价值导向,规模以上工业企业利润率保持在60%左右,利润总额和利润增速在全国位次明显前移、中部领先;制造业产品质量合格率达93%以上,生产性服务业顾客满意率达90%以上。万元工业增加值能耗每年降低4%以上。

(四)优化产业布局结构

战略性新兴产业发展快速突破,规模以上工业战略性新兴产业产值年均增长20%以上,战略性新兴产业增加值占经济总量的比重达到17%以上,百亿级战略性新兴类企业由6家增加到10家。工业结构调整快速突破,高新技术制造业增加值年均增长13%以上,高新技术制造业增加值占经济总量的比重达15%以上;规模以上民营工业主营业务收入占比达80%以上;加快两化融合步伐,国家级两化融合贯标试点企业达300家以上。

第二节　主要进展

一、加强顶层设计,制订工作方案

2018年4月,湖北省政府印发《湖北省工业经济稳增长快转型高质量发展工作方案(2018—2020年)》(下简称《方案》)。《方案》提出,到2020年,湖北制造业总量保持在全国第一方阵，制造业竞争力明显增强，努力建成全国重要的战略性新兴产业集聚区；工业经济运行处在合理区间，规模以上工业增加值年均增长保持在7.5%左右、力争达到8%，每年增长不低于7.0%；工业经济转型取得快速突破，高新技术制造业增加值年均增长13%以上，高新技术制造业增加值占经济增加值总量的比重达15%以上；工业经济发展进入高质量轨道，力争3～5年打造3个万亿元以上产业、10个5000亿元以上产业、20个1000亿元以上行业，1000个细分行业领域隐形冠军。

湖北省将以“十个强力推进”为着力点，即强力推进工业企业技改转型、新兴产业培育壮大、制造业融合发展等，推动工业经济高质量发展。加快布局百万吨级烯烃及芳烃、“芯面端”、新能源汽车、智能网联汽车、新一代信息技术等产业，形成新的竞争优势；聚焦发展新一代信息技术、高端装备、新材料等优势产业，培育壮大生物、绿色低碳、数字创意等潜力产业，超前谋划空天海洋、信息网络、生命科学等未来产业。

政策支撑上，湖北省分别在降低企业成本、优化营商环境、强化财税金融支持、改革要素配置等方面拿出“真金白银”。比如，将工业基本电价降至中部省份平均水平及以下；省财政统筹安排7亿元省级传统产业改造升级专项资金；技改项目地方新增财力连续3年全部奖补给企业；工业投资审批期限在法定时间的基础上再压缩1/3；省级财政筹措50亿元资本金，壮大省再担保集团实力，提高为中小企业融资服务的增信能力。

二、制定智能化技改工作保障措施

（一）强化规划引导

按照“项目化、方案化、精准化”要求，加紧制定“万企万亿技改工程”三年行动方案，围绕智能制造、绿色制造、服务制造、高端装备、工业强基、两化融合等方面，谋划储备一批重大技改项目。精心编制2018年工业技改导向计划和投资指南，引导和支持各地高质量、高效率投资技改。

（二）优化行政审批程序

推行并联审批，简化和规范技术改造投资项目审批事项办理流程。对列入省重点技改工程的项目，优先安排用地指标，优先落实主要污染物总量指标，减少环评审批前置条件，提高环评审批效率，对符合条件的项目开辟绿色通道，加快项目落地。改革不新增建设用地的技术改造项目审批方式，在规划调整、环评、节能评估、建设工程设计方案、招投标等环节，采取告知承诺、同步审批、限时办结等方式，进一步简化审批事项，不新增建设用地的技术改造项目审批期限在法定时间基础上压缩1/3以上，强化事中事后监管。

(三)强化项目组织

建立省市县工业技改投资重大项目库，推进百项重大技改示范项目，完善项目推进机制和绿色通道制度，强化督查考核，加快项目落地和投资进度。

(四)组织实施典型示范

每年支持100家企业重点围绕“机器换人”“产品换代”实施100项重大示范项目，以点带面普及推广智能制造。建立投资额1000万元以上的工业技术改造项目库，实行省、市、县三级联动服务跟踪机制，掌握项目情况，强化跟踪服务。建立省级重大工业技术改造项目监测跟踪机制，由省经济和信息化厅牵头，省发展改革委、省科技厅、省国土资源厅、省环保厅、省国防科工办等部门参与，建立问题反馈和协调制度，实施精准对接、精准服务。

(五)强化金融助推

认真贯彻省政府《关于金融助推“万企万亿技改工程”的指导意见》，建立政银企合作机制和风险补偿机制。推广华夏银行等的成功经验，运用省级奖补资金，扩大投贷联动规模，放大资金乘数效应，吸附更多贷款投入技改。

(六)强化奖补考核

按照省政府要求，从今年开始，5亿元的省级工业技术改造专项资金将由省经济和信息化厅同省财政厅按照“因素法、公式化”的办法，以奖代补分配到各市州、直管市、林区，由各市州、直管市、林区负责落实到有工业投资和工业技改的重点企业。

(七)强化财税激励

扩大长江经济带产业基金、股权投资引导基金、创业投资引导基金规模，统筹优化基金投向，形成总规模500亿元的新旧动能转换引导基金，推动设立2500亿元新旧动能转换基金群。统筹省级财政专项资金，对企业牵头组建的国家级和省级创新平台分别补助建设经费1000万元和500万元。对国家、省重点支持的高新技术领域的企业，其研发投入在享受税前加计扣除政策基础上，按企业年销售收入规模及研发投入占销售收入的比重分别给予20%、10%的补贴。

三、发布《湖北省工业与技术改造投资指南(2017)》

2017年4月,湖北省经济和信息化委员会为了贯彻落实《省人民政府关于加快推进传统产业改造升级的若干意见》和《省人民政府办公厅关于加快推进新一轮技术改造和设备更新促进工业转型升级的意见》精神,加快实施"万企万亿技改工程",大力推进传统产业改造升级,巩固提升传统动能,着力振兴实体经济,正确引导企业和社会投资工业与技术改造的重点领域和方向,鼓励和支持企业加快传统产业改造升级,湖北省经济和信息化委员会在广泛调研和论证的基础上,组织编制了《湖北省工业与技术改造投资指南(2017)》。

四、召开全省工业技术改造现场推进会

2017年5月,为贯彻落实省政府《关于加快传统产业改造升级若干意见》,扎实推进"万企万亿技改工程",研究部署工业技术改造投资和推进工业稳增长工作,保证全年工业技术改造投资和经济运行目标的顺利完成,湖北省政府在武汉召开了全省工业技术改造暨重大项目建设现场推进会。

会议指出,湖北省委、省政府高度重视工业技术改造、工业经济运行等工作,这次会议的主要任务就是要贯彻省委、省政府主要领导关于工业投资、供给侧结构性改革工作的批示精神和工作要求,落实全省投资项目暨招商引资工作会部署,分析当前工业经济和工业技改投资形势,研究下阶段工业技术改造投资和工业稳增长工作措施,确保上半年工业经济目标任务"双过半"。

五、确定2017年第一批传统产业改造升级贷款贴息类项目

2017年7月,湖北省经济和信息化委员会根据《省人民政府关于加快推进传统产业改造升级的若干意见》和《湖北省传统产业改造升级资金管理暂行办法》有关精神,按照省经济和信息化委员会《关于组织申报2017年度第一批传统产业改造升级专项工作的通知》要求,经企业自愿申报,市、州、县经信委(局)审核推荐,专家评审,对2017年第一批传统产业改造升级项目名单予以公示。

六、组织企业申报2017年度第二批传统产业改造升级专项

2017年10月,湖北省经济和信息化委员会根据《省人民政府关于加快推进传统

产业改造升级的若干意见》和《湖北省传统产业改造升级资金管理暂行办法》有关精神,组织2017年传统产业改造升级专项申报工作。支持方向为:贯彻落实省委、省政府重大决策部署,紧紧围绕推进传统产业改造升级和实施"万企万亿技改工程",突出加快设备更新改造、提高装备水平,加快智能化改造、提高网络信息化水平,加快产品升级改造、提升品牌质量水平,加快节能减排改造、提升绿色发展水平,以及推动园区升级改造、提升集约集聚发展水平等五大重点任务,重点支持企业设备更新、智能化改造和产品升级,支持符合《湖北省工业与技术改造投资指南(2017年)》所规定的重点产业发展方向的技术改造项目,首台(套)重大技术装备保险,以及获得国家"中国制造2025"重大试点示范企业(项目)。

七、召开全省工业技术改造电视电话会议

2018年1月,2018年度省政府首个全省专题电视电话会议——全省工业技术改造电视电话会议隆重召开。会上,省经济和信息化委员会相关领导通报了全省"万企万亿技改工程"推进情况和2018年工作的总体安排,湖北省财政厅、武汉市政府、黄石市政府、宜都市政府,以及华夏银行武汉分行和长飞光纤光缆有限公司作了大会交流发言。

会议首先肯定了全省推进"万企万亿技改工程"所取得的显著成效,为顺利完成工业经济增长目标奠定了坚实的基础。会议强调,稳增长首先稳工业,稳工业必须稳工业投资,稳工业投资关键抓技改。要认清形势抓机遇,在充分肯定成绩的同时,坚持问题导向、目标导向,积极抢抓高质量发展、科技革命及产业变革、新动能不断积累带来的新机遇,千方百计把"万企万亿技改工程"实施好。要多措并举抓关键,突出抓好高位谋划和务实推进、政府引导和企业主体、财政投入和社会投资、传统产业改造和新动能培育"四个结合"。要强力推进抓落实,做到落实责任要硬、督办考核要严、技改氛围要浓,以永不懈怠的精神状态和一往无前的奋斗姿态,精心组织实施,奋力书写"万企万亿技改工程"新篇章。

湖北省经济和信息化委员会相关领导在大会发言中介绍了推进实施"万企万亿技改工程"的情况。湖北省以第一力度抓第一要务,大抓硬抓工业投资、狠抓实抓技术改造,扎实推进"万企万亿技改工程",建立通报督查约谈制度,有力促进了技改升级和工业增长。2017年,湖北省工业投资增速回升、结构改善,完成工业投资12712亿元,同比增长11.9%,工业投资总量和增幅分别居全国第6位、第5位;技改投资4959亿元,同比增长61.1%,占比提高至40%;民间投资10427亿元,同比增长8.1%,占比提高至82%,为全省保增长做出了贡献。

会议强调,湖北省省级技改专项资金是政策性、导向性、奖补性资金,目的是表

明省级态度，发出明确信号，引导和调动各地抓工业投资技改的积极性、主动性和创造性。各市州、直管市、林区要认真履行专项奖补资金使用的主体责任，严格执行省专项资金管理办法，确保资金按时足额拨付到工业企业，同时加大本级投入力度，充分发挥有限资金的“四两拨千斤”作用，共同努力实现全省工业发展目标，为全省高质量发展和保增长目标努力奋斗。

八、武汉市入选为全国工业稳增长和转型升级成效明显市

2018 年 5 月，武汉市入选 2017 年度全国工业稳增长和转型升级成效明显市（州）名单。

根据国务院统一部署，工业和信息化部已连续两年组织开展全国工业稳增长和转型升级成效明显市（州）激励工作，每年遴选出 10～15 个市（州）。2017 年 4 月，宁波、烟台等 15 个市（州）被评为 2016 年度全国工业稳增长和转型升级成效明显市（州），工业和信息化部通过工业强基、智能制造等渠道支持了 15 个市（州）的 56 个项目。

2017 年获激励市州，主要在落实“中国制造 2025”、工业稳增长、工业企业技术改造、工业转型升级等 4 个方面得分较高。工业和信息化部在评选结论中认为，武汉市在推进“中国制造 2025”中具有典型的示范作用：各级政府积极引导，推进工作成效明显，制定了《武汉市 2025 行动纲要》《建设“中国制造 2025”试点示范城市实施方案》等，有利于集中资源、聚焦重点领域发展；武汉市以推进国家级产业基地建设为突破口，大力推进传统产业转型升级、培育壮大战略性新兴产业、孕育孵化未来产业，产业迭代体系初步形成，重点产业链不断延伸完善，部分产业领域处于全国领先地位，一批主打产品市场份额领先。

截至 2017 年底，武汉市一共获得 2 个产业集群区域品牌试点示范称号，累计有 8 家企业获得国家级试点示范企业称号，有 3 家企业获得“制造业单项冠军”称号。

九、召开湖北省工业经济稳增长快转型高质量发展推进会

2018 年 5 月，湖北省工业经济稳增长快转型高质量发展暨“万企万亿技改工程”第一次推进会在湖北省宜昌市召开。

湖北省经济和信息化委员会领导通报了 2018 年以来全省“万企万亿技改工程”推进以及工业发展情况，17 个市州政府工业分管负责人汇报了《湖北省工业经济稳增长快转型高质量发展工作方案》（以下简称《工作方案》）的贯彻落实情况，宜昌、武汉、襄阳、荆门围绕实施“万企万亿技改工程”作了书面交流。

会议要求,各地要认真落实好《工作方案》是当前和今后一个时期全省工业经济的重点任务和重要抓手,要在吃透文件精神、细化实化、大胆创新、调研督办考核上下功夫,要增强紧迫感、责任感和压力感,统筹推进稳增长、快转型和高质量发展,聚焦发力抓落实,确保实现"半年过半"目标。

会议强调,要切实把技术改造工作抓紧抓实抓牢,加强项目库建设,提高技改项目谋划深度;加强政策宣传落地,增强企业投资信心;加强投资环境建设,提高技改项目建设效率;加强重点领域突破,力争取得关键性、标准性成果。

第三节　面临的主要问题

一、国产工业软件支撑智能制造发展的能力不足

工业软件是制造业实现数字化、网络化、智能化的核心要素,工业软件在各个发达的国家实施智能制造的战略中均占据着重要位置。当前,在细分领域里,以 ERP、SCM 为代表的经营管理类软件,国外厂商占据 60%以上的市场份额,国产软件存在厂商分散、低价竞争、全方位集成不够、缺少领军型企业等问题。国产生产管理类软件在工业流程的理解和行业知识库积累方面有欠缺,为多个行业提供解决方案的能力不足。以 CAE、PLM 为代表的研发设计类软件,技术壁垒高,湖北省内的大数据分析与应用类软件,相关市场尚未成型,竞争格局仍存在较大变数。目前传统工业结构仍然偏重,重工业占 62.2%;提供成套解决方案的系统集成能力是湖北省装备工业的弱项。从市场规模、技术趋势、竞争格局等来看,支撑智能制造发展的能力不足。

二、产业投资环境有待进一步改善

目前,湖北省许多工业用户企业、大专院校采购招标数控机床时,在标书上都指定国外或外地产品;由政府部门牵头举办的各类数控产品技能大赛中,主办方常以各种理由,排斥选用国产和本地产品,使本地新产品没有展示机会。除市场需求疲弱、资金紧张等共性问题外,促进工业企业生产经营和项目投资建设的政策环境仍需继续改善。从市场环境看,依然有不少企业反映,部分基层政府办事机构不作为、审批手续繁琐、各类优惠政策难落实。同时企业办事遇到"玻璃门"、"弹簧门"等隐形限制情况依然突出,银行对企业信用评估低、利率上浮大,各类手续繁杂费用高,

信贷优惠政策难落实。同时,在对中小企业创新支持、税负减免、技术支持等方面也存在政策落地难问题。从建设环境看,工业项目投资建设越来越受到环境的制约。受长江经济带重化工专项整治政策因素影响,沿江部分已获批建设的化工项目难以落地。

三、中小企业智能化改造推进速度慢

对湖北省本地产品研制企业支持力度不够。从企业规模看,智能装备企业在省内为规模不大的企业,每年的工业产值贡献不多,税收贡献有限,相应地获得省、市政府的资金支持也有限,国家科技重大专项的地方配套资金难以到位。多数中小企业受制于技术、人才、资金等,参与智能制造的程度很低。中小企业普遍信息化、自动化基础薄弱,可借鉴的低成本智能化改造方案严重缺失,融资难度远高于大型企业,管理、技术稀缺,开展智能化改造难度较大。

四、智能制造装备供给能力需提升

虽然近几年湖北省智能制造技术装备整体发展迅速,但是核心关键技术不高、装备短板问题仍然存在,目前大多数省内零部件企业只能生产中低端产品,智能制造关键装备的研发、设计、加工难度较大,产品性能,尤其是稳定性、可靠性问题突出,核心元器件和零部件主要依赖进口。并且企业的研发投入不够,创新能力不强。湖北省研发投入占主营收入的比重偏低,只有 1.31%,低于全国 1.8%的平均水平,装备工业产品研发费用占销售收入的比例为 1.6%,大大低于发达国家 5%～6%的水平。全省高端装备关键技术自给率低,先进技术对外依赖度高,自主品牌缺乏。

目前,高档数控机床在高速、高精、多轴联动控制、多通道复合加工、网络通信等数控技术方面与国际先进水平比较存在一定差距。工业机器人生产制造过程所需装备几乎涵盖了从高档数控机床、工业机器人到智能传感与控制装备、智能检测与装配装备、智能物流与仓储装备,这些装备很多需要依赖进口;同时,一些生产机器人所需要的关键零部件大多依赖进口。

五、智能制造人才供应存在短板

智能制造对高端专业技术人才和高技能人才需求量较大,但目前智能制造人才培养体系尚未建立,人才储备不足,人才缺口较大。具有智能制造基础的高级技工缺乏,具备操控关键设备技能的一线人员不足,企业陷入用工困局。

第四节 下一步推进的思路和重点任务

一、推进的思路

(一)发展先进制造业

一是实施“中国制造 2025”湖北行动。主动对接“中国制造 2025”,深入实施“双九双十”行动,全面推进制造业向高端化、智能化、绿色化、服务化转型,加快新旧动能接续转换,奋力打造“三区一中心”。

二是加快重点领域突破。突出集成电路、新能源汽车、高端数控装备、光电子、北斗卫星导航、生物医药等新兴领域,谋划和实施一批先进制造业投资项目,重点培育一批骨干支撑企业,在新兴重点领域实现突破。

三是培育壮大产业集群。围绕电子信息、装备制造、汽车等优势支柱产业,加强“四基”产品和技术推广应用,夯实湖北制造业基础;推进省级和国家级新型工业化示范基地建设,培育光电子、汽车等世界级先进制造业产业集群。

(二)优化升级传统产业

按“三大变革”和提高全要素生产率的要求加快优化升级步伐,注入新思维、新模式、新技术。

一是加快技术改造。深入实施“万企万亿技改工程”,精心谋划实施一批重大技改工程和示范项目,全面提高产品技术、工艺装备、能效环保和本质安全水平。

二是打好去产能攻坚战。深化供给侧结构性改革,依法依规淘汰落后产能。更多运用市场机制和经济手段,在产能严重过剩领域压减无效低效产能,通过兼并重组等方式稳妥推进“僵尸企业”出清。有效推进工业“三去一降一补”,优化存量资源配置,扩大优质增量供给。

三是着力降低成本。继续围绕工业电价、社保缴费等领域,推进降本增效。加强企业负担监管,及时动态调整涉企收费清单,开展涉企收费专项督查。协调推动长江产业基金、省级股权引导基金等与“湖北制造 2025”精准对接,支持企业发展股权融资、债权融资、政策性债转股,引导民营企业建立现代企业制度,推动民企上市融资,降低企业融资成本。

（三）推进“两化”深度融合

围绕实现智能制造，推动互联网、大数据、人工智能和实体经济的深度融合，培育新增长点、形成新动能。

一是加快信息基础设施建设。深入实施“宽带湖北”行动，全面推进宽带普及提速、移动互联网、5G 等建设。

二是加快智能制造发展。大力发展高档数控机床、工业机器人、智能专用装备等智能制造装备。支持武汉智能制造城市试点示范建设，在汽车、机械、电子等领域实施智能制造应用计划，带动一批企业实施智能化改造。

三是实施“两化”融合示范工程。组织开展国家和省级试点示范，推进软硬一体、网络互联、平台支撑、数据驱动、应用示范“五位一体”融合创新。

四是加强基于互联网的新型基础能力和平台建设。加快自动控制和感知硬件、工业核心软件、工业互联网、工业云和智能服务平台等“新四基”能力建设，支持大中型制造企业建设基于互联网的开放式双创平台，加快“楚天云”发展。

五是培育新经济和新模式。大力培育分享经济、数字经济，发展网络化协同制造、个性化定制等“互联网＋制造业”新模式，实现从“制造”向“制造＋服务”转型。

（四）推进工业绿色转型

一是大力发展循环经济。加大工业固废综合利用，发展循环型产业。以大宗工业固废为重点，壮大资源综合利用产业规模。重点发展磷化工、钢铁、有色和建材等循环型产业。大力发展报废汽车拆解和废旧家电及电子电器产品、废旧金属、废纸等再生资源循环利用产业集群。以汽车零部件、工程机械等为重点，壮大发展再制造产业。

二是加大节能减排力度。调整淘汰高耗能、高污染、高危险、低效益的企业、产品和工艺，实施清洁生产示范工程，推进石化、造纸、印染等行业搬迁改造入园。

三是全面推进清洁生产。积极推广应用清洁生产先进适用技术。推进低碳园区试点、清洁生产试点示范企业、机电产品再制造试点等试点示范工程，开展绿色工厂、绿色产品、绿色园区和绿色供应链建设。

（五）加强人才保障力度

实行更积极、更开放、更有效的人才引进政策，大力引进国家“千人计划”“万人计划”等优秀高层次人才来鄂创新创业，更大力度实施省“百人计划”“我选湖北”等计划。采取“四个一”（一个院士、一个团队、一支基金、一个产业园）办法，吸引高端人才进驻及高科技成果在鄂转化。对省级认定的产业领军人才和高水平创新团队直接给予50万元至200万元的奖励补贴。保障高校、科研院所用人自主权,赋予教师、医生、科研人员等更大的流动自主权,建立企事业单位创新人才双向流动通道。深化"荆楚卓越人才"协同育人机制,鼓励企业建立高校、科研院所实践基地,引导行业、企业和用人单位参与高校人才培养。大力实施"技能人才振兴计划",不断提高"湖北工匠"等技能人才经济待遇和社会地位。完善科研人员收入分配政策,依法赋予创新领军人才更大的人财物支配权、技术路线决定权。建立对创新人才的股权、期权、分红等激励机制,提高科研人员成果转化收益分享比例。

二、重点任务

(一) 推进设备更新改造,提高装备水平

鼓励传统产业加快淘汰落后工艺技术和设备,推广应用自动化、数字化、网络化、智能化等先进制造系统、智能制造设备及大型成套技术装备;支持重点领域企业根据行业和自身特点,开展"机器换人"现代化技术改造;支持重点企业瞄准国际国内前沿技术,实施装备创新工程,鼓励首台(套)装备和重大通用装备跨领域的首次推广使用,加快装备升级改造,优化工艺技术,提高生产效率,推动关键领域技术装备达到国际国内先进水平,全面提升传统产业装备技术水平。

(二) 加快智能化改造,提高网络信息化水平

加快实施《中国制造2025湖北行动纲要》和万亿战略性新兴产业推进方案,扎实推进"互联网+制造业"行动计划,推动移动互联网、云计算、大数据、物联网等与制造业跨界融合,加快"楚天云"和"工业云"、公共技术智能服务平台等基于网络技术的工业新型基础能力和平台设施建设,积极培育网络协同制造、个性化定制、服务型制造等网络化生产新模式,实现传统产业智能化、网络化升级。支持在基础条件好和需求迫切的重点地方、行业,选择重点骨干企业,围绕离散型智能制造、流程型智能制造、网络协同制造、大批量定制、远程运维服务、众包众创等方面,紧扣关键工序智能化、关键岗位机器人替代、生产过程智能控制、供应链优化,开展智能制造新模式试点示范,建设智能工厂、数字化车间。

(三) 加快产业转型升级

着力打造食品万亿元产业集群。深入实施"万企万亿技改工程",提升全省制造业智能化、服务化、绿色化水平,强化企业品种、品牌、品质"三品"能力建设,重点支持钢铁、石化、建材等行业加快实施技术改造,优化石化产业布局。支持黄石市国家

产业转型升级示范区建设。深入实施军民融合六大工程，支持武汉、襄阳、宜昌、孝感等示范基地做大做强，支持随州、咸宁等地建设国家应急产业基地。积极打造一批军民融合千亿元产业。支持和鼓励钢铁、汽车、石化、纺织、食品和建材等行业的企业兼并重组。实施中小企业成长工程，培育一批细分行业领域的"隐形冠军"。深入实施服务业"三千亿元产业培育工程"，重点围绕金融、现代物流、研发设计和科技服务、软件和信息技术服务、商务服务、商贸服务、文化体育服务、旅游、健康养老和家庭服务、房地产等十大优势行业，推动生产性服务业向专业化和价值链中高端延伸、生活性服务业向精细化和高品质转变，继续抓好"五个一百工程"，力争服务业占GDP比重稳步提升。支持鄂州建设中部电商基地。

（四）加快产品升级改造，提升品牌质量水平

重点围绕汽车、家电、智能终端、纺织服装、医药、食品等消费品领域，以实施增品种、提品质、创品牌的"三品"专项行动为抓手，坚持依法依规加大保护知识产权的力度，全面加强质量管理，组织重点企业开展行业对标和产品品质对比活动，支持企业实施一批创新成果产业化项目和精品名牌产品改造扩能项目，推动标准提升和产品升级换代。推动实施"工业千项精品工程"，支持企业提升技术研发能力、创意设计能力、中高端制造能力、品牌运作能力和市场服务能力，发扬"工匠精神"，发展中高端产品，培育"百年老店"。发挥标准引领作用，加强质量品牌建设，提升质量管理水平，着力打造一批品质高、效益好、实力强、拥有核心技术和自主知识产权的大企业集团，重点扶持一批传统行业"专、精、特、新"和科技型企业发展，到2020年培育形成100家以上国内"隐形冠军"和30家以上国际"隐形冠军"。

（五）深化"三去一降一补"

综合运用市场化、法治化手段，推动总量性去产能向结构性优产能转变，巩固去产能既有成果，严格防控已淘汰产能和"地条钢"死灰复燃，依法处置"僵尸企业"。着力发挥多层次资本市场作用，不断增强金融服务实体经济能力，进一步扩大直接融资规模。推进市场化法治化债转股工作，力争完成3～5家企业债转股。出台新一轮降成本政策措施，进一步降低制度性交易成本，引导企业通过技术改造、管理创新和精益生产降本增效。深入推进补短板重点工程，进一步抓好重点支撑性产业、新兴产业、市场主体、现代金融等方面的补短板工作。

（六）加快节能减排改造，提升绿色发展水平

围绕工业生产源头、过程和产品等重点环节，重点支持钢铁、冶金、石化、建材、造纸等高耗能、高污染企业实施节能环保、清洁生产、资源综合利用等技术改造。积

极发展循环经济,加快推广运用国内外先进节能、节水、节材设备及工艺和工业产品绿色设计研发系统,鼓励废旧金属、废轮胎、废电子电器产品等资源的回收再利用,支持大宗工业固废综合利用,加强重金属和危险化学品等的污染防治,提升资源能源综合利用水平。引导企业加快安全生产管理和监测预警系统、应急处理系统、危险品运输系统设施的推广与应用,优先支持技术工艺先进、有效消除重大安全隐患的技术改造项目,全方位提高工业企业安全生产水平。严格执行环保、能耗、标准、安全等方面的法律法规、产业政策和强制性标准,落实阶梯电价政策,推进环境第三方治理,加快形成工业绿色发展体系。

(七)推动园区升级改造,提升集约集聚发展水平

推进老工业基地改造、资源枯竭型城市转型、城区危险化学品企业搬迁和新型工业化示范基地建设,鼓励产业园区制订整体改造提升规划,推动龙头企业及配套企业产业链协同改造;支持园区现有公共服务平台的升级改造,重点支持一批产业共性技术开发、研发设计、质量认证、试验检测、信息服务、第三方中介组织等公共服务平台的建设;加强园区供电、供热、供水、信息化、"三废"处理、安全监控等公共基础设施建设,并按照通用性、配套性、集约性的要求加快标准厂房建设,为中小微企业承接产业、技术转移、集聚发展提供空间平台,引导工业园区和产业基地主导产业发展壮大,推动形成一批要素集约高效、产业特色鲜明、生态环境良好的产业集聚区。

(八)建立稳定的教育基地,解决智能制造的人才队伍问题

人才是制造业转型升级的核心要素。湖北省每年培养十多万工科毕业生,制造业的升级离不开这些高水平的技术研发人才、各层级企业管理人才和市场经营人才。一是湖北省要加大在培养和引进高层次人才方面的力度,更要让更多的本省培养的人才能留下来为湖北服务。二是依托华中科技大学、数控系统国家工程技术中心、华中数控公司雄厚的产学研资源,建立湖北省智能制造产业人才培养基地,设立专项教育培训资金,通过支持基地开展专项培训或学历继续教育,分期次、分层次、可持续地推进数控技术及相关智能制造产业的各类人才的教育与培养。

第二十章　制造业国际化

随着经济全球化和区域一体化进程的逐步加快，全球经济、金融、贸易、政治等格局正在发生深刻变革。在此背景下，中国通过“一带一路”倡议，推动了国内制造业与沿线国家资源和市场的充分整合，为企业的未来发展找到了新的经济增长点。制造企业可采用向国外出口产品、赴国外设厂以及国际并购等模式，迈向国际化的广阔舞台。

习近平总书记指出，要改善投资和市场环境，加快对外开放步伐，降低市场运行成本，营造稳定公平透明、可预期的营商环境，加快建设开放型经济新体制，推动我国经济持续健康发展。为促进中国制造业的跨越发展，我国政府提出了“中国制造2025”战略，要将中国从“制造大国”打造成“制造强国”。中国制造要引领全球制造业的发展趋势，很重要的一点是要让我国企业“走出去”，参与国际竞争，让中国制定的产品标准能够成为国际化的行业标准。

湖北省是传统工业大省，在国家鼓励“走出去”的钢铁等 12 个产业中，有 9 个是湖北传统优势产业，与“一带一路”沿线国家产业结构互补性很强。根据中央部署要求，湖北已制定《湖北省参与建设“一带一路”的实施方案》，出台了《关于贯彻落实习近平总书记重要讲话精神　深度融入“一带一路”的建设意见》和《湖北省深度融入“一带一路”建设重点任务分工方案》等。近年来，湖北制造业国际化在多方面取得了重要进展。

第一节　目标要求

一、基本原则

以习近平新时代中国特色社会主义思想为指导，全面贯彻党的十九大精神，坚定不移贯彻创新、协调、绿色、开放、共享的发展理念，深入实施创新驱动发展战略，按照“五位一体”总体布局、“四个全面”战略布局和湖北省委“率先、进位、升级、奠基”总目标，顺应“互联网+”“互联网+人工智能”的发展趋势，加快推动“建成支点、走在前列”进程。进一步发挥促进中部地区崛起重要战略支点的作用，深度融入“一带一路”倡议，进一步扩大对内对外双向开放。坚持以企业为主体，以共赢为导向，加强优势产业培育、加快通道建设、实现经贸“优进优出”建设，建立完善促进制造业国际化的政府服务保障体系，推动湖北省制造业在更高层次、更宽领域和更高水平上开放发展。

（一）坚持企业主导、政府推动

以企业为主体、市场为导向，按照国际惯例和商业原则开展国际产能和装备制造合作，企业自主决策、自负盈亏、自担风险。政府加强统筹协调，制定发展规划，改革管理方式，提高便利化水平，完善支持政策，营造良好环境，为企业“走出去”创造有利条件。

（二）坚持突出重点、有序推进

国际产能和装备制造合作要选择制造能力强、技术水平高、国际竞争优势明显、国际市场有需求的领域为重点，近期以亚洲周边国家和非洲国家为主要方向，根据不同国家和行业的特点，有针对性地采用贸易、承包工程、投资等多种方式有序推进。

（三）坚持注重实效、互利共赢

推动湖北省装备、技术、标准和服务“走出去”，促进湖北省经济发展和产业转型升级。践行正确义利观，充分考虑所在国国情和实际需求，注重与当地政府和企业互利合作，创造良好的经济和社会效益，实现互利共赢、共同发展。

（四）坚持积极稳妥、防控风险

根据国家经济外交整体战略，进一步强化我国比较优势，在充分掌握和论证相关国家政治、经济和社会情况的基础上，积极谋划、合理布局，有力有序有效地向前推进，防止一哄而起、盲目而上、恶性竞争，切实防控风险，提高国际产能和装备制造合作的效用和水平。

二、主要目标

力争到2025年，优势产业对外直接投资规模进一步扩大，质量和效益进一步提高，全省境外投资项目协议投资总额年均增长10%以上，推动龙头企业国际化，支持企业建立海外生产加工基地，在装备、汽车、冶金、电子信息、轻纺等领域，培育跨国企业集团。依托光纤通信、汽车等行业优势，积极承办具有国际影响力的全球性贸易博览会及国际会议，打造省内制造业企业交流的国际平台。依托湖北省产业集聚区和沿江产业带，培育国家级制造业出口创新示范基地，建设省级制造业出口创新示范区。

到2020年，培育8～10家具有国际竞争力的跨国公司；到2025年，培育15～20家百亿规模的跨国集团。通过5～10年的努力，将湖北打造成为全国内陆开放高地和对外开放体系中的重要节点。

第二节　主要进展

一、加强顶层设计，加快制造业国际化发展进程

（一）完善政策体系

为深入贯彻落实《中共湖北省委、湖北省人民政府关于印发〈湖北产业转型升级发展纲要（2015—2025）〉的通知》精神，根据《国务院关于推进国际产能和装备制造合作的指导意见》，以及工业和信息化部《促进中小企业国际化发展五年行动计划（2016－2020年）》部署要求，2017年1月，湖北省发展和改革委员会制定了《湖北省国际化发展专项行动计划》，推进湖北省企业参与国际产能和装备制造合作，加快产业发展国际化步伐。

（二）搭建外贸外经企业对接平台

主动对接《中国制造2025》，贯彻落实《中国制造2025湖北行动纲要》，启动实施一批重大工程、重大项目，推进重点项目对接"一带一路"建设。积极与国外先进企业建立合作伙伴关系，鼓励有条件的企业到出口目标市场设立研发机构、生产基地，在国外申请专利，开展国际并购，实现企业国际化战略。支持鼓励优势企业在境外开展并购和股权投资、创业投资，参与国际示范推广项目，合作探索新型商业化模式。搭建外贸外经企业高层对接平台，促进龙头企业建立海外营销服务体系。优化利用外资产业结构，引导外资投向，提升承接和吸纳国际产业转移的规模和能力。在省委、省政府推动下，湖北省相关企业已与哈萨克斯坦、土耳其、伊朗等国签署了一系列外经贸合作协议，与白俄罗斯签订了多项经贸合作和入驻中白工业园的协议。借助湖北经贸投资推介会、中博会、华创会等平台，与"一带一路"沿线各国客商

签署了系列协议。2017 年,湖北省第十一次党代会报告指出,要扩大对内对外开放,加快构建内陆开放新高地,同时指出,要深入实施开放先导战略,全面提升开放型经济水平,加强与“一带一路”沿线国家和地区的经贸文化交流与合作。

(三) 努力夯实产业对外开放基础

为了加快产业发展国际化步伐,构建开放型经济发展新优势,湖北省经济和信息化委员会(现湖北省经济和信息化厅)在全省范围内组织开展了工业企业“走出去”专题调研。调研组先后赴武汉、襄阳、黄石、荆州等地,实地调研了人福医药、光谷北斗、三环轴承、新冶钢等 10 多家“走出去”企业,分片区与各市州经济和信息化委员会及武汉扬子江、襄阳中航精机、荆州恒隆汽车等 30 多家企业进行了座谈交流。在调研基础上,湖北省经济和信息化委员会形成全省工业“走出去”专题调研报告,编制出台《全省工业企业推进国际产能和装备制造合作三年行动方案(2017—2019)》,建立全省工业企业“走出去”动态名册和重点项目库,为提升湖北省制造业国际化水平,加快制造强省建设夯实基础。

(四) 全面提升工业发展的影响力

湖北省经济和信息化委员会主办了中部外资企业合作发展论坛,向外资企业宣传和推广湖北省相关领域的技术成果,交流行业发展趋势,加深彼此相关领域的了解认识。组织参加第二十一届中国国际软件博览会、第十届 APEC 中小企业技术交流暨展览会、第十四届中国国际中小企业博览会、第十七届华创会等大型涉外展会。活动期间,通过播放有关省情和全省工业发展概况的专题视频,向国内外企业展示湖北省蓬勃向上的发展风貌,吸引了大批境外展商驻足观看,提高了湖北省的知名度和影响力。

二、制定制造业国际化对外对内开放保障措施

(一) 完善国际产能和装备制造合作支持政策

全面落实企业境外投资涉及的技术、装备及服务出口的税收优惠政策,加快境外投资企业相关的出口退税办理进度,搭建金融机构支持湖北省企业国际化的银、政、企合作平台。

(二) 健全促进境外投资的政府服务体系

将湖北省重点境外投资企业和重大项目纳入国家重大战略规划和双边合作机

制，统筹协调国家相关金融、投资、信保机构和基金组织对湖北省重点境外投资项目提供融资和保险支持；进一步简政放权，除涉及敏感国家和地区、敏感行业的投资外，实行备案管理，搭建湖北省与重点国家、地区深化国际产能和装备制造合作的制度化平台。

（三）建立境外投资风险防控体系

依托国家重大国别或地区风险评估和预警机制，加强湖北省境外投资重点国别或地区的风险评估和预判，及时通报、警示重大风险。积极配合国家有关部门妥善处理涉及湖北省境外投资等重大风险和问题，综合运用外交、经济、法律等手段，切实维护湖北境外投资企业的合法权益。

（四）调整产业结构，改造提升传统产业，培育新兴产业

近年来，湖北坚持集群发展、环境配套、开放引领、创新驱动、统筹兼顾、绿色发展，一方面稳定传统优势产业，另一方面加快推进传统产业改造升级。湖北将提升传统产业“五大水平”(装备、品牌质量、网络信息化、绿色发展及集约集聚发展水平)作为湖北供给侧结构性改革的重要任务，使推进传统产业升级成为新旧动能转换接续的关键。2017 年初，湖北《关于加快推进传统产业改造升级的若干意见》正式印发。目前，湖北“万企万亿技改工程”正全面落地实施，计划通过三年左右时间，实现全省规模以上工业企业技术改造全覆盖。重点扶持一批传统行业“专、精、特、新”和科技型企业。

（五）构建国际大通道，提升“支撑中部，服务全国”的交通枢纽功能

在航空方面，2017 年，武汉天河机场新开通武汉至悉尼等航线，湖北国际和地区航线达 48 条，武汉天河机场的区域性航空枢纽地位不断巩固。2016 年，武汉天河机场旅客吞吐量达到 2077.1 万人次，同比增长 9.7%，较“十二五”开局年增长 66.67%，全国排名第 14 位；货邮吞吐量居全国机场第 16 位，同比增长 13.3%，高于全国平均水平(7.17%)，其中国际及地区货邮吞吐量突破 2 万吨，同比增幅达到 68.2%，增幅居全国前列。在铁路方面，中欧(武汉)班列进一步扩大辐射区域和业务范围，以省会城市武汉为中心，已经形成贯通南北、连接东西的铁路网。特别是武汉的高铁中心地位进一步巩固，通往十几个方向的高铁网逐渐形成“米”字形的网链结构，未来将连通长江经济带，构建起多条连接“一带一路”的大通道。在长江航运方面，湖北港航建设进一步加速，开通了多地至上海的定班航线，实现了“江海直达”，同时还逐步打通了通往东盟的“海上丝绸之路”。在公路方面，对接“一带一路”的陆上通道建设初具规模，湖北“一肩挑两带”地位更加突出，高速公路“七纵五横三

环”主骨架基本建成,通过高速公路网可以与京津翼、珠三角、长三角、成渝经济区、关西城市群、环鄱阳湖经济区、海峡西岸城市群等区域实现连接。

(六)打造服务平台,推动与“一带一路”沿线国家的合作交流

湖北地处长江经济带和“一带一路”的中心位置,在发展上具有天然的优势。湖北通过统筹推进纳入该省长江经济带规划的277个重大项目,形成清单管理、滚动推进机制,将湖北打造成长江中游地区对接“一带一路”建设的重要枢纽。同时,在地方层面积极推进与“一带一路”沿线国家的合作,以领导互访为契机,湖北省与“一带一路”沿线国家和地区缔结友城达28对,积极构建地方政府间交流机制,调动参与共建的积极性。如宜昌市和伊犁哈萨克自治州共同签署了《共同构建“宜新欧”水公铁联运国际通道战略合作协议》。在平台建设方面,2017年,武汉新港空港综合保税区正式封关运营。目前,武汉已有三大海关特殊监管区,即东湖综保区、武汉新港空港综保区和武汉经济开发区出口加工区,在中部地区城市中海关特殊监管区数量位列第一。2017年,中国(湖北)国际贸易“单一窗口”全面建成,实现了海关全流程通关一体化作业和检验检疫一体化作业。

(七)加强与领事馆、商会的联系

湖北省委对驻汉领事馆、商会的信息进行了收集整理,主动定期拜会、应邀参加其国庆纪念日,邀请其参加在鄂举办的重大国际活动。通过形式多样的交流,密切与使领馆的关系,争取其对湖北省委工作的支持和帮助,使其成为宣传、推介湖北省工业发展的渠道,成为湖北省委对外交流和招商引资的桥梁。

三、调整对外贸易迈上新台阶,进出口额增速较快

2018年上半年,湖北省实现进出口总值237.9亿美元,同比增长17.3%。其中,出口151.4亿美元,同比增长18.1%;进口86.5亿美元,同比增长15.9%。

总体来看,湖北省外贸出口情况呈现出以下特点。一是外贸新业态发展迅速。2018年上半年,汉口北市场采购贸易方式出口1.55亿美元,东湖综保区跨境电商公共平台1~4月进出口货值已接近去年全年水平。二是龙头企业带动作用明显。湖北省出口排名前20的企业出口占全省外贸出口比重达39%,其中有18家呈现良好增长态势,有效拉动全省外贸出口增长。三是市州总体增长情况良好。2018年上半年,14个市州外贸出口保持增长,前五大出口市州武汉、宜昌、襄阳、黄石、荆州分别增长16.8%、14.2%、33.7%、48.3%和50.1%,占湖北省出口总值的82.3%,为全省外贸出口保持稳定增长提供了有力支持。四是对“一带一路”沿线国家出口快速

增长。2018 年上半年，湖北省对“一带一路”沿线国家出口 50.3 亿美元，占湖北省出口总额的 33.2%，同比增长 19.4%，高于全省出口增幅 1.3 个百分点，“一带一路”沿线新兴市场成为湖北省外贸出口的增长新空间。

四、建设烽火集团与华中科技大学“一带一路”人才基地

2018 年 4 月，烽火通信科技公司与华中科技大学共同宣布，携手共建我国首个“一带一路”服务贸易人才培养基地，每年培养万名外籍服务贸易人才。这意味着，光谷将成为我国向“一带一路”沿线国家输出服务贸易人才的大本营。基地挂牌后，校企双方将在专业设置、课程开发、教材编制和就业实习等方面开展合作，计划每年培训万名外籍服务贸易人才输送到全球，为打造国际人才自由港、推动武汉市服务外包产业发展提供智力支持。双方还将积极复制和推广国际人才校企合作培养新模式，面向全国 IT 企业开展国际人才培养工作，吸纳全球 IT 企业和国际人才进入基地，筹建国际人才培养产学合作联盟，将基地打造成具有公共服务功能的国际人才孵化平台，推动武汉服务贸易实现快速发展。

五、组织企业参加第二十二届中国国际软件博览会

由工业和信息化部、北京市人民政府共同主办的第二十二届中国国际软件博览会（以下简称软博会）于 2018 年 6 月 29 日至 7 月 2 日在北京展览馆举办。软博会是我国软件和信息技术服务业领域最具影响力、持续时间最长的专业展会，本届软博会以“新时代 新理念 新软件”为主题，设置 7 个展区，展出面积达 2 万平方米，湖北武汉等 18 个地方组团参展，80 家企业独立参展，合计参展企业近 400 家；举办 5 场高峰论坛、21 场平行论坛、工业互联网安全精英邀请赛、“软件之夜”颁奖盛典等系列活动以及多场成果发布会。

湖北省经济和信息化委员会、武汉市互联网信息办公室联合组团，围绕“软件赋能创新创业”展区主题，以“软件汉军・双创湖北”为名，组织 22 户双创特色软件企业参展，充分展示了湖北武汉再造“互联网＋”生态、“引凤归巢”、软件赋能创新创业的新成果和新亮点。在软博会平行论坛 2018 中国软件和信息技术服务综合竞争力百强企业发布会上，湖北省武汉邮电科学研究院、武汉天喻信息产业股份有限公司、领航动力信息系统有限公司、武汉佰钧成技术有限责任公司 4 家企业进入全国软件百强企业名单。武汉深之度科技有限公司的“深度操作系统龙芯桌面版”从全国征集的 163 个产品作品中脱颖而出，获评优秀软件产品。

第三节　面临的主要问题

尽管近年来湖北对外开放整体水平得到了较大提升，但与湖北具备的区位优势和整体实力相比、与国内先进地区相比，湖北开放型经济发展基础弱，经济开放度不高，发展水平相对较低，对外开放仍然是湖北经济发展中的短板。

一、进出口规模偏小，外贸产品竞争力不强

湖北对外贸易依存度一直处于10%左右的较低水平，进出口贸易规模偏小，与发达地区相比存在一定差距，与GDP的发展速度和总量不相称。湖北2016年GDP总量占全国总量的比例为4.3%，但是在进出口贸易总额上，湖北仅占全国份额的1.1%。国际旅游外汇收入、对外经济合作等项目占GDP的比重都较低。外贸对经济增长的拉动作用有限，外向型企业规模偏小、数量较少，产品竞争力不高。出口商品主要以资源型产品、劳动密集型工业品以及一般机电产品为主，处于产业链中低端，高附加值的产品占比较低。

二、外经合作层次仍需提升

一是利用外来资金规模相对较小。2016年，湖北实际使用外资为101.3亿美元，仅占全国8%的份额，同期山东、江苏、广东实际使用外资分别是湖北的1.6倍、2.4倍、5.1倍。二是外来投资结构不够合理。外来资金投资主要集中在第二产业，外来投资企业规模偏小，国际大财团、世界500强企业相对较少。三是对外投资产业层次偏低，“走出去”能力有待提高，外经合作层次仍需提升。湖北在外经合作方面，合作对象主要集中在亚洲、大洋洲和非洲，合作内容主要是对外承包工程和直接投资。2016年湖北对外承包工程完成营业额仅占全国的3.2%，大多数对外承包工程企业抗风险能力弱，受国际环境变化的冲击较大。在非金融类对外直接投资上，湖北在全国占比也很低，2016年湖北实际对外直接投资额约为14亿美元，仅占全国对外直接投资总额的0.8%。

三、开放结构不优，发展不均衡

一是进出口行业结构层次较低。外商投资企业、民营企业进出口占比缺乏高科

技含量、高附加值的领军产品，进出口主要倚重资源和劳动密集型等传统部门。比如出口主要集中在四大类产品，机械设备、电子电器、服装、无线电话的出口额占到全省出口总额的一半；进口则主要集中在电子电器、集成电路、铁矿砂等产品。二是各市州开放发展不均衡现象比较明显。2017 年 1—5 月，武汉市进出口总值为 715.8 亿元，占全省的 63.8%。省域副中心城市宜昌同期外贸进出口总值为 60.6 亿元，仅占全省的 5.4%。从基础设施建设水平来看，武汉也存在一城独大的局面，比如通过武汉天河机场出入境的人数占全省的比例达到 99%以上，全省港口的进出口货运量有 76.9%集中在武汉港。

四、外向型企业实力较弱

虽然葛洲坝集团、华新水泥、人福医药等企业在“一带一路”建设中已经取得一些成绩，但与其他省市相比，湖北企业的海外营业收入、海外职工数量、海外资产占比、跨境并购交易金额等指标仍偏低。汽车、钢铁、化工等产业作为湖北的支柱产业，其发展优势并不明显，特别是在国际范围内，仍不具备强有力的竞争优势，抱团出海的企业不多，“以点带线、以线带面”的局面远未形成。从企业运作来看，目前湖北企业境外投资主要是通过资金、设备、原材料投入等直接投资方式，资本运作的境外投资方式少，基本不具备大规模并购境外企业的实力。尤其是民企受困于政策限制自有资金不足、资产抵押不够等原因，无力进行更大规模拓展。而且由于“一带一路”沿线国家政策和经营环境复杂，信息获取渠道有限，门槛较高，企业对境外投资认识不足，存在较大风险。

五、国际货运条件不佳

湖北地处中部，物流环节较多、物流成本较高仍未得到明显改善，全货机航线及班次少，水运难以实现江海直达。省内外贸企业反映，出口货物通过空运方式出口往往要通过陆运经转郑州、上海等地，通过水运方式出口也会到上海等长江下游港口换装海轮，或通过公路运输至深圳、天津等沿海口岸报关出口。湖北省相对沿海地区和中部兄弟省市，外贸出口物流成本较高且时效性差。

六、融资难问题普遍存在，影响外贸企业发展

一是银行对融资风控力度不断加强，新增授信额度少，续贷时间长，资金使用周期短。二是银行融资产品没能充分发挥，从国家到省级层面都要求金融部门创新融

资产品以支持实体经济发展,特别是加大对外贸出口企业的支持力度,扩大出口,但是部分市州针对外贸出口融资产品没取得应有的成效。三是县域调度资金取消,又无新的资金补充,直接减少了出口企业流动资金。

七、国际市场环境趋紧,中美贸易摩擦影响外贸企业发展

因中美贸易摩擦升级,为有效规避贸易风险,美国市场客户不敢大批购入、大量囤货,而是将交付时间充裕的大订单转换为短、急、快的零散小订单,下单数量减少、次数增加,甚至会突然取消订单,导致出口企业原材料采购周期短、生产工期赶、交付时间紧,许多企业的生产线不能实现产能最大化,生产工期无法连贯,企业缺员不敢补充,生产成本显著提升,出口竞争力有所下降。受关税大幅提高影响,企业出口不仅不赚钱,甚至可能亏本。

第四节　下一步推进思路和主要任务

一、培育优势产业,强化出口竞争优势

(一)加速解决企业面临的迫切问题

为帮助湖北省企业知识产权海外布局,提升湖北省企业知识产权创造、运用、保护和管理能力,湖北省委指导主办第五届标准与知识产权一对一高端峰会。此次峰会的召开,搭建了湖北省企业与全国乃至全球知识产权界同仁探讨这一问题的平台,海内外的专家们围绕欧美专利保护现状、侵权诉讼及赔偿、知识产权风险防控等内容进行了分享,为提升湖北省企业的专利实力、知识产权管理能力,丰富抵御风险的手段传经送宝。省内近150家骨干企业知识产权工作负责人反响热烈,结合自身情况,围绕应对欧美发达国家企业竞争进行了深入交流。

(二)加快推动有条件的企业“走出去”

湖北省委充分发挥外事活动“以点带面”的作用,积极推动有条件的企业“走出去”。抢抓“一带一路”战略机遇,鼓励开发区组织优势产能开展国际合作,支持龙头企业带动相关企业抱团出海、集群式走出去,在设备、人才、技术、标准等方面开展国际合作,构建全产业链战略联盟,建立境外产业集聚区。支持具备条件的企业在境

外直接融资，建设境外投资合作信息平台，增强企业的国际竞争力。2018 年，湖北省经济和信息化委员会在组团出访国别的安排上，侧重选择拉丁美洲、非洲等前景广阔的投资国家和地区；在团组人员结构上，重点安排企业人员；在任务安排上，增加到当地投资局和知名企业拜会的环节。通过一系列措施，帮助出访企业了解国外市场的发展水平、投资环境、资源禀赋等信息，寻求投资兴业的机遇，带动企业与国外企业界的学习交流，促进企业加快建立现代企业制度，从而提升企业的管理竞争力、技术竞争力和市场竞争力。

（三）加快制造业升级步伐，大力实施知名品牌培育工程

围绕湖北省优势产业开展出口品牌建设，逐步建立“湖北制造”的品牌优势。要积极培育品牌产品，依托重点产业集聚区，加大对汽车及汽车零部件、光电子、船舶、北斗卫星导航和环保等领域品牌产品的扶持力度，加大本省光纤、汽车等品牌示范区的建设力度。抢抓“中国制造 2025”和“互联网＋”机遇，积极引进先进技术，提升高端技术吸收和消化能力，提高出口产品的科技含量和国际竞争力。推动冶金、建材、轻工、纺织等传统产业优化升级，以创新驱动为引领，加快产业向智能融合方向发展。培育外贸新优势，进一步优化贸易结构。大力推进“三项建设”，即外贸转型升级基地、贸易平台和国际营销网络的建设，提升与“一带一路”沿线国家贸易合作水平，积极发展外贸新业态。以优势产业出口基地建设为基础，提升湖北出口产品附加值，推动出口迈向中高端。提升外贸企业跨国经营能力，支持东风等企业加快推进海外生产基地建设。

二、加快通道建设，提升互联互通水平

（一）建设综合航空枢纽，拓宽空中通道

支持武汉天河机场打造成为全国重要的综合航空枢纽，建设连接亚欧的中部国际航空枢纽，力争成为大交通、大物流、大商贸的中心平台。推动新开至中亚、西亚等主要城市的航线，在巩固武汉航空出入境客运枢纽地位的同时，大力发展货运航空，力争武汉至欧美全货机航线落地。进一步发展经停中转航线。加强空铁联运，打通高铁站与机场的无缝换乘通道，促进高铁网与航空枢纽协同发展。注重境内外、多方式衔接，统筹推进空、水、铁、公、海关保税物流中心等交通物流设施的衔接。

（二）加强物流枢纽功能

进一步完善物流节点布局体系，优化海关特殊监管区域，建设直达贸易对象国

的内陆起点口岸。以武汉、襄阳、宜昌等节点城市为核心，加快整合物流园区，推进合理布局，带动湖北省物流业“两圈两带”集聚发展。增强物流市场主体竞争力，提高物流业专业化、标准化、信息化程度，提升物流服务功能，做实物流基础支撑体系。重点打造农产品物流、物流园区、沿江物流等十大工程，加强多式联运体系建设，提升物流通关便捷性和运营效率，建设面向全国、连接国际的现代高效的物流服务体系。

（三）挖掘长江水道的运输潜力

畅通长江黄金水道，推进长江航道“645”工程、汉江航运工程建设，发挥水路运输优势，加快航道和港口升级，深化与沿海、内河港口战略合作，使武汉港成为中西部货物运输的“出海口”。加大武汉新港国际航运中心建设力度，完善武汉新港与上海国际航运中心的航线对接，发挥武汉至上海江海直达航线优势，优化武汉至东盟、日韩等近洋航线。加快推进武汉临港经济区建设，将襄阳港打造成对接武汉航运中心的腹地港。

三、促进服务贸易发展，实现经贸“优进优出”

（一）积极调整外贸结构

瞄准重点国家(区域)，扩大“一带一路”沿线国家(区域)进出口贸易，推动湖北省优势产品“走出去”。建立省级外贸转型升级示范基地，注重通过技术创新、管理创新等提高产品附加值。提升高端加工贸易比重，支持加工贸易企业延伸产业链。促进服务贸易发展。大力开拓工程设计、工程监理等建筑服务，扩大“一带一路”沿线国家(区域)市场份额。突破性发展现代服务业，积极开展“服务业提速升级行动计划”。

（二）积极建设服务贸易园区

探索服务贸易发展新模式，加快发展软件和信息技术、通信、金融、传媒、咨询等新兴服务贸易发展。积极建设服务贸易园区，以武汉软件新城、武汉光谷软件园、武汉金融港、宜昌智慧新城、襄阳软件园等为重点，支持一批基础好、起点高的园区发展，形成示范性服务贸易集聚区。加快提升现代物流、设计研发、信息咨询、电子商务等生产性服务贸易发展水平。协调发展离岸服务外包和在岸服务外包，拓展离岸外包业务范围，提升离岸服务外包市场份额。

四、着力扩大对外开放，加快“走出去”步伐

（一）深度融入“一带一路”建设

加快推进“一带一路”项目库建设，以投资带动贸易发展、产业发展，争取湖北省一批项目纳入国家共建“一带一路”框架协议、国际产能合作框架和国家领导人互访活动。围绕重点项目，继续推进政银企保及基金公司的对接活动，探索建立省“一带一路”产业合作保险支撑体系。重点推进比利时、俄罗斯、哈萨克斯坦、伊朗、莫桑比克等5个境外产业园区建设，推动“湖北建筑”进一步扩大沿线市场份额。

（二）加快推进省“一带一路”公共服务平台建设

支持相关企业赴沿线国家投资，推动与沿线国家基础设施建设、现代农业、先进制造业、现代服务业等方面的深度合作，提高国际竞争力。充分发挥湖北对外承包工程及劳务输出方面的市场、技术优势，在勘探、设计、施工等重点领域探索EPC、BOT、BOD等多种合作建设方式，开展大型国际工程建设和承包。推动外贸、外经业务关联发展带动湖北工程机械、成套设备等产品出口和技术服务、劳务的输出。推进境外经贸合作区建设，鼓励骨干企业在沿线国家投资建设配套产业园，为湖北企业抱团“走出去”搭建发展平台。

（三）提升双向对外开放水平

优化“无水港”（陆港）功能布局，推进港口功能、保税功能和口岸功能延伸。支持有条件的开发区申报综合保税区、保税物流中心，推行国际贸易“单一窗口”，实施“快检快放”便捷化监管机制。加快湖北自贸试验区建设步伐，全面推行准入前国民待遇加负面清单管理制度，逐步建立与国际投资贸易规则相适应的服务体系和营商环境。充分利用双边、多边合作机制和交流平台，加强与国外企业信息、技术和项目交流合作，推动环保技术装备专利、标准等国际互认，实现国际化对接。

（四）推动形成全面开放新格局

积极推进湖北自贸区建设，探索外资领域先行先试，努力打造国际化、法治化、便利化的营商环境，加快湖北自贸区制度创新成果总结复制推广。加快国际贸易“单一窗口”和大通道、大平台、大通关建设。开展全省“走出去”企业境外投资相关政策业务培训。

五、发挥优势特色，形成多点支撑的开放格局

汉江生态经济带是支撑湖北经济发展的重要复合型发展轴，也是湖北人口科教资源及产业密集的区域。要进一步优化湖北开放的空间格局，推动汉江生态经济带开放开发，将汉江生态经济带打造成为湖北经济升级版的支撑带，以及联动长江经济带与“一带一路”的战略通道。大力促进汉江生态经济带、湖北长江经济带与“一带一路”协同发展。进一步深化与湖南、江西等省份的合作，推动长江中游城市群在更深层次、更大范围内融合发展，完善开放合作、互利共赢的一体化发展机制，依托“一主两副多极”城市带动开放发展。发挥武汉省会优势，按照“愿景与行动”关于内陆开放新高地的定位，主动接轨国际规则，打造湖北对接“一带一路”建设的示范区。加快省域副中心城市发展。鼓励全省各地全面对接，完善市县两级开发区产业配套条件，推进产业合理分布和集群式发展，增强地市州开放能力，促进湖北各区域形成合力，推动湖北形成多点支撑的开放格局。

六、增强口岸功能，推进通关一体化建设

（一）积极打造区域性枢纽口岸

以武汉市为龙头，重点打造武汉港水运口岸、武汉航空口岸、武汉铁路口岸等区域性枢纽口岸，满足湖北外贸进出口货运需求。进一步推进中欧班列（武汉）常态化运营。支持中欧班列（武汉）扩大辐射区域和范围。

（二）增加口岸开放数量，使口岸布局更加合理

按照《国家口岸发展“十三五”规划》要求，积极推进武汉港口岸扩大开放五个港区、黄石港口岸扩大开放棋盘洲港区和宜昌航空口岸扩大开放。推动恩施机场、荆州港、宜昌港对外开放，推动襄阳航空口岸临时开放。协调推动武汉天河机场进境水果指定口岸建设、武汉铁路口岸汽车整车进口指定口岸建设。加强多式联运海关监管中心建设。推动仙桃保税物流中心尽快封关运营。进一步落实湖北国际物流核心枢纽货运机场口岸设施方案。

（三）提升口岸功能，提高运行质量

加快“大通关”建设，继续推动关检“三个一”（一次报关、一次查验、一次放行）通

关模式，实现“三互”大通关。继续推进和完善国际贸易“单一窗口”通关模式，推动与沿海、沿边地区的通关协作。深化电子口岸建设，建设智慧口岸。

七、提高开发区开放水平

（一）实施高水平的“引进来”

大力实施产业链招商、平台招商、以商招商、资本招商、回归招商等模式，全面提升开发区招商引资水平。支持开发区围绕主导产业或重大项目开展重资产招商，提供代建厂房、代购生产设备等定制化服务。支持各开发区在法定权限内配套制定招商引资优惠政策，实行“一区一策、一园一策、一企一策”，坚持引资引技引智并举，打造各类招商引资活动，办好华创会、对口支援三峡库区经贸洽谈会等开放合作平台。充分发挥商会桥梁纽带作用，引导商会跨省合作，吸引更多企业在湖北投资。大力引进一批世界500强、中国500强、民营500强及行业龙头企业，持续释放“留汉创业就业”“资智回汉”等政策红利，发挥顶尖人才、关键人才创业引领作用。

（二）推动国际合作产业园区建设

支持有条件的市州和开发区结合湖北省产业发展规划和本地经济发展重点，有针对性地与境外政府机构、商（协）会和有实力的企业合作，共建国际合作产业园区。经过3～5年的培育，打造一批开放程度高、产业结构优、创新能力强，在国内外有一定知名度和较强竞争力的国际合作产业园。

（三）促进开发区利用外资

加大对开发区基础设施建设和公共服务平台等的投入，进一步改善开发区投资环境，全面提升湖北省各级各类开发区的投资吸引力。以推动开发区转型升级创新发展、复制推广自贸区经验为抓手，结合全省产业集聚发展专项行动计划，促进开发区不断扩大对外开放、创新利用外资，致力于促进产业转型升级，发展高新技术产业和高附加值服务业，进一步完善体制机制，提高创新能力，充分发挥辐射、示范和带动作用。支持符合条件的省级开发区升级为国家级开发区，支持具备条件的开发区扩区和调整区位，支持涉外园区建设发展。

（四）鼓励承接东部和沿海地区加工贸易产业转移

转移到湖北省的企业，享受国家给予的相关资金、土地等优惠政策。鼓励各地制定专项配套优惠政策。发挥长江经济带国家级经济技术开发区产业发展联盟作用，支持湖北省各级各类开发区承接长三角地区产业转移，与其他省市国家级经济技术开发区共建产业合作园区。人力资源社会保障部门依申请及时办理社会保险关系异地转移接续。

区 域 篇

第二十一章　武　汉　市

第一节　发展概况

一、总体发展情况

2017 年，武汉市主动适应外部环境变化，积极应对经济下行压力，全面落实中央"六稳"的重大决策部署，工业经济重点指标继续领跑全省，保持平稳健康发展态势，质量效益稳步提升，"三化"大武汉、国家中心城市和世界亮点城市建设迈出坚实步伐。

当前，武汉市正深入贯彻落实新发展理念，围绕营造产业链、创新链、资金链、政策链、人才链等"五链"衔接贯通的生态环境，引导技术、人才、劳动力、资本等生产要素发挥叠加集合效应，积极探索推动制造业提升核心竞争力、实现高质量发展的路径。

（一）工业稳中有进

开展"抓工业月"活动，着力"打好工业翻身仗"，工业生产总体呈逐月加快走势。2017 年武汉市规模以上工业总产值比上年增长 13.2%，同比加快 7.4 个百分点，增速创 2013 年以来年度新高。全年全部工业增加值达 4724.87 亿元，比上年增长 7.5%。年末规模以上工业企业达 2555 户，新增 204 户。规模以上工业增加值增长 7.7%，加快 2.7 个百分点，增速分别高全国、全省 1.1 个和 0.3 个百分点，为 2014 年以来再次超过全省。其中，股份制企业增长 18.2%，外商及港澳台投资企业增长 16.5%。从行业看，十一大重点行业增加值"十升一降"。其中，日用轻工、汽车及零部件、信息技术制造行业增速靠前，分别比上年增长 25.7%、17.4%、17.3%。从产品产量看，列入"三新经济"统计的工业产品中，电子计算机整机 1279.75 万台，增长 52.3%；新能源汽车 5963 辆，增长 99.3%。武汉市因推动实施"中国制造 2025"、促进工业稳增长和转型升级成效明显连续两年获国务院通报表彰。

(二) 投资较快增长

实施“招商引资”一号工程和“四大资智聚汉”工程。2017 年,武汉市完成全社会固定资产投资 7871.66 亿元,比上年增长 11.0%,同比提高 13.6 个百分点。其中,固定资产投资(不含农户)7817.21 亿元,比上年增长 11.0%,同比提高 13.8 个百分点,增速高于全国 3.8 个百分点,与全省持平,为自 2010 年 2 月以来首次与全省持平。工业投资 2404.95 亿元,比上年增长 13.6%,同比提高 29.9 个百分点,创 2015 年以来 33 个月新高;工业技改投资 1172.35 亿元,增长 159.6%,总量、增速均创历史新高。

(三) 企业效益较好

工业企业利润平稳较快增长。2017 年,武汉市规模以上工业企业实现利润总额 755.6 亿元,比上年增长 15.2%;主营业务收入增长 17.9%,同比提高 13.2 个百分点;亏损企业亏损额下降 22.5%。规模以上工业企业全员劳动生产率比上年提高 13.5%。

(四) 新经济加快发展

2017 年,武汉市高新技术企业 2827 家,比上年增长 29.9%。其中,“四上”高新技术企业实现高新技术总产值 9479.64 亿元,增长 15.0%,同比加快 2.4 个百分点。高新技术产业增加值达 2670.57 亿元,增长 13.3%。三大战略性新兴产业中智能制造工业总产值比上年增长 22.0%,生命健康、信息技术营业收入分别增长 18.7%和 18.0%。全年专利申请量与授权量分别为 49726 件和 25528 件,分别增长 10.9%和 11.2%;其中发明专利申请量与授权量分别为 23243 件和 8444 件,分别增长 12.6%和 29.6%。每万人发明专利拥有量为 28.8 件。全年技术合同成交总额达 603.2 亿元,增长 19.6%。

二、抓世界级产业集群构建,提升发展动力

出台了《关于实施“万千百工程”推进制造业高质量发展的行动方案》,制定了光电子信息、汽车及零部件、生物医药及医疗器械等世界级产业集群规划方案,并邀请中国工程院院士专家对规划方案进行评估。着力围绕产业链开展招商引资、推进项目落地建设。天马 G6 二期及 OLED 总部基地、康宁 10.5 代玻璃基板、西湖新能源汽车、吉利汽车等项目签约落地,中国信科集团落户光谷;雄韬氢燃料电池、京东方

TFT-LCD、弘芯半导体、海康威视智慧产业园等项目开工；东风新能源汽车产业园、葛洲坝装备、翰宇药业等项目投产。

三、抓产业创新、融合发展，加快动能转换

国家信息光电子创新中心全面转入实质化运营阶段，国家数字化设计与制造创新中心获得国家制造强国建设领导小组授牌，武汉市在国家级制造业创新中心数量上比肩上海、北京。大力发展智能制造，国家级智能制造试点示范、制造业与互联网融合试点示范项目分别达到 9 项、10 项。深入推进生产型制造向服务型制造转变，国家级服务型制造示范企业达到 9 家，举办第二届全国工业设计展。军民融合工作体系初步建立，正在跟踪推进 174 个军民融合项目，计划总投资 3272 亿元，2018 年确保获批 1～2 个省级军民融合产业示范基地。

四、抓转型升级、布局优化，提升发展质量

加快推进四大产业基地建设，长江存储一期试产，武汉新芯二期扩产项目开工。航天产业基地 5 平方公里核心区基础和配套设施建设全面展开。智能网联汽车道路测试管理系统和加氢站建设稳步推进，氢燃料电池动力公交车进入商业化示范运行阶段。落实湖北省“万企万亿技改工程”，用好“零土地”技改政策，多措并举“唤醒”传统产业，加快发展新兴产业。2018 年上半年，全市规模以上企业技改项目数占规模以上企业比重达到 63%，同比提高 12 个百分点；战略性新兴产业制造业增速高于全市工业增速 2.1 个百分点；高技术、高附加值产业增长迅速，计算机通信和其他电子设备制造业、医药制造业增加值分别同比增长 9.8%、9.5%，分别高于全市工业增速 1.6 个、1.3 个百分点。

第二节　面临的主要问题

当前，宏观经济环境不确定因素依然较多，中美经贸摩擦难以在短期内解决，尽管它对武汉市工业经济短期直接影响有限，但对企业家信心和市场预期的影响较大。对照高质量发展要求和全年工业经济发展目标，工业经济仍存在短板和问题。

一、重点区域支撑不强

2018 年上半年,武汉市 10 个重点区域中,6 个区(开发区)规模以上工业增加值增速环比回落,其中新城区增速全线回落;6 个区(开发区)规模以上工业增加值增速未达全年预期目标;4 个区(开发区)工业投资增速未达全年预期目标。

二、重点产业持续较快增长基础不牢

2018 年以来,神龙、雷诺等整车企业生产下降且降幅不断扩大,第一大产业汽车制造业 5 月、6 月分别累计增长 7.6%、7.4%,增速持续滑落,预计全年汽车产量减少 12 万辆;湖北中烟受国家烟草局近期全国性调减计划指标及搬迁影响,四季度预计生产下滑,对全市工业增长的影响将会逐步显现。近两年投产的华星光电 T3、天马 6 代线、奇宏光电等生产仍未达预期。

三、产业转型压力依然突出

光电子产业链延伸不充分,关键电子材料、核心器件、专用制造装备等缺失,具有影响力的领军企业不多。汽车产业仍以中低端传统燃油汽车产品为主,面临"双积分""国六"等法规趋严的挑战,传统汽车增长难以持续,新能源汽车整车及关键零部件产业化不足。

第三节　发展的主要举措

一、优化区域布局,强化"五链"统筹发展的空间支撑

推动高质量发展,必须积极稳妥腾退化解旧动能,为新动能发展创造条件、留出空间。近年来,武汉市一手抓"增量崛起",一手抓"存量优化",加速"腾笼换鸟""凤凰涅槃",制造业空间规划逐步优化,并有效引领"五链"集合统筹,武汉市已基本形成以 4 个国家新基地为引领、3 个国家级开发区为重点、13 个区的"新两园"(现代产业园和科创小微企业园)为支撑的"432"先进制造业发展新格局。

（一）着力打造四大国家级产业新基地

2016年以来，武汉市相继获批建设存储器、航天产业、网络安全人才与创新、新能源和智能网联汽车4个国家新基地。这4个基地是武汉市培育战略性新兴产业、孕育未来产业的主战场，在承载国家使命中，努力打造芯片、航天、网络安全、下一代汽车四大产业生态圈，积极构建产业链、创新链紧密协同的高新技术产业集群。目前，4个新基地通过培育与引进并举，吸引投资超过4000亿元，成为全市经济的重大支撑。

（二）着力引导三大国家级开发区特色发展

三大开发区是武汉市大力发展战略性新兴产业的核心区。武汉市把握开发区产业发展的基本属性和突出特色，打造"五谷丰登""四都鼎立""三港齐发"的现代化工业结构。东湖新技术开发区聚焦光电子信息和生物产业，全力打造光谷、药谷、智谷、金谷、才谷。武汉经济技术开发区聚焦新能源汽车和智能网联汽车，全力打造车都、机器人之都、智能家居之都、通用航空之都。临空港经济技术开发区围绕临空制造、网络安全、现代食品，全力打造临空制造港、网络安全产业港、现代健康食品港。三大开发区规模以上工业规模总量接近全市的50%。

（三）着力推进"新两园"创新发展

"新两园"是武汉市加快传统产业转型升级、培育新动能的新引擎。武汉市坚持"亩产论英雄"，强化投入水平和产出效益评价导向，加快推进现代产业园和科创小微企业园创新发展，以"企业集聚、要素集约、技术集成、产业集群、服务集中"的发展模式促进园区功能化、智慧化、绿色化升级。目前，全市25个园区完成规划编制并全面开工，2018年计划建设项目433个，总投资241亿元。

二、打造迭代体系，强化"五链"统筹发展的产业支撑

新一轮科技革命和产业革命正深刻快速地颠覆着现有产业形态、分工及组织方式。产业是"五链"统筹的核心和基础。近年来，武汉市坚持以《中国制造2025》为指引，以产业支撑为先导，以产业链引领激活"五链"联动，瞄准光电子信息、汽车及零部件两大万亿级产业集群，装备制造、能源环保等若干千亿级产业，集中优势资源、聚焦重点领域，全力构建"现有支柱产业—战略性新兴产业—未来产业"迭代产业体系。

(一)狠抓传统产业转型升级

传统产业是制造业的根基。武汉市制定出台“零土地”技改等系列政策措施,从审批手续、融资租赁、技术投资补贴等方面,推动规模以上工业企业技改全覆盖,鼓励“机器换人”,使传统产业焕发出新活力。2017年,武汉市工业技改完成投资1172.4亿元,占全市工业投资的48.8%;先进制造业产值占工业总产值的比重达60%以上。

(二)狠抓新兴产业、未来产业布局

新兴产业、未来产业是制造业发展的主攻方向。武汉市充分发挥战略性新兴产业引导基金作用,以信息技术、生命健康、智能制造等新兴产业为重点,着力培育引进一批领军企业,实施一批龙头项目,超前布局一批前沿领域,推动创新型企业集聚共生。高新技术企业快速增长,2017年达2827户,高新技术产业增加值占规模以上工业增加值比重达70.8%。

(三)狠抓两化深度融合

“互联网+”是推动制造业高质量发展的新动能。武汉市出台深化“互联网+先进制造业”发展工业互联网的政策措施,推动互联网、大数据、人工智能与制造业深度融合。汽车、装备制造、信息技术等行业关键设备数控化率达到80%以上,长飞光纤、光迅科技等9个项目获批国家级智能制造试点示范,10个项目入选国家制造业与互联网融合试点示范,进入国家级两化融合管理体系贯标试点的企业总数达67家,13家企业通过工业和信息化部贯标评定。

三、完善创新体系,强化“五链”统筹发展的动力支撑

创新是先进制造业发展的主引擎,也是“五链”统筹的第一动力。当前,全球创新格局正在加速重构,各城市都在全力争夺高端创新要素资源,积极抢占产业创新网络的关键节点。武汉市以建设具有全球影响力的产业创新中心为目标,积极搭建以企业为主体的产业创新平台,聚焦前沿领域,发挥科教优势,打通成果转化路径,努力提升产业创新能力。

(一)全力打造多层次创新平台

平台是创新链集聚的重要载体。武汉市联合全球著名产业研究机构、领军产业科学家,组建世界级产业研发机构。加快建设国家信息光电子创新中心、数字化设

计与制造创新中心等国家级创新平台，破解前沿技术“卡脖子”问题。实施大中型企业研发机构全覆盖行动，组建14家工业技术研究院，重点实验室、工程（技术）研究中心、企业（技术）研发中心等各类平台达到1766个。企业创新主体地位明显增强，在全市发明专利申请量和授权量中，企业占比均超过一半。

（二）全力汇聚产业创新人才资源

人才是“五链”统筹发展的第一资源。武汉市充分发挥大学之城优势，深挖武汉人才富矿，实施“四大资智聚汉工程”，打造产业人才“金字塔”。聘请院士级专家作为产业发展顾问，为武汉市产业发展把脉问诊。2017年以来，全市引进诺贝尔奖科学家6人、国家“千人计划”专家68人、海内外高层次人才392人，吸引30.1万大学毕业生留汉创业就业，武汉地区人才总量达到240万人。

（三）全力推动科技成果转化

科技是第一生产力，也是促进制造业高质量发展的主要驱动力。武汉市成立科技成果转化局，组建院士专家顾问团，实施高校科研成果转化对接工程，促进武汉地区高校院所科技成果就地转化，在汉高校院所成果就地转化率超过40%，超高速超大容量超长距离光传输设备、首台数字正电子发射断层成像仪（PET）等一批世界领先的自主创新重大科技成果实现就地转化。2017年，全市技术市场合同成交量达14535项、成交额达603.2亿元，重大科技成果就地转化金额达427亿元。

四、营造优良环境，强化“五链”统筹发展的制度支撑

政策环境是“五链”统筹发展的重要保障。近年来，武汉市抢抓全面创新改革试验、自贸区和国家自主创新示范区建设等近50项国家级改革试点机遇，加快塑造高质量发展体制机制新优势。促进社会投资健康发展、促进工业稳增长和转型升级、土地集约利用等经验做法，获国务院通报表扬。投贷联动、外籍高层次人才引进服务、“三办”改革、科技成果转化工研院模式等4项创新改革经验在全国复制推广。

（一）简化审批环节优环境

借鉴自贸区改革试点经验，武汉市创建国家网络市场监管与服务示范区，加快营造开放透明的法制环境、公平竞争的市场环境和稳定有序的营商环境。率先推进“马上办、网上办、一次办”改革，加快推进“就近办”试点，推行线上线下“一站式”“一窗式”服务，大幅提升政务服务效能。完善“工业园区代办、政务中心帮办、部门并联审批”的全程服务体系和“分段审、分时批”的审批新机制，制造业项目审批环节由31

个减少至 14 个,审批时限由 100 个工作日缩短至不超过 39 个工作日,从拿地到开工的时间压缩至 3 个月内。

(二) 深化资金引导增活力

围绕产业发展、创新创业、金融财税出台系列政策,以财政资金撬动社会资本,全方位带动多元化社会资本支持主导产业发展。2017 年,全市实际支持制造业发展专项资金 94.6 亿元,市级财政出资设立各类产业基金规模达到 350 亿元,引导设立各类子基金规模达到 1762 亿元,投资额度为 1248 亿元;各类金融机构对武汉市主导产业的贷款余额超 4000 亿元。

(三) 优化惠企举措减负担

企业减负,产业发展。武汉市建立涉企收费清单制度,努力降低企业生产要素成本、融资成本、物流成本和税费水平,2017 年全市降低企业制度性成本 241.6 亿元,2018 年将再降低 260 亿元。深化涉企中介服务治理,严格准入、规范收费、破除垄断、提高效率、强化监管,建立全市统一开放的中介服务机构名录库和网上服务平台,打造"中介超市",行政审批中介服务事项由 77 项减为 41 项,精简46.8%。

第四节　发展建议

一、强化目标调度

按照全年绩效目标要求,对全市各区工业运行和投资目标继续按月进行分解,及时调度。重点督促目前低于预期目标的武汉开发区转变下滑势头,全力完成目标;督促生产增速低于年度目标的 4 个新城区加大工作力度,力争达到目标要求。继续深化明年重点增长点和重点项目摸排工作,提前谋划明年工业经济发展主要目标及工作措施。

二、强化协调服务

加强对重点企业监测预警,及时解决企业生产经营问题。深入实施"万千百工程",进一步细化重点产业发展方向和路径,集中力量壮大光电子信息、汽车及零部件、生物医药及医疗器械等世界级产业集群。持续推进四大基地建设,组织开展四大基地建设拉练活动，加强对在建及计划新开工项目的管理，做好全程管理协调和竣工验收、认证等服务，提高项目的开工率、投产率和达产率。更大力度推进传统产业改造升级、培育壮大新兴产业，不断提升产业发展的“含新量”“含金量”“含绿量”。强化生产要素保障，及早协调煤电油运及用工问题，确保工业企业正常生产。全面落实安全生产责任和各项工作措施，确保工业行业安全生产形势持续稳定。

三、强化创新发展

梯次推进制造业创新体系建设，深入推进两化融合、制造业与服务业融合。着力推进军民融合，建立“统一领导，各负其责，军地协调”的工作机制，强化项目分类指导、动态调整和梯次推进，加快“军转民”和“民参军”双向转化，促进船舶与海洋工程装备、航空航天、光电子信息、智能装备等军民融合优势产业发展，确保 2018 年获批 1～2 家省级军民融合产业示范基地。

四、强化活力提升

深入推进工业经济领域“放管服”改革，对标深圳、杭州、上海等先进城市，以民营经济为重点，着力强化企业服务，优化营商环境，重点稳好“三预期”“两信心”（政策预期、市场预期、社会预期，企业家信心、社会信心）。深入实施企业培育成长工程，建立完善成长型企业库，进一步促进企业成长“进规”，提升市场主体活力。

第二十二章　襄　阳　市

第一节　发展概况

2017年，在襄阳市委、市政府的坚强领导下，全市上下深入贯彻落实中央和省、市决策部署，坚持“稳中求进”工作总基调，牢牢把握高质量发展的根本要求，坚持不懈推进供给侧结构性改革，扎实推进“一极两中心”建设，全市经济社会发展保持“稳中有进、稳中向好、稳中趋优”的良好态势，为全面建成小康社会奠定了坚实基础。

一、总体发展情况

（一）2017年工业总体发展情况

（1）工业经济提质增效。

襄阳市规模以上工业增加值比上年增长6.2%。规模以上工业总产值比上年增长12.3%，汽车等主导产业稳定增长，形势向好。相比上年，汽车制造业产值增长13.5%，装备制造业产值增长13.9%，冶金建材业产值增长15.9%，增幅分别比上年提高3.6个、1.0个、4.3个百分点。规模以上高新技术制造业增加值同比增长12%，保持较快增长。六大高耗能行业产值同比增长10.0%，增幅比上年回落1.4个百分点，占全市规模以上工业总产值的比重由上年的17.8%下降至17.2%。规模以上工业企业产销率达到97.8%，比上年提高0.3个百分点，高于全省平均水平0.4个百分点。工业用电量89亿千瓦时，同比增长5.7%，增幅高于全省平均水平0.9个百分点。襄阳市规模以上工业企业主营业务收入同比增长11.3%，利润总额同比增长0.5%。

（2）投资结构进一步优化。

襄阳市完成固定资产投资3675.3亿元，比上年增长15.3%，增幅高于全省平均水平4.3个百分点。分产业看，第一产业完成投资105.9亿元，比上年下降22.9%；

第二产业完成投资2033.4亿元，同比增长26.9%(其中，工业投资2012.9亿元，同比增长25.9%，占固定资产投资比重为54.8%，比上年提高4.6个百分点)；第三产业完成投资1536.1亿元，同比增长6.0%。民间固定资产投资2680.7亿元，比上年增长14.3%，增幅高于全国、全省平均水平，比上年加快4.3个百分点。襄阳市在建施工项目2626个，比上年增长44.6%；其中，新开工项目1748个，同比增长36.9%。

(3) 高新技术产业快速发展。

随着五大发展理念的深入贯彻和"大众创业、万众创新"的进一步推进，襄阳市主动适应经济发展新常态，大力发展"创新襄阳"，坚持实施创新驱动发展战略，积极应对多重挑战，克服不利因素影响，全市高新技术产业快速发展，为全市经济发展注入了新活力。襄阳市全年规模以上高新技术产业643家，实现增加值896.36亿元，按可比价计算同比增长11.9%；其中，规模以上高新技术制造业实现增加值877.43亿元，按可比价计算同比增长12.0%；高新技术服务业实现增加值4.52亿元，按可比价计算同比增长10.2%；高新技术建筑业实现增加值14.42亿元，按可比价计算同比增长9.4%。

(二) 2018年上半年工业总体发展态势

2018年上半年，全市工业战线认真贯彻落实市委、市政府的重大决策部署，积极应对严峻复杂的宏观经济形势，加快推进工业经济高质量发展，创新运行监测分析机制，狠抓工业项目建设，提升企业服务水平。全市工业经济保持平稳增长态势。

(1) 稳的基础在巩固。

2018年上半年，襄阳市规模以上工业完成工业总产值2740亿元，同比增长10.3%，总量稳居全省第2位。自一季度以来，全市规模以上工业月度工业总产值一直稳定在500～550亿元区间，增幅保持在10.3%左右；规模以上工业增加值增幅7.2%，比去年底的6.2%提高1个百分点，比全省平均水平低0.6个百分点，今年以来稳定在7%以上、7.2%左右。

(2) 进的势头在显现。

一是结构不断优化。襄阳市高技术制造业产值同比增长37.2%，增速同比提高16.8个百分点；六大高耗能行业占比下降0.6个百分点。

二是新旧动能加速转换。500家重点监测企业中，战略性新兴产业实现销售收入272.38亿元，占总量的33.57%，占比较一季度的29.57%提升4个百分点，传统产业占比由一季度的70.43%下降到66.43%。

三是重点领域带动作用凸显。汽车产业(含新能源汽车)龙头企业引领作用增强。汽车产业完成工业总产值1035亿元，占比为38%，同比增长11%，高于全市平均水平0.7个百分点。高新开发区强力支撑，实现产值1476亿元，占全市完成总量的51.2%,同比增长12.8%,高于全市平均水平2.5个百分点。

四是匹配指标持续向好。全市工业用电量为43.71亿千瓦时,同比增长6.73%,环比提高1.89个百分点,居全省第8位;完成工业增值税36.25亿元,同比增长19.9%,高于全省平均水平5.7个百分点,居全省第7位。

(3) 新的动能在集聚。

2018年以来,一批新建、扩建、改建项目相继开工建设或投产,成为工业经济发展不竭的动力。长鑫源发动机缸盖自动化生产线改造、恩梯恩等速万向节等110个技改项目新开工建设,总投资189亿元;江山重工军民融合高端成套设备数字化制造基地、汇尔杰玄武岩纤维及耐碱玻纤生产线搬迁改造等97个技改项目新竣工投产,总投资103亿元;美洋汽车冲压件及动力总成产业基地焊装二车间、三环高端精密车桥智能制造等254个技改项目正在建设,总投资416亿元。全市工业投资同比增长16.6%,增幅环比提高4.1个百分点,高于全市固定资产投资3.7个百分点,高于全省平均水平1.9个百分点,居全省第9位。重大增长点出力见效。全市11个预计年新增产值5亿元以上的增长点全部形成出力,新增产值29.78亿元。规模以上企业添新军。老河口特裕精细化工有限公司、湖北鑫润银有色金属有限公司、枣阳市纯瑞纺织有限公司、宜城优耐特现代农业有限公司、湖北美洋汽车工业有限公司、湖北谷城一飞汽车制造有限公司等6家企业"进规"("大进规"),为襄阳市工业经济发展注入新的动力。

(4) 好的因素在增加。

2018年上半年,从500家重点监测企业总体情况来看,销售收入、利润总额、上交税金、工业用电四项指标均保持了两位数增长,同比分别增长17.6%、12.7%、17.1%和10.5%。自一季度建立实施重点企业主要指标监测分析制度以来,大部分指标均呈现稳步改善的向好趋势。销售收入增速较4月底和5月底分别提高3.24个和2个百分点;工业用电量增速连续两个月稳定在10%左右;利润总额增速由4月底的7.08%上升到6月底的12.7%;上交税金环比增幅虽有所回落,但回落幅度收窄,由5月底环比回落6.17个百分点收窄至1.3个百分点。

总体上看,2018年上半年襄阳市工业经济稳定运行,为完成全年目标打下了基础,但也存在一些隐忧。受产业结构不优、新生动力支撑不足,以及统计调整规范和环保整治力度加大等因素影响,襄阳市工业增加值增速虽然于2017年底探底后逐步回升,但一直低于全省平均水平,2018年上半年为7.2%,低于预期1个百分点,低于全省平均水平0.6个百分点,环比回落0.1个百分点,居全省第12位。技改投资由于入库项目较少、项目名称不精准被调整出库等问题,2018年虽然同比增长10.9%,但低于全省平均水平17.6个百分点,居全省第15位。

（三）加强自主创新能力、制造业创新中心建设

鼓励企业积极参与产学研合作、实施科技成果转化。龙头重点企业均与高校、研究院所等建立了产、学、研、用合作机制，签订了较为具体的科研合作协议，联合开发研究，加强交流与合作，加快科技成果向现实生产力的转化。积极在技术创新改造、装备升级改造、两化融合改造等方面做了大量探索，相继实施了一大批科技成果转化项目，产品提档升级步伐明显加快。共培育知识产权运用、品牌培育试点企业30余家。高新区国家汽车产业集群区域品牌试点示范工作任务稳步推进。

襄阳市航宇救生装备公司被评为国家技术创新示范企业。襄阳市回天胶业公司、骆驼蓄电池公司积极参与省级制造业创新中心建设，从2016年起即提出筹建意向，2017年分别形成粘胶新材料、高性能动力电池创新中心筹建方案，经第三方专业机构辅导，进行修改完善，2018年力争培育成为省级制造业创新中心。

（四）加快特色产业园区建设，积极培育优势产业集群

近年来，襄阳市以推进工业供给侧结构性改革为主线，以提升自主创新能力、促进产业链垂直整合为抓手，大力转变经济发展方式、促进产业转型升级。围绕“一个龙头、六大支柱”主导产业，在巩固壮大现有10个省级重点成长性产业集群的基础上，依托现有各级开发区或新建园区，积极探索，重点建设了一批特色鲜明、空间集聚、管理科学、竞争有力的特色产业园区，有力促进了主导产业专业化、集群化、集约化发展，加快培育了一批具有较强综合竞争力的优势产业集群。

(1) 集群数量稳步增加，优势产业广泛覆盖。

在产业集群培育上，襄阳市有10个产业集群通过考核复评入选2017年度省重点成长型产业集群，数量居全省第4位。在特色产业园区建设上，2016年认定第二批6家市级特色产业园区，目前园区数量已经达到20家。每个园区在现有产业基础上规划了一个主导产业作为重点发展方向，使全市产业集群完成了“一个龙头、六大支柱”主导产业全覆盖，基本完成了传统优势产业、地方特色产业和战略性新兴产业的总体布局。

(2) 集群细分程度提高，产业分工合作明显。

襄阳市在加快特色产业园区发展中，推行产业集群差异化发展战略，各个细分产业分工明确、横向合作，尽量避免区域化恶性竞争。如全市汽车及零部件产业分为动力部件产业集群、新能源汽车产业集群、汽车铸锻件产业集群等细分产业集群；全市高端装备制造产业分为航空航天产业集群、轨道交通装备产业集群、自动化数控装备产业集群等细分产业集群。

(3) 集群规模快速扩张，质量效益同步提升。

2017年,襄阳市10个省级重点成长型产业集群拥有企业708个,实现销售收入3029亿元,占全市工业总量的半壁江山;实现税收57亿元,完成固定资产投资624亿元。2018年上半年,市特色产业园区主导产业集中度达到70.4%。

(五) 两化融合工作情况

近年来,襄阳市经信委认真贯彻《"互联网+"行动计划》和《中国制造2025》,坚持不懈推动两化融合,引导企业运用信息化技术实现技改提质,不断提升企业核心竞争力,通过两化融合助推产业结构调整、促进产业转型升级,实现全市工业经济质量效益双提升。

一是加强政策引导。对两化深度融合项目或企业,在政策、资金等方面予以倾斜扶持,激励和引导企业加大信息化建设投入力度。

二是加强示范引领。积极组织全市企业根据国家和省相关创建标准申报试点示范。目前全市共有三五四二工厂、中航精机、五二五泵业等3家国家级两化融合示范企业,8家国家级两化融合管理体系贯标试点企业,77家省级两化融合试点示范企业。

三是加快推进智能制造。组织开展智能制造和数字化车间创建申报工作。三环锻造入选2015年国家首批智能制造专项试点示范,卫东化工、三环锻造入选2016年国家和湖北省智能制造试点示范项目单位,新火炬科技、美利信等6家企业入选2017年湖北省智能制造试点示范项目单位。

(六) 绿色制造情况

(1) 完善工业绿色制造体系建设。

编制实施《襄阳市工业绿色制造体系建设实施方案》。根据襄阳市实际,提出重点实施开发绿色产品、创建绿色工厂、打造绿色供应链、建设绿色工业园区等示范试点工程。到2020年,全市力争开发绿色产品30个,创建绿色工厂10家,建设绿色工业园区1~2个,打造绿色供应链5条,形成较全面的政策激励体系,初步构建绿色制造体系的推进机制。

(2) 以抓清洁生产促进绿色制造体系建设。

出台了《关于在全市重点行业重点企业开展清洁生产提升计划的通知》,在化工、建材、冶金、纺织印染、表面涂装、印刷等行业重点企业开展清洁生产提升计划。目前有新日电动车、华电襄阳公司等56家企业正在实施清洁生产提升计划,不断夯实襄阳市企业绿色制造体系建设基础。

(3) 加强绿色制造体系创建知识培训。

为提高襄阳市绿色制造体系水平,引导企业积极参与绿色制造体系创建,2018

年3月，襄阳市经济和信息化委员会(简称经信委)邀请工业和信息化部专家给全市120余家企业讲解了《中国绿色制造体系框架及建设方法》。通过此次培训，相关企业对绿色制造体系有了更深入的了解，掌握了绿色制造体系创建的标准和要求。

(4) 加强政策支持。

一是继续实施清洁生产补贴，对大气污染防治、水污染防治、节能节水和清洁生产技术改造、新建循环经济、工业领域数字能效提升等项目分别予以15%、10%、10%和30%的补贴。二是按照《关于加快工业经济发展实现倍增目标的意见》安排，对获得国家级、省级绿色制造企业称号的企业分别予以50万元、20万元的补贴。

二、重点产业发展情况

(一) 汽车产业发展情况

目前，襄阳已成为东风汽车公司轻型商用车、中高档乘用车、新能源汽车及关键零部件总成生产基地，北汽福田专用汽车生产基地，是国家新型工业化(新能源汽车)产业示范基地、国家节能与新能源汽车示范推广试点城市、国家汽车动力与部件产业基地，拥有国家汽车质量监督检验中心、国家动力电池产品质量监督检验中心等2个国家级汽车及零部件检测机构，已形成集制造、物流、商贸、试验、检测为一体的较为完整的汽车产业链。

目前，全市从事汽车及零部件生产制造的企业达到500多家，其中规模以上企业380家，过亿元企业200多家，过100亿元的企业有4家。2017年，全市规模以上汽车产业产值突破2400亿元(同比增长13%)、汽车整车产量突破30万辆大关，达到321805辆，同比增长27.9%(全国增速为3.2%)；襄阳历史上首次生产两款新能源乘用车；成功导入襄阳市历史上第二款百亿级车型奇骏，全国十大汽车城地位进一步加强，与排名全国十大汽车城第7位的柳州(前6位分别为上海、长春、重庆、北京、广州、武汉)的差距由2016年的277.2亿元缩小至102.8亿元。

产业空间布局与园区建设协同发展。形成了以高新区为核心，辐射谷城、老河口、枣阳、保康、宜城等区域的发展格局。依托骨干企业建设了东风零部件产业园、英菲尼迪产业园、东风德纳车桥工业园、谷城三环工业园、枣阳专用汽车产业园、南漳机电产业园等特色园区。产业创新体系不断完善。拥有各类汽车及零部件技术中心50多家，其中国家级技术中心4家。

(二) 新能源汽车产业发展情况

襄阳是国内新能源汽车产业起步较早的城市之一，是国家首批新能源汽车示范生产基地、节能与新能源汽车示范推广试点城市和推广应用城市，也是国内为数不多的生产与推广相结合的城市。目前全市从事新能源汽车研发和生产的企业及科研院所有30多家，拥有近200项专利和实用技术，建有国家及省级新能源汽车技术平台6家，初步形成了“两纵三横”(纯电动汽车、混合动力，动力电池、驱动系统、控制系统)的产业格局，发展了以整车制造研发(纯电动、插电式混合动力公交车，市政环卫车等新能源商用车)-检测基地(动力电池检测中心)-动力电池-驱动系统-充电器生产和充电系统-辅助系统-培训基地-示范运行-售后服务等产业链。2017年，全市新能源汽车产量达32346辆(含汽车底盘，同比增长105%，全国增速为53.8%)、新能源汽车产值达187.45亿元(同比增长24.6%)，均创历史新高。

(三) 电子信息产业发展情况

按照工业和信息化部与国家统计局制定的电子信息制造业统计报表制度，全市规模以上电子信息企业共有106家，经过分析，预计2018年实现总产值580亿元，同比增长10%左右。

2018年1～6月，襄阳市经信委重点监测的30家电子信息企业实现销售收入同比增长19.7%、实现利润同比增长27.3%，总体保持了快速发展态势，主要呈现以下特点。一是重点企业产销回暖，质量效益普遍提升。大部分上市企业实现了销售收入和利润双增长。二是新业态发展步伐加快，支撑作用逐步显现。襄阳市本土和新引进互联网企业积极拓展新领域，发展新模式，取得了较好成果。三是重点项目进展顺利，新增长点加快形成。据初步统计，2018年电子信息项目41个，总投资159.5亿元。其中，总投资51.55亿元的猛狮宜城高端锂电工业园，一期年产能2 GW·h锂电池项目设备安装调试已完成，可年产约1350万只电动汽车用锂离子电池。总投资25亿元的国能动力电池生产线项目一期正在设备安装和调试，投产后可实现年产值15亿元。总投资10亿元的电信“互联网+创新创业产业园”项目2018年1月正式启动，百度、阿里巴巴、腾讯等知名公司已明确了入驻意向。

(四) 医药化工产业发展情况

(1) 产业增速放缓，但重点企业增速较快。

2018年上半年，受环保整改停产影响，襄阳市医药化工产业累计完成产值221.4亿元，同比增长5.24%。

纳入襄阳市重点工业企业主要经济指标监测分析系统中的48家重点医药化工企业上半年累计营业收入78.9亿元，同比增长12.7%；利润总额达6.8亿元，同比增长40.8%；上缴税金4.7亿元，同比增长21.6%。

(2) 细分产业分化明显，但新旧动能转换加快。

受环保停产整改影响，传统的磷化工产业增长乏力，上半年泽东化工同比下降0.4%，嘉施利同比下降4%，兴发化工同比下降5.3%，万丰化工同比下降2%，丰利化工同比下降3.8%；新兴的医药产业与精细化工产业增长较快，上半年天药药业同比增长42.1%，隆中药业同比增长30.6%，创力药业同比增长154.4%，天鹅涂料同比增长27.6%，福兴化工同比增长96.4%，阿泰克同比增长29.5%，天河科技同比增长142.1%，荆洪生物同比增长96.1%。

新动能培育方面，华中药业维生素B_1原料药车间即将投产，将新增产值4亿元；天药药业高智能可视化小针剂车间即将投产，将新增产值10亿元；葵花药业大健康产业园项目正在加紧施工。

(3) 推进工业发展主要措施。

今年以来产业专班按照市委、市政府的安排部署，一手抓产业绿色发展、高质量发展，一手抓招商引资、项目建设，主要开展了以下工作。

一是深入推进危化品生产企业搬迁改造。对襄阳市危化品生产企业进行了摸底，从62家企业中甄别认定了26家需要搬迁改造的企业名单；对全市10个化工园区的基本情况完成调查摸排；成立了市推进危险化学品生产企业搬迁改造工作攻坚指挥部及办公室，明确了指挥部职责与2018年工作要点；出台了《襄阳市危险化学品生产企业搬迁改造实施方案》；确定并向省搬迁指挥部上报了襄阳市危险化学品生产企业搬迁改造任务清单；起草了《襄阳市沿江化工企业关改搬转支持政策》。

二是探索解决产业发展痼疾。针对襄阳市磷石膏无处堆放造成环境污染、企业停产问题，通过对余家湖工业园相关企业、襄城及南漳磷石膏堆场情况进行实地调研，提出了应急与谋远相结合的治理方式：尽快推动南漳磷石膏堆场的完善与启用；加快推进园区内的磷石膏综合利用和磷石膏产品的推广利用；立足长远，依法依规对园区内磷化工企业进行关改搬转。

三是大力开展产业招商。2018年上半年，产业专班分别拜访了上海宇昂科技、平安好医、张江科技园、葵花药业等30多家企业。1～5月，全市医药化工产业新签约项目18个，合同金额达51.18亿元；新注册项目10个，协议投资额达13.5亿元，注册实到资金3.97亿元；新开工项目12个，合同金额达22.7亿元；新投产项目9个，合同投资额达13.2亿元；在谈项目32个。

(五) 新能源新材料产业现状

按照全市主导产业规模以上企业重新划分口径，襄阳市新能源新材料产业共有规模以上企业72家(新能源企业15家)，重点企业有湖北立晋钢铁集团有限公司、武钢集团襄阳重型装备材料有限公司、襄阳三沃航天薄膜材料有限公司、湖北回天新材料股份有限公司、襄阳国网合成绝缘子有限责任公司、湖北汇尔杰新材料科技股份有限公司、湖北晶日光能科技股份有限公司、华润风电(枣阳)有限公司,等等。2018年上半年襄阳市新能源新材料产业规模以上工业企业完成工业总产值122.9亿元,同比增长17.2%,计划到2020年“两新”产业实现工业总产值500亿元(其中新能源产业100亿元,新材料产业400亿元)。

(六)环保产业发展现状

襄阳市节能环保产业的基础较好,具有一定的技术优势和市场竞争能力。在节能领域,黄磷尾气发电、高炉煤气发电、变频调速等一批重大节能技术装备有一定规模,有五七一三工厂、大力电工、万洲电气等;在资源循环利用领域,“三废”(废水、废气、固体废弃物)综合利用技术装备也有一定的实力,如立晋钢铁有4套环保除尘设备;再制造表面工程技术也具有一定基础,如五七一三工厂、航林机械、东风康明斯发动机再制造等;资源循环利用方面优势明显,再生铅、再生铝蓄热式熔炼技术,废弃电器、电子产品回收技术基础较好,如金洋冶金等;在环保领域,电除尘、袋式除尘技术和装备等产业规模较大,如九鼎昊天、先天下环保等。

(1) 资源综合利用产业具有一定规模,产业链较为完善。

襄阳市现拥有6个国家级循环经济试点和11个省级循环经济试点。其中,国家级循环经济试点包括湖北省唯一的谷城国家循环经济示范县、省内首个国家“城市矿产”示范基地(谷城再生资源园区)、国家再生资源回收利用体系建设试点城市、国家餐厨废弃物资源化利用和无害化处理试点城市、国家循环经济试点单位(湖北金洋冶金股份有限公司)、国家首批再制造试点单位(东风康明斯机械有限公司)。通过多年的发展,形成了一系列富有特色的循环经济模块,取得了良好的示范效果和社会影响力。

(2) 节能环保装备产业特色突出,细分行业市场占有率较高。

截至2017年年底,襄阳市共有19家节能环保装备制造规模以上企业,其中,环保装备制造企业12家、节能装备制造企业7家,这些企业大多分布在市区。

襄阳市节能环保产业一方面基础较好,特色突出,具有一定规模;另一方面产业循环也存在产业链较短、节能减排压力较大、产品结构调整慢、资金短缺、制造+服务模式转型慢等困难和问题。近几年因各种原因停产的节能环保企业有特众电机、螺霸压缩机、华强照明、双利环保等。

三、高新技术企业发展情况

2017年,襄阳市拥有高新技术企业408家,总量稳居全省第二。2018年上半年,襄阳市共申报高新技术企业308家,年底襄阳市高新技术企业有望突破500家。

2017年，全市实现高新技术产业增加值898.14亿元，高新技术产业增加值占GDP比重达22.1%，占比位居全省第一。2018年上半年，全市高新技术产业产值同比增长37.2%，增速同比提高16.8%，规模以上高新技术产业实现增加值430.1亿元，同比增长13.7%，占GDP比重22.3%，稳居全省首位。

（一）规模稳步增长

一是企业总量不断上台阶。近年来，襄阳市高新技术企业总量一年上一个新台阶，高新技术企业总量一直稳居全省第二，高新技术企业认定管理工作连续9年走在全省前列，为推进经济转型升级和高质量发展提供了有力的科技支撑。2017年，全市高新技术企业总量达到408家，比2013年增加220家，增长了1.17倍。

二是产业发展持续上水平。近年来，襄阳市高新技术产业持续快速发展，高新技术产业对经济转型升级的支撑引领作用不断增强，襄阳市高新技术产业总量规模一直位居全省第二，高新技术产业增加值占GDP的比重一直位居全省第一。培育了节能与环保、汽车动力与部件、节能电机与控制设备等3个国家级特色产业基地，新能源汽车关键部件创新型产业集群跻身国家级创新型产业集群试点。2017年，全市实现的高新技术产业增加值是2013年的1.82倍；高新技术产业增加值占GDP的比重比2013年提高4.54个百分点。

（二）区域协调发展

一是企业分布呈现区域协调发展态势。高新区一直是高新技术企业密集区，同时，其他县(市、区)的高新技术企业也呈现快速发展态势。2017年，高新区和区外的高新技术企业分别占全市总量的47.3%和52.7%，高新技术企业发展形成多点开花的良好局面。

二是产业分布形成区域协调发展态势。高新区形成了以风神汽车、东风股份为龙头的汽车及汽车零部件产业集群；樊城区形成了以万洲电气为龙头的节能电机与软启动产业集群；襄州区形成了以时瑞达重型工程机械为龙头的装备制造产业；襄城区形成了以华中药业为龙头的生物医药产业；枣阳市形成了以飞龙摩擦密封材料为龙头的摩擦材料产业；宜城市形成了以湖北粤宜为龙头的电子信息产业；谷城县和老河口市形成了以金洋冶金、楚凯冶金为龙头的节能环保产业；南漳县和保康县形成了以高隆磷化工、尧治河化工为龙头的化工循环经济产业。

（三）创新能力较强

一是研发投入持续增长。近三年来，襄阳市高新技术企业研发投入总额平均增长17.76%，63.97%的高新技术企业的研发投入同比呈增长状态。

二是创新平台相对集中。襄阳市高新技术企业承担了大部分创新平台的布局建设。目前,全市拥有省级工程技术研究中心 37 个,其中 34 个建在高新技术企业;全市拥有省级重点实验室 6 个,其中 4 个建在高新技术企业;全市拥有省级校企共建研发中心 31 个,其中 14 个建在高新技术企业。

三是科技创新成果丰硕。襄阳市高新技术企业贡献了大部分的专利产出和成果转化项目,所有的高新技术企业都与高校、科研院所建立了产学研合作关系。近三年来,全市高新技术企业取得的授权发明专利占全市的比重平均达到 70.22%,承担的重大科技成果转化项目占全市的比重平均达到 70.6%,获得的省级以上科技奖励项目占全市的比重平均达到 74.36%。宇清传动的新能源汽车集成式电驱系统、航宇救生的国内柔翼无人机消雾平台等一批首创性重大科技成果相继问世,中航精机的“汽车制造中的高质高效激光焊接、切割关键工艺及成套装备”项目获得 2015 年度国家科学技术进步奖一等奖。

第二节 面临的主要问题

近年来,襄阳市加快构建形成了以汽车及汽车零部件产业为龙头,农产品深加工、装备制造、电子信息、新能源汽车、新能源新材料、医药化工产业为支柱的“一个龙头、六大支柱”产业体系。襄阳市工业经济发展基础较好,但迈向中高端水平任务艰巨,面临着发展量级突破和发展层级提升双重压力,受制于人才、研发等创新因素制约,产业层次较低,传统产业比重较大,战略性新兴产业一时难以接替,有影响力的名牌产品屈指可数。

一、经济下行压力犹存

“十三五”期间,国内外经济形势复杂多变,在外需复苏缓慢、国内改革调整进入深水区的背景下,经济下行压力仍然较大。在这一背景下,受融资成本偏高、投资增速回落、工业领域通货紧缩、宏观经济增速整体下滑等因素影响,市内企业尤其是小微企业运行状况堪忧。

二、创新能力不强

一是目前高新区的科技创新平台数量不够,创新平台在建设过程中缺乏统一的规划和规范的管理,整合度不够高,难以形成资源共享的规模效益。装备制造、新能源新材料等产业缺乏核心技术和关键人才，企业生产多是面向周边企业辅助零件的加工和机械的组装，生产工艺简单、行业准入门槛低，附加值不高，不利于形成企业的核心竞争力，也阻碍了高新区整体“制造”向“智造”和“创造”的转型升级。二是企业的自主创新能力不强，多数企业缺少核心技术，科技研发投入不够，技术效率和管理效率指标还不高，拥有自主知识产权的创新型产品数量不足，不重视自身的研发创新平台的建设。

三、面临着发展量级突破和发展层级提升的双重压力

襄阳市作为地处内陆中部地区的城市，既赶又转的压力较大；与东部发达地区同类城市相比，襄阳市的发展量级还存在较大差距，转型升级起步较晚，承接东部地区产业转移又存在一些不利因素（如区位、科教、人才等）。尽管近年来襄阳市工业经济总量快速扩张，2017 年全市实现地区生产总值 4064.9 亿元，按可比价格计算，增长 7.2%，居全省第二，但与占湖北省总量六分之一的要求还有一定差距（湖北省 3.65 万亿元，占 11.14%），发展不够、量级突破仍是当前面临的首要问题。同时，襄阳市也面临着非常迫切的转型升级要求，不转型升级就无法实现持续快速增长，也将与标兵拉大差距，被其他城市赶超。从调研的企业来看，停产、半停产企业大多属于产能过剩或落后的企业，未能及时转型升级，无法跟上市场需求的变化。

四、传统产业比重较大和新兴产业接续不足的矛盾并存

襄阳市工业前几年的高速增长，很大程度上来自汽车及零部件、农产品深加工、化工等传统优势产业的拉动，但随着市场饱和、资源环境要素紧张等制约，这些传统产业的高速增长不可持续，部分传统产业企业的生产经营举步维艰。如食品加工产业，大宗产品生产企业普遍规模较小，抗风险能力不足，部分规模还算大的企业过去发展势头一直很好，但由于受粮油企业巨头低价倾销、资金链断裂等因素影响，一夜之间垮掉，急需“靠大联大”才能实现持续发展。精深加工产品严重缺乏，品牌化、特色化不足，如襄阳市一些特色精深加工企业由于缺乏品牌效应，一直难以走出去扩大市场份额，无法扩张总量规模。同时，襄阳市战略性新兴产业发展不够，对工业的支撑有限。目前襄阳市战略性新兴产业占工业总量的比重仅 13.2%。新能源汽车产业虽是襄阳市的品牌，但当前也遇到技术、市场、政策变动等瓶颈制约，企业普遍反映发展困难，难以快速实现发展壮大。

第三节　发展的主要举措

一、出台的工业发展政策

襄阳市委、市政府近年来出台的工业发展政策主要有以下几条：

(1)《关于加强科技企业孵化器和众创空间建设的意见》；

(2)《襄阳市市长质量奖管理办法》；

(3)《加快企业技术改造推进工业转型三年行动计划》；

(4)《中国制造2025襄阳行动纲要》；

(5)《中共襄阳市委、襄阳市人民政府关于深化人才发展体制机制改革　促进人才创新创业的实施意见》；

(6)《襄阳市关于进一步促进民营经济健康发展的若干政策措施》；

(7)《中共襄阳市委、襄阳市人民政府关于加快工业经济发展　实现倍增目标的意见》；

(8)《市人民政府办公室关于进一步降低企业成本　振兴实体经济的实施方案》；

(9)《中共襄阳市委、襄阳市人民政府关于推进高质量发展十大重点工程的实施意见》；

(10)《襄阳市承接智能制造装备和消费电子产业转移优惠政策》。

二、制造业优化升级的重点和方向

制定出台《加快企业技术改造推进工业转型三年行动计划》，提出了2016—2018年全市累计实现技改投入2400亿元、每年实施200个重大技术改造项目的行动目标，明确了装备升级换代、质量品牌建设、产业聚集配套等七大推进路径，从财政、金融、土地、税收、减负等五个方面予以支持保障。

推进工业技改升级。鼓励企业对符合产业政策、市场前景好、经济效益优的项目增加投资、扩大生产、提升效益；支持企业进行设备更新和升级换代，提高装备水平、产品质量，增加产品品种和附加值；推动汽车及零部件、轻工纺织、化工、建材冶金等传统产业转型升级；加快培育发展新能源汽车、高端装备制造、生物医药等战略性新兴产业；引导企业围绕产业链中的关键领域、薄弱环节、共性问题等进行整体技术改造。

推进绿色低碳发展。支持节能环保产业和资源综合利用产业技术改造项目。支持企业应用先进实用技术实施节能和清洁生产技术改造，开展“绿色工厂”创建试点。健全落后产能退出激励机制，有序开展产能置换、兼并重组、环保搬迁、升级改造工作。加快推广应用国内外先进节能、节水、节材技术工艺，推广工业产品绿色制造，普及成熟适用的清洁生产技术。开展工业能效提升行动，引导重点耗能企业建设能源管理中心，鼓励企业开展能源管理体系建设试点和节能远程管理服务。积极支持电机能效提升改造、磷钛钒资源有效利用、资源再利用以及余热发电技术等循环经济和再制造产业发展。鼓励企业实施高风险污染削减技术改造和清洁高效利用技术改造，实施工业污染防治，降低工业污染排放。

推进智能制造。兼顾传统制造业转型升级需求，开展重点领域智能制造行业应用标准研究，推进全市工业信息化进程，推进信息技术在企业研发设计、生产制造、质量管理、安全生产、节能降耗等各环节的应用。重点支持核心智能制造装备在智能工厂、数字化车间的推广应用，以满足产品设计、工艺、制造、检测、物流等各环节的智能化要求。加快推进企业生产向信息服务业转型，全面提高襄阳市制造业智能化水平。引导企业应用网络技术、数控技术和智能装备进行智能化技术改造，推动生产方式向柔性、智能、精细化转变。鼓励企业从生产线、生产车间等局部智能化改造向整个工厂的智能化改造拓展。

三、推动落实《中国制造 2025 湖北行动纲要》《湖北省工业“十三五”发展规划》的政策及工作机制

（一）加强顶层设计

一是启动实施万亿工业强市建设战略。市委、市政府于 2015 年 8 月制定发布了《关于加快建设万亿工业强市的意见》，对襄阳工业转型跨越进行了系统谋划，制定出台了《加快建设万亿工业强市的十条措施》；2017 年，分两批为 211 家企业（单位）兑现财政奖补资金 1.52 亿元。

二是推动《中国制造 2025》在襄阳落地实施。2015 年 10 月，襄阳市启动了“中国制造 2025”试点示范城市创建工作，编制了《襄阳市创建“中国制造 2025”试点示范城市实施方案》和《试点城市创建申报方案》，2016 年 9 月通过省级评审，呈报了工业和信息化部。组织对《中国制造 2025》“1＋X”配套文件进行深入研究，结合襄阳产业发展基础，2017 年 2 月，印发了《中国制造 2025 襄阳行动纲要》，提出了“6＋7＋6”的工

作布局,即在六大新兴领域突破,实施七大专项行动,落实六项保障措施。

三是以补短板为重点谋划推进供给侧结构性改革。2016 年 12 月,出台了《关于补齐产业发展短板加快建设万亿工业强市的行动方案》,明确要聚焦传统产业低端发展、战略性新兴产业规模不足、新产业增长点匮乏等制约产业发展最关键、最迫切的短板,着力实施传统产业转型升级计划、战略性新兴产业发展壮大计划、新产业增长点加快培育计划,力争经过 3 年努力,产业补短板取得明显成效,经过 5 年努力,基本补齐产业短板。

四是对接省工业发展规划,编制实施《襄阳市"十三五"工业发展规划》(下简称《规划》)。《规划》全面回顾了"十二五"时期襄阳市工业发展情况,总结了取得的成就;分析了工业发展存在的主要问题和"十三五"时期面临的形势;提出了工业发展总体思路、产业体系建设和实施计划;明确了规划落实保障措施。

(二) 突破发展量级

一是强化企业培育。组织开展百家领军企业"龙腾"专项行动和百家中小企业"星火"专项行动,建立"双百"企业动态管理机制和定期分析监测机制。聘请专业机构,为 50 家"双百"企业开展技术和管理咨询诊断活动,利用华中科技大学襄阳工研院等公共技术服务平台,服务 12 家"双百"企业开展智能工厂或数字化车间建设,助力企业技术和管理创新。

二是强化项目建设。对接融入"中国制造 2025"、"一带一路"、长江经济带、长江城市群发展、汉江生态经济带等国家和省发展战略的重点领域、重点方向,谋划了 1785 个对提升襄阳城市竞争力有支撑作用的重点产业项目,促成 200 多个重大工业项目列入国家和省相关规划。2017 年,全市完成工业投资 2013 亿元,同比增长 25.9%,增幅高于全省平均水平 14 个百分点,居全省第三,全市 207 个亿元以上工业项目竣工投产;完成全口径工业技改投资 852 亿元,同比增长 37%,全市 200 个重点技术改造项目竣工投产。

三是强化存量招商。紧紧围绕在建重大工业项目,谋划、推动产业链招商活动;紧紧围绕现有重点骨干企业转型升级,引进战略投资者;紧紧围绕驻襄央企加快发展,密切与央企总部的对接,争取策划承接央企扩张项目。

(三) 提升发展层级

一是强力推进企业技术改造。制定实施《加快企业技术改造推进工业转型三年行动计划》,建立全市工业企业技术改造项目库,入库项目 302 个;开展"百家技术改造试点示范企业"创建工作,面向社会发布 100 个示范企业、项目创建名单;组织开展企业技改项目现场观摩活动,在新闻媒体开设专栏,对 12 家企业技改典型案例进行了解读和剖析，有力推进了企业改造升级。

二是深度推进两化融合。深化宽带中国示范城市、国家智慧城市试点城市和国家信息消费试点城市创建工作，制定出台《襄阳市“互联网＋制造”实施意见》，成功申报国家电信普遍服务试点城市，开展企业两化融合管理体系贯标和认定试点工作，4 家企业新入选国家两化融合管理体系贯标工作试点，组织 10 家企业创建国家和省级智能制造试点示范项目，依托公共技术服务平台为 20 多家企业提供自动化、数字化和智能化解决方案及相关产品。以智能制造为主攻方向推动企业转型升级，已成为众多制造业企业的共识。

三是大力推进绿色转型。加大节能新技术、新产品、新工艺、新设备推广运用力度，全市累计更换落后电机近万台，施尔佳肥业、立晋钢铁等 10 多家企业实施了合同能源管理，华新水泥（襄城）公司、泽东化工等 5 家企业建立了能源检测中心，新鄂西化工合成氨节能减排改造等 5 个煤炭清洁高效利用项目加快实施（总投资达 2.2 亿元），组织实施的 17 个重点行业清洁生产项目和 10 个工业水污染防治项目已分别有 11 个和 2 个实现项目竣工。

四是加快推进新兴产业规模化进程。编制实施战略性新兴产业三年倍增计划，制定落实特殊扶持政策，全力推动航空航天、轨道交通、新一代信息技术、新能源新材料、节能环保等新兴产业发展壮大，特别是“中国新能源汽车之都”建设取得重大突破，全部建成后将形成 100 万辆新能源整车、13.5 亿安时动力电池的产能。2017 年，全市战略性新兴产业产值达到 774 亿元，占工业总产值的比重达到 12.3%。

四、重大项目推进情况

每年收集汇总全市工业项目库，形成项目推进和建设计划。要求各地配备县市区级项目秘书，搞好协调服务。2017 年推进工业项目 634 个，2018 年上半年推进工业项目 582 个；2017 年竣工或部分竣工工业项目 206 个。

积极争取国家和省政策资金。坚持把向上争取项目资金作为服务企业和项目建设、促进发展的重要途径。2013 年以来，襄阳市经信委共为全市工业企业和项目争取国家和省专项资金支持 47265 万元，其中 2017 年获得 9785 万元。此外，2013 年以来，襄阳市再生资源综合利用产业园获评国家新型工业化产业示范基地（目前全市 3 个，数量居湖北省第二），际华三五四二公司、航宇救生装备获评“国家技术创新示范企业”，万洲电气公司获评“工业品牌培育示范企业”。

第四节　发展建议

一、支持襄阳进一步加快两化融合发展

近年来,襄阳市在两化融合方面做了大量的工作,有了很好的基础,但由于获评国家和省级示范后没有相应政策扶持,企业申报积极性越来越低,后续组织企业申报的难度越来越大。因此,建议湖北省政府加大对两化融合发展的资金扶持力度,设立两化融合专项资金,通过财政资金的杠杆作用,加大对国家级和省级两化融合试点示范及管理体系贯标试点企业的资金扶持力度,进一步引导和促进企业推动两化深度融合,并适当向具有较好基础优势的襄阳倾斜,支持襄阳加快工业经济转型升级步伐。

二、进一步加大对襄阳产业转型升级和企业发展的支持

近年来,襄阳市大力推动产业转型升级和企业成长壮大,襄阳工业总量也先后突破6000亿元和7000亿元,但与湖北省委、省政府的要求还有一定差距。若要实现突破性的跨越发展,需要予以重点扶持支持,仅靠襄阳的财力略显不足,需要省政府在相关专项资金、基金扶持中能加大对襄阳项目、企业的扶持力度,发挥襄阳在"建成支点、走在前列"中应有的支撑作用。

第二十三章　宜　昌　市

第一节　发展概况

一、总体发展情况

（一）工业总体发展态势

2017年是宜昌转型升级的关键之年。面对严峻复杂的经济形势，宜昌市委、市政府坚定不移贯彻新发展理念，抓重点补短板、强弱项，强力推动化工产业转型升级，全市经济保持了“稳中有进、进中有优”的发展态势，开创了“绿色、转型、跨越、小康”新局面。

2017年，宜昌市共有规模工业企业1479家，年内新增规模工业企业57家。全年规模以上工业主营业务收入比上年下降7.5%，利税比上年下降3.4%，利润总额比上年下降0.3%。

2017年，宜昌市规模以上工业增加值增速比上年下降0.1%。分经济类型看，国有企业比上年增长20.9%，集体企业比上年增长12.2%，股份制企业比上年下降0.1%，外商及港澳台商企业比上年增长9.6%，其他经济类型企业比上年下降0.6%。分轻重工业看，全市轻工业增加值增速比上年下降0.2%，重工业增加值增速与上年持平。

2017年，宜昌市实现高新技术产业增加值406.41亿元，比上年增长4.2%；高新技术产业增加值占GDP的比重为10.5%。国家级高新技术企业382家，比上年新增52家。国家、省、市级工程技术中心146家；国家、省、市级重点实验室57家。重点科技成果登记200项。全市专利受理量为11349件，专利授权量为4271件（其中发明专利有666件）。

(二) 加快结构调整,做强实体经济

坚持把结构调整作为促转型的有效途径,实施产业转型升级专项考评,下大力提升经济发展质效。出台化工产业专项整治意见和三年行动方案,规划建设宜都、枝江专业化工园区,沿江"一公里保护红线"正在形成。制定仿制药发展等扶持政策,新材料、生物医药、电子信息、先进装备制造业加快发展,产值占工业总产值比重达到40%。人福药业生产质量体系全面升级,原料及制剂通过美国和欧盟认证。净增高新技术企业57家、高新技术产品183个,实现高新技术产业增加值320亿元。发明专利授权量为620件。成立全省第二家科技银行。实施"我选湖北·爱上宜昌"创新创业计划。宜昌市被列为国家军民融合产业示范基地,跻身国家创新型特色城市行列。

(三) 产业转型升级迈出坚实步伐

痛下决心、壮士断腕,强力推进沿江134家化工企业"关、转、搬",首批依法关停企业25家,传统化工产值占化工总产值比重下降1.2个百分点,精细化工产值占比提高到20.3%。单位生产总值能耗下降7.14%、地耗下降5.32%、水耗下降13.7%。第三产业增加值占生产总值比重提高1个百分点。宜昌市培育发展战略性新兴产业、推动特色优势产业转型升级成效明显,受到国务院通报表扬。

(四) 供给侧结构性改革纵深推进

压减磷矿产量70万吨;压减煤炭产能75万吨,宜都、夷陵整体退出煤炭生产行业;淘汰落后产能企业24家;率先在全省淘汰20蒸吨以下燃煤锅炉。商品房库存面积和去化周期总体减少。降低企业综合成本100亿元以上。基础设施、基本公共服务等领域补短板步伐加快。

(五) 三大攻坚战取得阶段性成效

污染防治全面加强,按期完成中央环保督察交办问题整改41项,主要河流水质总体良好,PM10、PM2.5浓度分别下降9.3%、6.5%,环境空气质量优良天数达到258天,同比增加11天。精准脱贫扎实推进,实现81705人脱贫、60个村出列、18315人易地扶贫搬迁,预计远安县可以脱贫摘帽,光伏扶贫经验在全国推广。风险防范化解有力有效,宜昌轿车、联邦电缆等项目成功盘活,宜化集团改革解困稳步推进,依法处置"僵尸企业"22家,化解了一批经济和金融领域风险隐患。金融机构不良贷款率降至1.76%。

二、重点产业发展情况

（一）精细化工产业

1. 基本情况

2017年，规模以上化工企业达118家，占全市规模以上工业企业总数的8.0%；2017年全市规模以上化工企业完成工业总产值609亿元，同比增长12.2%，占全市工业总产值的19.8%。2018年1—6月规模以上化工企业完成工业总产值351.61亿元，占全市规模以上工业总产值的21.3%，同比增长22.5%，增速高于全市规模以上工业总产值增速平均水平10.3个百分点。

2. 未来发展的方向和重点

一是扎实开展化工产业专项整治及转型升级三年行动。2017年以来，认真贯彻落实习近平总书记“把修复长江生态环境摆在压倒性位置，共抓大保护，不搞大开发”的重要指示，把实施化工产业“关改搬”作为推动经济高质量发展、改善民生的重大举措，痛下决心，壮士断腕，推进化工产业专项整治及转型升级。

(1) 高标准编制规划。先后编制出台《宜昌市化工产业绿色发展规划（2017—2025年）》《宜昌市磷产业发展总体规划（2017—2025年）》《姚家港化工园总体规划（2017—2030年）》《宜都化工园总体规划（2017—2030年）》，引导化工产业向高端化、精细化、绿色化发展。出台化工产业专项整治及转型升级意见，制定三年行动计划，明确时间表、路线图，力争2020年底以前基本完成化工产业专项整治及转型升级任务。

(2) 依法推进“关改搬转”。制定《化工产业项目入园指南》，出台《化工企业搬迁入园配套政策》，引导企业在搬迁中改造升级。以安全环保标准倒逼企业关停，市级设立1亿元专项资金，引导30亿元化工产业股权投资基金，支持化工产业转型升级。

(3) 优化产业布局。对现有化工园区实行分类整治，推进化工产业向园区集中，形成“2+5”（即两个“优化提升区”、五个“控制发展区”）园区格局。优化产能配置，对尿素、磷铵等过剩产品严格实行等量或减量置换，推进有市场前景的产能向优势企业集中，鼓励扩大高精尖产品产能。

二是加快推进磷石膏综合利用。

(1) 邀请专家教授咨询指导。近年来，先后与美国佛罗里达工业与磷酸盐研究所、云南省化工研究院、武汉工程大学及开磷集团、瓮福集团等单位，在磷石膏处理和利用方面开展技术合作交流，邀请国家安全生产专家来宜开展专题讲座，对宜都、枝江、猇亭等地磷石膏问题进行实地调研和技术指导，对各种不同工艺路径及其稳定性、经济适应性进行了比较分析。

(2) 实施磷石膏综合利用三年行动计划。印发实施《市人民政府办公室关于印发宜昌市磷石膏综合利用三年行动计划(2018—2020 年)的通知》《市人民政府办公室关于促进磷石膏综合利用的意见》,将磷石膏综合利用情况与磷矿资源配置供给挂钩,减少磷石膏产量,到 2020 年将磷石膏综合利用率提高到 65%。

(3) 加大政策支持力度。市级设立 2000 万元的磷石膏综合利用专项补助资金,县市区给予配套补助;市经济和信息化委员会、市财政局联合制定出台《宜昌市磷石膏综合利用补助资金管理暂行办法》,支持企业开展磷石膏综合利用和产学研合作推广应用新技术。

(4) 加快重点项目建设。重点推动湖北三宁化工股份有限公司合成氨原料结构调整及联产 60 万吨/年乙二醇项目一期、宜昌鄂中化工有限公司磷石膏综合利用项目、迪斯科科技集团(宜昌)有限公司年产 20 万吨高塔复合肥及 10 万吨氨酸法造粒复合肥等项目加快建设进度,确保按期完成建设任务。

(二) 食品饮料产业

1. 基本情况

2018 年上半年,全市食品饮料行业共有规模以上工业企业 223 家。涉及等酒类制造、精制茶加工、粮食加工、饲料加工、调味品制造、焙烤糖果等食品制造、植物油加工、屠宰及肉类加工、罐头食品制造、水产品加工、其他农副食品加工、蔬菜水果加工、饮料制造、乳制品制造、烟草制品业等 15 个细分行业。全市食品饮料行业规模以上企业共完成工业总产值 282.86 亿元,同比增长 10.05%。

2. 未来的发展方向和重点

(1) 强化产业培育,壮大产业规模。一是强化招商引资、招商选资,充分发挥我区农产品资源优势,推进产业链招商和配套招商,高起点、高标准引进产业关联度大,上、下游配套的优强企业,延伸产业链条,精心筛选、包装、推出一批重大食品饮料项目对接世界 500 强和中国民营经济 500 强等知名企业。积极引导和支持本土企业间战略合作和跨行业、跨区域兼并重组,提高规模化、集约化经营水平,培育一批核心竞争力强的食品饮料企业集团。二是推进中小企业成长工程。按照“政策推动,企业决策,市场运作,政府扶持”的原则,坚持分级管理、分类施策,切实落实扶持中小微企业发展的各类政策措施,进一步激发各类市场主体创业创新活力,支持中小微企业向“创新、智能、专业、绿色”方向发展。三是大力实施扶优壮强工程。鼓励引导重点子产业、重点企业通过增量扩张、产业延伸、上市融资、多元拓展等途径,培植一批行业突出、实力雄厚、拥有核心技术、在全省乃至全国有较大影响的重点企业,进而带动一批相关项目和配套企业的发展,形成集聚发展态势。

(2) 强化规划引导,推进集约发展。一是加强产业规划引导,优化产业布局。依托宜昌市柑橘、水产品、茶叶等特色农产品,规划建设龙泉、小溪塔、宜都清江、安福寺、长阳清江等健康食品产业园。二是推进产业链发展。为充分发挥宜昌市资源优势,推动产业特色发展,围绕茶产业链、柑橘深加工产业链、魔芋加工产业链等3个产业链,推进食品饮料产业发展。三是加快产业集群发展,培育形成以骨干企业为龙头、"专、精、特、优"相关企业为支撑,配套检验检测、人才培训、产品设计、物流建设等生产性服务业,推动产业集约化、规模化发展。四是促进全产业链的协同发展。鼓励企业向上、下游产业延伸和相互协作,建立从原料生产到终端消费各环节在内的全产业链,加快产业链间的集成融合,实现优势互补、信息共享、协调发展。

(3) 强化科技创新,推进产业提档升级。一是强化企业技术创新主体地位,支持企业加强关键核心技术的研发攻关,提高关键环节和重点领域的创新能力。二是搭建创新平台,引导产学研用按照市场规律和创新规律加强合作,制定完善科技成果转化激励政策,推动科技成果产业化。推动企业技术中心、工程技术中心、重点实验室和博士后工作站等创新平台建设。三是推进企业技术进步,鼓励和支持企业采用新技术、新工艺、新设备对现有生产设施和工艺装备进行技术改造,全面提升设计、制造、工艺、管理水平,促进产业向价值链中高端发展,实现技术进步和产业结构升级;大力支持企业生产设备的智能化改造和引进,推进生产过程智能化。四是积极推动农产品加工业标准化与质量提升,强化环保、能耗、质量、安全、卫生等标准作用,鼓励企业开展质量管理、食品安全和环境控制等体系认证,提升食品质量。

(4) 强化品牌建设,提升产业竞争力。一是推广先进质量管理技术和方法,推动重点产品技术、安全标准达到国际国内先进水平。二是推进品牌建设。落实名牌培育奖励政策,加大名牌产品宣传力度,营造名牌培育良好氛围。引导企业牢固树立精品名牌意识,围绕研发创新、生产制造、质量管理和营销服务全过程提升内在素质,夯实品牌发展基础,积极争创中国驰名商标和湖北省著名商标,研发湖北名牌产品,不断扩大企业知名度和市场占有率。三是推进落实企业质量安全主体责任制度,完善内部质量控制、监测系统,加强行业自律,推进企业诚信体系建设,在重点行业和领域实施覆盖产品全生命周期的质量管理、质量自我声明和质量追溯制度。四是加大新产品研发力度。提高干鲜果饮料、罐头、营养餐与配餐、果醋果酒、调味品及休闲食品、动植物精油、天然香料等精深加工能力和质量;创新开发茶食品、茶饮料、茶日用品、茶保健品等深加工产品。

(5) 强化融合发展,大力推进"互联网+智能制造"。一是支持企业在研发设计、生产制造、经营管理、市场营销等核心业务环节信息化应用,推广智能监测监管系统建设,全面提升信息化水平。二是大力实施"互联网+"行动计划,推进电子商务平台从产品销售和广告营销向研发设计、生产制造等领域渗透,促进生产和消费环节对接，推动基于消费需求动态感知的研发、制造和产业组织方式变革，形成个性化、定制化生产新模式。三是推进食品安全可追溯体系建设，在配方乳粉、白酒、肉制品等领域试点的基础上，逐步扩大范围，建立集信息、标志、数据共享、网络管理等功能于一体的食品可追溯信息系统，实现食品行业质量安全信息可追溯。

(6) 加大重点项目建设。重点加快均瑶集团乳业股份有限公司年产 15.8 万吨常温发酵奶生产基地项目、宜昌萧氏茶叶集团有限公司萧氏茶产业园项目、宜昌贝因美食品科技有限公司婴童食品产业园一期(奶粉)等项目建设，确保它们按期完成建设任务。

(三) 生物医药产业

1. 基本情况

2018 年上半年，全市生物医药产业共有规模以上企业 76 家，涉及化学原料药及制剂、中药饮片及中成药、生物制药、卫生材料及医药用品、生物化工制品、生物农业用品、生物食品、生物相关设备及其他制造等 8 个细分行业。全市生物医药产业规模以上企业共完成工业总产值 162.6 亿元，同比增长 40.16%。

2. 未来发展的重点和方向

(1) 加快产业发展平台建设。抢抓国家《关于促进健康服务业发展的若干意见》《关于改革药品医疗器械审评审批制度的意见》《药品管理法》修订等一系列政策机遇，推进医药产业链延伸，加强宜昌生物产业园、东阳光宜都生物医药产业园、枝江医用纺织产业园“三园”基础设施建设，提升园区承载功能。以人福药业、三峡制药、华强科技为龙头，加快打造集研发、孵化、生产、服务为一体的多功能生物医药产业园区，做大做强宜昌生物产业园。以东阳光药业集团为龙头，加强新产品的研发、上市和规模化生产，打造全国知名的抗肝炎病毒、心血管治疗、抗肿瘤等生物医药园区，做优东阳光宜都生物医药产业园。以枝江奥美医疗用品有限公司为龙头，以全棉纱布系列和化纤无纺布系列医用敷料为核心，打造国内最大的医用敷料及医疗器械生产基地，做强枝江医用纺织产业园。

(2) 积极推进企业技术进步。鼓励和支持企业采用新技术、新工艺、新设备对现有生产设施和工艺装备进行技术改造，全面提升设计、制造、工艺、管理水平，促进产业向价值链中高端发展，实现技术进步和产业结构升级。支持企业生产设备的智能化改造和引进，推进生产过程智能化。强化企业技术创新主体地位，支持企业加强关键核心技术的研发攻关，提高关键环节和重点领域的创新能力。建立和完善以医药龙头企业为主体的科研创新体系。加强企业科研开发中心的建设，提高企业科研开发投入的比重。进一步加强产学研结合，积极探索多种形式的产学研合作模式，形成以企业为主体、高校和科研院所广泛参与，利益共享、风险共担的产学研合作机制，加速科技成果转化为现实生产力。

(3) 大力发展中药生产。宜昌境内常用中药材 300 余种，道地药材有木瓜、独活、蜈蚣、黄柏、厚朴、杜仲、续断、天麻等。一是将兴山、秭归、长阳、五峰，以及夷陵区、远安县西北和宜都市西南等山区地带作为中药材种植区和中药材初加工区，充分发挥各地自然资源优势，促进道地药材生产，推动农民脱贫致富。二是建设以夷陵区小溪塔为起点，沿小鸦路经龙泉、鸦鹊岭，到枝江市安福寺的生物医药制造和中药材加工区，集中建设若干工业园，推动生物医药产业和中药材加工业集聚发展。

(4) 加快打造仿制药生产基地。以人福药业为龙头，打造现代化仿制药生产基地。做强做大优势领域。以化学药品制剂、生物制药、现代中药、高端医疗器械等重点领域为发展主导方向，支持引进国内外医药大企业和战略性大项目，引导国内外知名企业与本市医药企业合资合作。支持医药企业兼并重组，培育龙头企业，推进龙头企业开展技术引进，推动生物医药企业间、生物医药企业与科研机构间的合作与重组，扩大企业规模，增强企业实力，形成一批竞争力强的行业支撑企业。培育大品种、大品牌。建立优势品种培育机制，培育优势品种。重点发展肿瘤、心脑血管等重大疾病药品和大宗常用类药品。优先扶持具有较高品牌度和较强竞争力的全国独家品种和中药保护品种。推动产业集聚发展。按照产业集聚、土地集约、厂房集中的原则，突出品种特色、整合创新资源、集聚产业增量，加快建设园区。

(5) 加快重点项目建设。重点加快宜昌山城水都冬虫夏草有限公司年产 2.5 吨生态抚育冬虫夏草项目、宜昌三峡制药有限公司猇亭工业园硫酸新霉素生产基地、宜昌人福药业有限责任公司冻干制剂国际标准生产基地等项目建设，确保它们按期完成建设任务。

(四) 先进装备制造产业

1. 基本情况

2017 年，宜昌市先进装备制造产业规模以上工业企业达 327 家(不含军工企业)，全年实现工业总产值 521.4 亿元，同比下降 0.9%；实现主营业务收入 421.2 亿元，同比下降 12.5%；实现利税 23 亿元，同比下降 23.5%；实现利润 13.6 亿元，同比下降 21.3%；资产总额达 340.8 亿元，负债总额为 173.1 亿元，资产负债率为 50.8%，从业人员达 40982 人。其中，产值过 10 亿元的企业有 6 家，产值过亿元的企业达 140 家。

2018 年 1—6 月，全市先进装备制造产业(不含军工企业)规模以上企业达 268 家，完成工业总产值 288.3 亿元，同比增长 11.9%。

2. 未来发展的方向和重点

(1) 深入产业调研，科学谋划产业发展。在广泛调研的基础上，完成汽车制造、海洋工程与船舶建造两大百亿级产业链和电网配套装备、通航装备制造两大十亿级产业链初稿编制工作。根据省经济和信息化厅办公室相关文件,以及省经济和信息化厅的要求,完成并上报《宜昌市制造业发展情况调研报告》,争取将宜昌市纳入《湖北省制造业发展蓝皮书(2018)》重点范畴。

(2) 坚持试点带动,着力推进智能制造。一是实施智能制造专项行动。围绕流程制造、离散制造、网络协同制造、大规模个性化定制、远程运维服务五大重点方向,制定了《宜昌市智能制造专项行动实施方案》,收集了18家信息化基础好、自动化程度较高的制造业企业建立《宜昌市智能制造项目库》,并挑选118家企业建立了《宜昌市智能制造企业培育库》。二是积极争取国家、省级示范试点。指导推荐宜昌市八〇九厂成功申报中德智能制造合作试点示范项目,成功推荐宜昌市三宁化工、经纬纺机、三八八厂、稻花香等7家企业入选省级示范试点项目。奥美医疗通过工业和信息化部智能制造示范试点专家评审和现场核查。三是加强智能制造指导培训。组织召开智能制造培训会,邀请中机国际智能制造研究院相关专家为全市30多家企业进行培训;组织宜昌市制造业企业参加了省智能制造培训班和2017年第三届智能制造国际论坛;邀请省经济和信息化委员会领导专家对宜昌市奥美医疗、永鑫精工、昌盛科技等9家企业进行了现场指导。

(3) 鼓励自主创新,推广重大技术装备。一是组织全市30多家企业召开了全市首台(套)重大技术装备保险补偿机制试点工作推进会,邀请相关专家宣讲首台(套)政策,并取得实质性效果。力帝机床、经纬纺机已与人保财险宜昌分公司签订了首台(套)保险补贴合同,并为两家企业争取2017年的国家保险补贴资金共计100多万元;同时,指导力帝机床申请省级传统产业改造升级专项财政补贴资金,对其2015年投保的首(台)套产品自身承担的20%保费进行补贴。二是积极向上争取将宜昌市重大技术装备纳入国家目录。组织推荐燕狮科技、创全电气、英汉超声等13家企业的22项自主研发的装备产品申请增补入《国家首台(套)重大技术装备应用推广目录》。组织推荐四〇四厂、四〇三厂、经纬纺机等10家企业14项装备产品申请纳入工业和信息化部重大短板装备专项工程重点方向。

(4) 打造区域品牌,促进产业集聚发展。推荐伍家岗区数控机电产业集群成功申报工业和信息化部产业集群区域品牌试点,并着力推进该集群由区域品牌试点向示范提升;联合伍家岗区政府组织召开宜昌市数控机电装备制造业培训会,邀请国家工业和信息化部专家对全市20多家数集群内数控机电生产企业进行了培训。

(5) 加大重点项目建设。重点加快广州汽车集团乘用车有限公司宜昌分公司自主品牌项目、宜都市仝鑫精密锻造有限公司年产10万吨精锻汽车零部件项目、青岛特锐德电气股份有限公司宜昌制造中心等项目建设,确保它们按期完成建设任务。

（五）电子信息产业

1. 基本情况

2017年，电子信息产业完成工业总产值156.4亿元，同比增长15.9%；软件和信息服务业营业收入达5.03亿元，其中软件业务收入达3.01亿元，同比增长48.9%。

2018年1—6月，电子信息产业完成工业总产值90.25亿元，占全市工业总产值5.5%，同比增长13.6%，高于全市工业总产值增速1.4%，其中产值过亿元的企业有20家；2018年1—6月实现主营业务收入82.93亿元，同比增长14.1%，利润总额为0.19亿元，同比下降92.4%。2018年1—6月软件和信息技术服务业实现营业收入1.85亿元，同比下降1个百分点。

2. 未来发展的方向和重点

(1) 围绕培育优势产业打造产业集群。目前，宜昌市电子信息产业主要有6大板块，按照市政府关于重点产业链招商引资谋划部署，研究制定了太阳能光伏、锂电池、新型显示及智能终端3个产业链发展行动方案，重点培育这3个产业集群。宜昌市新型显示及智能终端产业集群被列入2017年度湖北省重点成长型产业集群行列。为了推进全市软件及信息技术服务业集聚发展，宜昌市经信委与市财政局共同起草制定了宜昌市市级软件园区评定办法。2017年3月，宜昌市经信委牵头组织对西陵区软件园进行认定，并按相关政策规定落实了市级财政配套补贴资金100万元。

(2) 围绕培育新动能推动项目建设。主动与市招商局对接，提供宜昌市电子信息产业及产业链条情况，为宜昌市电子信息产业明确招商引资方向。积极参与市招商局引进电子信息产业项目的调研、评审活动。积极服务新投产项目。湖北世纪联合、宜昌航耀科技、湖北三峡夷丰光电等项目先后投产，先后帮助协调解决了项目投产中遇到的一些问题。

(3) 围绕要素保障强化企业服务。为了解决企业本地配套、优势互补、节约成本、资源共享等问题，积极搭建交流合作平台。2017年3月，组织召开了全市45家电子信息制造业企业、4所大专院校、相关政府部门参与的全市电子信息制造业企业产品信息业务交流会，促进了政企、校企和企业间的合作交流。为了提升企业行业竞争力，组织企业积极申报进入国家相关行业规范公告，先后组织了太阳能光伏、锂电池行业企业按照工业和信息化部《光伏制造行业规范条件》和《锂离子电池行业规范条件》申报行业公告。积极主动帮助企业对接国家、省市支持企业发展的相关政策，组织行业内相关企业申报国家、省关于大数据、云计算、人工智能等相关试点示范项目，组织相关企业参加国家、省主办的政策宣贯会、博览会、对接会，开阔视野、启迪思路。

(4) 围绕稳增长强化运行监测。每年初，组织各县市区经信局信息产业统计工作人员，开展年度电子信息制造、软件与信息技术服务业统计报表工作培训会，按时按质完成工业和信息化部信息产业运行监测数据报送工作，并对产业整体运行情况进行分析。推进软件和信息技术服务业加快发展。中船重工纵横科技、湖北亿立能科技、湖北三峡云计算中心、湖北升思科技等企业研发的软件分别在白酒生产、水利减灾、政务服务、建筑工程管理领域得到广泛应用，微特电子和长机科技是嵌入式系统软件典型代表，其产品和服务处于行业领先地位。

(5) 积极谋划布局大数据产业发展。完成《宜昌市促进大数据产业发展工作行动计划》(初稿)、《宜昌市大数据产业及重点项目布局方案》(讨论稿)，制定《起草宜昌大数据产业发展规划的工作方案》，并对大数据相关产业涉及企业进行了梳理，纳入重点监测管理。现已有三峡大数据基地项目(在建)、紫阳大数据中心项目(筹建)、三峡人工智能超算中心产业园(谋划)、三峡大学云计算与大数据中心项目(筹建)等一批项目正在建设及谋划推动中。

(6) 加大重点项目建设。重点加快湖北江升新材料有限公司锂电池基膜及涂覆膜项目、宜昌南玻硅材料有限公司 200 t/d 光电玻璃(微电子用玻璃基板)提质升级项目、湖北江宸新能源科技股份有限公司锂电池正极材料等项目建设，确保它们按期完成建设任务。

第二节　面临的主要问题

"十三五"时期宏观发展环境不确定、不可预期因素仍然较多，区域竞争压力仍然较大，发展不够依然是宜昌市面临的最大实际。

一是综合实力与省域副中心城市的地位相比还不够，特别是产业发展提质增量的任务艰巨。

二是创新能力与转型发展的要求相比还不够，特别是企业创新、科技创新对经济增长的贡献有待提高。

三是产业结构不优，传统产业比重偏重。化工产业占宜昌市工业 30%，占湖北省石化产业的 1/3，在国家强调长江大保护、强化环保约束的背景下，转型升级压力较大；战略性新兴产业规模偏小，占比不足 30%，尚不能形成有力支撑。产业链普遍不长，深加工度不高，粗加工产品、中间产品占比较大，主要靠以量取胜，效益水平不高。

第三节　发展的主要举措

一、推进产业转型升级

根据《工业和信息化部关于促进化工园区规范发展的指导意见》和《市人民政府办公室关于印发宜昌市化工产业绿色发展规划(2017—2025年)的通知》精神，对化工“优化提升区”园区加快改造提升，打造高标准的化工园区；对“控制发展区”园区开展评估，评估后不符合要求的予以整改，对整改后仍不合格的园区企业依法取缔、撤销；对“整治关停区”园区内企业限期关停或转产。

加大力度推进工业技术改造，认真落实《宜昌市深化工业技术改造 推动工业经济高质量发展三年行动方案》，用好1亿元产业转型升级专项资金，推动企业加快技术改造，提升市场核心竞争力。

加快淘汰落后产能。按照工业和信息化部等16部门《关于利用综合标准依法依规推动落后产能退出的指导意见》精神，研究制定并尽快组织实施行业淘汰落后产能年度工作方案，做好煤矿关闭工作，依法取缔落后产能。重点发展高效环保肥料、精细专用化学品和高性能功能材料，加大黑磷、石墨烯等先进材料和页岩气的研发力度，加快先进装备制造、电子信息、生物医药及生命健康领域突破性发展，推进产业链向高端延伸。

二、促进产业集聚发展

(一) 培育一批“专精特新”的行业冠军企业

充分发挥大型先进装备制造骨干企业品牌、技术、产品和市场优势，不断壮大整机生产规模，提高系统总成集成能力；依托整机配套产品需求，适时举办产销对接会，鼓励本地企业参与协作配套，坚持以商招商、产业链招商，积极招引相关配套企业来宜投资建厂，促进汽车及零部件、数控机电、电线电缆及电气装备、船舶制造、通用航空等产业实现集聚式发展，培育一批“专、精、特、新”的行业冠军企业。

(二) 加快打造仿制药生产基地建设

以人福药业为龙头，打造现代化仿制药生产基地。做强做大优势领域。以化学药品制剂、生物制药、现代中药、高端医疗器械等重点领域为发展主导方向，支持引进国内外医药大企业和战略性大项目，引导国内外知名企业与本市医药企业合资合作。支持医药企业兼并重组，培育龙头企业，推进龙头企业开展技术引进，推动生物医药企业间、生物医药企业与科研机构间的合作与重组，扩大企业规模，增强企业实力，形成一批竞争力强的行业支撑企业。培育大品种、大品牌。建立优势品种培育机制，培育优势品种。重点发展肿瘤、心脑血管等重大疾病药品和大宗常用类药品。优先扶持具有较高品牌度和较强竞争力的全国独家品种和中药保护品种。推动产业集聚发展。按照产业集聚、土地集约、厂房集中的原则，突出品种特色、整合创新资源、集聚产业增量，加快园区建设。

(三) 推进军民融合产业发展

研究制定《军民融合特色产业集聚区建设推进方案》，并聘请国内顶尖专家团队高水平编制《宜昌市军民融合产业发展三年行动计划(2018—2020年)》，明确未来三年军民融合产业发展目标、方向和重点任务。研究制定并出台《关于加快推进军民融合产业发展的若干政策措施》，规划建设宜昌市军民融合产业园。重点推进七一〇所深海智能装备研发总部、六一二厂生产能力调整提升项目、中南鹏力海洋探测装备生产基地、江河化工商业航天动力系统制造基地、退役装备绿色回收利用项目、凌云飞机波音737客改货项目等一批重点军民融合项目建设。

(四) 依托国家电子材料产业园，发展壮大基础电子材料产业

着力支持宜昌南玻硅材料电子级多晶硅研发和产业化，鼓励推动东阳光化成箔研发超级电容器用铝箔。瞄准未来智能家居、智能穿戴、智能车载等智能终端产品，壮大新型显示及智能终端产业集群。谋划发展汽车电子。依托广汽传祺(宜昌)生产基地项目，会同相关部门加强对汽车电子仪器仪表、车载显示器、电子传感器件等产品生产制造项目的招商引资力度，推动汽车电子产业实现突破性发展。

三、推动两化融合发展

一是主动把握“互联网+”发展趋势，围绕供给侧改革，加快推进企业生产模式、组织方式等变革，提升企业两化融合发展水平。

二是实施两化融合提升行动。依托专业咨询服务机构，对参与诊断企业进行两化融合专题调研，帮助各企业找出信息化建设薄弱环节，理清两化融合发展的重点和方向，并指导实施；组织开展优秀案例和系统解决方案评选，树立行业典范。

三是组织实施“企业上云”工程。积极搭建基于互联网的制造业“双创”平台。

支持兴发集团、微特电子、安琪酵母等制造企业建设基于互联网的“双创”平台。支持有条件的企业建设宜昌市工业云平台，着力打造湖北省示范云平台。

第四节　发展建议

一、以绿色发展、转型升级为主线

启动“千企千亿技改工程”，大力度推进沿江重化工企业技术改造，加强技改项目谋划和储备，主动对接省促进转型升级的扶持政策，推动传统行业改造升级，实现绿色发展。

二、以招商引资、项目建设为重点

在积极推进产业招商、以商招商的同时，坚持大员招商与全员招商一起抓，充分挖掘全市各级各部门的招商潜力，依托职能和服务对象，围绕产业链及配套谋划项目，更加注重招商引资项目质量。坚持重大项目首席服务官制度，狠抓签约项目落地。进一步完善全市重点工业投资项目监测分析体系，及时协调解决项目建设中存在的突出问题。

三、以智能制造、两化深度融合为切入点

深入推进供给侧结构性改革，加快培育发展新动能。挑选一批实力较强、自动化程度较高的企业，组织开展智能制造示范试点，并逐步向全市制造企业推广。加快实施《中国制造 2025》，大力发展新材料、生物医药、电子信息、高端装备制造等战略性新兴产业，在规划上加强引导，在项目、资金上倾斜扶持，在服务审批上便捷、高效，加快技术研发和成果转化，做大做强产业集群。

第二十四章　黄　石　市

第一节　发展概况

近几年来，黄石市面对复杂多变的国际形势和国内三期叠加的巨大压力，在经济发展进入新常态的情况下，全市上下深入贯彻落实工业强市赶超发展战略，以供给侧结构性改革为主线，产业提升价值链、产品迈向中高端、经济保持中高速的思路，大力推进工业转型发展，工业规模和发展速度实现了新突破，工业发展质量和效益再上新台阶，朝着工业强市的目标不断迈进。

一、总体规模明显壮大

"十三五"以来，黄石市积极应对宏观形势深刻变化、金融危机后续影响等诸多考验，工业经济总体规模不断壮大，指标增速保持平稳持续增长态势。2016、2017年，黄石市规模以上工业总产值分别达到2104.43亿元、2359.5亿元，2015以来年均增长10%以上；全市规模以上工业增加值增速均达到8.2%。

二、结构调整明显优化

"十三五"以来，黄石市不断加快工业结构调整步伐，培育重点产业集群。已形成铜冶炼及深加工产业集群、电子信息产业集群、服装产业集群、模具产业集群、化工医药产业集群、饮料食品产业集群、高端装备制造产业集群、汽车零部件产业集群等八大省级重点成长型产业集群。2017年，此八大主导产业中，有两个产值在500亿元以上（有色金属、黑色金属），两个产值过200亿元（装备制造、建材），两个产值过100亿元（食品饮料、化工医药）。2016—2017年全市规模以上工业企业分别达到769家、799家。

三、创新发展明显加快

“十三五”以来，黄石市坚持以龙头骨干企业为依托，大力推动企业与高等院校和科研机构对接，支持企业组建科技研发团队，深入推进产学研用合作，促进科技成果转化。大力推进十大产业技术研究院、十大企业技术中心、十大工程技术研究中心和十大重点实验室建设。2016、2017 年，全市高新技术产业增加值占 GDP 比重分别为 12%、13.2%；高新技术企业数量分别达到 169 家、206 家，提前完成“十三五”规划目标任务。2017 年，省级以上工程技术研究中心、校企共建研发中心、重点实验室数量分别为 18 家、8 家、8 家。

四、绿色发展明显推进

“十三五”以来，黄石市坚持产业生态化、生态产业化，以加快转变经济发展方式为主线，以提高工业经济质量和效益为中心，大力推进工业绿色转型发展，推动产业发展从“地下向地上、黑色向绿色、高碳向低碳、制造向创造”转变。2016 和 2017 年，全市万元工业增加值综合能耗较 2015 年分别下降 6.8%、15.7%，提前完成“十三五”规划目标。

第二节　面临的主要问题

一、传统产业比重较大

黄石工业基础雄厚、工业优势明显，但结构性矛盾较突出。钢铁、有色金属、建材等传统产业占全市工业总量一半以上，产业呈现出“原字号、中间品、链条短”的特点。目前，钢铁、有色金属、建材等一些产能过剩行业正是黄石市经济的支柱产业，产业结构短期内难以有效改善，传统产业的改造升级任务繁重。

二、新兴产业发展缓慢

从工业总量来看，2017 年全市战略性新兴企业共 110 家，仅占全市规模以上工业企业数量的13.8%;其总产值占全市工业总产值的37.5%,总体规模仍然偏小。新兴产业规模不大,资源型企业多,高新技术企业少;初级产品多,终端产品少;关联度低的单体企业多,产业集群配套企业少。在培育发展新兴产业方面还有很长的路要走。

三、技术人才严重缺乏

黄石市在工业转型发展的过程中,对专业技术人才的需求越来越大。专业技术人才特别是具有高级职称的人才缺乏,已成为制约工业转型发展的重要因素。

第三节　发展的主要举措

一、抓重点,明思路

思路决定出路。近年来,按照产业提升价值链、产品迈向中高端、经济保持中高速的思路,一年一重点,三年三步走。2015年主要抓止跌。加强金融"三不"检查,全力扶持实体经济,坚决守住"不出现大面积停产倒闭、不出现增速持续下降、不发生区域性金融风险"的三条底线,工业增加值增速由前三季度的−0.9%回升至年末的1%,实现了扭负转正。2016年主要抓转型。抢抓黄石被列为全国工业绿色转型发展试点市的机遇,扎实开展工业绿色转型示范市创建工作,形成了绿色转型的"黄石模式"。2017年主要抓赶超。黄石市委作出了《关于坚持工业强市加快赶超发展的决定》,市政府出台了《工业强市赶超发展三年攻坚行动计划》,大力实施支柱产业支撑工程、重大项目带动工程、园区功能提升工程、创新驱动发展工程、质量品牌创建工程、服务平台保障工程、绿色智能发展工程、资本回归实体工程等八大工程,奋力实现"四个倍增""四个提升"目标。

二、抓改革,促转型

一是扎实推进供给侧结构性改革。围绕"三去一降一补",积极去产能,关闭退出煤矿16处、产能135万吨,三年任务一年完成,实现了全域无煤矿;压减华宝钢铁粗钢产能33万吨,淘汰落后产能129万吨;出台《全市模具钢转型升级指导意见》,按照"规范化、园区化、规模化、生态化、科技化、品牌化"思路，加快模具钢产业转型升级，全市192家环保违法违规模具钢企业停产整改、联合重组、提档升级，向"两主两副"集聚。着力降成本，认真贯彻落实国务院、省政府关于降低企业成本政策，起草并提请市政府出台了《关于降低企业成本激发市场活力的实施意见》《关于进一步降低企业成本激发市场活力的实施意见》，先后印发《黄石市工业企业服务指南》5500多册，在市级媒体开辟"降成本"专栏，开展"降成本"专项督查，着力解决惠企政策落地"最后一公里"问题。自2017年开展降低企业成本工作以来，全市累计为企业降低成本20亿元以上，其中通过直供电降低企业用电成本4亿多元。

二是扎实推进工业绿色转型发展。围绕打造绿色制造体系，大力支持食品饮料、装备制造、节能环保等制造企业开发绿色产品，提升产品节能环保低碳水平，在冶金、化工、建材等行业开展绿色工厂创建行动，全市8家企业获得省级清洁生产示范企业。大力推进工业节能降耗，积极对接国家"大气十条""水十条""土十条"等环保政策，加强工业企业环保整治工作。

三、抓增量，扩规模

黄石市将调结构与扩规模有机结合起来，坚持在调结构中扩规模，在扩规模中调结构。

一是强力推进工业招商。成立了黄石市工业发展招商局，2017年，一批电子信息、手机零配件等工业项目相继签约落地。在工业发展招商局的统筹协调下，全市工业招商成效明显，2017年全市签约工业项目179个，总投资799亿元，其中电子信息14个，总投资190亿元，装备制造22个，总投资78亿元，新能源汽车及零部件16个，总投资200亿元；新注册工业项目96个，总投资345亿元。

二是着力推进工业项目建设。建立和完善工业项目建设调度机制，实行项目台账清单化、项目实施链条化、项目推进时序化、项目分工责任化、项目服务保姆化管理。

三是大力促进中小企业成长。深入实施中小企业成长工程，合理分解目标任务，不断完善考核办法，加大对企业"进规"的奖励，充分调动县（市、区）的主动性和企业的积极性。截至2017年末，全市规模以上企业总数达到799家，黄石市规模以上企业总数在全省排名及占全省的比重稳步上升。

四、抓产业,强支柱

一是加强产业发展指导。坚持规划引领,切实加强对产业发展的指导,先后出台了振兴黄石制造加快工业转型发展行动计划、工业转型和升级“十三五”规划、电子信息产业“十三五”发展规划,以及模具制造、模具钢、机器人及智能输送成套装备、生物医药等四个产业发展指导意见,进一步明确了产业发展的目标、路径和重点。

二是加快新兴产业发展步伐。近两年,黄石市新兴产业发展明显加快。电子信息产业规模、产品质量、技术水平得到大幅提升,目前,全市有电子信息制造企业 50 家,软件企业 6 家,其中规模以上企业 28 家,过亿元的企业 14 家。2017 年,全市电子信息产业产值达到 54 亿元,同比增长 24%。智能输送成套装备产业智能化改造升级创新驱动发展驶入快车道,三丰智能《非标定制化的工业机器人及自动化生产线》项目被评为湖北省智能化改造示范项目;通过与高校产学研联合,生物医药产业的技术水平与创新能力得到了进一步的提高,呈现出强劲的发展势头。湖北芳通药业股份有限公司目前已是全国最大的甾体激素药中间体——双烯的生产企业,劲牌生物医药有限公司于日前获批全省首家中药配方颗粒试点生产企业。

三是培育重点产业集群。已形成铜冶炼及深加工产业集群、电子信息产业集群、服装产业集群、模具产业集群、化工医药产业集群、饮料食品产业集群、高端装备制造产业集群、汽车零部件产业集群等八个省级重点成长型产业集群。2017 年,八大产业集群中,其中有七个产业集群产值保持两位数增长。四是完善产业服务体系。按照专门机构+产业规划(指导意见)+工业协会(产业联盟)+产业基金(金融支撑)+服务平台+龙头企业+N 个园区和企业的“6+N”发展模式,近两年新组建了产业联盟(协会)9 个。

五、抓技改,促升级

一是大力推进传统产业改造升级。把技术改造作为推进供给侧结构性改革、提升传统产业和企业竞争力的关键举措,大力引导和支持企业采用新技术、新设备、新工艺、新材料,进行设备更新换代、质量品牌提升、智能制造、绿色制造和服务型制造等技术改造,扩大先进产能,延伸产业链条,推动传统产业由粗加工到深加工、由地下到地上、由低端向中高端转变,打造传统产业新优势,巩固提升传统动能。2018 年以来,黄石市大力实施“百企技改工程”,围绕传统产业谋划实施了新冶钢技改工程、华新水泥百年复兴基地、大冶有色 30 万吨紫杂铜、华中铜业压延铜箔、劲牌生物医药产业园、宝钢 120 万吨彩涂镀锌薄板等一批重大技术改造项目。

二是大力推进企业退城入园。制定出台了《城区工业企业退城入园实施办法》，加快中心城区企业退城入园进程。鼓励企业按照产业布局规划在退城入园过程中进行转型升级扩规扩能。目前已完成了三环锻压、芳通药业、赛福摩擦等三家企业的退城入园，新冶钢汽车零配件、华亿冷轧等5家企业正在进行土地收储工作。计划利用三年时间，使黄石市工业退城入园取得决定性成果。

三是加大财政支持力度。深入实施振兴黄石制造加快工业转型发展行动计划，市财政每年拿出1亿元，以奖励、补助和贴息的方式用于支持现有企业技术改造、创新成果转化、“互联网+”的应用以及工业化、信息化深度融合等，每年扶持企业近百家。三年来，市财政已累计拿出1.8亿元支持工业发展，促进产业转型。

六、抓“双千”，优服务

一是突出了服务主题。每年确定一个活动主题，明确活动任务和工作重点，如2016年的主题是“五抓一促”，2017年的主题为“抓创新、优环境、促发展”，2018年的主题为“抓技改、强研发、提质量、创品牌、活要素、促融合”。

二是创新了活动形式。为使双千服务更精准、更专业、更具针对性和实效性，针对企业、项目、园区存在的共性问题，开展专题服务，通过专题服务周、专题协调会等方式着力解决共性难题。

三是形成了工作机制。建立了信息报送机制、企业投诉机制、定期协调机制、问题交办机制、挂牌管理机制，确保了“双千”服务的制度化、规范化、常态化。

四是破解了突出问题。始终坚持问题导向，着力破解融资难、审批办证难、用工难、政策兑现难、降成本难等“五难”。2016年以来，各级各部门为企业解决困难问题2000多个，如新冶钢能源综合利用项目环评审批、大冶有色冶炼厂污酸渣项目环评验收等一批困扰企业发展的突出问题得到了有效解决。

五是营造了良好氛围。坚持市县镇三级联动，市委市政府主要领导亲自挂帅，分管领导协调推进，市“四大家”领导以身作则、率先垂范，各级各部门精心组织、迅速行动，深入企业调查研究，协调解决问题，营造了支持企业、服务企业、服务工业的浓厚氛围，全市上下形成了“向我看齐、一级抓一级、层层抓服务”的良好工作格局。

第四节　发展建议

在“十三五”后期的几年中，黄石将以推进供给侧结构性改革为主线，抢抓“一带一路”建设、长江经济带发展、“中国制造2025”和国家产业转型示范区等机遇，进一步解放思想、克难攻坚、奋力赶超,努力在推进工业创新、调整产业结构、增强发展后劲、优化发展环境上下功夫,努力构建以工业为主导、工业和服务业为支撑、产业间相互融合为特征的现代产业体系,为黄石建设长江中游区域性中心城市、打造全省重要区域增长极打下坚实基础。

一、从传统产业向新兴产业转型

超常规发展战略性新兴产业,加快新兴产业规模化;做优做强传统产业,加快传统产业高端化;培育壮大优势产业,加快优势产业集群化;加速发展生产性服务业,实现生产性服务业与工业发展的融合化。

二、从企业单打独斗向产业集群转型

充分发挥龙头企业顶天立地的引领带动作用,打造一批企业新"航母"。大力引进和培育中小企业"铺天盖地"发展,围绕龙头企业、名牌产品进行协作配套,形成品牌化、集群化发展新模式。

三、从原材料产品向中高端产品转型

加快产品结构调整,加强高科技、高品质、高附加值产品的研发和生产,大力发展中高端产品、终端产品,推动产品向技术链、价值链高端攀升,叫响"黄石制造",形成产品高质化、企业高效化的新格局。

四、从要素驱动向创新驱动转型

大力扶持一批"专、精、特、新"和科技型企业,培育壮大一批细分市场领军企业。强化企业创新主体地位,鼓励企业加大科技投入,加快建设一批国家级、省级制造业创新平台,提升企业自主创新能力,提升新技术和新产品的贡献率。

五、从基础设施投资为主向工业投资为主转型

开展大招商,引进大项目,实施大建设,创造项目建设"黄石速度"。大力推进技改工程,大幅提高工业投资占固定资产投资的比重,增强工业投资对发展后劲的支撑能力。

六、从粗放式发展向生态工业转型

激励企业积极应用新技术、新工艺、新装备，走节约、集约、绿色、低碳发展之路，以最小的生态资源代价获取最大的经济发展效益，打造黄石生态工业发展的“新标杆”。

第二十五章 荆 州 市

第一节 发展概况

一、总体发展情况

2017年,荆州市完成规模以上工业总产值2586.68亿元,比上年增长13.5%,工业增加值比上年增长8.2%;全市规模以上工业实现主营业务收入2277.89亿元,比上年增长8.7%;实现利润总额119.76亿元,比上年增长9.1%;实现税金总额46.96亿元,比上年增长0.1%。

2017年,荆州市规模以上工业企业达到1288家,比上年净增50家。规模以上工业企业增加值比上年增长8.2%。按轻重工业分:轻工业增加值增长6.5%,重工业增加值增长10.3%。按所有制分:国有经济增加值增长13.1%,集体经济增加值下降21.0%,股份制经济(含私营经济)增加值增长7.9%,外商及港澳台投资经济增加值增长13.6%。高新技术产业规模不断扩大,完成增加值190.91亿元,比上年增长15.3%。全市工业用电量64.02亿千瓦时,比上年增长7.6%。

2017年,荆州市规模以上高新技术企业达到215家,比上年增加36家。全年争取各级科技计划项目59项,争取经费1357万元。实施科技成果转化项目94项,超额完成全年55项任务的71%;登记技术合同交易额达到24.8亿元,比上年增长32.6%。专利申请量达4387项,其中发明申请1356项,企业申请1675项。专利授权量达2014项,其中发明授权272项,企业申请413项。

(一) 生产效益同步增长

2017年,荆州市实现主营业务收入、利润总额和税收总额分别为2277.89亿元、119.76亿元、46.96亿元,比上年分别增长8.7%、9.1%和-12.6%。税收过千万元工业企业净增28家,达到84家。

（二）供给侧结构性改革顺利推进

坚决取缔“地条钢”，淘汰落后产能，压减过剩产能，荆州市原有5家煤矿，核定产能均为6万吨/年，已全部关闭退出。化解煤炭行业过剩产能24万吨，水泥和玻璃行业产能置换达标。加强监督检查，为荆州市经济持续健康发展营造良好环境，统筹发力降成本，切实降低企业的用人、用能、用地、融资等成本。2017年为企业减负38亿多元，其中降低企业资源要素成本3.15亿元、物流成本0.86亿元、融资成本1亿元、涉企税费负担30.27亿元、人工成本1.96亿元、制度性交易成本1亿元。

（三）工业转型升级步伐加快

2017年，荆州市工业技改投资完成208.96亿元，比上年增长38.7%。全市500万元项目改建和技改投资完成191.99亿元，比上年增长17.9%，增幅在全省排第7位。全市2017年新投产项目691项，比上年增加106项。华电江陵电厂一期、荣成再生科技一期、德尔福线束、能特科技医药中间体、金彭车业等一批工业项目建成投产。以重点骨干企业为依托，以点带面推动荆州市企业两化融合水平整体提升。目前菲利华和湖北车桥已在荆州市率先建设数字化车间，菲利华、湖北车桥、福娃集团已纳入全国两化融合贯标试点企业。荆州市共有140家企业纳入省、市两化融合试点示范企业单位，参与全国自评估对标的企业有323家。

（四）市场主体培育成效明显

全面推进“一区多园”发展政策措施，以工业园区为重点，以科技“小巨人”和工业细分领域“隐形冠军”企业培育、中小企业成长工程、“个转企”“小进规”“新进规”和“规模以上市”为抓手，加强了工业市场主体培育，全面提升市场主体规模和发展水平。完成全年“进规”入库目标任务，全市规模以上工业企业新增107家。一部分企业发展壮大，支撑作用越来越明显。白云边完成“2211工程”，福娃、白云边进入全省民营经济百强企业，凯乐实现产值129.99亿元。2017年，全市57家重点企业完成总产值1119.34亿元，比上年增长21.1%，高于全市平均水平7.6%。

（五）信息化建设有新进展

以“荆楚云”“智慧城管”“智慧政务”三个重点项目为重点，加快智慧荆州建设步伐。“荆楚云”平台已于2017年6月30日正式上线试运行。通信基础设施建设加快推进。荆州市1125个村实现光网全覆盖，新建100 M光端口26万个，新建农村4 G基站913个，实现行政村4 G无线信号全覆盖。按照“整县推进，连片建设”的原则，把电信普遍服务结余资金727万元用于监利县115个贫困村、6435户贫困户的光纤接入和改造。

二、传统产业发展现状

荆州市工业经过多年发展,形成了装备制造、医药化工、农副食品加工、纺织服装、轻工建材和电子信息六大支柱产业。

(一) 装备制造行业

2017 年,主营业务收入实现 520.04 亿元,比上年增长 13.2%;实现利润总额 28.87 亿元,比上年增长 23.6%;入库税金总额 11.03 亿元,比上年增长 5.8%。其中,汽车制造业,2017 年,主营业务收入实现 173.23 亿元,比上年增长 16.7%;实现利润总额 9.07 亿元,比上年增长 61.7%;入库税金总额 2.86 亿元,与上年持平。主要有汽车零部件、石油石化装备、工程机械、机电通用设备、水工环保和金属制品加工等类别,已经形成了以荆州中心城区为龙头延伸到公安、石首的沿长江汽车零部件产业带,以及荆州区石油机械制造、洪湖市石化设备制造两大制造板块。拥有石油四机、法雷奥、恒隆、湖北车桥、神电、江汉建机、洪城、长江石化等龙头企业。

(二) 医药化工行业

2017 年,主营业务收入实现 265.49 亿元,比上年增长 22.0%;实现利润总额 21.67 亿元,比上年增长 68.9%;入库税金总额 6.28 亿元,比上年增长 1.3%。主要有农用化工、精细化工、日用化工、生物医药等类别,形成了中心城区农化及日用化工、石首市精细化工、公安县生物医药化工等各有侧重的板块和松滋市化工板块。拥有楚源、沙隆达、利洁时、丽源、江汉精细、新生源等龙头企业。

(三) 农副食品加工行业

2017 年,主营业务收入实现 760.34 亿元,比上年增长 6.3%;实现利润总额 35.09 亿元,比上年下降 6.1%;入库税金总额 11.98 亿元,比上年下降 37.4%。主要有粮油加工、水产品加工、畜禽加工、酿酒及果蔬饮品和生物饲料等类别,且分布于全市各地,形成了监利县食品加工、洪湖水产品加工、松滋酒业的三大产业集聚板块。拥有福娃集团、中兴能源、宏凯工贸、白云边、宏业水产等龙头骨干企业。

(四) 纺织服装行业

2017 年,主营业务收入实现 188.85 亿元,比上年下降 0.5%;实现利润总额

6.26 亿元，比上年增长 5.4%；入库税金总额 3.30 亿元，比上年下降 15.4%。主要有棉纺织、印染、服装和家纺系列等类别，形成了中心城区纺织印染、沙市岑河针织服装以及公安、监利、江陵等纺织服装产业集中区。拥有金安、奥达、玉沙、红叶、乾盛、新沙印等龙头企业。

（五）轻工建材行业

2017 年，主营业务收入实现 462.18 亿元，比上年增长 17.7%；实现利润总额 23.63 亿元，比上年下降 0.7%；入库税金总额 12.67 亿元，比上年增长 12.6%。主要有橡胶塑料、造纸、家电及建材等类别，形成了以松滋市荣成科技、公安县山鹰等为龙头的三大造纸基地，以及荆州城区白色家电生产基地、公安县塑料新材产业等。拥有凯乐、荣成、亿钧等龙头企业。

（六）电子信息行业

2017 年，主营业务收入实现 18.91 亿元，比上年增长 0.4%；实现利润总额 2.28 亿元，比上年下降 1.7%；入库税金总额 0.32 亿元，比上年下降 33.3%。主要有通信设备、电子信息材料和软件等类别，且主要集中于荆州开发区。拥有华讯方舟、凯乐量子、广兴通讯、中航南湖、菲利华等龙头骨干企业。

三、战略性新兴产业发展现状

近年来，荆州市新一代信息技术产业、高端装备制造产业、新材料产业、生物产业、新能源汽车、新能源产业和节能环保产业等战略性新兴产业得到快速发展，产业创新能力和盈利能力明显提升。2017 年，战略性新兴产业规模以上企业产值达到 167.9 亿元，占主营业务收入的比重由 2015 的 5.12%，提高到 2017 年的 6.99%。

2017 年，新材料产业、高端装备制造业、生物产业等三大产业占战略性新兴产业总体的近 9 成。新能源汽车、生物产业、新材料产业等三大产业增速最高，其中新能源汽车增长了 2 倍左右。同时，全市战略性新兴产业也存在着一些问题：一是核心企业规模不大，辐射带动作用不强，集群效应不明显；二是自主创新能力不足，在产业的核心技术、关键零部件和关键原材料方面仍处于追赶阶段；三是产业人才队伍建设不够，人才流失比较严重，高端领军人才缺乏。

四、高新技术产业发展情况

编制了《荆州市“十三五”科学技术发展规划》，加快推进荆州高新技术产业发展。2017 年荆州市实现高新技术产业增加值 191.04 亿元，占 GDP 比重达 9.94%，纳入高新产值统计的企业 215 家，其中先进制造业和新材料两大支柱领域合计 143 家企业，完成高新技术产业增加值 118.9 亿元，占全部高新技术产业增加值的 62.23%，同比增长 29.7 亿元，增幅达 33.3%。

2018 年上半年，荆州市实现高新技术产业增加值 99.63 亿元，比去年同期(73.32 亿元)增长了 35.9%，全市完成 GDP 850.12 亿元，比去年同期(775.36 亿元)增长了 9.6%。可以看出上半年高新技术产业增加值增长速度高于 GDP 的增长速度，同时，上半年高新技术产业增加值占 GDP 比重达到 11.72%，比去年同期(9.46%)提高了 2.26 个百分点。高新技术产业产值占 GDP 比重从去年底的 9.94%，到今年一季度的 10.66%，再到二季度的 11.72%，说明了全市高新技术产业发展已经进入增长的良性发展轨道。全市纳入规模以上高新技术产业统计的企业共 227 家，半年共计净增了 12 家(上半年纳入统计新增 21 家，同时由于低于统计规模又被剔除了 9 家)。上半年，先进制造和新材料两大支柱领域增长迅猛，分别实现高新技术产业总产值 177.02 亿元、116.09 亿元，同比分别增长 419%、32.0%；两大领域高新技术产业总产值占全市高新技术产业总产值的 71.1%，占全市高新技术产业增加值的 70.8%，对全市高新技术产业增加值的贡献率为 91.5%，是全市高新技术产业的绝对支柱。

第二节　面临的主要问题

一、工业投资后劲乏力

一是区域投资力度不平衡。荆州市各县市区投资增幅呈“6 升 3 降”，江陵县、荆州区、开发区、石首市、监利县和洪湖市保持增长，增幅分别为 48.3%、10.2%、10.2%、9.6%、5.4%和 0.7%。松滋市、沙市区和公安县下降幅度较大，分别下降 14.3%、33.1%、38%。二是项目建设进度不快。有的项目因资金、市场、拆迁等问题影响了实施。

二、企业生产成本偏高

2017 年，荆州市规模以上工业每百元主营业务收入成本为 88.23 元，同比增加 0.03 元，高于全省平均水平 2.92 元。一是原材料成本占总成本比重大且上升幅度大。二是环保成本大幅增长，环保费用的快速增长削弱了部分企业的盈利能力，减少了部分企业的利润。三是企业运输成本较高。大多数企业没有专业化管理的车队，靠自身组织货车运输，往往协调度差、效率低，加上人工成本上升等原因，货车租赁费用逐步升高。

三、生产要素制约企业发展

一是银行对工业的贷款减少。2017 年末，荆州市全市金融机构贷款余额达 1336.14 亿元，比 2016 年末增加 208.3 亿元。其中用于工业的贷款余额为 209.81 亿元，比 2016 年末减少 2.57 亿元，分别占全部贷款余额 15.7%和当年新增贷款－1.2%。银行限贷、减贷、抽贷现象时有发生，造成企业资金链断裂、三角债现象有所抬头，资金短缺在一定程度上影响企业运营。二是用工难、用工贵。2017 年调研企业发现，职工人均薪酬同比增长 10.8%，职工薪酬成本增幅远远高于企业利润增幅。

四、高新技术短板尤为明显

荆州市高新技术产业规模不大。荆州市高新技术企业主要集中在电子、化工等行业，产业培育、结构优化、技术创新的步伐不快。2017 年，荆州市共有高新技术企业 173 家，占全市规模以上工业的比例为 13.4%，低于全省平均水平。

五、产业集聚度不高，还未形成规模优势

初级产品多，科技含量和附加值低，管理模式落后，专业技术人员缺乏，产业规模较小，产业集聚度低，产业集群效应还未形成，抗风险能力、整体竞争力不强。

第三节　发展的主要举措

一、出台的相关政策文件

近年来，荆州市政府已出台了《荆州市食品药品安全“十三五”规划》《加快发展装配式建筑的实施意见》《关于印发荆州市鼓励银行业金融机构支持实体经济发展暂行办法的通知》《关于加快新旧动能转换的实施意见》《荆州市工业细分领域百家

领军企业培育工作方案的通知》《荆州市加快推进企业上市工作实施方案的通知》等推进制造业发展的相关政策文件。

二、制造业优化升级的重点和方向

(一) 实现优势互补,全面推进"一区多园"建设

2017年,荆州市委、市政府出台《关于推进"一城三区、一区多园"建设的实施意见》(以下简称《意见》),统筹荆州区、沙市区、江陵县和公安县区域协调协同发展,构建"一城(中心城区)三区(荆州开发区、纪南文旅区、荆州高新区)"发展格局,实行"一区多园"管理机制。深入推进"一城三区、一区多园"功能分区、产业布局,着力提升产业配套能力和综合竞争力,加快构筑现代化工业经济体系。到2020年,实现"一城三区、一区多园"范围内的规模以上工业增加值占全市的70%以上,规模以上高新技术产业增加值占全市的80%以上,限上服务业增加值占全市的80%以上。

(二) 坚持提质增效,加快产业转型升级

坚持质量第一,效益优先,推动工业经济质量变革、效率变革和动力变革,加快全市产业转型升级。一是实施"千企千亿技改"工程,抓好规模工业企业改造升级。对接"中国制造2025",聚焦生物化工、新材料、绿色低碳、新一代信息技术、高端装备制造,做大做强战略性新兴产业,重点支持凯乐量子通信、菲利华等龙头企业发展。二是抓好市场主体培育提升。加快推进中小企业成长工程,继续落实荆州城区14家第二批科技型"小巨人"企业培育计划,促进"个转企""小进规""新进规"和"规模以上市";抓好国家和省级"隐形冠军"企业和市级百家工业细分领域领军企业培育;支持县域工业特色园区和成长型重点产业集群发展,促进县域经济特色发展、绿色发展,引进、打造2~3个销售收入过千亿的产业集群和10个以上销售收入过百亿的企业。三是加强质量品牌建设。组织开展增品种、提品质和创品牌"三品"专项行动,完善工业经济考核评价体系,增加质量效益方面的指标,促进工业经济发展方式的转变。四是加快创新要素聚集,培育工业发展新动能。加大企业技术中心等创新平台建设,深化产学研协作,促进科技成果转化应用。

(三) 实施"两化"融合,推进智慧荆州建设

一是推动智能制造。以智能制造作为两化融合的主攻方向,建设一批互联网、大数据、人工智能企业,支持恒隆、四机、四机赛瓦、精川智能等40多家企业进行两化深度融合。力争通过国家两化融合贯标试点示范企业1家,分别新增省、市两化融合

试点示范企业10家、30家。二是完善通信基础设施。投入13亿元完成城市光纤改造、4G网络优化、窄带物联网的建设。加快推进5G建设,率先将5G规划纳入城乡总体规划,力争被纳入到第一批5G基站建设范围。三是推进智慧城市建设。构建智慧城管、智慧政务、智慧旅游、智慧健康和智慧教育等平台,打造智慧荆州。

(四)聚焦六大重点,营造工业发展良好环境

一是聚焦供给侧结构性改革。继续深化“三去一降一补”,重点破除无效供给,淘汰落后产能,化解过剩产能;加快“军转民”“民参军”,推进军民融合深度发展;重点发挥“减负办”效能,着力降低用能、用地、用工等要素成本。二是聚焦安全生产。贯彻“管行业必须管安全”原则,抓好电力(能源)、工业(冶金)两个安全生产专业委员会领域监管工作,指导企业加强安全生产,压实主体责任,扎实开展“打非治违”专项行动,确保行业无较大及以上事故发生。三是聚焦工业节能减排。创建清洁生产示范企业,引导企业开展清洁生产技术改造;推行绿色制造体系建设,加快企业绿色转型发展;推广应用节能降耗、循环经济先进生产技术,促进环保产业发展;加大工业节能监管力度,做好钢铁、水泥等专项核查。

三、推进制造业发展的政策及工作机制

(一)强力推进《中国制造2025湖北行动纲要》落地生根

荆州市委、市政府高度重视,明确要求各县(市、区)政府切实加强对工业经济工作的领导,确保多级联动,形成促进工业经济高质量发展的合力。市政府已出台了《关于加快新旧动能转换的若干意见》等政策,制作的《荆州市推动工业经济稳增长快转型高质量发展工作方案(2018—2020年)》(草案)等文件正在加速研究修订。聚焦生物化工、新材料、绿色低碳、新一代信息技术等,做大做强战略性新兴产业,深入推进“一城三区、一区多园”功能分区、产业布局,着力提升产业配套能力和综合竞争力,加快构筑现代化工业经济体系。

(二)强力推进新兴产业培育壮大

荆州市正与赛迪公司合作,共同编制《荆州制造2025行动方案》,指导、培育工业发展新动能。湖北恒隆企业集团与荆州开发区管委会正式签约,将投资35亿元在荆州开发区投资兴建恒隆集团(荆州)汽车零部件产业园、湖北恒隆凯迩必电动转向系统、荆州智达电动汽车投资项目,共同致力于实现荆州“汽车梦”。市政府与中国航天科工集团第二研究院在北京签约,将携手打造荆州军民融合产业;荆州开发区管

委会、中国航天科工集团第二研究院23所、航天南湖电子信息技术股份有限公司正式签约,共同建设雷达产业园项目。荆州军民融合雷达产业园项目总投资额超过20亿元,主要从事预警雷达和微波光子雷达整机、高端半导体和微波组件、新材料等开发、生产,项目全部达产后可实现年销售收入35亿元。

(三)强力谋划产业发展新动能

荆州市经信委为全市招商引资专班人员专题授课,介绍全市工业情况,指明六大产业招商方向及产业链补缺重点,宣讲国家产业政策,同时编制荆州市工业招商指南,为荆州市的科学招商、精准招商、绿色招商创造条件。同时,编制了荆州市工业六大主导产业发展规划,深度挖掘荆州市工业发展潜在动力,推动荆州市工业经济高质量发展。

(四)强力推进智慧荆州建设

云基础平台已搭建完成,81个应用系统数据迁移"荆楚云"工作已于2018年5月份全部完成,荆州市可共享的交通监控杆、公交站台、路灯杆、平安城市监控杆已达到4万多座。数据共享交换平台项目已完成9个市直部门的数据对接。政务服务管理平台已上线运行,实现了与全省行政审批一张网的对接,市直44个部门750项行政许可事项实现网上办理。

四、重大项目推进情况

(一)深入推进招商引资"一号工程"

落实政策,招商、亲商、扶商氛围日渐浓厚。大力开展产业链招商,招商引资取得成效。2017年全市新引进亿元以上项目381个,超额完成市政府工作报告确定的目标数360个。新引进亿元以上工业项目313个,开工199个,开工率为63.6%。实际到位资金1710亿元,增长8.4%。2018年上半年,全市新引进亿元以上项目258个,完成全年目标计划的51.6%,比去年同期增长10.25%。其中工业项目213个,完成全年目标计划的52%,比去年同期增长6%。根据自身产业基础和资源条件,各县(市、区)初步明确了各自主导产业,重点围绕主导产业引进项目。荆州开发区2018年上半年引进的35个亿元以上项目中有18个是汽车零部件和电子信息产业项目。美国伟速达已签约落户,密切跟进已签投资协议的洪湖与吉利集团合作生产新能源动力电池项目,成功引进总投资150亿的煤化工项目。这一批新的重大项目签约和落地,成为了2018年上半年招商引资的一大亮点,展现了荆州市高质量招商的良好前景。

（二）重大改革措施的进展情况

2017 年，荆州市在全省率先探索建立“放管服”改革成效第三方评估制度，市审改办委托上海国信社会服务评估院对市直首批 8 家单位进行了评估，有力推动了改革，取得了良好社会影响。2018 年 7 月 24 日，市审改办印发《关于开展“放管服”改革成效第三方评估的通知》，明确 2018 年底前对市直具有行政审批和公共服务职能的部门“放管服”改革成效第三方评估全覆盖。

第四节　发展建议

一、加强财政税收支持

加强财政资金对制造业的支持。将财政资金重点投向制造业重大项目建设、企业技术改造和关键基础设施建设，为制造业发展提供良好的政策环境。积极帮助企业争取长江经济带产业基金、国家及省级股权投资引导基金等政府出资产业基金，充分发挥引导作用。全面贯彻落实国家、湖北省各项税收优惠政策，积极做好税务咨询和服务，引导荆州市内企业充分享受国家税收扶持政策。

二、加强资金政策扶持支撑

全面推进互联网金融、知识产权质押、众筹融资、融资租赁等金融产品和服务，建立全方位的科技金融服务体系。鼓励符合条件的企业在境内外上市或者发行企业债券，扩大社会融资。支持金融机构、龙头企业发起建立金融租赁公司、小额贷款公司、互联网金融公司等，为制造业提供金融服务。

三、加强产业转型升级

高度重视转型升级，促进工业化和信息化“两化”融合发展，引导更多企业实施技改升级和设备更新；高度重视龙头企业，重点加大对科技型企业的扶持力度；高度重视品牌建设，支持特色产业加快发展和技术创新、品牌创建。补齐工业总量、质量、品牌发展的短板。

第二十六章　十　堰　市

第一节　发展概况

一、总体发展情况

“十三五”以来，十堰市工业积极应对经济新常态，按照“稳中求进”的总要求，围绕工业经济发展总目标，以供给侧结构性改革为主线，以转型升级为重心，以创优服务为手段，采取各项有力措施，努力化解各种不利因素，全市工业努力实现了持续稳定较快发展，有力地推动了全市“十三五”规划顺利实施。

（一）发展规模持续稳定增长

2016年、2017年十堰市规模以上工业增速分别为11.4%、13.6%，均位居全省第一。2017年累计实现工业总产值完成2191亿元，较2015年增长18.8%。2017年一季度，全市规模以上工业完成工业总产值537亿元，同比增长9.2%，实现工业增加值132亿元，同比增长7.2%，增速回落至全省第13位。预计2018年全市规模以上工业可完成工业总产值2300亿元，实现工业增加值575亿元。

（二）汽车产业结构不断优化

2017年，汽车产值连续16个月破百亿，实现汽车工业总产值1407亿元，同比增长19.6%，对全市工业产值的贡献率为64%。东风板块结构不断优化。东风商用车公司抓住市场回暖良机，优化产品结构，东风天龙旗舰520、启航520以及LNG清洁能源车等中高端新品畅销市场，纯电动版东风天锦以及东风DDi75发动机、VT14挡变速箱、TD440高端车桥等关键零部件相继面市，拉动产销快速增长；东风小康进军乘用车市场，其MPV330、MPV370以及SUV580等产品供不应求。地方汽车产业转型升级。专用汽车企业纷纷以细分市场为突破口，以轻量化、智能化、专用化为方向积极开发适销对路产品，如驰田汽车的新型环保智能渣土车、湖北帕菲特工程机械的清障车等一批“隐形冠军”悄然崛起。汽车零部件产业转型升级步伐加快。十堰同创传动的钢质同步器齿环、十堰泰祥实业的发动机主轴承盖、十堰宏兆汽配的发动机凸轮轴和挺杆体、万向通达的燃油箱和消声器、郧西精诚汽配的差速器壳、湖北佳恒的液压油缸系统等产品，成为国内同行业的佼佼者。

（三）新兴产业实现快速发展

新能源汽车发展迅猛。受益于汽车产业整体发展形势向好及全市新能源汽车整体布局，十堰市具有生产资质的新能源汽车企业已有 5 家，全年生产新能源汽车 23404 台，同比增长 33%；实现产值 48.4 亿元，同比增长 86%；净增产值 22.4 亿元，占全市汽车产业净增产值 11.2%，占全市工业净增产值 7.7%。预计十堰市新能源车 2018 年全产业链产值可突破 100 亿元。在新能源整车企业的带动下，十堰新能源汽车零部件产业快速发展。装备制造业稳步发展。东风装备、国瑞智能、凸凹模具、三助等一批装备企业促进了产品提档升级，沈阳机床 i5 智能制造生态谷落地，开启智能制造共享模式，东风管业被列入省级智能制造试点示范项目。生物医药行业蓄势待发。天圣制药、共同生物、人福（竹溪）药业等龙头企业加快崛起，形成了大健康产业、激素产业、兽药制造、提取物生产等多个医药板块。新材料及新能源等新兴产业增势迅猛。万润新能源材料及其产业化、沃特玛 10 GW·h 产能电池、长江造型精密造型材料等一批新材料新能源项目进展顺利。电子信息产业快速发展。受益于改装车和新能源的快速发展，汽车电子产业快速增长，中生电器、天运汽车电器、东风派恩等公司增幅均在 50%以上。

（四）工业发展质效显著提升

工业节能降耗提前完成省下达的目标。2017 年，十堰市规模以上工业单位产值能耗约 0.08 吨标煤/万元，同比下降 21%，能效水平稳步提升；淘汰转移电解铝产能 3 万吨；淘汰煤炭产能 6 万吨（关闭煤矿 1 座）。运行质量不断提高。一方面引导企业加快转型升级，向内挖潜提质增效；另一方面采取有效措施降低企业外部运营成本。全市工业经济提质增效，多项指标实现全省领跑。2017 年，十堰市工业主营业务收入为 1976 亿元，同比增长 20.0%，增速位居全省前列；工业利润率为 11.1%，位居全省第一；税金总额为 61.3 亿元，同比增长 14.1%，位居全省前列。

（五）工业投资稳步增长

2017 年，十堰市工业累计完成投资 382 亿元，同比增长 19%，超全市固定资产投资 2.4 个百分点。工业投资占全社会固定资产投资 24.8%。其中：制造业完成投资

313 亿元，占工业投资 82%；民间工业完成投资 273 亿元，占工业投资 71.6%；工业技术改造完成投资 231 亿元，同比增长 121%，超全省平均增幅。一批重大产业项目相继落地：投资 15 亿元的东风易捷特 12 万台纯电动乘用车项目、投资 30 亿元的东风小康迁建提升项目、投资 15 亿元的双星东风轮胎 4.0 新工厂项目、东风力神动力电池、大洋电机等一批影响全市产业发展格局的项目均有望开工建设，推动汽车产业向轻量化、专用化、电动化、智能化等方向快速发展。

（六）县域经济集群效应彰显

全市列入省级的十堰商用车、十堰生物医药、竹房城镇带食品饮料、丹江口市汽车零部件、郧阳区铸锻、竹山绿松石等 6 个重点产业集群协调发展。2017 年，县域规模以上工业完成总产值 742 亿元，同比增长 17.6%。县域产业结构逐步优化，在承接发达地区产业转移上取得了显著的成绩。竹山县以重资产招商引进 9 家电子终端设备生产企业入驻，打造信息产业园；丹江口市先后建成丁家营纺织服装产业园、六里坪汽车产业小镇和智能装备产业园。郧阳区加快农产品加工园二期建设，着力打造农产品加工百亿县，县域产业结构由重化工为主变为装备制造和轻工产业为主导。县域重大项目进度超计划。孤山电站、郧阳岛、子胥湖项目进度超过全年投资计划；郧阳区长江星药业、万润新能源材料、裕佳菇业、华林杭萧等项目当年开工当年投产。资本市场有效拓展。县域三板挂牌企业 1 家，四板挂牌企业 168 家。2017 年 11 月 6 日，丹江口市 109 家企业集体在武汉股权托管交易中心挂牌开市，创造了湖北四板单场县域挂牌企业数量最多、单场乡镇挂牌企业数量最多两项新纪录。

（七）政企“1+5”战略合作协议正式签订

协议提出在十堰建市、东风建厂 50 周年到来之际，政企携手，共同努力，加快重大项目建设，推进改革创新，力争实现东风公司十堰基地到 2021 年底前新增产值 400 亿元、新增汽车整车产销量 30 万辆、新增对地方财政贡献 10 亿元的目标（简称“431 目标”），实现东风公司十堰基地转型升级跨越发展，共同为把十堰建设成为现代汽车城而努力。2017 年，东风十堰基地累计实现工业总产值 754 亿元，同比增长 21.5%。

（八）两化融合有大的进展

十堰市工业企业普遍应用信息技术改造传统产业，并在生产各个环节进行信息化建设。财务软件应用比例为 63%，ERP 应用比例为 27%，CAD 应用比例为 54%，CAM、PDM、CAPP、CAD/PDM 等应用比例分别到 12%、8%、9%、19%。企业普遍开展电子商务应用并转变营销方式，47%的企业拥有自己的门户网站或主页，38%

的企业加入了第三方电子商务平台，有的企业甚至同时加入2家或2家以上的第三方电子商务平台，信息技术在工业领域应用取得新进展。

（九）高新技术产业发展情况

2017年，十堰市高新技术企业总数达到229家；高新技术产业增加值达到236.2亿元，同比增长16.1%；高新技术产业增加值占GDP的比重达到14.5%。2018年上半年，十堰市高新技术产业增加值达到106.41亿元，增长9.3%。

当前，十堰市"一主四大四新"产业格局初步形成，高新技术产业领域逐步拓展，涵盖汽车及零部件、智能装备、电子信息、先进制造、新材料、新能源、生物医药、节能环保等产业领域。从各个领域的企业分布看，汽车及零部件领域企业占据主导地位。从企业性质看，民营企业已逐渐成为高新技术企业的发展主体。

二、2018年上半年工业经济运行情况

2018年上半年，十堰市累计实现工业总产值1115亿元，同比增长8.7%；累计实现工业增加值261亿元，同比增长6.9%；累计实现汽车工业总产值754亿元，同比增长10%；累计实现工业投资202亿元，同比增长34.8%；工业用电量达29.1亿千瓦时，同比增长5.6%。呈现以下运行特点。

（一）主导产业稳步增长，全市工业平稳运行

1—6月，十堰市实现工业总产值1115亿元，同比增长8.7%；汽车产量达到303万辆，实现产值754.3亿元，同比增长10%。东风商用车1—6月生产汽车8.5万辆，实现产值211.7亿元，同比增长3.94%。

（二）地方工业发展形势良好，增速高于全市增速

1—6月，地方工业实现产值734亿元，占全市工业产值66%，同比增长11.2%，高于全市增幅2.5个百分点，高于目标增幅(10%)1.2个百分点；其中县域规模以上工业完成总产值401.6亿元，同比增长13.6%，高于全市增幅4.9个百分点，高于目标增幅(10%)3.6个百分点。

（三）工业投资增速加快，发展后劲不断夯实

1—6月，十堰市实现工业投资202亿元，同比增长34.8%，位居全省第2位，实现技改投资79亿元，同比增长22.9%，位居全省第11位。东风实业产业园、双星新工厂、精密新能源动力总成、小康迁建项目等一批重点项目持续投资建设，工业投资

持续增长。

(四)新兴产业集群加快发展,拉动工业经济增长

1—6月,十堰市新材料及新能源、装备制造、生物医药、电子信息四大新兴产业实现工业总产值130亿元,同比增长15%。张湾区装备产业集群涌现出凸凹、国瑞智能、猛程等一批优秀智能制造企业;丹江口市形成以农夫山泉为龙头的水资源加工利用产业集群;开发区目前已形成以小康、东风特客、东风特专为骨干的新能源汽车产业集群,新能源汽车产业园正在稳步推进。

(五)增长点项目稳步推进,集中在下半年发力

106个增长点项目计划总投资228.9亿元,目前已完成投资85.6亿元;今年计划完成投资68.7亿元,上半年已完成18.7亿元。截至上半年,54家有生产的企业实际新增产值35亿元,下半年预计将有81个企业实现新增产值84.6亿元。已投产项目43个,已完工待投产的13个,合计占总量的53%,停工的项目6个(多因资金问题)。明佳科技、京能热电、美瑞特、海拉、泰勒卡等59个增长点项目将集中在下半年发力(下半年新增产值占到全年新增产值的50%以上)。

第二节 面临的主要问题

一、结构调整任重道远

一是从整体结构来看,品质较高、可行性较强的项目仍然主要集中在汽车行业,多数新兴产业项目块头较小、含金量不高。二是从汽车产业项目来看,多数项目仍然集中在传统商用车领域,电动化、乘用化、专用化、轻量化、智能化项目仍然不多。

二、中小企业资金紧缺问题比较突出

一是融资难、融资贵仍是中小企业面临的最大难题,超六成中小企业面临不同程度、不同类型的融资难问题。二是企业综合成本上升较快,原材料、劳动力成本仍居高不下,中小企业承受原材料成本上涨和产品价格不变甚至下调的双重挤压,面临着增产不增效的尴尬局面。

三、人才问题制约企业发展

一是人才难留住，伴随着国家人才流通领域的进一步开放，十堰市汽车人才外流现象比较明显；二是人才难引进，受区位等方面影响，智能制造装备、生物医药、电子信息等技术密集型企业难以引进中高端专业人才。

第三节　发展的主要措施

一、突出工作重点，着力夯实稳增长的工作基础

突出龙头企业。市政府与东风公司签订了“1＋5”共建现代汽车城战略合作框架协议(2017—2021)，全力支持东风公司基地改革发展。突出骨干企业，明确40家5亿元以上的企业为全市骨干企业。完善“首席服务官”服务机制，对17个重大工业项目实行市级领导“一对一”服务。突出重大增长点培育，每年培育过亿元的增长点30个以上。突出重点区域，力争在2～3年内在茅箭、张湾、经济开发区形成3个千亿级产业集群，丹江口市、郧阳区产能突破500亿元，其他县突破百亿元。全市工业经济到2020年产能达4500亿元。

二、突出规划对接，认真落实《中国制造2025湖北行动纲要》

制定了《十堰市新兴产业培育和传统产业转型升级行动计划(2017—2020年)》，按照“双九双十”行动要求，推进十堰制造向十堰智造方向转型提升。高标准启动“十三五”工业和信息化中期评估工作，积极开展产学研对接活动，着手建立专家咨询委员会，为十堰工业提档升级寻求智力支撑。

三、突出责任落实，奋力推进“万企万亿技改工程”

针对省政府大督查提出的整改意见，市政府召开常务会议专题研究整改落实，目前相关问题已基本整改到位。加强组织领导，成立了推进“万企万亿技改工程”工作领导小组，制定了相关工作方案，建立了“万企万亿技改工程”项目工作督导机制，强化考核督办。

四、突出政策引导,努力扩大工业有效投资

确定了每年实施技术改造工业企业不少于300家,完成技术改造投资不少于200亿元的目标。召开了宣贯省政府2018年16号文件的政策解读会。设立了8000万元工业转型升级专项资金、1亿元降低制度性交易成本专项资金,积极推行"一单制"收费以及并联审批,加大企业减负力度。

五、突出重点领域,积极培育工业发展新支撑

以十堰经济技术开发区为中心,以东风特汽(十堰)专用车公司等企业为重点,力争到2020年形成千亿级新能源汽车产业集群;以张湾区为中心,以东风装备公司等企业为重点,力争到2020年智能装备制造产业实现500亿元产业规模。市级财政分别安排3亿元、1亿元重大产业基金与金融资本合作,设立新能源汽车、智能装备制造两支产业发展基金。

六、突出施培优扶强,着力增强市场主体活力和竞争力

实施"55551"骨干企业培育工程,提出力争到2022年实现"隐形冠军"企业50家、亿元级企业500家、10亿级企业50家、百亿级企业5家、500亿级企业1家的骨干培育目标。加快推进中小企业成长工程,力争每年新增规模以上企业60家。高度重视"隐形冠军"培育工作,组织27家企业申报省支柱行业细分领域"隐形冠军"。

七、突出融合发展,努力培植工业发展新动能

加快制造业与现代服务业融合,组织推荐圣伟屹智能制造等申报第二批省级服务型制造示范企业。加快互联网与制造业融合,工业技改资金向智能装备购置以及信息化投入倾斜。新组织18家企业申报省级两化融合试点示范企业。扎实推进"万企上云"工程,开展工业互联网应用暨"企业上云"专题培训。目前中软国际、阿里巴巴等互联网企业将落户十堰。

八、突出产业引导,推进全市工业绿色可持续发展

加强政策引导,把绿色发展列为转型升级的重要内容。开展钢铁行业违规新增

产能以及打击“地条钢”专项清理活动，排查涉钢企业107家。落实产能严重过剩行业产能置换、化解政策，淘汰转移电解铝产能3万吨，淘汰煤炭产能6万吨(关闭煤矿1座)，争取煤矿化解过剩产能资金2457万元。

九、突出创新驱动，不断完善制造业创新发展体系

加大政策引导，争取省以上科技项目资金2800多万元，落实企业研发费用加计扣除优惠政策7亿元，落实高新技术企业税收减免近亿元。制定《十堰市科技计划及专项资金后补助管理暂行办法》，落实市级扶持资金1500万元。制定《2018—2020年十堰市高新技术产业发展行动计划》，实现高新技术产业增加值占全市GDP比重达到15%，实现高新技术企业总数达到229家。加大科技创新平台建设，实现省级工程技术中心、校企共建研发中心分别达到23家、20家。

十、突出质量提升，着力推进工业高质量发展

制定了《十堰市质量强市暨质量提升2018年行动计划》，深入开展“增品种、提品质、创品质”活动。建立了十堰市工业标准化协调推进联席会议制度，围绕重点产业集群布局建设一批质量检验认证中心和标准验证中心，力争3年内完成50家企业的产品质量检测和标准比对工作。

第四节　发展建议

一、理清发展思路，明确发展重点

坚持以转型发展、科学发展为主线，以优化汽车产业结构、加快工业园区建设、支持县域经济发展、改善发展环境、加强招商引资和项目建设为重点，积极抢抓东风公司与沃尔沃战略重组、国家新一轮扶贫开发、南水北调对口协作和振兴老工业基地四大机遇，将汽车产业和新兴产业相结合，招商引资和优化环境相结合，“抓大”和“扶小”相结合，加快发展和调整结构相结合，奋力推进全市工业做大做强。

二、坚定服务东风不动摇,加快实施"1+5"战略合作协议

东风公司正在按计划实施"1+5"战略合作协议,东风商用车总装业务优化、东风小康迁建、东风易捷特新能源乘用车、东风力神动力电池等项目正在加快推进。下一步,要按照战略协议的总体部署和安排,坚定"服务东风"不动摇,密切政企关系,实现共同发展。

三、突破性发展新兴特色产业,培植产业集群

要充分利用十堰市地方优势资源,进一步完善园区、产业发展规划,引导各县市区合理划分园区功能,统筹使用土地资源,按照"龙头带动、产业聚集、分工协作、功能完善"的思路,推进各类产业集聚集群发展。建立项目评审制度,按照园区功能安排布置项目,避免低水平的重复建设项目,鼓励发展市场潜力大、科技含量高、环境污染少的项目,加快培植10亿、50亿、100亿产业园区。

四、加大招商引资力度,加快项目建设

要打好"武当山、汽车城、丹江水"三张名牌,力主招大商、大招商,瞄准世界500强、国内100强,以高新技术、生态环保为重点,力求引进投资10亿元、50亿元、100亿元的大项目、大企业,优化产业结构,增强可持续发展能力。要创新项目服务机制,推行"首席服务官"制度,做到目标明确、任务到人、措施到位,突出抓好重大项目的跟踪服务,协调解决项目建设的相关问题,促进项目加快建设。

五、推进企业成长工程,走特色发展之路

要把加快中小企业发展作为一项重要工作来抓,加大政策、资金扶持力度,促进中小企业加快发展。要引导企业走"专、精、特、新"发展之路,专心做好为大企业的配套服务,力求成为行业"小巨人"。建立中小企业成长激励机制,鼓励各级政府抓好小微企业的发展,力争到2020年全市规模以上企业达到1300家。进一步加大对龙头企业、大企业的扶持力度,鼓励企业开展科技创新、合资合作、优化重组、做强做大,加快培育10亿、100亿级企业,形成龙头企业带动、中小企业支撑的企业群体结构。

六、搭建服务平台，优化发展环境

健全完善企业服务机制，定期开展帮扶活动，重点解决企业发展中的突出困难和问题，抓好生产要素保障。一是建立健全人才交流平台，为企业人才招聘、人才培训提供服务，出台更加优越的人才引进政策，组织企业“走出去”宣传，吸引人才、储备人才，服务工业转型升级发展的需要。二是积极创新金融服务方式，有针对性地解决企业，特别是小微企业起步阶段面临的发展资金困难，推动民间资金向工业企业的投入。三是切实减轻企业负担，认真落实国家、省、市出台的有关支持工业发展的各项政策，建立有效监督机制，进一步加大政策扶持力度。

第二十七章 孝 感 市

第一节 发展概况

一、总体发展情况

(一)经济运行

2017年,孝感市规模以上工业企业累计实现增加值731.1亿元,同比增长5.7%。全市工业项目1704个,完成工业投资935.9亿元,同比增长9.4%,投资总量居全省第5位。其中全市工业技改项目570个,完成技术改造投资249.7亿元,同比下降0.2%。

2017年,孝感市规模以上工业企业实现主营业务收入2722亿元,同比增长12.8%;实现利润119亿元,同比增长3.3%;实现税金87亿元,同比增长3.5%。全年主营业务收入过10亿元的企业达到40家,较去年净增8家。全市新增规模以上工业企业50家,规模以上企业总量达到1304家,位居全省第4位。

(二)产业结构

在对孝感市11个重点产业现状进行全面调查研究的基础上,明晰了六大重点产业,包括以改造升级为重点的产业三项,即农产品加工产业、盐磷化工产业、纸塑包装产业;以加速发展为重点的产业三项,即高端装备制造产业、光电子信息产业、新能源汽车及零部件产业。2017年孝感市六大重点产业主营业务收入均呈增长态势。其中,农产品加工主营业务收入1142.31亿元,同比增长7.75%;盐磷化工主营业务收入400.71亿元,同比增长15.70%;纸塑包装主营业务收入231.35亿元,同比增长16.84%;高端装备制造主营业务收入110.00亿元,同比增长15.18%;光电子信息主营业务收入136.53亿元,同比增长23.77%;新能源汽车及零部件主营业务收入32.96亿元，同比增长34.15%。

（三）自主创新

孝感市积极打造"财政引导＋项目牵引＋基金参与"的科技投入新模式，取得明显成效。2017年，全市科学技术支出达到105530万元，占当年财政收入比重达到8%；全市高新技术企业达到233家，居全省第4位；建成省级以上科研平台120多家，设立院士专家工作站62家（居全省第1位）。2017年，全市完成发明专利申请2484件，同比增长43.42%；获国家发明专利授权293件，同比增长20.58%；发明专利申请量和授权量均排名全省前列。孝感科技型企业研发、生产的温度传感器、大型电动多功能自卸车等一批产品技术水平国内外领先。

（四）产业集聚

孝感市电子机械产业集群、汉川市食品产业集群等6个产业集群列入2017年度湖北省重点成长型产业集群名单；孝感市6个省级重点成长型产业集群顺利通过每年度的绩效考核。截至2017年底，6个产业集群企业总数达463家，实现销售收入1168.5亿元，吸纳就业人数12.3万，实现税金23.1亿元。

（五）两化融合

孝感市工业企业对两化融合的认识水平在不断提升，两化融合的推进不断向深度发展，80.36%的企业通过信息系统支持了企业的业务，在管理方面的应用系统主要集中在ERP上，其使用率达到了66.07%，OA软件使用率达到37.50%；实现客户信息统一管理、销售计划发货全过程管理，应用比例分别为62.50%、46.43%；实现从采购计划到采购收货的全过程管理的应用达到了62.50%。孝感市共有省级以上两化融合试点示范企业52家；有3家企业获工业和信息化部批准为国家两化融合管理体系贯标试点企业，其中红阳机电通过国家两化融合管理体系贯标认定；湖北华辰凯龙电力有限公司的华辰电力需求侧管理系统获批2017年湖北省基于互联网的制造业"双创"服务平台试点示范项目。

（六）绿色制造

孝感市单位GDP能耗2017年比2016年下降4.97%，二氧化碳排放强度下降5.77%。组织重点行业节能监察，完成重大节能专项监察现场督察工作；推进绿色制造体系建设，易生可降解塑料聚乳酸列入绿色设计产品名单；全面推行"河长制"工作，定期实地调研老府河水域环境，解决突出问题；开展一般工业固废排查，对全市粉煤灰、炉渣等一般工业固体废物存量、源头和处置能力进行排查摸底；做好危化品企业搬迁,将7家危化品生产企业列入孝感市搬迁改造清单;全面完成燃煤锅炉整治任务。

(七) 智能服务型制造

开展智能服务型制造试点示范申报。2017年,孝感市智能制造装备产业稳步发展,有2家企业(孝感市瑞莱特汽车照明有限公司、湖北米婆婆生物科技股份有限公司)成功申报湖北省智能制造试点示范项目。2017年,湖北华辰凯龙电力有限公司、湖北中碧环保科技有限公司被认定为省级服务型制造示范企业(全省共7家)。

(八) 质量品牌

持续在工业企业中开展"工业企业质量信誉承诺""质量标杆推广"等活动,引导企业增强质量责任意识。开展工业区域品牌和集群品牌建设,截至目前,13家企业获得工业企业品牌培育试点企业;14家企业获工业企业知识产权运用能力培育工程;开展"三品"行动,出台了《关于促进盐产业健康发展的意见》,充分发挥云(梦)应(城)地区矿产资源优势,推动孝感市优势产业增品种、提品质、创品牌;实施"隐形冠军"培育工程。18家企业分别获批省级"隐形冠军"示范企业、"隐形冠军""科技小巨人"和"隐形冠军"培育企业。建立了"隐形冠军"培育储备库,目前储备潜在"隐形冠军"60家。培育壮大对行业发展有影响力的龙头企业,今年组织24家企业申报省级"隐形冠军",增强市场主体活力。

(九) 制造业人才

一是出台政策激励人才。2017年,孝感市经信委牵头或参与起草的促进民营经济发展、盐产业健康发展、工业经济发展等多项涉企惠企政策文件中都有激励人才的专门条款。二是创新体制吸引人才。在湖北祥源新材料科技股份有限公司等5家企业开展建立现代企业制度试点,通过试点带动,孝感市50多家企业吸引168名职业管理人才来孝发展。三是借助企业家协会、"123"企业家培育计划等平台服务人才。四是依托项目凝聚人才。依托军民融合及新能源汽车项目、工业技改项目等集聚人才,加快产业改造升级步伐,增强了产业发展后劲。

二、传统优势产业及新兴产业发展情况

(一) 传统优势产业发展情况

在食品饮料、纺织服装、盐磷化工、建筑材料等重点领域,推进新技术、新模式、

新业态的集成应用，实现传统产业向高端化发展。加快兼并重组，淘汰落后产能，整合完善产业链，提高细分市场占有率，实现传统产业向精细化发展转变。加强工业基础能力建设，加大基础材料的研发和产业化，突破一批基础零部件的关键技术，突破一批先进技术工艺和产品技术基础瓶颈。到2020年，食品饮料、纺织服装、盐磷化工三个产业规模过千亿；纸塑制品、建筑材料、金属制品三个产业规模实现翻番。

(1) 食品饮料产业。加快营养保健食品的研发和产业化，提高农副产品加工转化率和食品制造的精细化率，培育一批加工龙头企业。重点发展营养饮料、膨化食品、精炼油脂、麻糖米酒、调味品等产品。加快汉川、安陆、应城、云梦、市高新区食品饮料产业聚集区建设，重点实施武汉黄鹤楼科技有限公司(食品研发基地)、四川濠吉食品有限公司(健康食品)项目、禾丰食品工业园、珠穆朗玛食品有限公司扩能、"中国味谷"等项目。到2020年，主营业务收入达到1200亿元。

(2) 纺织服装产业。推进行业柔化供应协同创新，改造传统供应链，实现个性化定制和差异化发展。加快纺织行业生产设备的智能化改造，大力发展高品质、高端高档纱线、纺织品和面料。大力发展针织服装、皮草、衬衫、西装、休闲装等终端消费产品，积极培育精品名牌。突出抓好市高新区高档纺织、汉正服装城、马口纺织、汉川及云梦皮草城等产业聚集区发展，重点建设华仁纺织20万锭纱线、雅宝皮草城三期、富棣田20万锭特种纱等项目。到2020年，主营业务收入达到1000亿元，打造华中地区最大纺织服装生产基地。

(3) 盐磷化工产业。围绕盐磷资源的综合开发利用，积极拓展延伸产业链，加快推进绿色改造，研发推广余热回收、水循环和工业废弃物利用，加快建设云应盐化工循环经济示范区。推动与盐和盐化工紧密相关的盐系列产品深度开发。推进新都化工、双环科技技改扩能，建成全国重要的联碱生产基地和系列复合肥生产基地。加快黄麦岭公司产品结构调整升级，建成集采选、化肥、化工于一体的中国化工百强企业。到2020年，主营业务收入达到1000亿元。

(4) 纸塑制品产业。加快孝南纸品企业聚集发展，支持金红叶、恒安、维达、中顺等知名企业扩大生产规模。发挥富思特集团研发和产业链优势，加快云梦塑料包装产业聚集区和新材料产业园发展。到2020年，主营业务收入达到400亿元，建成华中地区最大的新型塑料包装材料基地，打造"中华纸都"。

(5) 金属制品产业。以汉川金属制品产业集聚区为依托，以福星科技、永和安门业、太太乐厨具、好孩子集团、黎明钢构、爱仕达电器为龙头，着力提高装备水平和技术创新能力，积极开发上下游产品，重点发展钢丝绳、钢帘线、金属门、钢构、厨具、小家电、童车童具七大系列产品。加快建设湖北福星科技股份有限公司年产1200万套玲珑汽车轮胎、太太乐厨具、好孩子集团中部生产基地等重点项目。到2020年，主营业务收入达到300亿元，建成中部地区乃至全国有影响力的金属制品生产基地。

(二)战略性新兴产业发展情况

以国家级、省级开发区为载体,加强政策集成,引导创新要素集聚,推动高新技术产业和战略性新兴产业创新发展、融合发展、绿色发展。重点发展高端装备、新一代信息技术、新材料、新能源、新能源汽车、生物医药、节能环保七大产业。通过规划引导、政策扶持、自主创新、品牌创建、引进联合、成果转化、产业集聚等方式,逐步完善产业链,力争在智能机器人、数控装备、激光测距、北斗卫星导航等关键领域实现新突破。到2020年,全市高新技术和战略性新兴产业规模达到2050亿元,成为孝感工业经济新支柱。

(1)高端装备制造及机器人。以航天重工装备产业园、市高新区智能装备产业园等建成国内重要的特种车和智能装备生产基地为载体,大力开发智能基础装备制造和重大智能制造成套设备,提高数字化、柔性化及系统集成水平。重点推进数控机床、智能机器人、北斗卫星导航以及核心零部件的研发和产业化。扩大重型矿用车、平板车、商用车等特种车辆及零部件生产规模,大力发展新能源汽车。加快农产品加工成套装备、小型粮油机械等产品生产。到2020年主营业务收入达到500亿元。

(2)新一代信息技术。以市高新区光电子产业聚集区和孝昌电子信息产业园建设成为国家级电光源产业基地、全省最大的新型元器件产业基地为行动载体,加快推进集成电路及新型元器件、电光源系列产品、激光产品等市场潜力大的高新技术产品。巩固高精度温度传感器、陶瓷保护器件等产品优势,大力发展光纤陀螺仪、高端显示面板、真空开关管等产品。加快发展LED芯片、显示模块等关键配件,重点发展车船照明、室内照明、工业照明等应用产品。大力发展激光测距仪、光电瞄准器、激光雷达、夜视仪等特种激光仪产品。到2020年,主营业务收入达到200亿元。

(3)新材料。以重点建设中广核高分子新材料产业园、富思特高分子材料产业园、易生新材料科技产业园为行动载体,大力发展以聚乳酸等为原料的全降解高分子材料、生物质全降解环保材料、防腐降噪保温材料、FRB建筑纤维材料等环境友好材料。加快发展有机高分子材料、磷氟化工新材料等,构建以烯烃为基础的有机硅及其改性高分子产业链、氟化工产业链。到2020年,主营业务收入达到800亿元。

(4)生物医药。以重点建设午时药业南城工业园、湖北诺克特药业中药现代化产业园、湖北御金丹药业、曼地亚紫杉醇、奥冠医药等项目为载体,推进基因工程技术、细胞工程技术、发酵工程技术、酶工程技术等高新技术在生物医药领域的应用,引导企业聚集发展,形成产业优势。支持中药材的规范化与标准化种植,发展中药提取物及中药饮片产业化。加快发展医疗器械系列产品,推进智能程控型生物组织自动脱水机、生物组织超声波快速处理仪等病理全套设备的研发生产。到2020年,主营业务收入达到100亿元。

(5) 新能源。以重点建设汉川电厂三期工程、国电安陆火电、中电投风力发电有限公司界岭风力发电等项目为载体，大力发展风能、太阳能光伏产业，建设新能源大市。加快推进大悟、孝昌、安陆风能开发利用，支持中广核、中电投、国电集团重点风电项目建设。大力推动集中式光伏电站、分布式光伏电站建设。推进非粮生物燃料产业发展，有序建设秸秆焚烧发电、垃圾焚烧发电项目。到2020年，主营业务收入达到100亿元。

(6) 新能源汽车。以新能源汽车推广应用为抓手，以充电基础设施建设为基础，依托中国航天三江集团公司现有整车生产资质和军民融合优势，通过完善新能源汽车生产资质，积极引入新能源整车企业及“大三电”(电机、电池、电控)和“小三电”(电制动、电空调、电转向)、核心零部件企业、充电设施生产企业、传统零部件生产配套企业等，形成新能源汽车全产业链生产和配套能力。力争到2020年，培育1～2个新能源汽车知名品牌，形成整车产能10万辆/年的生产规模，实现整车及零部件配套产业目标产值300亿元以上，建成总占地50平方公里、在国内有影响、省内有地位的军民融合新能源汽车产业基地。

(7) 节能环保。以重点推进湖北神磁磁能复合油烟净化器、湖北中碧环保水污染处理设备等项目建设为行动载体，大力推进清洁生产，加快研发和生产工业废水处理，烟气脱硫、尾气控制、洁净燃烧技术设备等大气污染治理关键技术和装备；医疗垃圾、工业废渣等固体废弃物处理关键技术和装备；推广应用环保材料、药剂及环境友好型产品；加快推进环保服务专业化和市场化进程；大力推进碳捕捉技术设备研发。到2020年，主营业务收入达到50亿元。

三、高新技术产业发展情况

2017年度，孝感市高新技术产业实现增加值219.99亿元，同比增长14.8%；全市高新技术企业达到233家，同比增长了19.8%。2017年，孝感市工业产值为2884亿元，高新技术产业产值886.4亿元，占比30.7%。2018年上半年，孝感市高新技术产业实现增加值109.05亿元(居全省第六位)，同比增长16%(第一位)。2018年1—6月，孝感市工业产值为1474.8亿元，高新技术产业产值445.8亿元，占比30%。2018年第一批申报高新技术企业有75家，完成年度任务的73.3%。2018年上半年，新培育科技型企业达105家，完成全年任务的80.77%；全市科技型企业超过800家。2018年上半年，知识产权优势培育企业达到161家，其中国家级12家，省级65家。

第二节　面临的主要问题

一、制造业有一定基础和潜力,但工业化总体水平不高

2017年,孝感市制造业规模以上企业达1298家,实现产值2773亿元,企业数量和规模总量均位居全省第五位。制造业体系较为完善,涵盖统计分类中的29个大类行业,主营业务收入过百亿的重点产业有8个,规模最大的食品饮料产业突破500亿元,达到551亿元。但总体看,孝感市制造业整体水平偏低,制造业增加值占GDP的比重为46.4%,较宜昌和荆门的分别低10.8个和5.5个百分点,尚处于工业化中期阶段。制造业缺乏大产业、大企业支撑,目前还没有产值过千亿的支柱产业。单体企业质量不高,孝感市规模以上企业主营业务收入户平2.02亿元,比全省平均水平2.62亿元少0.6亿元;全市还没有一家企业产值过50亿,除福星科技位列中国民营经济500强外,没有一家企业进入中国制造业500强企业。

二、科技创新有所突破,但创新能力不强

截至2017年底,孝感市高新技术企业达到230家,在全省占比5.75%;科技型企业总数达800家,转化重大科技成果96项。全市科技企业孵化器(众创空间)有18家,工业企业院士工作站有31个,省级以上研发平台超过60个,省级创新创业重点战略团队有5个。但总体看,制造业创新能力不强。一是创新体系不完善。部门与部门之间、部门与企业之间、企业与企业之间的协同创新机制还没有完全形成,创新资源利用率还不够高。二是创新载体层次不高。目前科技孵化器、技术研发中心等创新平台多数局限于省级层面,还没有建立起国家级创新中心。三是研发投入不足。全市规模以上制造业研发经费内部支出占主营业务收入的比重为0.65%,低于全国平均水平0.3个百分点。四是关键核心技术研发能力不足。全市规模以上制造业每亿元主营业务收入有效发明专利数(件)低于全国平均水平0.36个百分点。核心基础零部件、先进基础工艺、关键基础材料和产业技术基础等“四基”基础薄弱,在重大装备、电子信息、新材料等领域,缺乏自主知识产权,主要依赖引进。五是科技成果转化不够。孝感市高新技术企业总数平均规模为3503万元,低于全省平均值(6574万元)3071万元;高新产品平均增加值率为24.3%,低于全省平均值(27.4%)3.1个百分点。

三、"两化"融合初现成效，但融合深度广度不够

孝感市重点企业大多数采用了计算机进行财务管理、成本控制，利用网络报税、上报报表等，实行了办公自动化，节约了资源，简化了工作流程，提升了工作效率。截至2017年12月，共有52家企业被评为省级"两化"融合试点示范企业，2家企业列入省智能制造示范企业，2家企业被工业和信息化部认定为"信息化和工业化融合管理体系贯标试点企业"。但"两化"融合深、广度不够。工业企业的信息化目前依旧停留在简单软件技术应用层面，工业互联网、云计算、大数据等新一代信息技术在企业研发设计、生产制造、经营管理、售后服务等全流程和全产业链的综合集成应用不够，产品信息化和智能化水平较低，融合成果对企业战略的支撑和引领能力较弱，还没有建立起数字化工厂和智能化车间。制造业网络基础设施薄弱制约了信息化的发展，全市制造业宽带普及率低于全国36.6个百分点，"两化"融合仅限于少数企业，未实现产业集群、园区的信息化集成共享。

四、品牌质量有所提升，但有竞争力的产品不多

孝感市1300家企业通过ISO9000体系认证，87家企业共15类64种产品取得全国工业产品生产许可证；全市产品标准覆盖率达99%以上，重点骨干企业80%以上采用国际或国内先进标准；2家企业获长江质量奖，91家企业为省级质量标杆；中国驰名商标13件，湖北省著名商标107件。但有竞争力的产品不多。一是行业冠军产品少。产品在细分行业中排位靠前的企业有46家，仅占全市规模以上工业企业总数的3.5%。二是工业区域品牌少。截至2017年12月，孝感市仅一家企业在2015年被评为"国家工业区域品牌培育示范企业"。三是产品质量有待提升。孝感市麻糖米酒、童车等特色行业缺乏行业自律，标准不统一，恶性竞争时有发生，导致产品质量下滑，竞争力下降。四是产品外向度低。全市制造业外贸出口额仅占制造业主营业务收入的0.4%。

五、绿色制造渐续推进，但成效不够明显

近年来，孝感市在推广工业煤炭清洁高效利用、防控重点行业大气污染，推动低碳循环产业园试点建设等方面取得了一些成绩。应城新都化工、湖北白兆山水泥等8个清洁生产技改节能项目顺利实施；应城久大制盐、云梦蓝天盐化等9个煤炭清洁高效利用技术改造项目均竣工投产，易生新材料的可降解塑料聚乳酸列入国家绿色

设计产品名录。但总体看,节能环保的压力大、任务重。一是绿色理念不够强。在发展思路上尚未彻底改变“重开发、轻节能,重速度、轻效益”的观念,绿色低碳可持续发展还没有成为地方企业的自觉行动,企业经营者的环保、低碳、循环意识比较淡薄。二是化工、建材等重工业环保压力大。孝感市化工、建材行业分别占制造业比重达15.4%、3%,特别是云应地区被列入国家、省环保督查重点区域。三是低碳循环产业园示范效应尚未形成。园区内产业种类繁多,缺乏低碳发展核心技术支撑,园区低碳技术研发与技术转让创新能力不足,低碳循环产业园试点尚未形成有带动力的示范效应。

六、新兴产业势头强劲,但发展不平衡

孝感市高端装备制造(100亿元)、光电子信息(112亿元)等战略性新兴产业发展速度快于全市制造业平均水平,进入百亿产业行列。载重1000吨特种车、LNG点供设备、电子真空器件等产品在国际、国内处于领先水平。但发展不平衡,规模偏小。“中国制造2025”确定的十大发展领域,孝感市在航空航天装备(大飞机、发动机)、海洋工程装备及高技术船舶、先进轨道交通等领域还处于空白。新一代信息技术、高档数控机床及机器人、新材料等新兴产业主要分布在市高新区和军工企业,其他县市区所占份额较小。节能与新能源汽车、电力装备、生物医药及高性能医疗器械等新兴产业规模偏小。

七、制造业结构调整加快,但产业层次不高

孝感市通过实施“千企千亿技改工程”,食品饮料、纺织服装、化工、建材、钢铁等行业转型升级步伐明显加快,累计淘汰落后水泥产能154万吨,钢铁产能90万吨。小纺织、小印染、小化工行业兼并重组和化解过剩产能加速推进。但制造业依然面临较大的转型压力。一是传统产业占比过高。农产品加工、盐磷化工、纸塑包装三大传统产业占全市的比重达到60%。二是产业布局不尽合理。产业布局较为杂乱,同质化现象比较突出,产业链上下游关联度不高,协作配套不够紧密,传统产品多,贴牌产品多,知名品牌少,龙头企业不突出,核心竞争力尚未形成。三是生产性服务业发展滞后。孝感市工业经济自身发展不足,使制造业对生产性服务业尚未形成规模需求,造成生产性服务业基础薄弱。

第三节　发展的主要举措

一、出台的相关政策文件

(1)《市人民政府关于印发〈中国制造2025孝感行动方案〉的通知》;

(2)《市人民政府关于降低企业成本促进实体经济发展的意见》;

(3)《市人民政府办公室关于印发〈孝感市促进县域创新发展工作方案〉的通知》;

(4)《中共孝感市委关于贯彻落实习近平新时代中国特色社会主义经济思想加快推动孝感经济高质量发展的实施意见》;

(5)《市人民政府办公室关于印发〈孝感市加快推进传统产业改造升级行动方案(2017—2020年)〉的通知》;

(6)《市人民政府办公室关于印发〈孝感市信息化发展"十三五"规划〉的通知》;

(7)《市人民政府办公室关于印发〈孝感市加快新旧动能转换促进新经济发展的实施方案〉的通知》;

(8)《市人民政府关于推动工业经济稳增长快转型高质量发展行动方案(2018—2020年)》。

二、制造业优化升级的重点和方向

(一)抓孝感制造2025,提升制造业竞争力

一是贯彻落实《中国制造2025孝感行动方案》,设立战略性新兴产业引导基金,集中力量突破一批关键技术和重大装备,引领制造业向中高端迈进。二是重点围绕孝感市高端装备制造、新一代信息技术等六大新兴产业,加大各类试点示范申报力度。三是对标"中国制造2025",就孝感创建"中国制造2025"国家级示范区可行性进行研究,探索创建路径。

(二)抓项目建设,加快工业转型升级

一是对重点项目实行"五化"管理,加强对项目的协调和督办,建立重点领域项目包,编制分年度投资1000万元技术改造投资项目导向计划和投资指南。二是推进

省、市级重点项目建设，对5个列入省级产业类的重点项目、市政府主要领导督办由经信委牵头的7个产业项目实行“六个一”包保机制，动态跟踪和协调服务。三是全力推进孝感市“千企千亿技改工程”，重点推进投资5亿元以上技改项目，实行领导领衔、专班服务。

（三）抓技术创新，加强科技创新能力

一是出台“1＋2＋N”系列政策包。全市科技创新政策设计已从创新链向产业链延伸，基本形成了创新创业有扶持、专利（成果）转化有资助、技术创新有专项的创新生态环境。全市积极打造“财政引导＋项目牵引＋基金参与”的科技投入新模式，取得明显成效。二是搭建院士工作站等创新平台，攻克一批产业公共技术难题，转化一批科技创新成果。依托优势特色产业建立企业院士工作站，推动产学研合作创新。三是建立产业联盟。通过产业联盟实现资源整合、技术创新、产学研合作，增强产业核心竞争力。

（四）抓融合发展，推动产业提档升级

孝感工业经济发展目前处于稳增长阶段，孝感既要聚力稳增长，也要借力提质量。一是借汉孝融合之力，通过汉孝一体化，推进产业和市场一体化。二是借军民融合之力，推动新能源汽车、高端装备制造、光电子信息等战略性新兴产业加快发展。三是借两化融合之力，通过制造业和互联网、物联网融合，提升产业层级。四是借制造业与服务业融合之力，促进新技术、新模式、新产业、新业态发展。

（五）抓绿色发展，引导工业绿色转型

建立绿色制造体系，开展“绿色工厂”创建试点，健全落后产能退出激励机制，有序开展产能置换、兼并重组、升级改造工作。加大长江经济带一般工业固体废物大排查力度，推动危险化学品搬迁入园工作，加快推广运用先进节能、节水、节材技术工艺，推广工业产品绿色制造，普及成熟适用清洁生产技术。

（六）抓质量品牌，推进工业高质量发展

一是实施质量品牌提升工程，持续在工业企业中开展“工业企业质量信誉承诺”“质量标杆推广”等活动，引导企业增强质量责任意识。开展工业区域品牌和集群品牌建设。二是开展“三品”行动，充分发挥云应地区矿产资源优势，推动孝感市优势产业增品种、提品质、创品牌。三是实施“隐形冠军”培育工程。组织专家开展培育提升诊断咨询活动，培育一批企业成长为“隐形冠军”企业。完善“隐形冠军”培育库，对省级“隐形冠军”企业巩固（培育）提升情况进行评估并实行动态管理。总结经

验做法，通过编写案例集、召开经验交流会等多种形式进行示范推广。

（七）抓供给侧改革，推动新旧动能转换

围绕落实供给侧结构性改革，一是去产能，淘汰落后产能，处置“僵尸企业”，实施兼并重组。二是降成本，对有望起死回生的企业，落实中央“降负减本”政策。三是补短板，解决协调不够的问题，加快优化产业结构。构建全产业链发展格局；以互联网＋制造业为总抓手，全面推广智能制造；以培大育小为总抓手，加快重构企业分工协作体系。

（八）抓招商引资，激发市场活力

坚持规划引领，找准弱点，突出重点，完善项目策划库和目标企业库，动态补链、实时更新；围绕全市重点产业，开展专业招商、以商招商，引外资、招央企、聚民企。同时，对近年来未落地的签约项目逐一“会诊”，促使签约项目资金尽快到位，尽快开工建设，尽快形成生产能力。发挥招商战线、行业战线、开发区战线等“十路大军”的作用，做好全员、全方位、全途径招商，推进招商引资和项目建设工作实现新突破。

三、推动落实《湖北省工业“十三五”发展规划》和《中国制造2025湖北行动纲要》的政策及工作机制

（一）出台政策文件

以孝感市政府名义印发了《中国制造2025孝感行动方案》（以下简称《行动方案》），重点领域涵盖新一代信息技术、智能装备、新能源汽车及专用汽车、生物医药及高端医疗器械、新材料、节能环保装备和资源循环利用等6大类19个重点产业领域，每个产业领域都明确了主攻方向和行动载体。

（二）培育壮大新兴产业

孝感市通过政府购买服务方式，编制高端装备制造、光电子信息、新能源汽车及零部件三大战略性新兴产业规划，为落实《行动方案》提供支撑。成立新能源汽车推进专班，积极引进战略投资者，推动新能源汽车项目落地。帮助航天重工装备公司、三江万山公司争取国家首台（套）重大技术装备保险补偿资金，推动装备制造业加快发展。重点围绕孝感市高端装备制造、新一代信息技术、新材料、生物医药、节能环保、新能源汽车六大新兴产业，加大各类试点示范申报力度。组织企业申报智能制

造、服务型制造、两化融合等制造业试点示范32个。

(三)建立重点领域重大项目包

孝感市目前已征集智能装备产业、新能源汽车产业、新一代信息技术产业等领域5000万元以上项目203个,总投资1098.8亿元。其中,湖北华中光电产业园、湖北惠商电路科技年产300万平方米线路板等7个先进制造业项目列入省委、省政府确定的重点建设项目。

(四)对接工业和信息化部推进《中国制造2025》五大工程

(1)在工业强基方面,征集孝感市装备制造行业技术改造、工业强基重点项目,为工业和信息化部行业技术改造和工业强基项目提供政策性投资方向参考目录。推荐汉光科技医用CT机高能X射线管组件项目申报工业和信息化部工业强基工程专项项目。

(2)在智能制造方面,组织红林、红阳、万峰、德美等机器人生产企业与国家智能制造行动对接,争取纳入国家智能制造试点示范。促成湖北米婆婆生物科技股份有限公司与三江集团万峰公司签订首期150万元装箱码箱机器人全自动生产线合同,米婆婆公司投资1000万元购买万峰机器人对生产线实施智能化改造。永祥粮机智能农机装备已研发生产。

(3)在绿色制造方面,加快盐磷化工等高耗能行业的绿色化改造,降低污染排放,推行清洁生产。对孝南金达钢铁、云梦大展钢铁开展能耗专项检查工作,落实淘汰孝南金达钢铁5台20吨炼钢电炉。孝感市经信委负责的市高新区12家17台74.3蒸吨燃煤锅炉已全部拆除。

(4)在高端装备创新发展上,重点推进重型平板车、重型越野车、高档数控机床等产品。国内最大吨位的1000 t重型平板车在航天科工四院湖北三江航天万山特种车辆有限公司军民产业园成功下线。

(5)制造业创新中心建设。依托三江军工技术优势和重点产业领先技术,在光电子信息、装备制造、新能源等产业,推荐符合条件的企业,着手谋划建设省级制造业创新中心。目前,已对湖北三江航天万峰科技发展有限公司、汉川泓元锌空等10家企业开展湖北制造业创新能力现状调查摸底,为申报省级创新中心做准备。

(五)对接《湖北省工业"十三五"发展规划》

出台了孝感市孝感工业经济发展"十三五"规划及孝感信息化"十三五"规划,建立"十三五"规划项目包,入库项目665个,总投资4965亿元。

四、重大项目建设情况

2017年，全市工业项目1704个，完成工业投资935.9亿元，占全市固定资产投资45.9%，同比增长9.4%，投资总量居全省第5位，增幅居全省第10位。全市工业技改项目570个，完成技术改造投资249.7亿元，同比下降0.2%。工业技改亿元项目60个，完成技术改造投资96.3亿元。2017年，全市亿元以上工业项目289个，累计完成投资527.7亿元；新开工工业项目1256个，已完成投资582.5亿元；亿元以上新开工工业项目131个，已完成投资223.7亿元。

2018年1—6月，全市工业项目630个，工业投资同比增长30.7%，增幅居全省第3位。全市工业技改项目230个，工业技术改造投资同比增长40.2%，增幅居全省第5位。2018年1—6月，全市亿元以上工业项目281个，完成投资同比增长25.4%。

2018年紧紧围绕省市县三级重点工业项目，实行领导包保、挂图作战、倒排工期的“六个一”项目推进机制，加快推进孝感市“千企千亿技改工程”。

(1) 推进省级重点项目。列入全省产业类重点项目5个，武汉华工正源光电子技术有限公司孝感智能终端产业基地、维达护理用品新建年产32万吨生活用纸项目、湖北天平印刷年产20万吨预印刷包装材料生产项目、武汉大洋电机新动力科技有限公司年产1.7万套商用车氢燃料电池系统，计划总投资62.4亿元，累计完成投资9.9亿元。

(2) 推进市级重点项目。重点推进市政府领导督办的项目：中顺年产30万吨生活用纸建设项目，总投资12亿元，2018年计划投资4亿元；舒氏年产12000万平方米胶粘带扩能项目，总投资4.59亿元，2018年计划总投资2.5亿元；保丽生产基地升级重建项目，总投资3.7亿元，2018年计划投资2亿元；等等。

(3) 推进重大技改项目。重点跟进2017年《工业和技术改造投资项目库》中过5亿元技改项目。重点推进投资10亿元湖北亚钢金属制造有限公司亚钢汽配产业园项目，推进投资8亿元湖北岑铭堂食品有限责任公司岑铭堂食品扩能、投资6亿元中科铜箔扩能项目等5亿元技改项目，实行领导领衔、专班服务。

第四节 发展建议

(1) 湖北省经济和信息化厅在产业布局规划、对接武汉产业转移、引进领军人才等方面给予重点扶持。

(2) 充分发挥孝感军工企业人才、科研、资金等多方优势,在“民参军”“军转民”等方面给予大力支持。

(3) 建立两化融合发展的财税、金融、投融资等一系列优惠政策,并将有关专项资金向两化融合倾斜,利用各项优惠政策引导企业积极投入两化融合建设。

第二十八章　荆　门　市

第一节　发 展 概 况

一、总体发展情况

近年来，荆门市委、市政府坚持“投资第一、产业第一、工业第一”，遵循“生态立市、产业强市、资本兴市、创新活市”路径，着力扩投资、建项目、抓招商、促转型，工业体系日臻完备，新的产业格局正在加快形成。拥有以中石化荆门分公司、荆门热电厂、葛洲坝水泥厂为代表的中央、省属企业，以金龙泉啤酒集团、京山轻机、洋丰集团、宝源木业为代表的地方大中型骨干企业，以格林美、福耀玻璃、长丰猎豹、金泉新材料、国安新能源为代表的招商引资重点企业，为荆门市工业的可持续发展奠定了坚实基础。

（一）经济发展情况

2017 年，荆门市贯彻落实十九大精神，践行新发展理念，走质量效率优先的发展道路，在压实总量、调整存量上下功夫，工业经济经历换挡阵痛期，呈现“稳中趋缓、稳中提质”的态势。2017 年，全市规模以上工业企业完成主营业务收入 3114.5 亿元，同比增长 11.2%，高于去年同期 4.5 个百分点；规模以上工业增加值增长 7.6%，高于全省平均水平 0.2 个百分点；完成规模以上工业总产值 3298 亿元，同比增长 11.8%，高于去年 2.4 个百分点；实现利润 153 亿元，同比增长 7.8%，高于去年同期 4.8 个百分点；完成税金 142.3 亿元，同比增长 4.8%，高于去年同期 6.1 个百分点。2017 年，全市规模以上工业企业达 1210 家，比上年同期新增 100 家，拉动全市累计增加值增长 1.8 个百分点，贡献率达 22.2%。2017 年，全市产值过亿元企业达 571 家，其中，10 亿～20 亿元有 28 家，20 亿～50 亿元有 11 家，50 亿～100 亿元有 2 家（新洋丰、格林美），产值过百亿有 1 家（荆门石化，完成产值 246.5 亿元，同比增长26%)。

(二) 产业结构情况

荆门市产业层次不高,结构偏重、偏农,制造业总体还处于价值链、市场链和创新链的中低端环节。

(三) 自主创新能力情况

荆门市先后启动了创建国家创新型城市和国家知识产权示范城市工作,围绕高新技术产业发展、科技成果大转化、科技创新平台建设和专利量质提升等4大工程,建设荆门市创新发展的基础支撑体系。成立国家技术转移中部中心荆门分中心,推进科技成果转化。2018年一季度,荆门市已申报高新技术企业86家,完成专利申请总量1008件,完成省级科技成果转化17项。

(四) 产业集聚情况

荆门市重点发展化工、农产品加工、装备制造、再生资源利用与环保、新能源新材料、电子信息、大健康等七大支柱产业;引导各县市区错位发展、差异发展,每个县市区确立2~3个主导产业,在全市重点布局建设京山智能制造产业园、钟祥数控机床产业园、东宝绿色建材和装配式建筑产业园等20个特色产业园区;设立了市县两级产业发展基金,采取股权投资、阶段参股、跟进投资等方式,重点支持支柱产业发展及龙头骨干企业项目建设;创新投融资体制机制。在全省率先探索推行"重资产招商"模式,即着眼于培育特色产业集群,通过政府投融资平台与产业龙头企业合作、与央企合作,引进社会资本,量身定制厂房及产业公共服务平台等重资产,让企业携带"轻资产"拎包入驻。

(五) 两化融合及情况

出台《荆门市2018年"互联网+制造业"行动计划》,大力推动云计算、大数据、移动互联网、物联网与传统制造业跨界融合。2018年,全市重点组织30家骨干企业开展数字化车间和智能工厂试点工作。目前,全市规模以上工业企业中利用计算机辅助设计的占40%以上,国家级两化融合管理体系贯标试点企业3家,两化融合试点示范国家级企业1家、省级企业47家、市级企业63家;省级智能制造试点企业2家。

(六) 绿色制造情况

荆门市重点打造和培育5家绿色示范工厂、2家绿色示范园区,重点淘汰煤炭、石膏、水泥、磷肥、玻璃等行业的落后和过剩产能。

（七）智能制造情况

截至 2017 年底，荆门市智能制造装备企业共 13 家，占装备规模以上企业 6.1%；完成工业总产值 25 亿元，占规模以上装备企业生产总值 6%。目前，荆门市智能制造装备主要包括工业机器人、数控机床、智能成套设备、临港装备、航空装备、激光加工设备等。从产业布局来看，京山市以轻工包装机械、生活机器人、激光设备为主；荆门高新区、掇刀区以工业机器人、智能成套设备为主；钟祥市以数控机床研发与制造为主；沙洋县以临港装备研发制造为主。从总体来看，除京山市成套包装机械、高新区成套粮油机械和制瓶机械形成一定规模、在国内具有一定影响力外，其他智能制造装备还处于刚刚起步阶段。

（八）质量品牌提升情况

荆门市制定出台《荆门市消费品标准与质量提升实施方案》《全市装备制造业标准化和质量提升方案》等文件，明确以技术改造为着力点，围绕装备制造、磷化工、纺织服装和地理标志产品等四项重点产业开展质量提升行动。一年来，荆门市指导督促 192 家装备制造企业开展企业标准自我声明，支持产业联盟或龙头企业研制一批急需的关键技术标准；开展全市磷化工企业质量管理体系建设，荆门市磷化工产业企业质量提升项目被省政府列为全省中小企业质量提升工程试点；湖北宝源木业、荆门石化被省质监局列为人造板和成品油质量提升重点示范企业。截至 2017 年 12 月，荆门市监督抽查产品 333 批次，合格 330 批次，合格率达 99.1%，比去年同期增长 1.1%。

（九）制造业人才情况

一是积极组织企业申报省“123”企业家培育计划。2015 年以来，成功推荐 6 名企业家入选省“123”企业家培育计划，并积极配合省委组织部、省经济和信息化厅组织入选企业家参加省级专题培训。二是组织开展全市百名企业家培育工程。经两次评选，评选出来自湖北京山轻工机械股份有限公司、湖北新洋丰肥业股份有限公司、福耀玻璃（湖北）有限公司等企业的 87 名企业家，并有针对性地组织开展各类培训。三是推动全市青年企业家和职业经理人扶持计划。按照《荆门市产业人才“千人计划”实施方案》的要求，配合市委组织部、市委人才办，遴选确定了 40 名优秀青年企业家和职业经理人。

二、传统优势产业和新兴产业发展情况

(一) 传统优势产业发展情况

荆门市化工、农产品加工、建材、纺织等传统产业,已经成为全市工业的支柱产业,长期以来是荆门市经济社会发展的主要支撑。2017 年,化工产业 209 家规模以上企业完成产值 852.3 亿元,同比增长 9.3%;农产品加工产业 382 家规模以上企业完成产值 1225 亿元,同比增长 9.4%。

化工产业:推进荆门石化油品质量升级改造项目,支持荆门石化做精做优做强,烷基化装置、油煤共炼、煤制氢等重点项目建设进展顺利。全面提升磷化产业产品结构,重点发展缓控释肥、水溶性肥、生物有机肥、中(微)量元素肥等高端化肥产品。

农产品加工产业:重点发展食品制造、农业生物质、油脂深加工、果蔬饮料加工、纺织等产业,打造“中国农谷”生态农产品加工聚集区,将荆门建设成为全国生态农产品生产加工基地。

建材产业:促进传统建材产业向新型化、循环化和绿色化转型,推进绿色建筑和装配式建筑产业化基地建设,培育节能环保新型建材、无机非金属材料等新兴产业,高起点发展新型墙体材料、新型保温隔热材料、新型防水密封材料、新型装饰装修材料等。

(二) 新兴产业发展情况

2017 年,荆门市新兴行业发展继续加快,计算机通信电子设备、专用设备、医药制造、汽车制造增加值分别同比增长 84.3%、21.2%、13.5%、8.3%。新增许多新兴行业产品,如工业机器人、无人机、激光增材设备等产品实现零突破。

三、高新技术产业发展情况

2016 年以来,荆门市先后出台了《荆门市“十三五”战略性新兴产业发展规划》《荆门市战略性新兴产业倍增三年行动计划(2016—2018 年)》《荆门市“互联网+”行动计划(2016—2018 年)》《荆门市 2018 年战略性新兴产业倍增行动计划》等规划,以及支持通用航空产业、新能源汽车、机器人产业等战略性新兴产业发展的政策文件,加强顶层设计和统筹协调,结合荆门实际,重点发展通用航空、智能制造装备、新能源汽车、再生资源利用与环保、新一代信息技术、新材料、生物医药等七大战略性新兴产业。2017 年,荆门市高新技术企业达到 190 家,同比增加 49 家。高技术制造业

增加值同比增长28.5%，快于规模以上工业20.9个百分点。京山轻机、格林美分别创建国家级企业技术中心和国家级工程技术研究中心。

第二节　面临的主要问题

虽然荆门市产业转型升级成效显著，但由于基础较差、起步较晚，转型升级仍任重道远。

一、市场主体偏少

领军龙头企业偏少，销售收入达50亿元以上企业只有荆门石化、湖北新洋丰、格林美3家企业，过百亿的只有荆门石化1家。今年全市新增规模以上工业企业17家，退库161家，净减少144家。先进制造业虽然发展速度较快，但基数低、占比小，全市高新技术企业190家，仅占规模以上企业的17.9%。

二、产业链条不长

长期积累的结构性矛盾仍然突出，荆门市产业结构偏重、偏农，制造业总体还处于价值链、市场链和创新链的中低端环节，特别是农产品加工和化工两大主导产业，都是以初级产品生产为主，精深加工延伸不够。主导产业集聚度不高，链条不长，以低端领域产品为主，附加值低。产品同质化竞争严重，行业内部既争夺资源，又争夺市场。

三、创新能力不足

企业普遍缺乏创新意识和创新能力，产学研合作平台作用发挥不够。2017年，荆门市高新技术产业增加值占GDP的比重低于全省平均水平3.5%；万人专利拥有量1.76件，比全省平均水平6.87件相差较大；规模以上工业研发活动经费内部支出32.54亿元，占主营业务收入的比重为1.04%，离国际公认2%的生存标准约差一半，与有竞争力5%的标准差距更大。

四、专业人才缺失

荆门市企业普遍缺乏高端管理人才和专业技术人才。由于普通工人对工作待遇和工作环境等方面要求日益提高,企业不同程度存在招工难和用工荒。据不完全统计,全市企业常年用工缺口在8000人以上。

第三节　发展的主要举措

一、政策支持方面

近年来,荆门市先后出台工业跨越发展三十条、创新创业三十条、促进招商引资推动创新发展四十九条、传统产业改造升级行动计划、战略性新兴产业三年倍增行动计划、"百企技改"行动实施方案、推进企业兼并重组行动计划、关于加强现有企业培育支持企业加快发展的意见、荆门市工业经济稳增长快转型高质量发展工作方案等一系列促进制造业转型升级的文件和政策,制定支持通用航空、新能源汽车、机器人、生物医药等新兴产业发展的个性化政策。

二、制造业优化升级的重点和方向

一是在新一代信息技术产业领域,重点发展方向包括智能终端、光电子、电子材料和元器件、软件及信息服务。二是在智能制造装备领域,重点发展方向包括智能制造成套装置、机器人、智能仪器仪表。三是在新能源汽车及专用汽车领域,重点发展方向包括新能源汽车零部件、新能源汽车整车、专用汽车。四是在生物医药及高端医疗器械领域,重点发展方向包括生物制药、化学制药、中成药、高端医疗器械。五是在农机装备领域,重点发展方向包括动力机械、收获机械、农产品加工机械。六是在通用航空装备领域,重点发展方向包括通用航空整机、通用航空零部件、机场设备。七是在新材料领域,重点发展方向包括先进高分子材料、高性能复合材料、新型无机非金属材料、新型建材。八是在再生资源利用和环保装备领域,重点发展方向包括再生资源利用、环保装备及产品。

三、推进落实《中国制造 2025 湖北行动纲要》和《湖北省工业“十三五”发展规划》情况

近年来，荆门市相继出台了《荆门市七大产业“十三五”发展规划》《荆门市工业“十三五”发展规划》《关于印发中国制造 2025 荆门行动计划的通知》《荆门市工业经济稳增长快转型高质量发展工作方案(2018—2020 年)》等一系列政策文件。主要做法有以下五点：一是大力实施战略性新兴产业倍增行动计划；二是大力实施传统产业改造升级行动计划；三是大力实施企业创新能力提升行动计划；四是大力实施降低企业成本行动计划；五是大力实施企业兼并重组行动计划。

四、重大项目情况

2017 年，荆门市按照省经济和信息化委员会传统产业导向计划申报要求，建立了全市投资 1000 万元以上技术改造项目库，入库项目 394 个。同时，确定全市 5000 万元重点技术改造项目 126 个，制定了《2017 年荆门市重点技改项目推进路线图》，126 个重点技改项目总投资 378 亿元，2017 年计划投资 201 亿元，实际完成投资 207 亿元。2018 年，全市投资 1000 万元以上技术改造项目库入库项目 419 个。编制重点技改项目清单和推进路线图，确定全市 5000 万元重点技术改造项目 135 个，总投资 489 亿元，2018 年计划投资 230 亿，1—6 月完成投资 153 亿元，占年计划 66.5%。

第四节 发展建议

一、大力营造发展氛围

建立领导包联机制，并实行重点先进制造业项目市领导现场办公制度，确保项目早批复、早开工、快建设；利用媒体、会议等方式，大力宣传政策，弘扬创业发展、兴工强省的典型，动员全市上下谋产业、帮企业。

二、加速推进转型升级

加大力度推进“万企万亿技改工程”。鼓励企业引进关键技术、知识产权，加大

技改投入,推动传统产业设备更新,提升产品层次;同时,推进"机器换人",在劳动密集型、危化等行业,加快推进工业机器人示范应用,提高劳动生产率。

三、加大政策支持力度

结合湖北省实际,出台进一步扶持先进制造业发展的政策;引导和鼓励银行业金融机构加大对先进制造业企业的支持力度,支持商业银行开展科技贷款业务,支持科技型企业发行债券;推进校企合作及科研成果转化,推动企业技改创新及人才引进,开展高校、企业人才项目对接,加速集聚高层次创新人才。

第二十九章 鄂 州 市

第一节 发展概况

一、总体发展情况

2017年，鄂州市工业完成固定资产投资270亿元，其中工业技改投资完成109.12亿元，同比增长162%。产业结构持续调整。截至2017年底，全市轻工业增加值同比增长18.19%，快于全市工业增速10个百分点以上，占全市工业比重达到27.7%，同比提高1.7个百分点；全市高新技术产业增加值同比增长15.1%，快于全市工业增速7.2个百分点，占全市工业比重达36%，同比提高3个百分点。新兴产业加快发展。全年新增生物医药、电子信息、节能环保等新兴领域规模以上企业20家，生物医药业增长28.62%，电子信息业增长20.57%。

二、工业创新发展情况

鄂州市主动对接国内优势创新资源，与中国科学院武汉分院、中国航天三院、省国防科工办、华中师范大学等高校院所洽谈合作事宜，协调引进一批多层次的技术研发和创新项目。华中师范大学鄂州研究院已签约成立，中国科学院初步达成合作意向，相关项目正在深入洽谈和推进。新增省级科技企业孵化器1家，累计6家；新增在孵企业85家。组织申报44家高新技术认定企业、41个高新技术产品备案。截至2017年12月，39家企业通过高新技术企业认定公示，累计达到78家；33个产品通过高新技术产品备案登记，累计达到260个。新增2家省级工程技术研究中心、1家省级校企共建研发中心，全市省级创新研发平台累计达到16家。湖北博创新型超硬材料技术创新中心有限公司、湖北李时珍药物研究有限公司2家注册资本达亿元的制造业创新中心建成投运。在提高企业自主创新方面，全市新增2家省级工程技术研究中心、1家省级校企共建研发中心,省级创新研发平台累计达到16家。新增省"百人计划"1人、省双创团队2个。完成科技成果登记17项,技术合同登记33项,涉及技术交易合同额8.03亿元,比上年增长31.6%。

三、两化融合发展情况

鄂州市积极推进两化融合优秀企业提档升级。推荐爱民制药申报国家级两化融合贯标试点企业,2017年8月,工业和信息化部将爱民制药核定为"2017年两化融合管理体系贯标试点企业"。截至2017年12月,全市国家级两化融合管理体系贯标试点企业达到3家。

鼓励引导企业两化深度融合。先后组织鄂州市7家省级两化融合试点示范企业参加全省两化深度融合试点示范企业培训班暨评估诊断和对标引导辅导班培训。2017年5月,推荐爱民制药业积极申报"智能工厂"等国家级制造业与互联网融合发展试点示范项目。

组织开展企业上云。目前,全市已有650多家企业接入航天云网。全年新增13家省级两化融合试点示范企业,新增1家国家级两化融合贯标试点企业。26家企业入选"省级两化融合试点示范企业名单",3家企业被核定为全市国家级两化融合管理体系贯标试点企业。

积极组织开展区域融合评估。组织并辅导鄂州市20余家省级两化融合试点示范企业开展区域两化融合发展水平评估网上填报工作。认真落实省级关于制造业与互联网融合发展系列工作部署。组织顾地科技赴武汉参加为期四天由省组织部、省经济和信息化委员会举办的"互联网+制造业"专题培训班。组织4家企业参加2017年度国产工业软件优秀解决方案展示对接会(武汉专场)。

四、智能制造发展情况

近年来,机械装备制造企业已经成为鄂州市科技创新的主力军。在智能装备制造领域,华工科技、富升智能装备、恒基矿机、德标机械等企业正逐步发展壮大,等离子数控切割设备、智能直驱压力机、大型圆锥破碎机、液态硅胶注射成型机等高端装备引领着鄂州市智能装备制造产业发展的方向。2017年,鄂州市爱民制药和华威科智能入选湖北省智能制造试点示范单位,恒基智能HP500液压圆锥破碎机入选首台(套)重大技术装备推广应用指导目录(2017年)。鄂丰模具公司研发的大容量双筒循环注塑机及模具成套设备,合强机械研发的微机控制轮对压装机列入了科技部国家火炬计划扶持专项。在东弘锻压的数控螺旋压力机、驰久板簧的长锥变截面汽车钢板弹簧、三力重工的大型水能发电设备关键件（不锈钢导叶、叶片）制造等一系列的原创核心技术成果的带动下，鄂州市装备制造企业的自主创新能力和市场竞争力不断提升，依靠创新驱动的内涵式发展方式正在成为产业发展的主流。

五、绿色制造发展情况

认真贯彻落实《湖北省工业绿色制造体系建设实施方案》。一是支持鄂钢公司、世纪新峰等高耗能、重污染企业优先选用先进的清洁生产工艺技术，建立资源回收循环利用机制，提高资源利用效率，减少污染物排放，指导企业创建绿色工厂。二是引导企业开发具有无害化、节能、环保、低耗、高可靠性、长寿命和易回收等特性的绿色产品，积极推荐符合条件的企业申报第二批绿色制造体系建设示范企业。

推进工业企业大气污染综合防治。一是积极推进鄂州市钢铁、建材、化工等重点行业实施清洁生产技术改造，大幅削减大气污染物产生量和排放量，推动鄂钢公司、世纪新峰2家企业大气污染清洁生产技改项目实施。截至2017年12月，除鄂钢公司的黑体强化辐射传热技术应用1个项目未实施外，其他5个大气污染清洁生产技改项目均竣工投产。二是形成环保倒逼机制，化解钢铁、水泥过剩产能。率先于2017年7月在鄂州市钢铁、水泥行业实行污染物排放在线监控全覆盖，同时，经省政府同意，在鄂州市执行烧结、球团工业大气污染物排放特别限制。三是开展小型工业企业大气污染综合整治。联合市环保局等相关部门对全市布局分散、装备水平低、环保设施差的小型工业企业情况进行了梳理分析，印发了《鄂州市小型工业企业大气污染综合整治方案》，在全市范围内开展了多轮次、全覆盖的小型工业企业大气污染综合整治，共28家问题企业已全部按时完成整治。

推进重点行业水污染综合防治。贯彻落实《水污染防治重点行业清洁生产技术推行方案》，组织实施鄂州市重点行业水污染防治清洁生产技术项目，鄂钢公司的“焦化蒸氨系统改造及酚氰废水深度处理”“烧结新建脱硫浆液事故池”两个项目被列入湖北省水污染防治重点行业清洁生产技术推行方案，两个项目计划共投资6200万元，截至2017年12月已完成投资200万元，2018年年底竣工投产。

推动重点企业煤炭清洁高效利用。推动宇拓新型建材、三和管桩等8家高耗能企业煤炭清洁高效利用技术改造。截至2017年12月，有9个项目竣工投产，鄂钢公司的烟气余热发电综合节能技术改造1个项目正在建设，美天环保的10 t锅炉脱硝脱硫等2个项目正在准备实施。

2017年，鄂州市万元工业增加值能耗下降9%左右，工业能耗占全市总能耗的76%，工业能耗水平下降，带动全市万元GDP能耗下降8.03%。2017年，全年市中心城区空气质量优良天数为271天，优良率为74.7%，二氧化硫年均浓度为15

μg/m³,PM 2.5 年平均浓度为 56 μg/m³,仍有较大的提升空间。

第二节　面临的主要问题

一、产业结构不优

鄂州市钢铁、水泥、矿山等产能过剩行业占比偏高(达 32%),且集中度不高、布局不合理,与建设航空都市区要求不适应。传统产业对经济增长的贡献份额超过 60%;高新技术企业偏少,全市规模以上企业中,高新技术企业只有 72 家,占比仅 13%。

二、缺少龙头企业

鄂州市仅有主板上市企业 1 家、新三板挂牌企业 7 家,龙头企业数量整体偏少。全市仅有鄂钢一家过百亿,50 亿~100 亿元的企业还没有;特别是在新兴产业领域,产值过 10 亿元的企业仍然是 0。

三、创新能力较弱

创新企业平台建设滞后,引人才、留人才较难,科技成果不多,创新对工业增长的贡献不足。《湖北省 2017 年专利统计报告》显示,鄂州市 2017 年专利申请量为 1514 件、专利授权量为 421 件,在全省仅位居第 14 位;在发明专利申请量百强企业中,没有鄂州企业。

四、品牌影响力不够

在市场上叫得响的鄂州工业产品较少,特别是中国名牌产品、进入终端消费的名优产品太少,相当部分工业企业还没有自己的品牌。

第三节　发展的主要举措

一、相关政策及工作机制

近年来，鄂州市高度重视制造业发展，先后出台了一系列政策文件，包括《市人民政府办公室关于印发鄂州市加快推进传统产业改造升级实施方案的通知》(鄂州政办发〔2017〕23号)《鄂州市技术改造企业"助保贷"管理办法》《鄂州市传统产业改造升级资金管理实施细则》。持续加大传统产业改造升级步伐，努力培育新兴产业发展，加快工业＋互联网、企业智能化改造进程，促进工业转型升级。制定了《鄂州市激励企业开展研究开发活动暂行办法》和《关于进一步促进科技金融改革创新工作的若干意见》，通过开展"百名金融高管服务联系百家企业"活动，实行"一企一策""一问题一方案"，提高金融服务实体经济的针对性和有效性。落实《湖北省工业经济稳增长快转型高质量发展工作方案(2018－2020年)》中"各市、州、县政府要安排相应的传统产业改造升级专项资金"。

二、制造业优化升级重点和方向

(一)支持传统产业改造升级

积极对接湖北省"万企万亿"工程，实施"百家企业技术改造行动计划"，引导实体经济加大技改资金投入，实施100家企业技术改造，力争技术改造投资突破100亿元。一是保持去产能高压态势，压制反弹，整治"小散乱"，处置"僵尸"企业。二是推动工业绿色发展。实施差别电价、阶梯电价，开展绿色制造体系示范建设，引导企业广泛应用节能减排先进适用技术装备，推动工业生态文明建设。三是围绕五大产业集群进行技术改造，提升效率，改进装备，扩大有效产能。

(二)引进培育新兴产业

一是引进培育战略性新兴产业，以新一代信息技术、生物医药、新能源、新材料、航空航天、高端装备等产业为主攻方向，制定市级千亿元战略性新兴产业推进实施方案，引进培育战略性新兴产业。

二是推动新技术、新业态、新产业、新模式发展。推进工业化与信息化融合，提升制造业数字化、网络化、智能化水平，推动服务型制造、智能制造等新业态、新模式融合发展。增加工业新技术研发投入，建立以企业为主体、市场为导向、产学研深度融合的技术创新体系，充分发挥金刚石和生物医药两个制造业创新中心的作用，积极加强与中国科学院、武汉大学、华中科技大学、华中师范大学等院校的创新对接，使更多的新技术、新产业项目在鄂州落户。

(三) 集中资源打造优势企业

推动财政、金融、人才、技术资源协同向优势企业聚集，培育"顶天立地"和"专、精、特、新"企业。助力容百锂电、南都新能源、虹润新材料、华工科技、彤诺电子、枫树线业等企业加速崛起、做大做强，争取 2018 年产值过 10 亿元的民营企业新增 3 家，3 年内新增产值过 50 亿元的民营企业 5 家。在产业细分领域中培育形成一批省级"隐形冠军"企业，重点培育爱民制药、兴欣科技、华威科、葛店人福药业、鄂信钻石、博世达、灿光电子、康源药业等企业成为行业"隐形冠军"示范企业。3 年内培育省级"隐形冠军"企业 30 家以上。

(四) 推进重点项目

鄂州市加强传统产业改造升级，自强电工、国铁轨道装备、华中重机、华工科技、兴欣科技、鄂信钻石、枫树线业等一批骨干企业的技改项目先后投产。2018 年，鄂州电厂全年预计产值在 40 亿元以上，同比增长 48.1%；三期项目两台机组预期下半年投产。恒基智能积极对接顺丰集团，加快推动智能物流系统研发和产业化，2018 年计划完成投资 1.5 亿元。虹润新材料在累计完成 9.2 亿元投资的基础上，2018 年计划继续投资 3.9 亿元进行建设，预计全年可实现销售收入 8 亿元。

智能制造项目取得新进展。投资 31 亿元的长江智汇港项目于 2017 年开工建设，2018 年将完成机器人、智能物流和信息通信设备等项目建设，预计完成投资近 10 亿元。投资 10 亿元的逸飞激光"六维"智造华中总部基地项目，打造智能制造协同创新研究院、智能制造试验与示范线、智能装备总部生产基地、智能制造云服务中心、智能制造专业培训中心等。投资 10 亿元的华讯方舟车载卫星通讯基地项目，建设可移动式的综合会议、研判、指挥平台。投资 10 亿元的铭科智能制造装备项目，实现智能制造工业自动化装备的制造，汽车零配件模具的设计、制造，汽车零部件的加工及总成焊接。

第四节　发展建议

一、进一步加大工业招商力度

发挥省级优势资源，加大工业招商力度，通过招商引进新项目、大项目、好项目。加大项目开工、建设协调督办力度，多层级、多渠道协调解决项目建设难题。

二、加大政策支持力度

建议湖北省经济和信息化厅进一步加大制造业创新中心建设力度；加大长江经济带产业基金的运作力度，大力扶持新兴产业发展，支持优势传统产业改造升级。进一步强化人才支撑。推动技能人才培训网络平台、技能人才培训示范基地的建设，引导省内高校、职业技术院校、技工学校开设先进装备制造业专业课程，与企业合作培养人才。

第三十章 黄 冈 市

第一节 发展概况

一、规模总量持续壮大

“十三五”以来，黄冈工业战线按照市委、市政府突出“双强双兴”发展重点，持续推进“四大行动”安排部署，积极应对经济下行压力，适应环保整顿、要素趋紧新常态，坚定不移地稳增长、保目标、促转型，工业经济规模总量不断壮大。2017 年，黄冈市规模以上工业企业达 1496 家，新增 108 家。工业增加值可比价增速为 8.5%；实现工业总产值 2178.0 亿元，比上年增长 13.2%。其中：国有控股企业总产值为 89.5 亿元，增长 8.2%；国有企业总产值为 6.7 亿元，增长 4.7%；集体企业总产值为 3.0 亿元，增长 30.4%；股份合作企业总产值为 6.3 亿元，增长 6.8%；股份制企业总产值为 1972.5 亿元，增长 14.1%；外商及港澳台投资企业总产值为 128.3 亿元，增长 3.3%；其他经济类型企业总产值为 61.2 亿元，增长 9.5%。轻工业总产值为 877.8 亿元，增长 9.1%；重工业总产值为 1300.2 亿元，增长 16.2%。2017 年黄冈市规模以上工业企业产销率为 96%；实现营业收入 1760.1 亿元，比上年增长 6.1%；利润总额为 77.3 亿元，增长 10.3%；税金总额为 39.2 亿元，增长 21.9%；资产总计 1252.8 亿元，增长 11.3%。

二、发展质效不断提升

（一）骨干企业成长加快

2017 年，产值过亿元企业达到 580 家，比上年度增加 33 家，共完成产值 1748.51 亿元，占规模以上工业总产值 80.28%。其中：过 10 亿元企业 15 家，增加 1 家，产值为454.50亿元，占20.87%；5亿～10亿元企业35家，增加5家，产值为253.55亿元，占11.64%。祥云完成产值128.72亿元，同比增长18.06%，总量稳居全市工业榜首；葛洲坝兴业完成产值94.33亿元，增长707.38%，成为全市最大增长点。2018年上半年，产值过亿元企业达198家；其中过10亿元6家，过5亿元16家，分别同比增加1家。“新三板”企业累计达到20家，“四板”企业累计达到427家。

（二）运行质效明显提升

2017年，黄冈市入库工业增值税为28.74亿元，比上年增加6.92亿元，增长31.7%，居全省第3位；工业产销率达到96.0%，高于上年0.4个百分点；完成出口交货值42.51亿元，同比增长22.05%。2017年1—11月，规模以上工业完成主营业务收入1562.84亿元，比上年增长8.6%，增速提高3.1个百分点；实现利润66.56亿元，增长9.9%，提高1.5个百分点；“两项资金”占流动资金38.3%，比上年下降1.7个百分点。2018年上半年实现主营业务收入、利润、税金上升，主营业务收入成本下降。

（三）发展后劲稳步增强

2017年，黄冈市工业总投资达到723.66亿元，比上年增长6.2%，提高6.3个百分点，占全部固定资产投资33.32%，其中：制造业投资578.84亿元，占工业总投资79.99%；技改投资119.47亿元，占工业总投资23.56%；民间工业投资663.92亿元，占工业总投资91.74%。伊利二期、索菲亚二期、中船重工贵金属等重点项目建成投产，投资281亿元的晨鸣林纤纱、投资135亿元的绿宇环保、投资202亿元的星晖汽车等过百亿项目落地开工，发展后劲稳步增强。2018年工业投资低位运行，平稳增长。

三、产业升级步伐加快

（一）五大支柱产业发展稳健

2017年，食品饮料、纺织服装、医药化工、建筑建材、机械电子等五大支柱产业共完成产值1712.64亿元，比上年增长10.41%。食品饮料小幅回升，完成产值364.44亿元，比上年增长7.5%，同比提升0.1个百分点。纺织服装乍暖还寒，完成产值252亿元，比上年增长5.81%，同比提升5.9个百分点。医药化工增长较快，完成产值346.57亿元，比上年增长13.21%。建筑建材势头强劲，完成产值513.72亿元，比上年增长14.89%。机械电子稳步增长，完成产值235.91亿元，比上年增长6.87%。

(二)特色产业加快发展

森工家具产业发展较快,2017 年实现产值 74.7 亿元,同比增长 22.9%。汽车及零配件产业发展有力,2017 年实现产值 56.8 亿元,同比增长 20%。新能源和新材料产业初具规模,2017 年实现产值 32.4 亿元,同比增长 31.7%。节能环保产业逐步兴起,2017 年实现产值 55.8 亿元,同比增长 11.8%。

四、两化深度融合发展

黄冈市已有 53 家企业被评为省级两化融合示范企业,41 家企业被评为市级两化融合示范企业。科峰传动、迅达药业被评为 2017 年湖北省智能制造试点示范企业。祥云集团通过工业和信息化部 2018 年国家技术创新示范企业复核评价,索菲亚首个工业 4.0 工厂在黄冈市投入使用。

五、高新技术产业发展加快

实施高新技术企业三年倍增计划。2017 年高新技术产业增加值为 196.52 亿元,占 GDP 比重为 10.23%。截至 2018 年上半年,黄冈市高新技术企业达到 213 家,拥有高新技术产品 513 项,市级企业研发机构达 256 家,省创新型企业有 8 家,建有国家级、升级孵化器(众创空间)21 个,在孵企业达 870 家。478 家企业分别与清华大学、复旦大学、武汉大学等 80 多所高校开展技术合作 700 多项,转化科技成果 100 余项,聘用科技副总 116 名,创新团队 59 个。全市拥有国家级高新区 1 家,省级高新区 6 家,省级高新技术产业化基地 4 家。

第二节　面临的主要问题

一、工业发展不够

2017 年,黄冈市三次产业结构为 21.7∶38.9∶39.4,虽然第二产业占比比 2016 年略有上升,但黄冈仍处于工业化初级阶段,大力实施工业化仍是黄冈面临紧迫而重要的任务。

二、企业块头不大

2016 年,黄冈市规模以上企业户平产值只有 1.34 亿元,而湖北省规模以上企业的户平产值达到 2.83 亿元,黄冈市只有全省一半的水平。黄冈市亿元企业仅占规模以上企业总数的 37.9%,10 亿元以上的企业仅占规模以上企业总数的 1%。黄冈市产值规模最大的祥云集团才刚刚突破 100 亿元,而武钢集团 2017 年年产值已是祥云集团的 8 倍;食品饮料行业中,湖北省规模最大的稻花香集团去年实现产值 510.7 亿元,是黄冈市食品饮料产业总和的 1.4 倍。同时,受市场不足、资金紧张、成本增加的影响,部分企业转型升级刚刚起步,导致生产经营陷入困难。2017 年,黄冈市规模以上工业企业停产 24 家,减少产值 59.53 亿元;减产企业 360 家,减少产值 97.01 亿元;两类企业共计减少产值 156.54 亿元。同时,109 家企业因停产、减产退出规模以上企业,导致全市规模以上企业数量首次净减。

三、产业层次不高

黄冈市现有五大支柱产业,与《中国制造 2025》和《中国制造 2025 湖北行动纲要》十大战略性新兴产业相去甚远。通用航空及卫星应用产业、汽车及轨道交通产业、海洋工程装备产业、地下工程装备产业等高端装备制造产业基础薄弱,智能制造业还没有起步,新能源、新材料、新技术等也才刚“破题”。

四、发展后劲不足

一方面,技改投资持续下降。受创业理念、转型认识、资金投入、人才资源、创新能力等诸多因素影响,部分企业技术改造动力不足、步伐较慢,致使黄冈市技改投资长期负增长。2017 年,完成技改投资 170.49 亿元,同比下降 21.5%,居全省第 17 位。另一方面,招商引资仍有差距。从 2017 年全省 80 个县市区招商引资来看,平均完成招商引资额 73.2 亿元,约为黄冈市平均 37.2 亿元的 2 倍。武穴为黄冈市最高,完成招商引资 59.6 亿元,在第二类地区中,比平均水平少约 20 亿元,比最高水平少 114 亿元。

第三节 发展的主要举措

一、出台的相关政策文件

先后出台了黄冈市委、市政府《关于促进黄冈高新技术产业开发区创新发展的决定》,市人民政府《关于实施招商引资“一号工程”的意见》。即将出台市人民政府《关于培育“隐形冠军”百亿企业千亿产业加快工业高质量发展的意见》和支持企业改造的意见。

二、制造业优化升级的重点和方向

立足现有基础,瞄准未来方向,改造提升食品饮料、纺织服装、建筑建材、医药化工、机械电子等传统产业,加快培育战略性新兴产业,建设农副产品加工产业集群、装备制造产业集群、新能源汽车及零部件产业集群、生物医药及大健康产业集群、节能环保及清洁能源产业集群等五个千亿产业集群。

三、推进机制

一是成立由市长任主任的黄冈市百亿企业千亿产业发展促进委员会,“点对点”提供“定制”服务;二是围绕主导产业设立产业发展办、制定产业政策、产业招商分局的产业发展推进机制;三是根据企业做大做强需要,提出在现行政策基础上,可以采取“一企一策”“一事一议”。

四、下一步工作打算

“十三五”是黄冈市工业迈向中期阶段的关键时期,全市将继续按照“双强双兴”发展重点,深入实施“四大行动”,推进工业迈上新的台阶,实现高质量发展。

(一)加大招商引资的力度

面对招商引资的新形势和新任务,进一步强化产业链招商引资的力度,围绕产业龙头企业,建链补链强链,推动产业集群化发展,力争“十三五”末形成2～3个千亿产业集群。加强与央企合作对接，与发达地区对接，与大型民营企业对接，与国内外大公司对接，力争引进一批规模大、效益好、科技含量高、带动能力强的项目。同时，加大项目建设的工作力度，强化各类要素保障，推进晨鸣林浆纤、绿宇环保、威马汽车等重大项目加快建设，力争早投产、早见效。

（二）加大企业培育的力度

以企业“进规”为基础，加大协调督办力度，做好小微企业的定向培育、数据核查和申报“进规”工作，不断做大全市规模以上工业总量。大力实施商标品牌创建战略，支持企业创建精品名牌，鼓励企业采用先进标准，努力成为行业标准的制定者，提升企业的综合竞争力。引导企业树立现代经营管理理念，建立现代企业制度，提高战略规划、生产组织、技术开发、财务管理等基础性管理水平。加大企业家培育的力度，积极引进高端人才、紧缺人才和创新创业人才，建设一支高素质的企业家队伍。

（三）加大园区建设的力度

把园区建设和城镇改造建设、基础设施建设紧密结合起来，进一步完善园区水、电、路、供热、环保等基础设施，强化物流、商贸、科技、文化教育、娱乐休闲、卫生保健等配套服务，使之成为“服务质量优、发展环境好”的企业聚集地。要进一步严格项目的入园标准，紧紧围绕产业结构调整和优化升级，力争引进一批规模大、效益好、科技含量高、带动能力强的项目。

（四）加大转型升级的力度

加快调整产业结构，围绕新能源、生物医药、智能装备等战略性新兴产业，打造新的发展极。支持企业瞄准产业发展制高点，以节能降耗、资源综合利用和清洁生产为重点，开展技术改造和产品更新，推动传统产业改造升级。加大校企合作的力度，深入挖掘高校、科研院所的项目潜力、人才优势，对接一批科技含量高、经济效益好的大项目，建立以科研机构为依托、以企业为主体、以市场为导向的技术创新平台，突破一批重点、难点技术，提升企业的自主创新能力。

（五）加大服务企业的力度

针对企业反映的突出问题，实行随时交办、及时督办，将问题列入清单管理，确保第一时间收集问题、第一时间交办问题、第一时间解决问题。围绕“资金、用工、人才”三大要素，深入推进大别山金融工程，定期组织银行、企业、担保公司等相关部门举办对接推进会。同时，持续开展用工招聘活动，落实就业优惠政策，解决企业用工问题，为企业创造良好的发展环境。

第四节　发展建议

一、抓目标督导

根据当前形势的变化,将工业增长速度、工业投资增速、工业投资占全社会固定资产投资的比重、制造业投资占工业投资的比重、民间工业投资占工业投资的比重五个指标,纳入黄冈市委、市政府对各县市区的考核,进一步强化目标导向。同时,对照各项目标任务,加强对重点地区、重点行业、重点企业的监测调度,继续实行一月一调度、一月一分析、一月一通报的工作机制,针对工业增速、工业投资下滑较大的县市区,派出工作专班实地开展督查,进一步传递压力、强化调度。

二、抓项目推进

围绕传统产业改造升级、战略性新兴产业培育,黄冈市确定50个(其中市区20个,其余每个县市区3个)重大工业项目,建立市级领导领衔推进机制。针对项目推进的具体情况,逐一制定路线图、时间表、任务书,实行定时、定项、定向调度,着力解决项目建设过程中规划、用地、环评、环境等问题,促进一批重大项目早建设、早投产、早达效。

三、抓政策扶持

抓紧出台工业倍增计划,并围绕建立产业投资基金、鼓励企业扩大投资、激励企业做大做强、推进产业园区建设等方面,实施系列实打实、硬碰硬、看得见、摸得着的激励措施,在稳增长、保目标的关键时刻,打出政策扶持的“组合拳”,以提振企业信心、引爆创业发展,并使之成为黄冈工业倍增的强大动力。

第三十一章 咸 宁 市

第一节 发展概况

一、“稳”的态势不断巩固

一是经济增长稳。2017 年，全市规模以上企业工业企业累计完成产值 1900 亿元，同比增长 14.5%，全市规模以上企业工业增加值累计增长 8.1%，增速在全省排名第 7 位。

二是重点产业发展稳。全市 35 个大类行业中 30 个保持增长，其中钢铁、汽车、农副食品加工等 17 个行业增速超过 20%。食品饮料、纺织服装、森工造纸、冶金建材、机电制造、电力能源六大支柱产业累计完成产值 1458.6 亿元，同比增长 14.8%，占全市总量的 76.7%，对全市工业增长贡献率达到 72%。

三是项目建设推进稳。2017 年，全市投产工业项目达 291 个。2 个工业项目列入 2017 年省委、省政府督办的重大产业项目清单，其中，总投资 45 亿元的宝塔光电项目一期已完成投资 13.5 亿元，并已正式投产，主要生产手机下一代 3D 曲屏玻璃、人造蓝宝石和新型陶瓷盖板，有望成为国内一流手机盖板生产企业；总投资 10 亿元的南玻导光板光电材料项目，2017 年完成投资 5 亿元。

二、“进”的力量不断增强

一是在工业投资上进。2017 年，全市工业固定资产投资完成 733.41 亿元，同比增长 14.03%，全省排名第 7 位。工业投资占全市固定资产投资总额的 43.8%，其中制造业投资总额为 683.27 亿元，占全部工业投资总额的 93.2%。累计实施工业技术改造项目 254 个，完成投资额 221 亿元，同比增长 20.1%，占全部工业投资额的 30.13%。

二是在招商引资上进。把招商引资作为头等大事,出台招商引资"十七条",全市新签约项目达890个,协议投资总额为2421.6亿元,到位资金1057亿元,引进中船重工等一批国内外500强企业。

三是在要素保障上进。出台工业项目"零"审批方案,推动工业项目加快建设。实施创新驱动战略,建成创新孵化平台18个,省级工程技术研究中心达到8家。实施招才引智工程,引进国家"千人计划"2人、海内外高层次人才163名,与北京院士专家开展合作。

三、"新"的动能不断壮大

一是新经济蓬勃发展。施金融领先战略,成立绿色产业发展投资有限公司,发挥城发集团、高新投资集团、金融投资集团等平台作用,推动金融产品无缝对接企业,支持实体经济发展。金融机构存贷款余额分别增长15.5%、17.6%,贷存比为61%。瀛通电子在深交所成功上市,实现咸宁本土企业上市零的突破。电子商务发展态势良好,黄袍山、香泉民悦、金宁等线上电商企业销售增势喜人。

二是新主体加速成长。以高新技术产业助推工业升级。新增高新技术企业66家,总数达到192家,高新技术产业增加值占GDP比重达到9.6%。积极推进"一工程三计划",新增规模以上工业企业89家,总数达到880家,咸宁高新区成功获批国家级高新区。

三是新增长点不断增多。相继出台《咸宁市推进供给侧结构性改革五大任务总体方案》《咸宁市关于支持企业降低成本提升竞争力的意见》等一系列配套文件,民间投资高增长。宝塔光电、欧维姆缆索、三环奔驰方向机、三赢兴二期等一批重点项目建成投产。金盛兰二期拉动冶金建材业强势增长26.4%,华舟重工、三环方向机等一批骨干龙头企业产值增长率均保持在20%以上。

第二节 面临的主要问题

一、支撑工业发展动力不足

2017年,咸宁市统计的134个预增产值2000万元以上增长点,预计可新增产值约68亿元,增长体量偏小。截止到2018年6月底,已经形成生产能力的项目只有48个,占比仅为35.8%。新"进规"企业规模较小,2018年上半年新"进规"企业平均累计完成产值仅为 2468 万元。随着后期基数的不断增加，增长点对工业经济发展的拉动作用将逐渐减弱，保持高质量增长的压力持续加大。

二、工业产业结构不优

一是战略性新兴产业尚在培育阶段，虽然发展态势良好，但占全市工业经济总量的比重较低。2018 年 1—5 月，生物医药、电子信息、先进装备制造等战略性新兴产业累计完成产值 108.6 亿元，同比增长 19.2%，仅占全市总量的 16.1%。二是高新技术产业规模偏小。2017 年，全市高新技术企业仅有 192 家，占规模以上工业企业的 21.8%；高新技术产业增加值占 GDP 的 10.1%，低于全省平均水平。结构调整转型的任务艰巨。

三、工业发展要素保障水平不高

一是企业用工形势严峻。由于用工成本和人员向沿海地区流动等原因，熟练工和技术工、专业管理人才缺乏问题突出，制约了工业企业的生产经营。二是资金紧缺仍然存在。一方面，金融机构青睐大企业，对中小型企业贷款门槛高、程序多，且贷款审批权限在省、市行，县域企业贷款较为困难；另一方面，融资性担保机构规模实力较弱，无法满足企业的贷款需求。三是加工制造业装备和技术水平整体仍较落后，缺乏对大型、高端制造业的接纳和协作配套能力，吸引投资的产业配套能力不强。

四、工业产业发展后劲不足

一是在建和招商项目中，新型化、技术含量高、投资规模大、附加值高的非常少，主要还是集中在传统产业，部分重大工业项目建设周期长且进度缓慢。二是产业结构和布局不合理，集群规模仍然偏小。如纺织服装企业数量众多但集聚程度不高，比较分散；钒、石材等产业对资源依赖程度大，产品加工链条短，低水平重复建设比较严重；粗加工产品多，“名优特新”和高科技、高附加值产品少，产品结构适应市场需求变化能力差。

第三节　发展的主要举措

一、坚持机制引领发展

机制活则发展快。近年来,咸宁市结合工业发展实际,坚持以问题为导向,创新工作机制,践行“三抓一优”和一线工作法,鼓励党员干部到一线比贡献、比作为,抓落实、抓发展;采取“一月一督办、一季一签约、一季一开工、一季一调度、一季一拉练和一季一考核”的方式,通过召开现场推进会,对县市区项目进行全覆盖检查督办和综合考评,层层传导压力,在全市上下形成全员抓项目、全民抓招商的浓厚氛围。

二、坚持政策引领发展

结合发展实际,一年新增一政策,2014 年出台《咸宁市人民政府关于实施“一工程三计划” 加快推进“工业崛起”的意见》,2015 年出台《市人民政府关于加快发展智能机电、互联网等绿色新产业的若干意见》,2016 年出台《市人民政府关于支持企业降低成本提升竞争力的意见》,2017 年出台《市直工业企业技术改造资金管理暂行办法》,2018 年出台《市人民政府关于加大扶持力度　促进民营经济发展的实施意见》。通过政策驱动,营造了支持工业经济发展的良好氛围,调动了工业企业发展积极性,推动咸宁市工业经济不断做大做强。

三、坚持示范引领发展

一是产业集群引领。近三年来,咸宁市每年新增一个省级重点成长型产业集群。2017 年,咸宁市智能机电产业入选国家创新型产业集群试点。省级重点成长型产业集群达到 11 个,数量居全省第一。二是重点项目引领。聚焦重点遍项目,启动“211”重大项目工程,全面掀起项目建设新高潮。激发民资投项目,2017 年入围全省重点建设计划的工业项目有:维达力电子玻璃产业化二期(赤壁)、多肽药物原料药生产基地(咸安)、高强度超薄视窗玻璃防护屏及蓝宝石智能终端应用(通城)、导光板光电材料(高新区)。

四、坚持环境引领发展

以一企一策化企业之难。确定全市重点项目清单，建立重点项目领导责任制、服务包保制，强化目标管理和过程管理，对重大项目在政府和部门的服务、土地供应、金融支持、基金扶持、财政资金、退税等方面重点倾斜，大大缩减了项目建设所需时间。以减压降负解企业之忧。畅通企业负担举报受理渠道，建立减负工作季报制度和定期督查工作机制。2017 年，全市享受小微、高新技术、固定资产加速折旧、研发费加计扣除、免征增值税等 10 余项税收优惠政策累计减免税额 4.05 亿元，惠及 42.22 万户次纳税人；减免规费基金 1.22 亿元，惠及企业 1 万多家。

第四节 发展建议

一、科学编制先进制造业发展规划

一是明确规划思路。结合《中国制造 2025 湖北行动纲要》，组织国内外专业机构和知名专家着力编制先进制造业发展专项规划，重点关注集群化、生态圈发展点，明确先进制造业发展总体框架，使各要素发展相互配套。二是加强规划衔接。坚持先进制造业与城市总体规划、土地利用规划、产业发展规划等的有机衔接，形成特色明显、优势互补的专项规划。三是严格规划实施。强化规划刚性，加强对先进制造业的研发设计、品牌打造、环境营造等工作的统筹。

二、全面提升先进制造业核心竞争力

一是建立先进制造业研发中心。推动国家和省级工程研究中心、重点实验室建设，鼓励大中型企业建立工程实验室、工程技术研究中心和企业技术中心，结合高校，发展先进制造业研发、监测等第三方机构。二是提升企业技术研发能力。支持企业建立研发机构，与高校、科研院所开展产学研合作，鼓励企业建立院士专家企业工作站，积极培育创新型企业。三是提升品牌创建能力。注重本地品牌的培育和塑造，引导企业通过自主开发、联合开发、国内外并购等方式发展自主品牌，进一步提升“湖北造”的市场竞争力和占有率。

三、大力推动先进制造业集群化发展

一是着力完善先进制造业产业链条。引导企业创新商业模式,大力发展附加值高的配套业务,推动先进制造业企业向产业链上游的设计、研发、金融等环节延伸,向产业链下游的销售、租赁、维修等环节拓展。二是大力培育先进制造业龙头企业。采取“走出去、请进来”的策略,重点培育一批本土大型先进制造业企业集团,鼓励先进制造业企业通过兼并、控股等形式,发展形成龙头企业,带动中小企业发展,着力引进一批国内外较强实力的先进制造业企业落户湖北。

四、做好先进制造业项目招商工作

以先进制造业产业园及重点项目为依托,紧盯世界一流、全国领先的先进制造业企业,引进先进制造业及延伸配套服务业企业,增强湖北先进制造业的整体实力。一是重点推进缺失环节项目入驻,为先进制造业配套服务产业,着重促进千亿产业中的制造业项目落地。二是强化先进制造业关键零部件项目招商,针对先进制造业产业链缺失环节,重点引进关键零部件产业链项目,打造具有特色的先进制造业,推动先进制造业产业结构调整。

第三十二章 随 州 市

第一节 发展概况

一、工业规模不断壮大

2017年，随州市规模以上企业达到698家；实现规模以上工业总产值1381.5亿元，同比增长12.7%；实现规模以上工业增加值328.9亿元，同比增长6.6%；工业用电量累计20.66亿千瓦时，同比增长8.6%，其中制造业用电量同比增长37.8%；实现工业增值税12.7亿元，同比增长14.7%；工业产品销售率达到97.9%。

二、产业结构日趋优化

“十三五”以来，随州市传统支柱产业不断升级，支撑主导作用明显，战略性新兴产业不断壮大，为随州市工业经济健康发展提供新动能。2017年，全市六大产业（汽车机械、食品加工、冶金建材、医药化工、纺织服装、电子信息）实现产值1268.1亿元，同比增长11.9%。其中，汽车机械、食品加工“两大龙头”合计实现产值676.1亿元，占六大产业的53.3%。汽车机械产业拥有规模企业152家，其中，具有专汽资质的企业有37家，央企及具有上市公司背景的企业有8家，具有军品资质的企业有4家，具有新能源专汽资质的企业有7家。专汽产量首次突破10万台大关，达到11.2万台，驾驶室产量达到5.1万台，汽车机械产业产值达到355.3亿元，同比增长26.1%，专汽发展步入一个新的里程碑。食品加工产业拥有规模企业131家，主要产品有香菇、木耳、茶叶、饲料、熟食、酒类、粮油、挂面、水产品加工等。食品加工产业产值达到320.8亿元，同比增长23.2%。随州农产品出口稳居全省第一，茶叶出口居全省第一，香菇出口居全国第二。战略性新兴产业规模以上企业达到97家，从业人员接近2万人，完成总产值310.3亿元，实现增加值72.3亿元，逐渐发展为新的增长点。

三、高新技术产业稳步壮大

“十三五”期间,随州市围绕建平台、育主体、强能力,深入推进国家级高新区、国家专用汽车高新技术产业化基地等建设,开展高新技术企业培育工程,开展创新能力提升工程,确保实现“十三五”末企业创新能力明显提高,规模以上工业企业 R&D 投入占销售收入比重提高到 1.2%以上;产学研合作覆盖全市规模以上工业企业 60%以上;全市高新技术企业达到 120 家以上,高新技术产业增加值占 GDP 比重达到 12.5%;各类创新平台总数达到 100 家以上,形成较为完整的区域创新体系的目标。2017 年,随州市高新技术企业达到 92 家,实现增加值 103.93 亿元,同比增长 13.5%,占 GDP 比重达到 11.1%。

第二节　面临的主要问题

“十三五”期间,随州市工业经济发展取得一定成绩,全市工业经济保持平稳健康发展,但仍存在一些问题。

一、工业经济总量仍然不大

“十三五”期间,随州市工业经济取得较大发展。2017 年,规模工业总产值、规模工业增加值较“十二五”末均有较大增长,但相比湖北省其他市州仍有较大差距。且具有国际竞争力的大企业大集团较少,单体企业规模不大,产业集中度高、核心力强、带动性好、行业领先的骨干龙头企业较少,“群山无峰”和“一业独大”问题仍然比较突出。

二、转型升级压力仍然明显

随州市工业仍以传统产业为主,资源开发型和劳动密集型企业多,资源深加工、科技密集型企业少,企业自主创新能力仍不够强,且产业链薄弱,“高端产业、低端环节”现象较为普遍,企业大多处在产业价值链低端,高端品牌少,高技术含量、高附加值产品占比低。

三、工业投资力度仍然不强

近年来，随州市工业经济发展新旧动能转换加快，新兴产业快速增长周期过短，传统产业冷暖交替，民间资本投资信心不足，影响工业投资力度。2018 年 6 月，随州市工业投资增速为 4.7%，在湖北省市州中仅排名第 15 位，工业投资力度不强、增长速度不高仍是制约随州市工业经济发展的重要因素。

第三节 发展的主要举措

一、强化政策扶持，推动实体经济发展

“十三五”期间，随州市出台《关于支持实体经济加快发展的意见》，用二十四条“真金白银”措施助力实体经济发展。此外，《关于财政支持供给侧结构性改革 推进经济社会发展的实施意见》《关于实施炎帝人才支持计划的意见》相继出台。随州市抢抓政策机遇，开展产业链招商、以商招商、以友招商、网上招商，着力主体培育，经济发展内生动力不断增强。仅 2017 年一年间，随州市先后与 20 多家企业（包括基金企业、平台机构）进行项目洽谈和资金引进，全年亿元以上新开工项目 2 个、签订意向性项目 2 个、在谈项目 6 个，为 2 家企业引资 1.25 亿元。全年新增规模以上企业 52 家，2 家企业被认定为全省“隐形冠军”培育企业。同时有效开展“资金融通工程”，市级设立首期 1 亿元政府产业引导基金，支持新兴产业、特色产业发展，全年为 43 家企业解决融资难题。

二、放大产业优势，推动特色增长极建设

“十三五”期间，随州市放大特色产业优势，夯实专用汽车及零部件、农产品加工、生态文化旅游三极支撑，力争把随州建设成全省重要的特色产业增长极。

近年来，随州市发挥“中国专用汽车之都”、国家专用汽车高新技术产业化基地、国家新型工业化产业（专用汽车）示范基地、国家专用汽车产业区域品牌建设试点地区、国家应急产业（专用汽车）示范基地、全国专用汽车质量示范区等品牌效应，把提高供给侧体系质量作为主攻方向，努力打造全国前列、全球有竞争力的“中国专用汽车之都”。制定出台《中共随州市委关于贯彻落实党的十九大精神 奋力建设特色

产业增长极的决定》,为专用汽车产业发展提供有力政策保障。

积极推动对外交流,先后组织专用汽车企业到北京、武汉、成都参加专用汽车展及应急装备展,随州高端、大气、实用的专用汽车赢得了广泛赞誉。湖北省专用汽车研究院、全国专用汽车创新战略联盟与30多家专用汽车企业达成战略合作,为专用汽车产业发展提供强大技术支撑。新能源汽车达到5类40多个品种,40多个专用汽车产品填补国内空白,纳米房车、压缩空气泡沫消防车达到国际领先水平,一批高端智能化产品入选全国专用汽车技术创新联盟科技成果库。2017年,随州市已形成年产专用汽车20万辆、底盘10万台、车身10万辆、铸造件100万吨、车轮1000万只的生产能力。专用汽车公告内品种占全国总量的80%。油罐车、城市环卫车、化工防腐液体车、平头车身、钢质轮毂和汽车铸造件市场占有率全国第一。专用汽车全国市场占有率达7.8%,其中洒水车市场占有率达80%,产品出口覆盖94个国家和地区。

同时,随州市强力推进食品工业倍增计划,2017年,食品工业实现出口近8亿美元,创建国家级生态原产地农产品保护示范区通过考评验收。实现同星农业重组,重组后的湖北正大2017年完成工业总产值14.1亿元。依托食用菌、茶叶、粮油、肉鸡等优势产业,培育壮大一批农业产业化龙头企业,如裕国菇业香菇出口多年位居全国前列,中兴食品茶叶出口在全省蝉联“五连冠”,品源食品成为全省首家香菇酱生产出口企业。随州特色品牌影响力不断增强。

三、提升工业质量,推动工业经济转型升级

“十三五”期间,随州市一手抓新兴产业培育,一手抓传统产业升级,工业经济转型升级步伐不断加快。近年来,随州市把新兴产业发展作为实施工业兴市、项目强市战略的重点,坚持技术引进与自主开发、合作开发相结合,在光电子与信息产业、生物产业、新材料产业、先进制造业、应急产业、新能源产业等优势领域,集中力量突破和掌握一批对产业发展有明显带动作用的核心、关键技术,促进高新技术产业结构不断优化,竞争力不断提升。2015年,随州市成功创建国家首批应急产业示范基地,并于次年成功举办第二届全国应急产业大会;2017年,随州市新能源专用汽车产量1.5万台,跻身全国前三,建成新能源项目33个,装机规模达178.77万千瓦。战略性新兴产业的蓬勃发展,为全市经济持续健康发展起到重要作用。

同时,随州市大力实施“技改工程”。引导企业运用高新技术优化产业结构,增强核心竞争力,21家企业获得技改资金2133万元,20多家企业“机器换人”,恒天新楚风凭借智能化柔性传统动力、纯电动汽车底盘混装生产线,毅兴机床凭借“智能制造及设备关怀运维云智造”项目入选湖北省2017年智能制造试点示范企业。齐星集

团完成投资 3.4 亿元，引进日本工业机器人，实现车间智能化改造；广同控股完成投资 1 亿元，引进日本 Mazak 智能装备，实现智能化流水作业；泰华科技投资 3 亿元，从美国、日本、法国、瑞典等国家引进先进生产设备，单台价值过 1000 万元；东风车轮、恒天汽车、江南专汽、卫东化工等企业智能生产车间初见雏形，全市工业智能制造水平迈上新台阶。与此同时，随州市工业技改投资水平也不断提升，2018 年 6 月，全市工业技改投资增速为 35.9％，在全省市州中排名第 7，工业技改投资占工业投资比重达到 54.1％。

"十三五"期间，随州市将积极引导助推企业提升创新能力，增强品牌意识。截至 2017 年 12 月，齐星集团、犇星化工、泰晶电子、三环铸造、厦工楚胜、程力集团、玉柴大力、湖北风机、三江固德、双雄催化剂、双剑鼓风机、炎帝科技、裕国菇业、晶星科技、茂盛生物、毅兴机床、湖北新楚风 17 家企业被认定为省级企业技术中心，广水民化经省科技厅批准成立了生物技术研究所，聘请中科院院士、武汉大学教授等专家学者在研究所兼职。齐星公司、华龙公司分别被认定为工程技术研究中心；江南专汽、厦工楚胜、华丰生物、全力铸造 4 家企业成为全国"品牌培育示范企业"；全市拥有中国驰名商标 17 件(其中，专用汽车制造占 8 件)。全市拥有有效注册商标 4076 件，其中，中国驰名商标 17 件(在全省排第六位)，湖北省著名商标 90 件，随州市知名商标 145 件，地理标志商标 7 件。全市累计有 300 余家企业通过了各类质量体系认证。随州工业经济发展质量不断提升。

四、深化驻企服务，推动企业"减负"增效

"十三五"期间，随州市推出"五个一"包保服务，通过市级领导包保，企业一大批长期遗留问题得到有效化解。市政府主要领导先后在齐星车身、程力专汽、金龙集团、新楚风专汽、力神专汽、黄鹤酒业召开"一企一策"专题会议中，解决发展中存在的困难和问题。市经信系统也深入开展"全员下沉服务企业"活动，随州高新区、曾都区规模以上企业实现全覆盖，广水市、随县各驻点服务 100 家规模企业，多途径收集企业需解决的问题。

"十三五"期间，随州市坚持责任上心、行动上前、任务上肩，抓好企业降本增效工作，贯彻落实国家各项普遍性降费政策。2017 年累计为市场主体降低各类成本 25.98 亿元，企业亏损面、资产负债率分别下降 15.8 个和 2.9 个百分点。开展政策解读和宣传培训，主动向企业免费发放《减负政策汇编》手册 700 余本，让企业应知尽知，维护自身合法权益。

第四节 发展建议

一、强化项目建设,推进工业投资规模提升

坚持把扩大有效投资作为工业稳增长的"定海神针",在招商引进增量、改革盘活存量上下功夫。

一是着力招商引资招引项目。把招商引资作为"一号工程"高位推进,充分发挥经信部门与企业紧密联系、亲如一家的优势,部门主职带队招商、招商专班脱岗招商,开展产业链招商、以商招商,积极引进一批重大工业项目,建立全市工业投资重大项目储备库,力争新建项目实现突破。

二是着力督办服务培育项目。切实把项目建设作为推动转型升级、增强综合实力的重要任务,对重点企业重点项目发展建设保驾护航,高质量实施中小企业成长工程,激发项目建设活力,确保投资16亿元的健民叶开泰国药智能化制药生产线、投资15亿元的程力专汽5万辆轻卡、投资10亿元的齐星车身智能制造及立体停车库项目、投资5.7亿元的毅兴机床智能装备、投资4亿元的圆柱新能源、投资3.6亿元的金龙集团新型环保粒子地板、投资3.6亿元的金银丰食品30万吨挂面、投资3亿元的泰晶科技晶体谐振器生产基地二期等一批重大工业项目扎实推进。

三是着力改革重组盘活项目。协调落实各类优惠政策,积极推进企业破产、改制、重组等优化盘活项目,坚决关闭改造工艺落后、能耗大、排放不达标项目,实现低效无效项目焕生机。

二、突出技改转型,推进工业发展质量提升

对接《中国制造2025湖北行动纲要》,围绕推动湖北长江经济带科学发展、有序发展、高质量发展,重点部署、扎实推进"百企百亿"技改工程。

一是助推产业升级。着力实施推进千亿元专用汽车产业三年行动计划、专用汽车产业转型升级计划,以智能制造、"两化"融合为主攻方向,推动传统产业改造升级,促进专用汽车及零部件、农产品加工、纺织服装、医药化工、电子信息等支柱产业竞争力全面提升。

二是培育新兴产业。瞄准重点领域和方向,着力培育先进装备制造、新材料、新能源、生物医药、电子信息等战略性新兴产业。对从事新兴产业的传统转型企业、龙

头企业、潜力企业，给予重点扶持。

三是抓实技改项目。编制年度工业技改投资导向计划和投资指南，建立工业技改投资项目库和路线图，引导投资向智能制造、节能减排、质量品牌等关键环节和产业链“短板”聚集，积极推动企业技术创新、产品创新、模式创新、品牌创新，提升企业整体实力和核心竞争力。

三、深化环境营造，推进服务水平效能提升

坚持把完善法治化、国际化、便利化的营商环境作为扩大工业有效投资的主要内容和重要抓手。

一是推进实施“五个一”包保服务，继续深入开展“全员下沉、驻企服务”活动，做好重点项目“五星级”管理，着力解决重大工业技改项目建设和重点工业企业生产经营中面临的困难和问题，强化项目建设督办落实。

二是推进落实《随州市关于支持实体经济加快发展的意见》《随州市工业经济稳增长快转型高质量发展行动方案》等文件精神，推进落实各类优惠扶持政策，进一步强化产业规划和政策引导，支持工业项目持续健康发展。

三是推进落实各项降本减负政策，充分发挥市减负办作用，健全完善企业负担“清单制度”，强化降本减负常态化检查，进一步减轻企业发展和项目建设负担。

第三十三章 恩 施 州

第一节 发展概况

一、总体发展情况

（一）2017 年工业总体发展情况

2017 年，恩施州积极贯彻新发展理念，坚持“稳中求进”工作总基调，统筹推进“五位一体”总体布局，协调推进“四个全面”战略布局，围绕打造全省特色产业增长极目标定位和“一谷两基地三示范区”形象定位，全力推进“三大攻坚战”，统筹推进稳增长、促改革、调结构、惠民生、防风险各项工作，全州经济社会发展保持总体平稳、稳中有进的良好态势。

2017 年，恩施州实现全部工业增加值 233.02 亿元，比上年增长 4.4%。规模以上工业增加值增长 3.9%。在规模以上工业中，轻工业增加值增长 2.3%，重工业增加值增长 5.3%。

2017 年，恩施州规模以上工业企业达 528 家，全年实现主营业务收入 273.67 亿元（不含烟厂和供电企业数据），比上年增长 0.5%；实现利税总额 40.37 亿元，增长 7.4%。

2017 年，恩施州高新技术产业增加值达 8.22 亿元，占全州生产总值比重为 1.03%；获得专利授权 585 件，其中发明专利有 46 件。

（二）2018 年上半年工业总体发展情况

1. 主要经济指标情况

1—6 月，全州规模以上工业增加值增速同比增长 2.5%，低于全省平均 5.3 个百分点；全州工业固定资产投资完成 40.3 亿元，同比增长 13%，比一季度提升 26.3 个百分点;全州工业技术改造投资完成4.8亿元,同比增长48%。

2. 深入推进两化融合

近年来,通过两化融合助推产业结构调整、促进产业转型升级,协助企业开展"两化融合"示范试点创建工作,目前全州开展"两化融合"的企业有44家。

3. 大力组织"隐形冠军"培育工作

2017年,全州5家企业申报"隐形冠军"成功,今年共8家企业申报"隐形冠军"。

二、传统优势产业和新兴产业发展情况

建材、清洁能源、生物医药、食品四大支柱工业共有规模以上工业企业273家,占恩施州规模以上工业企业总量比重为71.3%。

(一)建材产业

恩施州现有规模以上建材生产企业54家,其中,水泥生产类企业6家(含1家粉磨站企业),设计熟料产能460万吨/年。2018年1—6月,累计生产水泥239.6万吨,同比增长12.75%,预计全年生产水泥616万吨,同比增长25.7%左右。另有水泥制品企业22家、砖瓦及石材建材企业17家、玻璃制造企业6家。

(二)清洁能源产业

恩施州现有水电装机348.4万千瓦,风电装机44.6万千瓦,生物质装机3万千瓦,光伏装机4.4万千瓦,自备电厂装机1.7万千瓦,总装机397.2万千瓦;2017年全年发电115.6亿千瓦时,其中纳入规模以上企业统计装机为352.1万千瓦。2018年1—6月,全州累计发电量54.12亿千瓦时,同比下降4.89%。其中,水电、风电分别为50.52亿千瓦时和3.42亿千瓦时,同比分别增长-4.95%和1.27%;清洁能源产业累计实现产值23.1亿元,同比下降0.06%。

(三)生物医药产业

恩施州现有规模以上医药企业8家,占比仅2.1%。2018年1—6月,生产中成药976吨,同比增长138%;生产化学原药488吨,同比增长3.4%;生物医药产业实现总产值2.38亿元,同比增长13.64%。

(四)食品产业

恩施州现有规模以上食品企业179家,占规模以上企业比重为46.7%,其中茶叶74家,畜牧(含饲料)17家、酒类11家、大米12家、植物油8家、蔬果加工15家、淀

粉加工 6 家、豆制品 5 家。2018 年 1—6 月，食品产业实现总产值 51.45 亿元，同比下降 9.1%，增加值同比下降 10.7%。

三、高新技术企业产业发展情况

2018 年上半年，恩施州新增 4 家高新产业企业，高新技术产业企业达 50 家，其中，规模以上高新企业有 31 家，净增 7 家，增速为 29.6%。

第二节　面临的主要问题

恩施州工业产业结构层次低，整体竞争力弱。能源、建材等基础产业发展较快，加工制造业发展滞后，企业工艺装备水平不高。

一、能源、食品、建材产业对增速影响较大

剔除烟草后，2018 年 1—6 月，能源、食品、建材三大产业增加值分别占全州工业的比重为 35.9%、33.3%和 14%，三大产业综合增加值率分别为 58.5%、22.6%和 22.5%。清洁能源工业增加值率远高于其他行业，导致恩施州工业增加值增速随清洁能源工业波动起伏较大。2018 年 1—6 月，受降雨量和高基数的影响，电力生产增加值同比下降 6.0%，其中水电行业增加值增速同比下降 5.6%，拉低全州工业增加值增速约 1.6 个百分点。食品产业虽附加值不高，但总量较大，因竞争力不强、抗风险能力较弱，受市场影响波动较大，2018 年 1—6 月实现产值 49.8 亿元，同比下降 9.1%，其中增加值增速同比下降 10.9%，拉低全州工业增加值增速约 3.4 个百分点。水泥行业受价格影响较大，2018 年 1—6 月，全省水泥价格指数为 26.3%，但恩施州仅为 14.9%，低于全省水泥价格平均指数 11.4 个百分点，水泥行业增产不增效，导致 2018 年 1—6 月建材行业增加值同比下降 9.9%，拉低全州工业增加值增速约 1.2 个百分点。

二、企业减停产面较大

2018 年 1—6 月，恩施州减停产企业 152 家，其中停产 9 家，减停产面 39.6%，减停产虽环比收窄 2.2 个百分点，但整体减停产面仍然较高，对增速影响较大。主要原因如下。

一是受资金短缺影响。据调查，在减停产的152家企业中，有58家企业主要是因资金短缺而导致的减停产。除了银行贷款难、融资成本增高、应收账款增多等因素外，2018年以来，全省取消县域调度资金（2017年对恩施州投放县域调度资金18.84亿元），对短期内周转资金需求量大的季节性生产企业影响极为明显，如汇川现代、龙福茶业、国硒冷水渔业等30家企业因全省县域调度资金取消而减停产。

二是受市场波动影响。恩施州规模以上企业规模相对较小，抗风险能力较弱，随市场波动起伏较大。据调查，受市场波动因素影响导致减停产的有41家企业，如思乐牧业、法大饲料等企业。

三是受要素、企业管理、搬迁、自然因素等影响。水布垭发电厂、雄鹰钢构等30家企业减停产。

四是受政策因素影响。由环保、安全、去产能等政策性因素导致和诺生物、腾升香料等15家企业减停产。

五是受退库基数影响较大。发夏食品、鑫辉建材等16家退库企业保留基数8.1亿元，直接拉低全州规模以上工业增加值增速约3.2个百分点。

第三节　发展的主要举措

一、出台的工业发展政策

（1）《恩施州四大产业集群建设三年行动方案》；

（2）《恩施州传统产业技术改造三年行动方案（2018—2020年）》；

（3）《恩施州人民政府关于印发〈恩施州高新技术产业园区招商引资八项政策清单（2018年）〉的通知》。

二、制造业优化升级的重点和方向

恩施州制定出台了《恩施州推动“四大工程” 加快工业经济发展三年行动方案（2018—2020年）》，围绕硒食品精深加工、生物医药、清洁能源等产业集群建设，推动市场主体数量、企业规模、企业税收、企业产值再上新台阶。

三、推动落实《中国制造2025湖北行动纲要》《湖北省工业“十三五”发展规划》的政策及工作机制

(1) 推动传统产业转型升级。一是深入贯彻落实《中国制造2025湖北行动方案》,开展传统产业转型升级三年攻坚行动,滚动实施“万企万亿技改工程”,加快推进传统产业转型升级。二是支持、鼓励企业加大技改力度。

(2) 多措并举促增长。一是强化政策出台。州人民政府出台了《关于实施“四大工程” 加快工业经济发展三年(2018—2020)行动方案》《恩施州传统产业技术改造三年行动方案(2018—2020年)》等一系列政策文件,推动恩施州工业经济加快发展,推动传统产业改造升级。二是强化督办通报。对工业经济运行情况一月一分析、一月一通报,对规模以上工业增加值增速、工业投资增速、工业技改投资增速排序情况在《恩施日报》上进行通报。

四、推进重大项目

一是分别建立2018年恩施州工业投资过亿项目和2018年恩施州工业技改过3000万项目的台账,加大协调服务力度。

二是加快推进一批重点工业项目建设。如三峡新能源利川安家坝风电场,安装24台单机容量2000千瓦风力发电机组,110千伏升压站一座,35千伏集电线路和其他附属设施建设,总装机4.8万千瓦,2018年6月竣工并投产;鹤峰县江坪河电站,总装机42万千瓦,项目进展顺利,预计2019年7月首台机组发电。

第四节　发展建议

一、切实转变方式为企业服务

继续实施“市场主体增量行动”,积极鼓励全民创业创新,在市场主体上有新的突破;针对企业融资难、融资贵,加强信用担保体系建设和银企对接,充分发挥民间资本的活力。加强煤炭、民爆、电力、融资担保行业监管,确保企业安全高效生产。

二、加快推进产业创新发展

推动全州经济发展由要素驱动向创新驱动转变，深入推动一、二、三产业融合发展，做大做强现代烟草、茶叶、畜牧、清洁能源、生态文化旅游、信息、大健康七大产业链。突出抓好页岩气勘探开采、现代物流及相关产业配套，大力发展富硒产业，推进恩施"中国硒谷"建设，充分利用自然资源优势，为恩施州产业发展注入强劲动力。

三、加快推进企业转型升级步伐

对接国家重大战略需求，依托骨干和龙头企业，聚焦优势资源，实现重点突破。一是进一步做大做强食品、能源、烟草、建材、药化、矿业支柱产业，充分发挥主导产业已有优势，不断延伸产业链条，提高产品附加值，形成重点突出、特色鲜明的产业布局，推动支柱产业向集群化和高端化方向发展。二是鼓励发展战略性新兴产业。加快推进新一代信息技术、生物医药、新材料、节能环保装备和资源循环利用等新领域建设，推进循环生产方式，在有条件的企业、园区、行业之间探索开展原料互供、资源共享的循环利用模式。

第三十四章　神农架林区

第一节　发展概况

一、总体发展情况

2017年，神农架林区全部工业增加值为5.3亿元，比上年增长11.6%。规模以上工业增加值增长13.2%。规模以上工业完成总产值7.3亿元，同比下降5.2%。全年规模以上工业开采磷矿石145.6万吨，同比下降5.7%；发电量为55652万千瓦时，同比增长17.9%；规模以上水电企业总装机容量为12.4万千瓦；规模以上工业产销率为98.6%，比上年同期提高10.3个百分点。

2017年，神农架林区规模以上工业中，农副产品加工业增加值比上年增长85.5%，采矿业下降6.5%，水泥生产业增长34.8%，水力发电业增长34.2%。六大高耗能行业增加值比上年度下降4.4%，占GDP比重为5.9%，比上年降低0.2个百分点。

二、生态工业转型发展初具雏形

神农架林区工业产业结构正在由传统产业向着规模化、集约型、绿色、环保的方向发展，新型生态工业发展模式已初具雏形。

一是严格执行“保护第一”的立区方针。确保“生态宝库”不受侵染、“绿色屏障”不遭破坏、“清水入库、清水北送”的目标不打折扣，主动放弃高耗能工业项目，坚持把生态经济作为支柱产业和主导产业来培育，发展绿色产业，努力推进产业转型升级，工业结构进一步优化，“一矿独大”局面得到扭转。先后关闭拆除阳日化工厂4台2500吨/年黄磷电炉、2台1500吨/年黄磷电炉、1台10000吨/年黄磷电炉。工业由粗放式发展向集约式转型发展初获成功，万元工业增加值能耗由2010年的1.3吨标准煤下降到2017年的0.5吨标准煤。

二是绿色产品加工投资项目与投资规模增长迅猛。“水、蜜、酒、药、茶、菜”龙头产业齐头并进，工矿产业生产总值占比由2010年的约60%下降到2017年的42%，生态加工业生产总值占比由2010年的5%上升到2017年的30%，产业多点支撑基本形成。劲牌、康帝、神农百草园、蜜蜂天堂公司等一批重大工业项目陆续完工与投产，其中劲牌神农架公司的产值、销售双过亿元，凸显爆发式增长态势；康帝、聚能药业、蜜蜂天堂等农林企业也蓄势待发，后劲十足，可望在今后的发展中迅速做强、做大。

三是工业节能减排力度加大。坚持以“节能、降耗、减污、增效”为目标，截至2017年，万元GDP能耗0.5吨标准煤，万元GDP能耗降低率为2.50%，比2015年下降21.75%。

三、园区经济集聚初显成效

盘水生态产业园自2013年创建以来，充分利用丰富的绿色资源，着力推进“酒、水、蜜、菜、药、茶、果、醋、粮”等特色产品的发展，做优中药材、生态酒、富锶水、百花蜜、云雾茶等拳头产品，带动一批支撑经济发展的特色产业(带)，2013—2017年连续五年纳入全省重点成长型产业集群。建成小微企业孵化园，园区仓储、物流、电商、展览功能齐全，线上、线下销售全面展开。

第二节　面临的主要问题

一、生态工业发展基础薄弱

一方面，全区工业经济尚处于新旧动能转换、产业转型升级的关键时期，徘徊在下行探底阶段，企稳基础不牢固，尚未真正进入绿色生态工业化时代，工业带一产促三产作用还不明显。工业经济“低、小、散、短”特征突出，难以向国家、省争取更多更大的政策和资金支持。另一方面，由于在区位、交通条件等硬环境方面不具备比较优势，融资渠道不畅，金融信贷市场不活跃，加之林区本地企业大多属小微企业，体量小，规模小，实力不强，信用等级低，企业的流动资金和项目建设资金贷款难，造成工业企业因流动资金紧张，不能满负荷生产及扩大再生产，难以发展壮大。

二、产业转型升级动力不足

神农架林区12个规模以上工业中，行业分类仅局限在矿产品采选业、农副特产加工业、生物制药、电力四个门类，其中矿山水电企业占规模以上企业的75%，且贡献了全区80%以上的工业总产值，作为全区主要财源企业，工矿水电业占比较重，财政收入对传统工矿、水电业依赖过大。而传统工业的整体特征是科技含量低、产业链短，大多生产工艺简单，生产过程处于原始的原材料初加工状态，没有下游产品，产品附加值低，依赖资源生存，抗御风险能力差，并且在生产过程中极易对环境造成破坏或污染，产业结构转型迫在眉睫。另外，神农架林区旅游业和生态绿色工业等新兴产业虽然近几年发展迅速，但还处于发展初级起步阶段，对财政的贡献较弱，要发展成为支柱性财源还有很长的路要走。

三、经济“总量做大”和“质量提升”的任务异常艰巨

经济“总量做大”和“质量提升”的双重任务异常艰巨，生态产业的支撑作用亟待提升，缺乏大项目支撑。虽然神农架林区农产品资源相对丰富，但受制于产量、资金、技术、人才等因素，投资过亿元以上的大项目较少，产业集群化水平不高，精深加工能力不强，绝大多数加工项目科技含量较低，产品仍处于初级加工阶段，挖掘其高附加值的潜力仍然很大，建设产业集群基地的任务十分艰巨。

四、工业企业自主创新能力不足

神农架林区大部分工业企业专业化程度不够，技术水平偏低，自主创新能力和自身核心竞争能力不强，对新技术、新工艺研究资金投入偏少，高端技术和环保方面的人才较为欠缺，企业主动开展清洁生产、加强废弃物循环利用的积极性不高，产业竞争力不强，导致企业缺乏核心竞争力。

第三节　发展的主要举措

一、出台相关政策文件

近年来，为推动神农架林区工业发展，神农架林区党委政府出台了《神农架林区人民政府关于支持特色农林企业发展实施“一品一企一策”行动计划的意见》和《中共神农架林区委员会 神农架林区人民政府〈关于进一步促进民营经济健康发展的若干意见〉》等政策文件，鼓励支持民营企业进行转型升级和技术改造，支持龙头企业建立、配套、完善产业链；加大对生态工业园区企业支持力度，拟定了《神农架林区众创园区发展指导意见》，支持中小微企业入园创业。

二、制造业优化升级的重点和方向

（一）抓工业投资和工业技改投资项目建设

把项目建设作为重中之重，对全区确定的工业投资重点项目逐一进行摸排梳理，逐一完善推进机制，确保这些项目顺利开工建设并按时建成投产。

（二）抓重点行业增长

全力支持矿山、水电等骨干支柱行业持续增长，并通过各种扶持措施，重点支持农林加工企业拓展市场，稳定生产，尽快实现快速回升。

（三）抓规模企业培育

大力实施中小企业成长工程，优化民营企业发展环境，认真落实已经出台的相关措施和优惠政策，加大贷款贴息力度，加速企业规模扩张，促进小微企业转型为规模以上企业。

（四）抓县域工业发展

不断增强服务企业和项目建设的力度，助推县域工业快速发展。

(五)抓扶持政策落实

认真落实国家和省区关于工业稳增长的各项政策措施,进一步加大服务力度,全力协调企业发展中遇到的困难和问题,利用保增长调研与群众路线调研成果,下功夫解决好制约企业发展的问题,为企业发展创造良好的外部环境。

三、推动落实《中国制造2025湖北行动纲要》《湖北省工业"十三五"发展规划》的政策及工作机制

(一)成立专班,编制规划

为认真推动落实《中国制造2025湖北行动纲要》,结合《湖北省工业"十三五"发展规划》,神农架林区经信委成立了"十三五"发展规划工作领导小组,由主要领导任组长,分管领导任副组长,相关业务科室负责人为成员,编制了《神农架林区"十三五"工业和信息化发展规划(2016—2020年)》。

(二)加快重大项目建设

神农架林区着力抓工业和技改投资项目的谋划、开工、推进,积极培育新的增长点,做好产业规划和项目储备,开展重点项目的"保姆式"服务,强力推进10个重大项目建设,实行包保责任制、定期协调会商制等方式,对重点项目实行全程跟踪服务,并对照年初计划进度,认真分析项目进度慢的原因,积极采取应对措施。

四、重大项目建设情况

(一)2017年重大项目建设情况

2017年,神农架林区计划推进工业技改投资项目10个,计划总投资2.44亿元,在进一步完善全区工业项目库的基础上,着重支持劲牌神农架酒业、神农架林区蜜蜂天堂、神农架聚能药业、神发水电、神农磷业科技等工业企业,确定了6个重点工业投资项目,即劲牌神农架酒业有限公司的搬迁技改项目、中药提取项目和酱酒工艺自动化生产线项目,聚能药业公司的1500吨中药饮片技改项目,神发水电公司的阳日水电站更新改造项目,神农磷业科技公司的寨湾磷矿开采设计、安全设施变更技改项目。

（二）2018年重大项目建设情况

2018年，神农架林区计划推进工业技改投资项目16个，计划总投资3亿元，1—6月累计到位技改投资1.88亿元，同比增幅558%，重大开工在建项目6个。

（1）劲牌神农架酒业万吨陶缸酒库建设项目。该项目计划总投资10000万元，1—6月已完成投资8000万元。

（2）劲牌神农架酒业3000吨无尘粉曲车间项目。该项目计划总投资2000万元，1—6月已完成投资850万元。

（3）龙潭嘴水电站发电机组增容项目。该项目计划总投资3000万元，1—6月已完成投资650万元。

（4）康帝天然饮用水3.8升&12升生产线包装设计、安装调试项目。该项目计划总投资1300万元，1—6月已完成投资1300万元。

（5）湖北神农磷业科技股份有限公司寨湾磷矿200万吨扩建项目，该项目计划总投资3000万元，1—6月已完成投资1000万元。

（6）湖北神农磷业科技股份有限公司莲筒磷矿50万吨技改项目，该项目计划总投资2000万元，1—6月已完成投资1020万元。

（三）项目建设存在的主要问题

一是企业融资困难，资金周转问题突出，导致工业技改投资难度大；二是项目审批、竣工等审批手续繁杂。

第四节 发展建议

一、狠抓协调服务，力保工业经济平稳运行

把保增长、保目标作为经济运行的头等大事，加强经济运行监测分析，密切关注运行走势和宏观环境变化，掌握重点行业、企业动态，及时研究和落实工作措施，为决策提供有效参考。

二、健全中小企业服务体系，为中小企业成长提供技术支撑

完善综合性窗口服务平台，正常运行融资服务、咨询服务、产品推广、人才培训、

法律维权、事务代理等窗口服务功能,推动全区中小企业健康快速发展。

三、做好工业企业技术改造管理工作,促进企业产业升级

及时了解和掌握企业技术改造和重点产业振兴投资动向,指导项目单位按照“建设一批、规划一批、储备一批”的要求,做好神农架林区工业企业技术改造项目库建设。

四、加强保障服务建设,提升为工业服务的能力

抓好环境建设,深入推进企业负担监督工作,进一步强化服务意识,为企业排忧解难,加强组织指导和协调服务工作,切实为企业解决一些实际困难和问题,对已经出台的政策要坚决执行,特别是税费、用地等优惠政策要落到实处。

第三十五章　天　门　市

第一节　发展概况

一、总体发展情况

2017年，天门市工业生产保持稳定增长。全市全部工业增加值为237.53亿元，增长7.5%。年末全市规模以上工业企业有300家，规模以上工业增加值增长7.7%。工业总产值名义同比增长12.3%，其中国有及国有控股企业同比增长8.2%；股份合作企业同比增长17.4%；外商及港澳台投资企业同比增长19.4%；其他经济类型企业同比增长2.5%。轻工业同比增长14.3%，重工业同比增长10.2%。全年规模以上工业销售产值同比增长12.1%，产品销售率为97.9%，实现出口交货值65.5亿元，同比增长12.9%。全年规模以上工业实现利润同比增长10.3%。全市高新技术企业增至30家，实现增加值58.61亿元，同比增长28.1%。

（一）企业规模

2017年，天门市产值过30亿元的1家，为景天棉花集团；产值过10亿元的有2家，分别是益泰药业、卓尔棉花交易中心。2018年上半年，产值过10亿元的1家，为景天棉花集团。预计到2020年底，产值过50亿元的企业1家、过30亿元的企业3家、过10亿元的企业3家。2017年，全省百强企业1家，高新技术企业30家，省重点成长型产业集群2个，省级两化整合示范企业17家，新三板挂牌企业5家，国家、省农业产业化龙头企业15家。

（二）税收规模

2017年，天门市税收过5000万的企业2家，分别为鑫隆冶金、华润雪花啤酒；税收过1000万的企业10家，分别为鑫隆冶金、华润雪花啤酒、益泰药业、申安亚明、天门纺机、云创环保、人福成田、诚鑫化工、海大饲料、稳健医疗。2018年上半年,税收过千万的企业4家,分别是鑫隆冶金、华润雪花、云创环保、益泰药业。其中,税收过5000万的企业为鑫隆冶金。预计到2020年,税收过5000万的企业3家,过3000万的企业5家,过1000万的企业12家。

(三) 名优产品

天门市现有地理标志商标3个,中国驰名商标2个,湖北省著名商标(有效证件)30个,湖北名牌产品(有效证件)9个,绿色食品企业8家。

(四) 研发中心

天门市已有省级工程技术研发中心5家,省级企业技术中心4家,省级工程研究中心1家,省级工业设计中心1家,校企共建研发中心3家。

二、传统优势产业、新兴产业发展情况

(一) 纺织服装产业

截至2018年6月,纺织服装产业产值达65.17亿元,同比增长8.1%。预计2018年底完成产值160亿元,2020年完成产值200亿元。

(二) 生物医药产业

截至2018年6月,生物医药产业产值达93.22亿元,同比增长18.3%。预计2018年底完成产值240亿元,2020年完成产值270亿元。

(三) 机电汽配产业

截至2018年6月,机电汽配产业产值达82.73亿元,同比增长11.5%。预计2018年底完成产值210亿元,2020年完成产值250亿元。

(四) 食品加工产业

截至2018年6月,食品加工产业产值达44.73亿元,同比增长8.7%。预计2018年底完成产值180亿元,2020年完成产值220亿元。

(五) 新材料产业

截至2018年6月,天门市拥有14家新材料企业,完成产值17.8亿元,同比增长

11.5%。预计2018年底完成产值43.5亿元，2020年完成产值50亿元。

（六）新能源产业

以太阳能光伏和生物质为重点，打造光伏产业链和生物质链，加快实现新型电池及蓄能系统规模化发展，积极开发生物质能、太阳能热发电等领域。2018年上半年完成产值9亿元，全年预计完成产值18亿元，2020年可完成产值40亿元。

（七）电子信息产业

积极引进新技术、新工艺、新产品，全力支持电子信息产业发展，不断扩大产业规模。2018年上半年完成产值6亿元，全年预计完成产值12亿元，2020年可完成产值30亿元。

（八）高新技术产业

2017年，天门市现有高新技术企业61家，高新技术产业对应工业企业主营业务收入314亿元，占比为35.6%。2018年第二季度，高新技术企业达70家，高新技术产业对应工业企业主营业务收入152亿元，占比为40.73%。

三、园区发展情况

完善天门高新园、天门工业园、岳口工业园、皂市工业园，产业功能分区规划，加强园区基础设施建设，进一步完善园区配套功能，实施满园工程。力争到2020年底四个园区工业产值达840亿元。

（一）天门高新园

园区规划面积60平方公里，其中建成面积30平方公里。天门高新园不断改造提升传统产业、培育壮大新兴产业，现已集聚各类企业204家，其中规模以上工业企业65家。2018年1—6月完成工业产值125亿元，预计全年完成300亿元，到2020年预计产值可达350亿元。

（二）天门工业园

园区规划总面积59.3平方公里，其中工业区33.2平方公里，现代农业示范区26.1平方公里，是国家级承接产业转移示范区，武汉城市圈“两型社会”综合配套改革试验区。工业项目达100多个，72家企业建成投产，规模以上企业32家。2018年1—6月完成工业产值40亿元，预计全年完成100亿元，到2020年预计产值可达160

亿元。

(三)岳口工业园

新区总规划面积6平方公里,一期开发面积3平方公里,建有110 kV变电站2座,20万吨水厂1座,基础设施配套齐全。2018年1—6月完成工业产值71亿元,预计全年完成160亿元,到2020年预计产值可达200亿元。

(四)皂市工业园

园区规划总面积10平方公里,现有规模以上企业31家,初步形成了机械铸造、文化旅游、食品包装三大产业集群。2018年1—6月完成工业产值58亿元,预计全年完成120亿元,到2020年预计产值可达130亿元。

第二节　面临的主要问题

一、工业增长后劲不足

工业经济后备力量不足,新动能缺乏支撑。从新增长点来看,新增产值过亿的项目不多;从项目建设情况来看,大项目进展缓慢,如瑞亚特未达到预期进度;从成长工程来看,2018年上半年企业"进规"数量少于去年规模以上企业退库数,经济发展缺乏支持,新旧动能转化对经济贡献率不够。从2018年实施的"四大行动"中,属于城郊提质的乡镇,如竟陵、杨林、黄潭工业增加值增速还未达到预期。重点督导的35个技术改造扩规项目,有7个项目投产,21个项目在建,7个项目正在做前期工作。天门市87个增长点中,预计产值过亿的企业仅有17家。

二、科技创新能力不足

天门市科技基础薄弱,服装、家具、建材、饲料加工等传统项目较多,高新技术产业、高端装备制造等项目相对较少,企业创新能力和核心竞争力不强,知名品牌少。全市高新技术企业仅30家,占规模以上工业企业10.8%。同时企业研发投入不足,占主营业务收入的比重仅为0.71%。产业整体层次还需进一步提高。

三、产业吸附力不足

一方面，天门市支柱产业主要集中在传统加工行业，产品技术含量、附加值较低，具有核心竞争力的企业和产品很少。没有形成强有力的产业链，上下游产品脱节现象严重，大部分企业仅仅是经销原材料或加工初级产品，支柱产业的带动力不强。另一方面，由于企业家自身的局限性，多数企业缺乏现代营销理念和管理方式，生产方式简单，研发投入少，产品更新难，在市场上缺乏竞争力。

四、园区承接能力不足

天门市工业基础薄弱，园区发展进度较慢，主要存在以下问题：一是生产要素供应成本偏高，园区电价、水价、气价、物流费用、“五险一金”等要素成本居高不下；二是园区企业用工缺口大，一些企业需要大量车工、铣工、磨工、钳工、焊工、机械操作工等技术工人，无法及时补充员工，严重影响生产进程；三是企业融资难，银行信贷产品单一，小微企业因缺乏抵押物存在融资难，企业借贷成本大幅增加，由于原材料价格上涨、市场消费不足等因素，企业财务风险加剧。目前虽然加大了基础设施建设，但是得到完善仍需一定时间。

第三节　发展的主要举措

以十九大精神为指导，突出“创新、协调、绿色、开放、共享”的发展理念，坚持工业引领、工业优先的核心地位不动摇，进一步深化供给侧结构性改革，突出抢抓机遇争创新优势，突出创新驱动培育新动能，突出结构性改革增添新活力，突出问题导向谋求新举措，突出担当作为树立新形象，精准发力，定向施策，推动全市工业经济平稳健康发展。

一、支柱产业提质工程

制定天门市“百企百亿”技改实施方案，继续抓好35家重点技改扩规项目的跟踪督导，支持传统产业以技改扩规、并购重组等方式发展壮大，重点培育景天集团、天龙纺织、红日子、鑫天农业、益泰药业、天门纺机等企业做大做强。

二、新兴产业培育工程

加大招商引资力度,围绕新一代信息技术、新材料、高端装备制造、生物、绿色低碳五大产业,重点支持宇电新能源、天明新能源、追日光伏等企业扩大规模,壮大实力;重点支持芯创半导体、芯锢电子等企业延伸产业链,开展技术创新;重点支持健坤、施迈尔等企业扩展市场,做大规模;重点支持优力维特、建研测控等高端制造企业加大建设力度,尽快投产达效。

三、中小企业成长工程

一是实施"小进规"工程,确保每年20家新"进规"企业,进一步加大服务力度,以优质的服务促进招商引资项目和新的增长点项目顺利投产见效;二是加大税收培育工程;三是加大"隐形冠军"示范企业、"隐形冠军""小巨人"培育力度。

四、园区承载能力提升工程

以天门高新园、天门工业园、岳口工业园、皂市工业园为重点,充分发挥工业园区主战场作用,创新园区发展体制机制,完善基础设施建设,全力打造天门经济增长极。加强对重点乡镇工业小区的支持力度,重点支持九真、横林、蒋湖、多宝、黄潭等乡镇工业小区建设,为招商引资提供好平台。

五、困难企业盘活工程

制定困难企业中长期盘活方案或规划,成立工作专班,乡镇联动,集中力量推进全市困难企业盘活工作。重点支持天门泵业、圣纺化纤、雨润、天商国际服装城等重点困难企业通过兼并重组、股权转让等方式启动盘活。

六、两化融合示范工程

推进信息技术和制造业技术融合创新,深化两化融合,大力实施智能制造培育工程。以诺邦科技为智能制造示范企业样板,在机械制造、电子信息、轻工纺织、食品医药、新能源等重点行业培育智能制造企业,重点支持蓝发纺织、天龙纺织、天源木业、武汉红日子、全盛禽蛋、金莓科技等20家企业开展智能制造,力争每年新增5家省级两化融合示范企业。

七、精品名牌培育工程

重点围绕《中国制造 2025 湖北行动纲要》确定的十大重点领域，以庄品健、红日子、景天集团、天瑞电子、人福成田、天门纺机等精品名牌示范工程为样板，支持鼓励企业创建驰名、著名商标。

八、百日亲商服务工程

从与工业经济相关联的市直部门中精选 100 名部门班子成员与 100 家经营情况较好的企业结对子，开展实实在在的亲商服务，实现服务企业对象“四结合”，即与百企技改扩规企业相结合、与百千万元税收培育企业相结合、与运行监管平台监管企业相结合、与百企扶百村精准扶贫相结合。坚持每月召开一次服务企业协调会。

第四节 发展建议

对接《中国制造 2025》，坚持实施工业强市战略，实施招商引资扩增量、技改扩规提质量、兼并重组活存量、企业上市增变量“四大计划”，开展骨干企业成长和支柱产业培育“两大工程”，推进工业化与信息化深度融合，推动生产方式向柔性、智能、精细转变，建设省内重要的纺织服装产业基地、新兴生物产业基地、医药产业基地、专用设备制造基地、农副产品生产加工基地，提升工业经济整体实力和竞争力。

一、壮大提升传统优势产业

以推动信息化与工业化、制造业与生产性服务业深度融合为着力点，加强传统优势主导产业改进工艺流程，强化过程控制，提高产品技术含量和附加值，提高企业智能化、信息化水平，提升产业层次和核心竞争力，实现传统产业高端化发展。

二、加快培育战略性新兴产业

坚持市场导向、前瞻布局、改革带动、跨越发展，加强政策集成，引导创新要素集聚，为产业转型升级拓展新空间，推进生物、新材料、新能源和节能环保等产业等高新技术产业和战略性新兴产业成为重要增长点。

第三十六章　仙　桃　市

第一节　发展概况

一、总体发展情况

2017 年，仙桃市工业战线认真贯彻省、市经济工作会议精神，坚持“稳中求进、竞进提质”工作总基调，以供给侧结构性改革为主线，积极稳增长、调结构、促融合、推转型，加速推进工业经济高质量发展，工业经济呈现“好于同期、超出预期、质效提升”的良好态势。

2017 年，仙桃市规模以上工业增加值比上年增长 7.7%。分经济类型看，国有控股企业增加值同比增长 1.1%，股份制企业增加值同比增长 6.6%，外商及港澳台商投资企业增加值同比增长 10.1%，其他类型企业增加值同比增长 4.7%。轻工业同比增长 2.8%，重工业同比增长 18.7%。全年全市完成规模以上工业总产值 1057.23 亿元，同比增长 12.3%。分五大板块看，其中，无纺布产业完成 313.78 亿元，同比增长 30.21%；机械电子行业完成 117.99 亿元，同比增长 22.85%；化工产业完成 76.94 亿元，同比增长 22.73%；食品加工产业完成 184.71 亿元，同比下降 8.268%；纺织服装产业完成 104.66 亿元，同比增长 2.0%。全年规模以上工业销售产值同比增长 12.2%。产品销售率为 97.8%，出口交货值同比增长 9.7%。全年规模以工业企业实现利润 57.8 亿元，同比增长 20.3%。

二、2018 年上半年工业发展态势

（一）工业生产持续升温

2018 年上半年，仙桃市规模以上工业完成总产值 505.18 亿元，同比增长

13.6%，高于去年同期3.4个百分点。规模以上工业增加值增速为7.8%，高于同期增幅2.9个百分点。工业累计用电量为80535万千瓦时，同比增长15.43%，高于全省平均增速8.13个百分点，在17个市州中排第3位。全市完成规模以上工业增值税68565万元，同比增长16.2%，高于全省平均增速2个百分点，在17个市州中排第2位。实现外贸出口35063万美元，同比增长16.4%。

（二）工业投资持续加快

2018年上半年，全市工业固定资产投资同比增长17.5%，高于全省平均增速2.8个百分点，在全省17个市州中排第7位。其中技改投资同比增长38.9%，高于全省平均增速10.4个百分点，在全省17个市州中排第6位，技改投资占工业投资比重达61%。

（三）项目建设提速发力

仙桃市在建工业项目140个，计划总投资450亿元；其中新开工项目80个，机器换人、扩规升级等技术改造升温升级。全市98个技改项目累计投入资金近200亿元。2018年上半年，绿色家园、恒天嘉华、新鑫无纺布、东方日升、美德勒乳业等56个项目竣工投产或部分投产。重点项目建设进展顺利。新鑫无纺布2条高端多功能非织造布生产线正在安装；六丰机械200万只铝轮毂项目设备安装基本完成；波顿香精香料、远大生物、杰希优新材料等项目正有序推进。

三、主导产业发展情况

（一）非织造布产业产销两旺

2018年上半年，实现产值117.23亿元，同比增长15.97%；实现销售112.54亿元，同比增长15.18%；入库国税16260万元，同比增长16.4%。2018年下半年，恒天嘉华2条水刺生产线、1条莱芬线，新鑫2条多功能非织造布生产线投产，全市将新增非织造布生产线8条，新增产能近5万吨。

（二）汽车及零部件和电子信息产业贡献突出

2018年上半年，实现产值103.49亿元，同比增长15.88%；入库国税18838万元，占全市比重为11.7%。富士和机械、南方路机、摩擦一号、健鼎电子、康舒电子、京滨电子满负荷生产。健鼎电子二期、碧辰电子三期、富士和四期等一批扩规项目进展顺利，科力斯电梯、万润科技、六丰铝轮毂等新上项目即将投产或部分投产，助力产业集聚发展。

(三)新材料产业升级加快

新材料产业骨干企业整体搬迁进展顺利,绿色家园、新蓝天、信达化工等骨干企业新产品、新设备投产发力,产销两旺。2018 年上半年,全行业实现产值 40.33 亿元,同比增长 19.42%;入库国税 15568 万元,同比增长 9.4%。绿色家园一期投资 6.5 亿元建设年产 9 万吨氯化苄、2 万吨苯甲醛装置 2017 年 11 月投产,二期年产 8 万吨苯甲醇正在试生产,8 万吨固体剂、4 万吨稀释剂设备正在安装,2018 年 8 月份试生产;科伦药业投资 2 亿元新上 3 条 1~2 mL 塑料包装小水针生产线投入生产。

(四)食品产业复苏缓慢

2018 年上半年,全行业入库国税 12894 万元,虽然有贤哥食品、美德勒乳业等新项目投产,带动全行业用电增长(同比增长 4.04%),但受重点企业销售下降影响,税收同比下降 14.1%。但随着仙桃市骨干食品企业扩规升级,产能持续扩大,不断开拓市场、扩大销售,食品产业仍将是仙桃市工业的重要支撑。旺旺食品高速米果生产线满负荷生产;真巧食品砍掉部分毛利率较低的产品,新上湿蛋糕等新品,二期 3 条蛋糕生产线投产,市场有望逐步回稳;顾大嫂 2017 年新上两条年产 10 万吨面条生产线,推出的新品“拌面”市场反响较好,2018 年上半年实现销售增长 31.3%。

(五)纺织服装产业扩规升级

服装产业承接产业转移步伐加快,毛嘴、郑场、陈场等镇服装产业园区加紧建设,规范化、标准化企业及生产线陆续建成投入生产。毛嘴镇服装产业园已入驻企业达 168 家,2018 年新引进 18 家企业入驻(其中亿元以上项目 13 个),2018 年入驻企业规模将达到 240 家,年产女裤 1 亿条,年产值将过 60 亿元。郑场镇王滩服装产业园 1 万平方米辅料市场、8 万平方米厂房进展顺利。同时,品牌服装企业朵以服饰不断推出新款吸引市场目光,2018 年上半年实现销售同比增长 68.5%。

四、高新技术产业发展情况

做大做实仙桃国家高新区,将仙桃市长埫口镇和新材料产业园划入仙桃高新区,全市高新产值统计的企业 84 家,2018 年上半年共完成增加值 34.11 亿元,同比增长 14.3%,比全省平均水平高 0.8 个百分点,增速居全省第五位,目前已初步形成新材料、先进制造、电子信息、生物医药四个优势比较明显的高新技术产业。全市高新技术企业有 75 家,高新技术产品达到 192 件。2018 年上半年,仙桃市已推荐了 32

家企业申报高新技术企业，登记备案高新技术产品有36件。新旧动能加快转换。一批机械铸造、食品加工、包装材料等企业因产能过剩、技术落后正逐步淘汰或转型；一批企业创新势头强劲；一批企业核心竞争力不断加强，恒天嘉华、绿色家园、天合光能、科伦药业等14家企业获批行业“隐形冠军”企业称号。

第二节　面临的主要问题

一、中美贸易摩擦对非织造布、纺织行业带来一定影响

随着中美贸易摩擦的不断升级，特别是美国公布加征第二轮关税，对仙桃市纺织及非织造布企业发展信心带来一定影响。非织造布行业2017年对美国出口14199万美元，占全行业出口的40%，美国仍是仙桃市非织造布行业主要出口国。虽然仙桃市只有不到30%的产品属于征税范围，且医用敷料、防护服和纸尿裤、卫生巾等主要产品不在此次加税名单之列，短期内影响不大，但从长远看，中国产品的价格优势会下降，世界范围内的生产布局会调整，这些对仙桃市非织造布行业整体会产生一定影响。

二、新兴产业发展不快

虽然仙桃市加快了传统产业转型升级和新兴产业的培育力度，但是新兴产业尚在起步阶段，发展尚需一个过程。

三、信息化与工业化深度融合不够

虽然部分企业主要生产设备实现了智能化、自动化，但信息化与制造方面融合度还不高，与《中国制造2025湖北行动纲要》的要求还有很大差距，提高智能化水平还需投入大量资金进行技术升级改造。

四、技术改造投入不足

一是存在要素保障因素的制约。仙桃市企业以中小企业为主，存在资金不足、专业人才缺乏、核心竞争力不强、市场占有率不高等因素，导致企业转型升级改造投

入不足。二是企业技改意识不强。部分企业没有充分认识到实施技术改造是供给侧结构性改革的必然要求,是企业提高生产效率、增强产品竞争力、实现创新发展的内生动力。

第三节 发展的主要举措

一、推进工业技改转型升级

仙桃市政府印发了《仙桃市传统产业改造升级三年行动方案(2018—2020年)》,每年实施100个以上技改项目,到2020年实现规模以上工业企业技术改造全覆盖。仙桃市级财政已对2017年实施技术改造企业兑现"以奖代补"资金近千万元。实施"1515"培育工程,即培育100亿企业3家、50亿企业3家、10亿企业20家、5亿企业50家。

二、推进《中国制造2025湖北行动纲要》落地生根

认真研究《中国制造2025湖北行动纲要》,结合仙桃实际,重点推广智能制造、新一代信息技术、生物医药和新材料等专项行动方案的实施。恒天嘉华、神雾热能2家企业列入省级智能制造试点示范企业,20家企业被列为市级智能制造试点示范企业。富士和机械、八宜汽配、百炼铸业等机械行业重点推广工业机器人,中骏森驰、南方路机、大立容器等行业重点推广自动喷涂生产线,荣成环保、仙宜包装等企业推广全流程电脑自动化控制系统。大力发展健鼎电子多层集联印刷电路板、柔性电路板、碧辰科技光电显示器、万润电子LED显示与照明、天合光能高功率太阳能电路板和光伏电池组件,中星电子高纯超细电子级二氧化钛、海星通信高速宽带光纤等新一代电子信息产业。大力建设武汉国家生物产业基地仙桃生物产业园。将获得国家重大科技成果进步奖的植物提取人造蛋白技术产业化,做大做强金龙药业、诺得胜药业的中药特色产品,将科伦药业打造成最大的塑瓶小水针生产基地,将无纺布医用卫材进一步向妇婴用品、面膜保健、医疗等领域延伸。积极发展新材料产业。充分发挥新蓝天新材料、绿色家园优势,建成世界最大的有机硅烷生产基地、环氧新材料生产基地、钛材料生产基地。加快恒天嘉华非织造布产业园、新鑫无纺布多功能非织造布产业园建设,力争建设国内最大的产业用纺织生产基地。

三、推进新兴产业培育壮大

制定了《仙桃市战略性新兴产业发展专项行动方案(2017—2020年)》,以仙桃国家高新区和生物产业园、新材料产业园、循环经济产业园、临港产业园、非织造布产业园为载体,按照分类安排、同类聚集、集中发展的原则,着力推动生物产业跨越发展、新材料产业领先发展、新能源和节能产业示范发展、新时代信息技术产业高端发展、通用航空产业裂变发展,力争2020年新兴产业规模破500亿元。

四、推进市场主体能级提升

一是以仙桃市中小企业服务中心为平台,结合产业创新,发展创新主体,引入专业孵化器管理团队易达科技提供免费的"双创"服务,已经入驻多家企业,并与腾讯大楚网、新化网达成专业"众创空间"合作,建立科技型孵化基地。二是进一步发掘"双优"(优秀团队+优秀项目)孵化种子,以青年创业者(大学生、技术工人等)为主要服务对象,专注"物联网、互联网+工业制造业"等专业领域,搭建工作、网络、社交、资源共享服务平台,促进创新创业者自创、互创、合创活动持续火热开展。三是新增一批规模企业。通过竣工一批在建项目,"进规"一批优质企业,孵化一批小微企业,做大市场主体,全市新增规模以上企业50家。推动优质企业进行资产重组,联姻合作,2018年全市计划实施联合重组企业40家。

五、推进制造业融合发展

围绕食品、非织造布、汽车零部件、电子信息、新材料、生物医药等重点产业,建立"互联网+制造"示范项目,仙桃市19家企业被列为湖北省两化融合试点示范企业,建立了绿色家园、南方路机、六和天轮、荣成环保等一批智能工厂,天瑞环境科技公司实现产品生产、检测、工程服务的在线协同。通过整合现有企业信息服务云平台服务功能,为企业信息化量身建立"信息化产品应用超市",提供即开即用的低廉租赁式服务,降低中小微企业两化融合的应用门槛。以企业信息服务云平台为支撑,整合多方电商服务提供商建立多渠道电商平台。在"中国无纺布交易网""仙桃地产品交易网"自有平台上,为中小微企业提供网站建设及产品推广与销售、客户服务、支付结算、物流协同、信用评级等共性服务。建立了百媒中央仓、富迪物流园、中和大市场等一批电商物流产业园、孵化园。

六、推进工业绿色转型

大力发展循环经济,资源综合节约利用,通过健鼎电子2万吨铜和铜盐项目,聚兴橡胶10万吨废旧橡胶回收利用和年产500万只电动汽车轮胎项目,天运科技2万吨回收棉项目,绿怡环保年处理15万吨工业废弃物项目,循环经济产业园城市垃圾处理等项目的建设,实现工业废弃物和城市生活垃圾综合利用。落实长江沿线环保政策,全面推进危化品企业搬迁,2018年计划搬迁企业8家,推进工业节能降耗、清洁生产、安全生产。

七、推进创新发展体系建设

强力推进创新体系建设,建设创新发展体系。全市35家企业建立技术中心、生产力促进中心、研究中心,仙鄰化工、中星电子等8家企业设立院士工作站,新蓝天设立博士后工作站,瑞阳汽配、展朋电子设立博士后创新实践基地。一批企业核心竞争力不断加强,全市有效的发明专利近千件。恒天嘉华、绿色家园、天合光能、科伦药业等14家企业获批行业"隐形冠军"企业称号。仙桃市高新技术企业有75家,高新技术企业个数占规模以上企业18.9%,高新技术企业增加值占全市GDP比重为11.71%。

八、推进工业高质量发展

全面深入开展质量兴市战略,紧扣高质量发展要求,强化企业质量主体责任意识,推动工业发展方式向内涵集约型转变、产业结构向中高端高附加值转变、产品结构向"名优新特"转变。仙桃市拥有省级以上驰名商标、著名商标、精品名牌企业和产品80多个,企业质量检测中心60家,围绕重点产业集群建设了仙桃市无纺布检测中心、仙桃市食品检测中心2家公共检测平台,产品质量得到社会认可,市场占有率不断提高。

第四节　发展建议

一、强化项目建设管理

坚持问题导向，梳理问题清单，加强协调服务，着力化解增长点建设过程中的各类困难和问题，促进增长点早日投产达效。落实困难企业处置盘活包保责任，一企一策制定解困措施，推动困难企业重生。

二、强化技改投资

坚持把技改升级和装备改造作为补齐短板的强力引擎，加快培植产业发展后劲支撑，推动产业转型升级步伐，实现企业产品提升、品牌升级、结构优化，促进产业向集约化、高端化、品牌化发展。

三、落实惠企政策

落实省市关于支持企业降成本壮大实体经济系列文件精神，特别是仙桃市出台的《市人民政府办公室关于进一步降低企业成本支持实体经济加快发展的意见》的落实。要强化督促检查，综合协调，确保文件各项举措落实落细，切实降低企业用工成本、物流成本、融资成本、用电成本等资源要素成本，力争全年降低企业成本5亿元。

四、推进供给侧改革

要进一步加大产业、重点企业培育，强化配套设施建设及配套产业引进；加大过剩产能、落后产能处置力度，强化镇办处置困难企业责任，确保所有困难企业有专班、有进展，促进困难企业在两年内全部处置盘活，促进有效供给，形成良好发展环境。

第三十七章 潜 江 市

第一节 发展概况

一、总体发展情况

（一）2017 年工业发展情况

2017 年，潜江市规模以上工业企业有 285 家，实现工业总产值 1146.42 亿元，比上年增长 18.3%；完成工业增加值 352.58 亿元，比上年增长 6.6%。全年实现高新技术产业增加值 101 亿元，比上年增长 9%，高于规模以上工业增加值增速 2.3 个百分点；高新技术产业增加值占 GDP 的比重达 15%。2017 年潜江市工业稳步回升，特别是从下半年开始，增速加快，主要呈现以下四大特点。

（1）工业生产逐月回升，工业增加值增速显著提高。2017 年潜江市工业逐步生产逐月回升，从下半年开始增速较快，全年工业增加值增速同比增长 6.7%，高于上半年累计增速 4.8 个百分点，高于 1—9 月累计增速 3.1 个百分点。

（2）新兴产业支撑作用明显。2017 年潜江市新增 2 家高新技术企业，属于电线、电缆、光缆及电工器材制造业。该行业全年完成工业总产值 16.82 亿元，完成工业增加值 3.81 亿元，对全市的贡献率达 14.4%，拉动全市工业增加值增速 1.31 个百分点。

（3）食品制造业、家具制造业、医疗制造业增速明显。2017 年潜江市家具制造业、食品制造业、医药制造业增加值增速分别为 50.7%、32.0%和 23.9%，分别高于全市工业增加值增速 44.1 个、25.4 个和 17.3 个百分点。三大行业拉动全市工业增加值增速 3.4 个百分点。

（4）新增规模以上企业贡献突出。2017 年潜江年新“进规”企业 31 家，累计完成产值 43.38 亿元，对全市的贡献率为 21.2%，拉动全市规模以上工业增加值增幅

4.04 个百分点。

(二) 2018 年工业发展态势

2018 年以来，潜江市强化监测调度和要素保障，促进增长点发力，全市工业经济回稳向好。2018 年 1—6 月，全市规模以上工业企业完成总产值 557.14 亿元，同比增长 16.8%；累计工业增加值同比增长 8.1%。纳入全市调度的 63 个新增长点，有 56 个保持增长，占比达 88.9%；纳入全省调度的长飞光纤、金澳科技新增产值为 109.23 亿元，达到了预期增长目标。

二、智能制造重点突破

坚持示范引领，促进《中国制造 2025 湖北行动方案》在潜江落地生根。以长飞光纤、菲利华等国家级和省级智能制造示范企业为引领，带动市内企业加快智能制造水平提升。积极对接青岛酷特智能股份有限公司，加快酷特智能综合基地项目落地建设，着力打造酷特智能小镇，引导潜江市服装企业向高端个性化定制方向发展，推动传统纺织服装产业向价值链高端延伸，实现新旧动能转换。

三、技术改造持续发力

深入对接省“万企万亿技改工程”，全力推进《潜江市企业技术改造三年行动计划》，出台《金融支持“万企万亿”技改工作方案》《工业技术改造项目支持力度的若干意见》《工业技术改造项目以奖代补专项资金管理暂行办法》。2018 年 1—6 月，市级财政配套工业技术改造以奖代补专项资金 1500 万元，同比增长 50%，重点推进传统产业转型升级。2018 年上半年，工业技术改造投资增幅同比增长 16.5%，对全市投资增长的贡献率为 50.1%。

四、工业投资快速增长

深入实施工业项目“155”工程，持续开展项目集中开工、拉练、专项督办活动，全市 2018 年一季度集中开工项目 27 个总投资近百亿元。全力推进江汉盐穴天然气战略储气库、金澳科技油品升级深加工、长飞信越二期等一批总投资过 10 亿元的项目加快建设，工业投资快速增长。2018 年 1—6 月，滚动调度工业项目 131 个，总投资 452.7 亿元；工业投资增幅同比增长 17.5%，增幅排名全省第七。

五、新兴产业集聚壮大

加快光信息电子、生物医药、新能源新材料等战略性新兴产业集群集聚发展。一方面夯实产业基础，加快推进长飞二、三期1000吨光纤预制棒，永安药业3万吨牛磺酸等一批重大项目建设；另一方面拓展产业体系，通过节会招商、产业招商、以商招商等形式，成功签约长飞普利光纤涂层、长飞特发年产600吨光纤预制棒等一批过亿元的项目，加快大和热磁、东洋炭素、高化学株式会社等一批日资高新企业对接引进。2018年1—6月，生物医药行业增长20.78%，光电子信息行业增长63.64%。其中，长飞光纤完成产值8.54亿元，同比增长63.23%。

六、市场主体活力增强

大力培植市场主体，为工业经济发展提供强力支撑。2018年上半年，新增私营企业1153家，累计达10718家。深入实施中小企业成长工程，建立"小进规"后备企业库，扶持企业达产"进规"，2018年上半年，新增规模以上企业14家，预计全年完成20家。加大支柱产业细分领域"隐形冠军"企业培育力度，组织16家企业申报。着力打造领军型大企业，金澳科技入围全国民营企业100强。加大企业上市培育力度，出台《潜江市鼓励中小企业改制上市(挂牌)奖励暂行办法》，鼓励企业利用多层次资本市场；累计培育上市企业3家，进入新三板辅导企业3家，武汉股交中心挂牌企业20家。

七、产业融合加速推进

制定《潜江市信息化和工业化融合2018专项行动实施方案》，配套100万元"两化融合"以奖代补专项资金，出台《潜江市信息化和工业化融合专项资金管理办法》，鼓励企业充分运用信息技术开展信息化建设，提升工业企业"两化融合"水平。每年评选5家示范企业和15家试点企业，充分发挥企业的示范引领作用，并给予以奖代补政策支持。

八、绿色转型初见成效

深入推进长江大保护，组织摸排汉江沿岸一公里化工企业数量，启动远达化工搬迁工作，制定危险化学品生产企业搬迁工作方案。组织实施《潜江市城市建设绿色发展三年行动计划实施方案》《潜江市环境保护三年行动计划》,集中精力补齐绿色发展短板。潜江经济开发区、南部片区、王场工业园、张金工业园等工业园区工业污水处理厂相继投入运营,环境容量大幅度提升。深入推进工业企业开展绿色制造体系建设,潜江方圆钛白有限公司成功入围工业和信息化部第二批绿色制造体系建设示范企业名录。

九、创新创业基础稳固

以创新发展潜江国家级高新区为载体,大力实施"创新驱动"工程,不断完善科技创新平台、深化产学研合作。截至 2017 年 12 月,共组建 2 家院士工作站,5 家企业专家工作站,7 个省级工程技术中心,2 个省级校企研发中心,6 家企业技术中心。建成潜网电商、中植、华冀、龙创空间 4 家省级孵化器和众创空间,大力推进"大众创业、万众创新"。2017 年,潜江市拥有 51 家国家高新技术企业,完成高新技术产业增加值 101 亿元,增速为 9%,占 GDP 比重为 15.3%。高新技术产品销售收入达 353.2 亿元。2018 年上半年,完成高新技术产业增加值 46.08 亿元,增速为 12%,占 GDP 比重为 15.9%。从产业发展来看,新能源新材料、光电子信息、先进装备制造、生物及新医药产业形成了较大的规模,成为潜江市高新技术特色产业。以 2017 年高新技术产业增加值为例,以上四个产业的增加值之和为 81.7 亿元,占全市高新产业增加值的 81%以上。

十、高质高效同步提升

积极推进质量强市战略,完善质量考核机制,出台《潜江市质量工作评分细则》,开展第三届章华质量奖评审。深入实施品牌战略,组织尝香思牛肉酱 5 类产品申报湖北名牌,积极推进潜江经济开发区湖北省知名品牌示范区建设。

第二节 面临的主要问题

一、新兴产业发展不快

虽然潜江市加快了传统企业技改扩规和新兴产业的培育力度,但是新兴产业尚在起步阶段,发展尚需一个过程。

二、科技成果转化精准度不高

在推进科技成果转化过程中，多数企业更愿意实施大规模生产的成熟技术，不愿意承担中试和产业化过程中的研究风险，导致高校科技成果与企业成果转化契合度不强，精准度不高。

三、信息化与工业化深度融合不够

虽然部分企业的主要生产设备实现了智能化、自动化，但信息化与制造方面融合度还不高，与《中国制造 2025 湖北行动纲要》的要求还有很大差距，提高智能化水平还需投入大量资金进行技术升级改造。

四、项目进展不平衡

从建设进度看，虽然开工率较高，但一批项目仍处于前期基础建设阶段，还未进入主体设施建设阶段；从所属产业看，绿色食品、纺织服装、石油化工等传统产业项目 71 个，占 54%，而光电子信息、生物医药、新能源新材料等新兴产业项目仅 28 个，占 21.4%。传统产业和新兴产业结构不均衡。

五、技术改造投入不够

一是企业技改意识不强。部分企业没有充分认识到实施技术改造是供给侧结构性改革的必然要求，是企业提高生产效率、增强产品竞争力、实现创新发展的内生动力。二是存在要素保障因素的制约。部分企业因资金不足、专业人才缺乏、市场预期不好等原因，未实施技术改造。

第三节　发展的主要举措

一、政策制定情况

围绕贯彻落实《省人民政府关于加快推进传统产业改造升级的若干意见》《省人

民政府办公厅关于加快推进新一轮技术改造和设备更新 促进工业转型升级的意见》《省政府办公厅关于金融助推"万企万亿"技改工程的指导意见》，潜江市出台了《潜江市工业经济跨越发展三年行动计划》《潜江市企业技术改造三年行动计划》《潜江市金融支持"万企万亿"技改工作方案》《市人民政府关于加大对工业技术改造项目支持力度的若干意见》《市人民政府办公室关于印发潜江市工业技术改造项目以奖代补专项资金管理暂行办法的通知》《潜江市科技成果大转化工程（2015—2017）实施方案》《潜江市促进科技成果转化实施办法（试行）》《关于进一步降低企业成本的实施意见》《关于深化供给侧结构性改革 决战工业3000亿行动方案》等系列针对性、操作性强的政策措施，有效引导和促进潜江市制造业向高端化、智能化、绿色化、服务化方向发展。

二、重点项目推进情况

2017年以来，纳入省重点督办工业项目有7个，总投资为136.6亿元。7个项目全部开工建设，投资进度整体实现双过半目标。金澳科技油品升级深加工系列项目，年产8万吨硫磺装置已完成基础打桩及设备订购，储运系统轻油储罐已完成打桩工作。长飞科技二、三期项目正在进行设备安装。长飞信越光纤用预制棒生产二期项目正在进行桩基础建设。安井食品华中基地项目正在进行桩基础和围墙施工。朗世坤成年产200万平方米绿色装配式钢结构建筑项目开始围墙建设，同时进行地勘和建筑设计。潜江聚一虾食品卤虾及调味品生产基地项目正在进行主体厂房建设。湖北智盈鸿实业有限公司旅游鞋生产项目正在进行场地平整、厂房基础以及办公楼桩基建设。

三、主要工作措施

（一）制定规划，抓好项目有效投资导向

围绕贯彻落实《中国制造2025》《中国制造2025湖北行动纲要》《省人民政府关于加快推进传统产业改造升级的若干意见》《省人民政府办公厅关于加快推进新一轮技术改造和设备更新 促进工业转型升级的意见》，潜江市出台了《潜江市工业经济跨越发展三年行动计划》，突出五大发展理念，根据现有产业基础、资源、要素条件，按照产业分类标准，突出潜江特色，重新编制了石油化工、装备制造、纺织服装、大健康、高端家居、光电子信息、生物医药、新能源新材料等产业规划。

(二)大员上阵,抓项目推进包保责任制

成立市重点项目办,突出抓好全市重大项目建设,建立了《潜江市重点项目服务秘书制度》和《潜江市重点项目建设协调推进机制》。由市主要领导包保潜江市纳入省调度的重大项目,明确一个市直部门为项目秘书单位,由各责任单位和部门成立一把手挂帅项目推进工作专班,强力推进重大项目建设。实行重大项目投资路线图管理和项目秘书服务制度,坚持问题导向,围绕问题解决抓建设进度,坚持每日一报告、每周一调度、每月一会诊、半年一拉练推进工作模式。市委主要领导每周六亲自参与结账,强力推动项目建设。

(三)全员招商,抓项目发展后劲

潜江市出台了《市直单位捆绑招商工作实施方案》,制定了《区镇处招商引资工作考核办法》和《市直招商引资工作积分制考核办法》。重点围绕八大主导产业,全市捆绑成立12个产业招商工作专班,每个专班由1~2名市领导、1名专班组长、5个市直部门以及项目承载园区共同组成,全面负责产业招商工作。

(四)突出重点,抓技术改造和新兴产业培育壮大

深入对接省"万企万亿"技改工程,组织实施《潜江市企业技术改造三年行动计划》,制定《潜江市金融支持"万企万亿"技改工作方案》,开展工业项目"155"工程活动,推进传统产业高质量发展。在石油化工产业,潜江石油化工龙头企业金澳科技通过技改扩规,使产品提前达到"国五""国六"油品标准,跻身中国企业500强;在纺织服装产业,全市规模以上纺织服装企业80%进行了设备更新改造,在减少用工,降低能耗的同时,进一步提高了产品合格率;在绿色食品产业,重点围绕生态小龙虾进行技术改造,莱克水产、华山水产、柳伍水产等食品企业重点围绕产品质量提升、产品品种增加、生产过程智能化进行技术改造,进一步巩固了全国小龙虾出口第一市的地位。长飞光纤成为全国智能制造示范企业,菲利华成为省级智能制造示范企业。

(五)精准施策,抓支持项目建设的政策配套体系

一是全面实施工业企业技术改造以奖代补政策。市政府分别出台了《市人民政府关于加大对工业技术改造项目支持力度若干政策的意见》和《市人民政府办公室关于印发潜江市工业技术改造项目以奖代补专项资金管理暂行办法的通知》文件,2016年以来,对50余家企业进行了以奖代补专项资金支持,资金达2000万元,2018年技术改造专项资金计划达到1500万元,增长50%。

二是进一步完善招商引资优惠政策。2017年市政府出台了《潜江市推进招商引

资项目落户优惠措施若干规定》，设立了十二项工业项目落户奖励措施。

三是继续抓好两化融合优秀企业评选表彰工作。根据《潜江市信息化和工业化融合专项资金管理办法》，继续抓好两化融合示范（试点）企业的考评工作。将遵循公平、公正、公开原则，择优对国家认定的智能化企业、两化融合示范（试点）企业进行以奖代补支持。

四是出台《关于进一步降低工业企业成本的实施意见》，全面贯彻落实省政府降低企业成本32条惠企政策，出台潜江市进一步降低企业成本的实施意见，2017年为企业降低成本5亿元以上。

（六）组织活动，营造项目建设发展氛围

一是组织开展工业项目集中开工活动。2017年以来，分批次组织开展项目集中开工活动4次，60余个项目集中开工，总投资过百亿元。二是组织开展工业项目拉练活动。举办三期工业项目拉练活动，采取"三看三听一评"的方式，对全市工业项目进行了集中拉练，形成"比、学、赶、超"的浓厚氛围和决战决胜工业3000亿的强大气场。

第四节　发展建议

一、进一步强化运行调度

定期召开工业经济形势研判会，对工业增长态势、价格走势、工业用电量及增值税进行分析，提高统计数据的质量。认真分析行业增加值率调整带来的影响，做到精准调度。重点抓好金澳科技、长飞光纤等重大增长点跟踪服务，督办增长点达产达效。

二、进一步推进项目建设

一是引导技术改造。加大企业技术改造力度，重点推动金澳科技、沃夫特、方圆钛白、永绍科技等52个技改扩规项目，支持企业转型升级；全面实施市级技术改造以奖代补政策，奖励支持企业提质增效。二是强化组织引导。组织企业开展项目建设专项活动，着力解决项目问题，助推项目早投产早达效；同时积极推动国家、省相关政策落实落地，制定工业稳增长、快转型、高质量发展的实施细则，把惠企政策落到

实处。

三、进一步实施"成长工程"

按照年初30家的目标,强化跟踪督办,加强与各部门的信息沟通,掌握企业的动态培育情况。将加大对新增规模以上企业的申报力度,加强与统计部门协调,督促地方对云锦纺织、邱氏涂料、蜂之宝、进宇制衣、诺琦服饰、宜生新材料等企业申报规模以上企业,协调中伦纺织、虾乡稻等限上企业转为规模以上企业。

四、进一步强化要素保障

加大电力建设协调力度,提高电力保障水平,积极推进用电直供,降低企业用电成本。探索异地招工办法,出台用人激励政策,满足企业用工需求。同时,加大对项目用地协调,保证工业项目用地需求。

五、进一步强化企业服务

按照稳增长、快转型、高质量发展的要求,不断提高服务企业的能力和水平,深化"部门服务企业""现场推进会"等系列帮企、助企、亲企活动,积极开展政银企对接、人才用工对接,尽最大努力帮助广大企业和企业家渡过发展难关。定期开展减负专题督查活动,全面督促落实中央、省、市一系列惠企政策措施,切实降低企业成本。

后　记

《湖北制造业发展蓝皮书(2018)》由湖北省经济和信息化厅委托湖北省制造强省建设专家咨询委员会和湖北省机电研究设计院股份公司等省内相关领域的研究机构联合编著。本书经过近一年的筹备和研究,通过大量的资料收集、整理和分析,数次讨论、修改和完善,凝结了众多优秀专家、研究人员和工作人员的智慧和心血。衷心感谢编写小组全体成员的辛勤劳动!

本书编写小组成员如下。

湖北省经济和信息化厅:郭涛、冷承秋、许甫良、王冬、周志清、王隽。

湖北省制造强省建设专家咨询委员会秘书处:朱永平。

湖北省机电研究设计院股份公司:朱国平、李成林、吴大德、李俊文、郭俊、王立兵、曾赤良、叶篷、周利民、曾卫华。

本书在研究、编写、审校和出版过程中还得到了湖北省经济和信息化厅、湖北省各市州经济和信息化委员会(局)、有关行业协会和企业等的大力支持和指导,在此一并表示衷心的感谢!

湖北省制造强省建设专家咨询委员会

2018 年 12 月